Gerhard Preyer
Interpretation, Sprache und das Soziale
Interpretation, Language and the Social

Gerhard Preyer

Interpretation, Sprache und das Soziale

Philosophische Aufsätze

Mit einem neuen Vorwort *Features of Contemporary Philosophy*

Interpretation, Language and the Social

Philosophical Articles

With a new preface *Features of Contemporary Philosophy*

Humanities Online

Bibliografische Information der Deutschen Nationalbibliothek
Die Deutsche Nationalbibliothek verzeichnet diese Publikation in der Deutschen Nationalbibliografie; detaillierte bibliografische Daten sind im Internet über http://dnb.ddb.de abrufbar.

Bibliographic information published by the Deutsche Nationalbibliothek
The Deutsche Nationalbibliothek lists this publication in the Deutsche Nationalbibliografie; detailed bibliographic data are available in the Internet at http://dnb.d-nb.de

Frankfurt am Main, Germany
www.humanities-online.de
info@humanities-online.de

Zweite, überarbeitete Auflage 2012
Second Edition 2012
ISBN 978-3-941743-13-7

Umschlaggestaltung: Uwe Adam
Printed in Germany

Dieses Buch ist auch als E-Book erhältlich: www.humanities-online.de
E-Book edition available on our website: www.humanities-online.de

Inhalt

Preface to the Second Edition:
Features of Contemporary Philosophy 11

Einleitung 19

I DIE PROBLEMSITUATION
DER ANALYTISCHEN PHILOSOPHIE 27

1. Kritik an der Bewußtseinsphilosophie 30
   1.1. Mentalismus 30
   1.2. Antimentalismus 34
   1.3. Freges Einsicht: Sinn und Bedeutung (Referenz) 36
   1.4. Behauptende und fragende Kraft 43
   1.5. Öffentlichkeit und Erreichbarkeit von Gedanken 44

2. Die Problemsituation der analytischen Philosophie 46
   2.1. Das Problem der idealen Sprache 46
   2.2. Zwei Traditionen 48
   2.3. Alternativen und Folgerungen 50

3. Die postempiristische Bedeutungstheorie: Die Skepsis gegenüber einer geschlossenen Bedeutungstheorie 54
   3.1. Folgeprobleme 54
   3.2. Reizbedeutung und Kritik an der Referenztheorie 58
   3.3. Die *Vereinheitlichte Theorie* und der Triangulationsexternalismus 59
   3.4. Realism with a Human Face 62
   3.5. Wahrheitsbedingungssemantik und die Bedeutung singulärer Termini 64
   3.6. Der soziale Bezugsrahmen der Einstellungszuschreibung . 67
   3.7. Suppositionalismus und offenes Philosophieren 69
   3.8. Revision des *Linguistic Turn* 72
   3.9. Kritik am Individual-Repräsentationalismus 75

4. Sprachbedeutung *ohne* Regelbefolgung 78
   4.1. Wittgensteins Sprachphilosophie im *Tractatus* 80
   4.2. Wittgensteins Sprachphilosophie in den *Philosophischen Untersuchungen* 84
   4.3. Sellars Einwand 93

4.4. Kripke-Debatte 95
4.5. Sprachbedeutung *ohne* Regelbefolgung 98
4.6. Wittgensteins Philosophiebegriff 102

II ZUR VEREINHEITLICHTEN THEORIE DER GEDANKEN, BEDEUTUNG, HANDLUNG UND BEWERTUNG 105

1. The Externalism of Triangulation and the Social 107
1.1. The Circle between Belief and Meaning 108
(a) The Total Theory of Behavior 108
(b) The Evidence of *RI* 109
1.2. The Principle of Epistemic Justice 111
(a) The Resystematization of Charity 111
(b) *RI*, Communication and the Causation of Attitudes . 114
(c) Triangulation and the Concept of Language 117
1.3. The Link between Semantics and Social Science 118
Appendix 122

2. Interpretation ohne epistemische Qualifikation? 125
2.1. Externalismus 126
2.2. Das Korrespondenzprinzip 127
2.3. Die beiden Holismen 130

3. Rationalität und Interpretation 134
3.1. Die *Vereinheitlichte Theorie* 135
3.2. Der Mythos des Subjektiven 137
3.3. Entscheidungstheorie und evaluative Einstellungen 138

4. Die wahrheitszentrierte Bedeutungstheorie, Ontologie und das Mentale 144
4.1. Wahrheitsbegriff und Semantik 144
4.2. Sprachbegriff und Kommunikation 146
4.3. Mentale Kausalität und Kausalitätsbegriff 147

5. Wahrheit, Wissen und Interpretation 151
5.1. *RI*, Kompositionalität und Bedeutungstheorie 151
5.2. Gemischte Zitierung 154
5.3. Wahrheits- und Erkenntnistheorie 156

6. Physikalismus und die Autonomie des Mentalen. Ungelöste Probleme in Donald Davidsons Philosophie des Mentalen ... 159
Erwin Rogler und Gerhard Preyer
6.1. Zum Problem der mentalen Kausalität ... 159
6.2. Ereignisbegriffe ... 160
6.3. Grundzüge von Donald Davidsons Philosophie ... 161
6.4. Der Einwand des Eigenschaftsepiphänomenalismus ... 163
6.5. Superveniente Kausalität, Abschwächungen des Anomalismus ... 164
6.6. Extensionale Kausalität ... 168
6.7. Externalismus, Supervenienz, Tokenidentität ... 169
6.8. Ontologische Interpretationen ... 171

7. Das Schleuderargument als Kritik am Repräsentationalismus des Mentalen und dem dritten Dogma des Empirismus ... 176
7.1. Antirepräsentationalismus ... 176
7.2. Die *Deskriptive Anforderung* an das Schleuderargument ... 177
7.3. Gödels Schleuder und Alternativen ... 179

III FORMALE SEMANTIK, DER RECEIVED VIEW UND DIE SPRACHLICHE ARBEITSTEILUNG 183

1. On the Legacy of Russell's Theory of Definite Description ... 185
1.1. Russell, Strawson, Sellars ... 186
1.2. Donnellan, Stalnaker ... 191
1.3. Singular Terms ... 194

2. The Received View, Incommensurability and the Comparison of Theories – Beliefs as the Basis of Theorizing ... 199
2.1. Meaning, Significance and the Validation of Theories ... 200
2.2. Incommensurability and Comparison of Theories ... 209
2.3. Beliefs as the Basis of Theorizing ... 213

3. Erkenntnistheorie, Semantik und Ontologie. Zu Rudolf Carnaps linguistischem Internalismus ... 217
Erwin Rogler
3.1. Fragestellung ... 217
3.2. Wissenschaftstheorie und Erkenntnistheorie ... 218
3.3. Grundprinzipien ... 219
3.4. Kritik an abstrakten Entitäten ... 221
3.5. Linguistische Rahmenwerke ... 222
3.6. Semantik und Erkenntnistheorie ... 223
3.7. Gegenstandsbereiche ... 225

3.8. Ontologische Existenzaussagen 226
3.9. Rahmenwerke, Paradigmen, Theorien 229
3.10. Externe Rationalität, Rationalitätsgrenzen 232
3.11. Verhältnis zur Transzendentalphilosophie 234

4. Verstehen – Referenz – Wahrheit.
Über Hilary Putnams Philosophie 236
4.1. Putnams Position in der Debatte über natürliche Arten .. 237
4.2. Putnams Kritik an der empiristischen Semantik
des logischen Empirismus des Wiener Kreises 243
4.3. Putnams Kritk der semantischen Wahrheitstheorie
als einer Erkenntnistheorie 245
4.4. Zu Kripkes kausaler Theorie der Referenz 251

5. K.R. Poppers Kritik am Historizismus 256
5.1. Die Logik der Sozialwissenschaft 256
5.2. Die Kritik am Historizismus 257

IV ZUR ANALYTISCHEN SOZIALPHILOSOPHIE 259

1. What is wrong with Rejectionists? 261
1.1. The Gilbert-Account 262
(a) Collective Beliefs* 262
(b) Aggregate of Individuals versus Social Groups 263
(c) Joint-Commitments 264
(d) Mouth Piece of Belief as a Body 265
1.2. Propositional Attitudes 267
(a) A Rejectionists' Theory of propositional Attitudes .. 267
(b) The Holism of Attitudes 268
(c) The Individuation of Attitudes 269
1.3. Gilbert's Objection 270
(a) Epistemic and practical Considerations 270
(b) Collective Belief* and Truth 271
1.4. Involuntarism 272
1.5. The Membership-Account 273
(a) Membership as Collective Subject 273
(b) The Role of Commitments in Social Systems 275
(c) The Group Mind or Feeling 276

2. The Extension of *G*-Predicates 278
2.1 The Meaning of *G*-Predicates 278
2.2. The Universe of *G*-Predicates 280
Appendix: Steven Miller, Gerhard Preyer's View of the Social: An Ontological Note 286

3. Ein Meister aus dem Norden 289
3.1. Philosophie der sozialen Praxen 289
3.2. Eine *neue* Theorie der Kooperation 293
3.3. Gemeinsame geteilte Wir-Einstellungen 301
3.4. Zu Raimo Tuomelas Ansatz 306

Literatur 313
Nachweise und Anmerkungen zur zweiten Auflage 325
Namenregister 329
Sachregister 333

Für Herbert Schnädelbach

Preface to the Second Edition
Features of Contemporary Philosophy

At the beginning of the 20th century, G. E. Moore's and B. Russell's philosophy provided a critique of British Hegelian holism (F. H. Bradley, J. M. E. MacTaggert), according to which antiholism and analytic philosophy were viewed as non-monistic (non-holistic). Since the middle of the last century, the philosophy of language and science were dominated by different versions of holism. For example, there is an epistemic holism in epistemology (C. Hempel, W. v. O. Quine), a semantic holism (conceptual role/inferential role semantics of W. Sellars) in the philosophy of language, and the holism of radical interpretation in the philosophy of mind (J. A. Fodor, E. Lepore 1996[3]). M. Dummett's Fregeianism and molecularism are apart from this tradition. Fodor (2008) has characterized the mainstream of Anglophone philosophy of mind, language, and epistemology of the last century as having been dominated by two traditions: 1. the simple behaviorism of Quine and 2. the sophisticated behaviorism of L. Wittgenstein and D. Davidson. From Fodor's point of view these approaches are not innovative because the pragmatist version of *concept possession* as a skill does not renew by itself. (Fodor 2008: 3-24) At the beginning of the 1990s, a *New Linguistic Turn* was championed by Fodor and Lepore (2002), H. Cappelen (2005) and others, through work on *semantic, compositional atomism.* (For an overview of the challenges Cappelen 2007, on "Semantic Minimalism" and contextualism, see E. Borg 2007, G. Preyer, G. Peter eds. 2007, 2005.) This, in turn, is a critique of the claim of Davidson's distal theory of meaning because he has argued that the chapter on Cartesian and empiricist epistemologies is finished.

In analytical philosophy and semantics, a schism emerged between advocates of a "Semantic Minimalism" – e.g. insensitive semantics like Borg, Cappelen, Lepore, S. Soames 1999 and the advocates of *radical pragmatism*, or contextualism like R. Carson (1988), S. Neale (1990, 2002), and F. Recanati (2004). Intensified disagreement emerged with respect to the analysis of sentence meaning. Formal semantic theories attempted to show that the meaning of any sentence is a proposition or a set of truth conditions; we grasp the content of utterances by the formal structure of the sentence, and consequently by the contextually] invariant linguistic meaning of words and the logical form of the sentences they compose. Pragmatists, on the other hand, argued that the contextual information not only fixes the implicatures of utterances (H. P. Grice 1975), but also determines intuitively what is said by any utterance. In the recent schism on the semantic-pragmatic distinction, semantic minimalists on the one hand and Recanati 2004 on the other occupy almost diametrically opposed positions regarding the role of semantics for communication, while largely agreeing on important features of pragmatics.

The resulting schism has a long prehistory. In the philosophy of language from the last century up until recently, there are some confusions about the systematic distinction between semantic content and non-semantic content. "Semantic Minimalism" rejects the tradition in the philosophy of language going back to Wittgenstein 1953 and J.L. Austin 1962. From the point of view of "Semantic Minimalism" the relevance of theories of D. Sperber and D. Wilson, S. Carston 1988, F. Recanati, Sellars, and the theory of language of J.R. Searle and C. Travis are also misleading. In particular, minimalists reject the view that sentence meaning is explained by the use of language or by the actions the speaker has performed. Therefore, the principle of the autonomy of meaning, as Davidson has called it, is to accept understanding meaning in natural language. This leads us to the central problem of a large part of the philosophy of the last century and of contemporary philosophy: "Is the content of thoughts, utterances, and inscriptions to be analysed compositionality?".

Compositional atomism has set the stage for *Insensitive Semantics* by arguing that confusing the distinction between semantic and non-semantic content is to give up. It is to emphasize that the difference in semantics and philosophy of language in the literature is one about the role of context insensitivity in the theory of communication in principle. It is the task of the philosophy of language to provide evidence for how the distinction between semantic and non-semantic content is drawn. The problem of communication is: "how do we communicate in different contexts to different audiences where people have different background beliefs and goals, under the condition that we cannot directly reach the consciousness of the others?" This problem begins at home. That is, the theory of communication has to explain how this is possible while allowing that there are limits in cross-cultural understanding. Therefore semantics has to explain the role of *context* understanding the mental, speech, and communication. Insensitive Semantics calls all philosophers and linguists who overemphasize the role of context in the philosophy of language, semantics and the theory of communication *contextualists*.

Radical pragmatists have rejected formal semantic theories by arguing that the truth conditions of speakers' utterances cannot be determined by formal features of sentences only; pragmatic reasoning concerning contextually provided information plays a significant role in determining not only *implicatures* of an utterance, but moreover, in determining what is intuitively said by an utterance. The semantic minimalist's response, however, is that this criticism of formal semantic theory confuses issúes concerning *communication* and *speech act content* with issues concerning *semantics* and *sentence content*. Formal semantic theories, on this line of response, determine only sentence *content* – and this content, unlike speech act content, is not readily accessible to semantic intuition. The essence of the schism between "Semantic Minimalism" and pragmatism concerns the adequacy of what Borg 2004 refers to as "formal" semantic theories, which maintain that the meaning of a sentence is a proposition (or a set of truth-conditions), where the encoded proposition is determined by *formal features* of the utterance, viz. the contextually invariant linguistic meanings of the words the sentence contains and its the logical form. (on logical form Preyer, Peter eds. 2002)

Davidson's unified theory of thought, meaning, action and evaluation claims to systematize the interplay between the mental, language and the rest of nature. (for a reappraisal of Davidson's philosophy see Lepore, Ludwig 2005, 2007, Preyer 2012, 2011[2]) As a consequence of the influence of Quine's paradigmatic framework in philosophy of language and epistemology we recognize a principle problem of the philosophy of the last century, namely that meaning is dispositional and mental concepts are theoretical. The basic problem of the Quinean-Davidsonian tradition is that meaning and propositional attitudes are relative to the behavioral evidence of an interpreter. From this point of view the speaker's *disposition* in part determines the meaning of words. For this non-analytical proposal of the theory of meaning, understanding (meaning) always involves translation in an ontological (linguistic) framework. Therefore there is no objective pairing of expressions to entities – that is, there is nothing that we have definitely. On the contrary, the framework plays a role as a theory about the world. This theory consists of a set of sentences and fixing of their ontological commitments. Therefore, understanding meaning involves a translation of sentences within a theoretical framework. Within this "framework" we talk already about particular entities. The content of linguistic behavior as speech about some object in the world is to understand by a translation in a theory only. This view is rejected by "Semantic Minimalism" (Fodor, Lepore, Cappelen, Borg and others). The philosophy of language and the mental will be changed when we agree with this turn. One must ask therefore: *is radical interpretation possible by the application of charity as a constraint of intelligible redescription of behavior, lingual or not?*

From Davidson's point of view, the difference between him and Quine concerns the question of *evidence* for translation (interpretation) and the role of interpreter – that is, his epistemic position as an *omniscient* interpreter in the framework of a naturalized epistemology. For Quine and Davidson, and also for R. Rorty, the *third*-person point of view of the interpreter is the foundation of interpretation and epistemology. The application of a Tarski-style theory of truth in the procedure of intelligible redescription of behavior, for example, "Peter said snow is white" is true at a particular time point, by an interpreter, does has not have as output a qualified knowledge. This knowledge is required, for example, within the framework of the division of linguistic labor (H. Putnam: socio-linguistic hypothesis). This is also valid if the utterance is true from the standpoint of an (radical) interpreter. Therefore, the epistemic point of view of a radical interpreter is too poor for the ascription of knowledge of a speaker we are interested to understand. The externalism of triangulation in epistemology cannot close the gap between beliefs of the interpreter and the speaker. The critique of the application of charity as a constraint of radical interpretation (translation) is that the epistemic restrictions (resources) on interpretation require one to take the third-person point of view of interpretation (translation). The third-person point of view of intelligible redescription requires another conceptualization as in the Quine-Davidson tradition of epistemology and the theory of meaning and language. This is not a critique of a compositional theory of truth but of the "ambitious" project of radical interpretation as an *a priori* deduction inspired from Kant's philosophy. (on the "modest" and the "ambitious project" of radical interpretation Lepore, Ludwig: 2005: 166-173)

The problem with Davidson's philosophy is that its foundation of the understanding of linguistic behavior is the *global third person* point of view of an interpreter. The third-person stance of interpretation leads to constraints on intelligible redescription. The causal structure of the world in which the speaker is embedded is insufficient to select correlations between the holding of true attitudes and the conditions in a speaker's environment. Radical interpretation introduces an *a priori* theory of rationality to select a successful interpretation. Within this approach, the underdetermination of the theory of interpretation cannot be explained away. The "underdetermination" is not eliminated for Davidson's theory of meaning and interpretation. Davidson accepts Quine's indetermination of translation and the inscrutability of reference, in principle. Radical interpretation focuses these constraints on the *a priori* knowledge that the radical interpreter applies. Therefore, from Davidson's point of view, radical interpretation is possible and successful, whatever is true about a speaker as such – and so too, of us. There are additional constraints, and the assumptions about the subject of interpretation are not conditioned simply by their being a speaker. Further assumptions about the speaker are needed, for example, regarding her psychology, culture, and social role.

Lepore, Ludwig and Fodor have shown that radical interpretation is impossible by employing the principle of charity as an *a priori* constraint, and that a complete knowledge of the causal interaction between a speaker, a radical interpreter, and their environment is not given. Sentence meaning is not empirically determined by the evidence of holding true of an observable and caused behavior which is *obvious* in triangulation, like Davidson has argued. (see, in particular the detailed arguments of Lepore, Ludwig 2005, Fodor, Ludwig 1993, Preyer 2011[2]: 156-67). No additional constraints are given for the reasoning of the *a priori* assumption of the truth-centered theory of interpretation as an integrated theory of truth and meaning. We have reached the end of our discussion of the Quinean-Davidsonian tradition in epistemology and semantics when we recognize that the underdetermination of mental states and the content of thoughts by behavioral evidence makes interpretation impossible. This central difficulty and constraint on intelligible redescription is not solvable by the application of an *a priori* principle of charity to which, as Davidson has argued, "we all subscribe". From my point of view, not only radical interpretation but also Davidson's externalism of triangulation is impossible. (see, Fodor 2008: 207-220, Ludwig 2011: 69-95, Preyer 2011)

"Semantic minimalism" links semantic with mental concepts, and both of these with our understanding of communication. That is, minimal propositions are psychologically real and essential to linguistic communication. It has recently been argued that minimalist or context-insensitive semantics is superior to contextualism on the grounds that minimalism, and minimalism alone, is consistent with the psycholinguistic data: namely, with the apparent modularity – in a strong, Fodorian sense – of semantic processing (see T. Burge 2004). The claim is meant to show that the two theoretically independent accounts of the formal truth-theoretical semantics and the modular theory of mind work together. This is a critique of theories of the use of language, for example, the relevance theory of Sperber and Wilson, the contextualism of Recanati and Travis, and the dynamic theory of representation of H. Kamp. Such theories make the assumption that the semantic content of *what is said* is underdetermined by a formal semantic analysis. Recanati, for example, argues that an ordinary interpreter of any linguistic utterance has intuitions about the truth-conditions of the content of *saying that*. But we should ask: what role is played by the distinction between *what is said* and *what is implicated* (Grice)? This is the question of the function of *context* understanding meaning making linguistic behavior intelligible. This is the question of the function of *context* understanding meaning making linguistic behavior intelligible.

Minimalism in semantics claims that an interpreter does not need to assume a lot of pragmatics in fixing the semantic content of a sentence. But a lot of pragmatics is required if an interpreter wants to recognize *what is said* by an utterance because there is an indefinite set of propositions that interact with what a speaker says. There is no limit that fixes the components of the set of propositions that determines an utterance pragmatically. "Semantic Minimalism" connects, therefore, a minimal semantic theory with a speech act pluralism. All intelligible redescriptions have to be made under the assumption that a speaker inevitably has as background an indefinite set of propositions for his utterances said, asserted, claimed and so on. Some of these propositions do not stand in a syntactic or semantic relationship to the proposition that the speaker semantically expressed by his uttered sentence. Call this *divided interpretation*. For the interpreter, these constitute additional information that he must assimilate within the process of interpreting linguistic behavior. Therefore, according to divided interpretation, many features take part in the solution of the task of interpretation: there are many indefinite contexts of interpretation, but there is a particular relation between the *sentence* and the semantically expressed propositional content that we describe with the formal semantics theoretically – like, for example, an interpretive theory of truth, a generalized fulfillment semantics or in a model-theoretic way.

A minimal semantics has as its subject not only types of sentences, but also the utterances of types of sentences and the determination by their fulfillment-conditional content. The *New Linguistic Turn* brings into play the structure of propositional-like content that is disregarded from the classical speech act theory of Austin and Searle. From the minimal semantics point of view we have to distinguish between the analysis of *sentence's (literal) meaning* and the *illocutionary acts* that are performed by the utterer of a sentence, and systematically distinguish both from the *intention* of a speaker. Illocutionary acts are to be analyzed semantically according to their propositional-like content. The fulfillment conditions are to be specified to conditions of interaction as sequences of communication. Different fulfillment conditions (proposition-like content take in non-assertoric sentences in a generalized fulfillment theoretical semantics. It is necessary to distinguish between conditions for closed sentences in a language, as those for assertoric sentences that have truth-conditions, and compliance-conditions for imperatives and interrogatives. Compliance-conditions for imperatives are obeyed or not, and for interrogatives they are answered or not. *Informatives* and *directives* are elementary illocutionary acts. (Ludwig 2003: 133-181, G. Meggle, M. Ulkan 2003: 99-111) But making this distinction between these conditions does not give us an answer to the question of how we *understand* these conditions themselves. This requires the step from the logico-semantico analysis of fulfilment conditions to the verification respectively the confirmation of these conditions.

The assumption that the global third person point of view is the only objective stance in epistemology has also taken hold in the theory of mind. In the meantime, a new turn to Cartesianism has taken place in contemporary philosophy because the naturalized epistemology and externalism has failed to provide an adequate account of self-knowledge. The question is, "How does one draw a line between the mental (the internal) and the physical (the external)?" (S. Miguens, Preyer 2012: 9-35). *Internal* means that the properties of the mental are dependent on the individual herself and not on the rest of the world. The problem for externalists about mental content is that when they draw the boundary between the internal and the external around the skin, then the privileged access to our mental states is mysterious. Consciousness is not to be characterized by intentionality in general. Intentional states do not exhaust the mental. The basic kind of consciousness is unmediated consciousness. It plays a constitutive role in an individual's having a mind and a psychology. Unmediated consciousness is the basis of conscious life. Mental states refer self-referentially and not directly to something; for example, I myself believe that p and I am conscious about what I believe, feel, want and so on. The primary self-reference, that is, that we are familiar with ourselves unmediately, and the unmediated intentional content do not harmonize with a semantic holism in the philosophy of language and epistemology, since self-reference of mental properties are the primary unit of the mental. The primary properties are punctuated and not anatomic. (on this distinction Fodor, Lepore 1996[3]: 1-2.) The properties of self-referential states are not holistically connected in the whole system of attitudes epistemologically and ontologically. Such mental states are not identical with or realized in physical states. (on new theorizing and empirical researches Miguens, Preyer 2012). This leads back to the changed situation in the philosophy of language, mental, and epistemology.

In contemporary philosophy there has emerged a question whether, in principle, the foundations of epistemology, the theory of mind, and language are concepts (Kant, Frege, Fodor) or background theories (Quine, Davidson, Hempel, also my friend W.K. Essler) From my point of view, we have to begin in epistemology and the theory of mind from the middle. When the mental is constituted by an unmediated consciousness then we cannot begin with theories. The question is not decided by formal means only. But my recommendation is that we do not take a stand for one of these accounts over another before we have worked with formal philosophy and we thereby recognize that the formal method is limited by substantial questions in philosophy.

Gerhard Preyer
Frankfurt am Main 2012

Einleitung

H. Schnädelbach hat in *Philosophie in Deutschland 1831-1933* (1983) die Identitätskrise der Philosophie beschrieben, in deren Wirkungsgeschichte wir nach seiner Sicht immer noch stehen. Es betrifft dies die Grundsituation der Philosophie im 19. Jahrhundert nach dem deutschen Idealismus, insbesondere des absoluten Idealismus Hegels. Eine systematische Gesamtdeutung der Wirklichkeit, die den Anspruch auf Wissenschaftlichkeit erheben könnte, kann aus der Sicht der Philosophie nach Hegel nicht mehr beansprucht werden. In der Folge dieser Situation wird auch von Weltanschauungen und Lebensanschauungen gesprochen, die diese Rolle übernehmen, das heißt, sie sind eine Gesamtsicht der Wirklichkeit, die ihrerseits nicht mehr in den Bereich wissenschaftlicher Systematisierungen fällt. Damit treten wir in eine Situation ein, die durch den Historismus herbeigeführt wurde. Weltanschauungen sind Deutungen eines Lebenszusammenhangs, dem eine kontingent erlebte Lebenssituation entspricht, die nicht mehr mit einer Metaerzählung, der Wissenschaft und der Metaphysik harmonisierbar sind.

Für die Veränderungen, die damit in unseren philosophischen und wissenschaftlichen Selbstbeschreibungen einhergingen, ist charakteristisch, daß die Philosophie als eine fächerübergreifende Systematisierung von Wissen immer mehr ihren Gegenstandsbereich verlor. L. Wittgenstein hat zum Beispiel in seinem *Tractatus logico-philosophicus* (1921) diese veränderte Denksituation derart beschrieben: »4.111 Die Philosophie ist keine der Naturwissenschaften. (Das Wort »Philosophie« muß etwas bedeuten, was über oder unter, aber nicht neben den Naturwissenschaften steht.)«. Er hat im *Tractatus* die analytische Philosophie als sprachlogische Reflexion – als »logische Klärung der Gedanken« (4.112) – im Anschluß an G. Frege ausdrücklich begründet.

Schnädelbach stellt heraus, daß für die damit einhergehende Grundsituation seit dem 19. Jahrhundert die eingetretene *Empirisierung* und *Verzeitlichung* unseres Wissen typisch ist. Das bedeutet, daß der aristotelische Wissensbegriff mit seinen Bestandteilen Allgemeinheit, Notwendigkeit und Wahrheit nicht mehr ontologisch interpretiert werden konnte. Bis zur Neuzeit bedeutete Wissenschaft ein Wissen des Allgemeinen (des Wesens, der Gründe, Ursachen des Einzelnen), des Notwendigen oder ewig Seienden und der Wahrheit im Sinne des wahren Seins. Erst seit dem mittelalterlichen Nominalismus und im cartesianischen Paradigma der Philosophie wurde diesen Grundbestimmungen eine Absage erteilt, da der Wissensbegriff von der Urteilssphäre und der modernen Egologie aus entworfen wurde. Hegel hat demgegenüber noch an dem erwähnten ontologischen Wissensmerkmalen festgehalten. In der Folgegeschichte dieser Ausgangssituation, die man als eine Zurückweisung von Philosophie und Religion durch die positiven Wissenschaften charakterisieren kann, kam Philosophie in die unglückliche Lage, immer wieder ihre Existenzberechtigung behaupten zu müssen.

Das heißt aber nicht, daß es keine, auch von der Wissenschaftsgemeinschaft anerkannten, philosophischen Probleme mehr gibt oder sie dem Sinnlosigkeitsverdacht anheim gefallen sind. Zum Beispiel fragt die philosophische Semantik nach der Beziehung zwischen Sprache und Welt, Gedanken und Sprache oder danach und wodurch Übersetzungen zwischen Sprachen bestimmt sind. Die empirische Semantik konstruiert im Unterschied dazu Theorien der Bedeutung (Wahrheitstheorien, Modelltheorien) für bestimmte Arten von Ausdrücken in unterschiedlichen natürlichen Sprachen. Der Begriff »Metaphysik« ist nicht auf den Bezugsrahmen eines metaphysischen Essentialismus oder eines metaphysischen Realismus als eine vollständige Beschreibung der Welt, wie sie ist (einer festen und einzigen Totalität von Eigenschaften und Relationen der Gegenstände), zu begrenzen. I. Kant hatte zum Beispiel den Begriff kritisch, aber auch positiv gebraucht. Angesprochen ist damit aus meiner Sicht die klassische philosophische Frage nach dem Zusammenspiel von Erkenntnistheorie und Ontologie. Die aristotelische Tradition in der Philosophie hatte zwischen der Erkenntnis- und der Seinsordnung unterschieden. Aus der Perspektive der Erkenntnistheorie sind unsere Begriffe und Theorien sprachliche Produkte (unser Erkenntnisvermögen ist vielleicht selbst ein sprachliches Organ). Sie lassen sich nicht innerhalb der Sprache der Natur und unseren intellektuellen Aktivitäten zurechnen. Insofern neigen wir erkenntnistheoretisch zu einem Antirealismus. Aus der Perspektive der Ontologie sind aber Sprache und Geist selbst evolutionäre Selektionen, somit nichts von uns Gemachtes. Inwieweit es sich bei dem angesprochenen Zusammenhang von Erkenntnistheorie und Ontologie um einen Kreis handelt, wie es einige Philosophen annehmen, den wir möglicherweise schließen können, oder ob dieses Bild eher in die Irre führt, da unsere sprachliche Welterschließung unabgeschlossen ist, bleibt auch nach der Erschütterung des philosophischen Erkenntnisprivilegs ein leitendes philosophisches (metaphysisches) Problem. Es spricht vieles gegen die Existenz einer Universalsprache, in der wir die Struktur der Welt darstellen. Unabgeschlossen ist die sprachliche Welterschließung deshalb, da die Hierarchie der Sprachstufen nicht abgeschlossen, somit *offen* ist und es demnach auch kein Maximum an Objekten geben kann. Wir verfügen vermutlich auch nicht über ein einziges logisch-mathematisches Instrument, das uns für alle Anwendungsfälle der Sprachanalyse zur Verfügung steht (W.K. Essler 2001: 253-55).

Auf zwei grundsätzliche Irrtümer möchte ich im Hinblick auf die veränderte Ausgangslage hinweisen. Analytische Philosophie heißt nicht, daß sich Philosophie in einer sprachlogischen Reflexion erschöpft. Ihre Beziehung zu den Einzelwissenschaften ist immer wieder neu zu bestimmen. Am einleuchtendsten ist aus meiner Sicht die Auffassung Quines, nach der sich zwischen Philosophie und Wissenschaft keine grundsätzliche Grenze ziehen läßt, sondern nur eine institutionelle Grenze besteht. Die Kritik an der *Prima Philosophia* von Seiten der naturalisierten Erkenntnistheorie bedeutet aber nicht das Ende der Erkenntnistheorie. Das gilt entgegen dem Neopragmatismus, Wittgenstein und W. Sellars und vielleicht sogar Quine selbst. Quines Kritik betrifft die Erkenntnistheorie als eine Sinnesdatentheorie und wendet sich gegen den Museums-Mythos von Gedanken (Propositionen). Das Problem besteht darin, ob man die empiristische Basistheorie des Wissens durch die Einzelwissenschaft der Psychologie wirklich zu ersetzen hat. Es empfiehlt sich, die Beziehung zwischen Philosophie und Psychologie immer wieder neu zu fassen. Dabei kommt es auf die Formulierung des Bezugsrahmens der Kooperation an.

Das Hintergrundverständnis dieses Buches ist von seinem Philosophiebegriff eher Carnapianisch inspiriert: Philosophie als Metatheorie tritt nicht in eine Konkurrenz zu den Einzelwissenschaften, sondern ist eine Tätigkeit, die eine sprachlogische (semantische) Rekonstruktion unserer Wirklichkeitserkenntnis anstrebt, die selbst nicht abgeschlossen ist. Diese Tätigkeit identifiziert die logisch-semantische Struktur der Sprache, die sie über ein Universum interpretiert, aber sie setzt dieses Universum nicht ontologisch mit den Gegenständen des Alltags und den einzelnen wissenschaftlichen Disziplinen gleich. Als Philosophen interessiert uns der Wahrheitsbegriff, mit dem wir von philosophischer Seite aus in einen transdisziplinären Zusammenhang eintreten. Die Wahrheitstheorie bzw. eine verallgemeinerte Erfüllungstheorie kann dazu verhelfen, unterschiedliche Gesichtspunkte empirischen Wissens zu systematisieren. Damit wird die analytische Philosophie fortgeschrieben, ohne daß wir die Idiosynkrasien ihrer historischen Vertreter teilen müssen. Es geht dabei um das Problem der philosophischen Reflexion jenseits einer physikalistischen Fundierung unserer Ontologie. Am radikalen Operationalismus (Konstruktivismus) ist im Unterschied dazu soviel wahr, dass es keine Realitätserkenntnis ohne einen Beobachter gibt. Insofern sollten wir Beobachter beobachten. In diesem Zusammenhang kommt Carnaps linguistischen Rahmenwerken ein neues Gewicht zu. Das sollte eine Neubewertung des dritten Dogma des Empirismus einleiten. Dabei sollten wir von der ontologischen Hypothese ausgehen, die mit unserer Sprachstruktur einhergeht. Sie gilt nicht absolut, sondern ist auf den Sprachstufen zu relativieren.

Die »Problemsituation der analytischen Philosophie« geht auf ein unveröffentlichtes Buch zurück, das gemeinsam mit Michael Roth

1981 verfaßt wurde. Es wurde in der damaligen Frankfurter Gruppe diskutiert und in diesem Zug erweitert und verändert. Das betraf im Fortgang nicht nur den Anschluß an die philosophischen Entwicklungen der 1980er Jahre, sondern auch die Folgerungen, die aus ihr zu ziehen waren. In dem ersten Teil zu einer ausgewählten Sammlung meiner philosophischen Aufsätze aus den neunziger Jahren habe ich eine Umarbeitung vorgenommen. Das betrifft das, was aus meiner heutigen Sicht von diesen Fassungen der Problemsituation der analytischen Philosophie bewahrenswert ist. Sie soll aber auch den philosophischen Hintergrund der zusammengestellten Artikel umreißen.

Der zweite Teil ergänzt meine Untersuchungen zur postempiristischen Sprach- und Bedeutungstheorie. Dabei geht es um einen erweiterten Bezugsrahmen der Reinterpretation von Sprachverhalten in der Folge der *vereinheitlichten Theorie der Gedanken, Bedeutung und Handlungen (Vereinheitlichte Theorie)* als einem alternativen Ansatz »to a foundational account of language«. (Davidson: 1980 in 2004: 151) Mir geht es darum, zu verdeutlichen, *ob* eine externalistische Grundlegung von Kommunikation, die aus der radikalen Interpretation folgt, unser Verständnis des Sozialen grundsätzlich verändert hat oder ob der Triangulationsexternalismus ein verfehltes Verständnis von Kommunikation ist? Er hat Kommunikation zu einem Rätsel gemacht. Auf ein Problem von Davidsons Version einer Naturalisierung der Erkenntnistheorie möchte ich aber an dieser Stelle bereits aufmerksam machen, das nicht als gelöst gelten kann. Das betrifft die Individuierung der Inhalte (Gegenstände) von propositionalen Einstellungen und seinen Kommunikationsbegriff. Davidsons Vereinheitlichte Theorie der Gedanken, Bedeutung, Handlung und Bewertung ist kognitivistisch und individualistisch angelegt. Das Zustandekommen der Triangulation wird durch die referentielle Transparenz der Beobachtung der Verursachung von Überzeugungen hergestellt. Sie ist für den Interpreten offensichtlich. Das ist die Basistheorie der distalen Theorie der Gedanken, Bedeutung, Handlung und Bewertungen. Damit tritt das Folgeproblem ein, ob diese Bedingungen für die Referenzfestlegung verallgemeinerbar sind. Das führt mich zu dem Burge-Problem und der Korrektur der Naturalisierung der Einstellungszuschreibung durch den sozialen Bezugsrahmen der Einstellungszuschreibung. Für Davidsons Ansatz spielt für die Reinterpretation von Äußerungen im Hinblick auf den Ausdruck einer Überzeugung (Fürwahr-halten) dieser Rahmen keine Rolle. Er beansprucht zu zeigen, dass sein perzeptueller Externalismus, im Unterschied zu Burges Ansatz, das Soziale in der Erkenntnistheorie und Semantik richtig platziert.

Davidson's Ansatz konnte im Fortgang der Debatte seit Anfang der Mitte der 1980er Jahren über proximale und distale Bedeutungstheorie sowie über seinen Holismus nicht überzeugen. Auf dieses Problem waren wir (bereits) in unserer Frankfurter Gruppe in der ersten Hälfte der 1980er Jahre gestoßen. Folgerungen daraus habe ich im Anschluß an die Kritik am Holismus von J.A Fodor und E. Lepore und der Systematisierung von Davidsons Philosophie von Lepore und K. Ludwig in dem Artikel »The Externalism of Triangulation« in C.M. Amoretti, Preyer eds. (1911) gezogen. Es geht dabei um das Problem »Wie verbinden wir Mentales (mentale Zustände, Einstellungen), Sprache und das Soziale?«. Damit möchte ich zugleich den Titel der Aufsatzsammlung *Interpretation, Sprache und das Soziale* begründen. Der zweite Teil des Buches enthält weiter Texte zu der fortlaufenden Diskussion zu Davidsons Philosophie und die Besprechungen des dritten, vierten und fünften Sammelbandes seiner gesammelten Artikel *Subjektive, Intersubjective Objektive* (2001) und *Problems of Rationality* (2004) und *Truth, Language, and History* (2005). Kontext dazu ist mein Davidsonbuch (G. Preyer 2011^2). Zu gegenwärtigen Entwicklungen in der Sprachphilosophie vgl. G. Preyer, G. Peter eds. (2002, 2005), Preyer (2012); zu Davidsons Werttheorie vgl. Preyer (2011), zu Davidson und der hermeneutischen Tradition sowie dem Dekonstruktivismus J. Malpas (2011). Der Artikel mit E. Rogler nimmt den cantus firmus »Wie verbinden wir Mentales (Einstellungen), Sprache und das Soziale?« auf und erörtert das Problem der mentalen Kausalität im anomalen Monismus. Er variiert und schreibt die Studie zur Analyse der Erörterungen zu Davidsons Philosophie des Mentalen fort, wie sie in Rogler, Preyer (2001) vorgenommen wurde. Vor diesem Hintergrund schließt der zweite Teil mit einer Kritik an Wittgensteins Regelsemantik ab.

Der dritte Teil exemplifiziert die Problemsituation der analytischen Philosophie am Beispiel der klassischen Auseinandersetzung mit Russells Theorie der Beschreibung (B. Russell, P.F. Strawson, K.S. Donnellan, Sellars und R.C. Stalnaker). Sie ist als Brücke zu den Fragestellen der gegenwärtigen Sprachphilosophie hilfreich. Das führt zu einer Neubestimmung des Verhältnis von Sprache und Welt nach dem logischen Atomismus und Wittgensteins Gebrauchstheorie der Bedeutung. Eine hervorzuhebende Fragestellung betrifft die indexikalischen Gesichtspunkte des Verstehens von Sprachverhalten. Russells Analyse von Kennzeichnungen halte ich vom Grundsätzlichen her gesehen für richtig. Sie ist aber durch eine semantische Analyse von singulären Termini zu ergänzen. Darin folge ich E. Tugendhat (1976). Die Analyse dieser Ausdrücke gibt uns eine Antwort auf den sprachlichen Gegenstandsbezug.

Im Rahmen der Zeitschrift *Protosociology* haben wir das Projekt *After the Received View. Developments in the Theory of Science* (Vol. 12 1998) durchgeführt. In ihm wurde auch der Zusammenhang zwischen Erkenntnistheorie, Semantik und der Ontologie angesprochen. In dem Beitrag dazu argumentiere ich dahingehend, die Analyse unseres wissenschaftlichen Wissens von einem Fundamentalismus abzulösen und von seiner Validierung durch die sprachlich verfaßten Rahmenwerke, somit die Struktur von Erfahrung, auszugehen. Aus meiner Sicht führt uns das zu einer Neubewertung des wissenschaftlichen Realismus und einer Neufassung der Unterbestimmtheit von Theorien. Das betrifft auch eine Distanz gegenüber dem wissenschaftlichen Essentialismus. Ich habe den Artikel von Rogler (1994) in den dritten Teil der Aufsatzsammlung aufgenommen. Er ist deshalb von Interesse, da die uns vertrauten Kritiken am Logischen Empirismus, vor allem an Carnaps linguistischer Systematisierung der empirischen Begriffsbildung, oft zu kurz greifen. Das führt mich zu Putnams Philosophie.

Putnam gehört zu den Philosophen, die die traditionale realistische Auffassung von Wahrheit, Objektivität, Referenz und Intentionalität grundlegend kritisiert haben. Das Problem des Realismus ist das Grundmotiv seiner Philosophie, das er lösen möchte. Er hat seine philosophische Werkgeschichte als den langen Weg vom Realismus zurück zum Realismus beschrieben. Die Interpretation seiner Philosophie gewichte ich auf die drei Punkte: Putnams Position im Hinblick auf natürliche Arten, das betrifft auch seine Wissenschaftstheorie, seine Kritik an der empiristischen Semantik (der probabilistischen Bedeutungstheorie) des logischen Empirismus und an Tarskis Semantik als einer Erkenntnistheorie.

Der vierte Teil enthält Artikel, in denen auf die Veränderungen eingegangen wird, die wir in der Sozialphilosophie seit Anfang der neunziger Jahre des letzten Jahrhunderts deutlich erkennen können. Sie betreffen auch die analytische Handlungstheorie und die praktische Philosophie. Es liegt zwar eine umfangreiche Literatur über Intention, Überzeugung, Intentionalität im Hinblick auf individuelle Aktoren vor, nicht aber über kollektive Überzeugungen und kollektive Intentionalität als gemeinsame Wir-Einstellung. Diese Ausgangssituation hat sich verändert. Im Rahmen der Zeitschrift *Protosociology* haben wir dazu zwei Hefte veröffentlicht (Vol. 16, 2001, *Understanding the Social I – Understanding the Social: New Perspectives from Epistemology,* und Vol. 18/19, 2003, *Understanding the Social II – Philosophy of Sociality*. Edited by R. Tuomela, G. Preyer and G. Peter). Sie enthalten auch die Kontroverse zwischen den Rejectionists (agreement-based account) und dem *plural subject account* of collective beliefs von M. Gilbert, an dem A. Meijers – im Anschluß an M. Bratman, P. Engel –, D. Tollefsen, Tuomela und K. Brad Wray teilgenommen haben; zu der Fortführung des Projekts im Rahmen einer Systematisierung der leitenden Fragestellung der Debatte über kollektive Intentionalität und einer Neubewertung S. Chant, F. A. Hindriks, Preyer eds. 2012.

Der cantus firmus »Wie verbinden wir Mentales (Einstellungen), Sprache und das Soziale?« wird mit der Analyse von kollektiven Überzeugungen aufgenommen. Sie führt mich zu einem mitgliedschaftstheoretischen, nichtindividualistischen Ansatz der Analyse von Gruppenprädikaten. Damit ist die soziale Ontologie angesprochen, das heißt, welchen ontologischen Status wir den grundlegenden Bestandteilen des Sozialen zuerkennen. Dabei sind transdisziplinäre Problemstellungen thematisch, welche die Philosophie des Geistes, die Psychologie, die künstliche Intelligenzforschung und die Theorie sozialer System betreffen. Was daraus für die kommunikations-, handlungs- und systemtheoretischen Grundbegriffe im Fortgang zu folgern sein wird, zeichnet sich erst in Umrissen ab. Der Zusammenhang von Interpretation, Sprache und dem Sozialen führt mich zu einer Ergänzung der Basistheorie der radikalen Interpretation durch den sozialen Bezugsrahmen der Einstellungszuschreibung. Damit ist das Projekt der Verbindung zwischen Semantik und Sozialwissenschaft angesprochen, das von G. MacDonald und P. Pettit auf den Weg gebracht wurde (1981).

Mit Erwin Rogler verbindet mich ein über dreißig Jahre andauerndes Gespräch, das mich immer wieder philosophisch belehrte. Den Band widme ich Herbert Schnädelbach, bei dem ich in seiner Frankfurter Zeit in den 1970er Jahren studierte. Danken möchte ich M. Gilbert, A.T. Gass, Steven Miller, Georg Peter, E. Rogler, M. Roth, D. Tollefsen, R. Tuomela, und K. Brad Wray, die zu Teilen des Bandes wichtige Kommentare beigesteuert haben. Als praktische Orientierung im freien Austausch der Kollegen sollte der alte Satz gelten: *qui bene distinguit, bene docet.*

Frankfurt am Main 2005
Mit Ergänzungen zur zweiten Auflage
Frankfurt am Main 2012

I
Die Problemsituation der analytischen Philosophie

Die Orientierung an der analytischen Philosophie ist bei einer großen Anzahl von Philosophen weitgehend zu einer Selbstverständlichkeit geworden. An den deutschen Universitäten wächst zum Beispiel nach dem Zweiten Weltkrieg eine dritte Generation von Philosophen heran, die nicht nur die Klassiker der analytischen Philosophie rezipiert, sondern mit eigenen Konzeptionen die philosophische Bühne betritt. Seit den 1980er Jahren wird auch von einer postanalytischen Philosophie gesprochen. Mit der Akzeptanz der analytischen Philosophie war auch die Ironie verbunden, daß ihre philosophische Visionen, die Philosophie der idealen Sprache und die Philosophie der normalen Sprache in therapeutischer Absicht, gleichzeitig veralteten. Dennoch kann man, wie A. Danto in einem Interview herausgestellt hat, auch ohne diese Visionen und Idiosynkrasien der Klassiker analytischer Philosoph sein. Es ist in diesem Zusammenhang an die drei Bedeutungen von »analytisch« zu erinnern, die oft nicht unterschieden werden. Für Russell und Moore bedeutet analytisch eine *nichtmonistische* (holistische) Philosophie. Beide grenzen sich dadurch von den britischen Neoidealismus ab (Hill Green, den Hegelianern, Bradley, Bosanquet, McTaggart). Russells logischer Atomismus betrifft eine metaphysische Bestimmung der Sprache im Sinne einer wissenschaftlichen Darstellung der Wirklichkeit. Der logischen Empirismus des Wiener Kreis grenzt dagegen als Fortführung des Programms der logischen Analyse der Sprache von Frege, Russell und Wittgenstein analytisch gegen *metaphysisch* ab. Er verzichtet auf die Metaphysik des logischen Atomismus. Der logische Empirismus wendet sich gegen ein metaphysisches Wissen, das eine nichtempirische Geltung beansprucht. Es werden somit gültige metaphysische Urteile (synthetisch-apriorischen Urteile) bestritten, da alle synthetischen Urteile aposteriori sind. Die dritte Bedeutung von analytisch betrifft die Abgrenzung gegenüber der Bewußtseinsphilosophie (Descartes, Locke, Kant), da Bewußtseinsinhalte und Gedanken durch die Analyse ihres sprachlichen Ausdrucks zu erfassen sind. In diesem Sinne wird von sprachanalytischer Philosophie gesprochen. Analytisch bedeutet dabei *anti-mentalistisch* (dazu H. Schnädelbach 2004: 15-17).

Die Opposition ›analytisch vs. holistisch‹ stiftete das Programm der Analytischen Philosophie als *Philosophie des Logischen Atomismus*, die Entgegensetzung ›analytisch-synthetisch‹ erzeugt das Programm der Analytischen Philosophie als *Philosophie der logischen Analyse* und die methodische Abwendung vom Mentalismus führte zum Programm der *sprachanalytischen Philosophie*. Die Grundmotive dieser drei Projekte waren in den Anfängen der analytischen Tradition bereits vorhanden, aber noch nicht deutlich unterschieden. Wir können ihr im Rückblick sogar drei verschiedenen Entwicklungsphasen des analytischen Philosophierens zuordnen. Das ist das Ergebnis einer internen Ausdifferenzierung unter dem Druck kritischer Argumente, die im Umkreis dieser Tradition selbst vorgebracht worden waren. (Schnädelbach 2004: 16-17)

Die in den 1990er Jahren dominierende sprachphilosophische Richtung ohne Visionen war die Quine-Davidson-Tradition, vor allem die *Vereinheitlichte Theorie* Davidsons, der zu den prominenten amerikanischen Philosophen gehört. Die *Problemsituation* der analytischen Philosophie führe ich als einen Grundriß der modernen Sprachphilosophie ein. Ich selbst bin kein Popperianer, aber sein Ansatz der Problemsituation ist aus meiner Sicht eine fruchtbare Zugangsweise zur Systematisierung der Wissenschaftsgeschichte, den man weiter überprüfen sollte. Ein vergleichbarer Ansatz liegt in T. Parsons Wissenschaftstheorie mit dem Begriff des »initial system« vor. Ein solcher Zugang soll einer Orientierung über die Veränderungen der modernen Sprachphilosophie, der Erkenntnistheorie und der Theorien des Sprachverstehens dienen. Um sie zu finden, empfiehlt es sich, diese Problemsituation am Leitfaden ihrer Basistheorien darzustellen. Dieses Konzept wurde von Schnädelbach für eine Analyse des klassischen und logischen Empirismus eingeführt, der sein Selbstbewußtsein aus seiner Sicht im Konventionalismus gefunden hat (1971: 13-14). Die Basistheorien systematisieren den *mental-deskripiven*, den *semantisch-linguistischen* und den *ontologischen* Gesichtspunkt der Semiosis.

Die Abfolge von Basistheorien wird von Schnädelbach unter dem systematischen Interesse dargestellt, das empiristische Programm in der Folge von Lockes Erkenntnistheorie folgerichtig durchzuführen. Angewandt auf die Problemsituation der analytischen Philosophie heißt das, daß Basistheorien der Status zukommt, das Verhältnis zwischen Erkennen (Bewußtsein), Sprache und Welt zu bestimmen bzw. festzulegen, zum Beispiel logische Eigennamen (Russell), interne Relation (Harmonie) zwischen Sprache und Realität (Wittgenstein$_2$), Reizbedeutung, Ontologiekriterium (*to be is to be the value of the variable*) und ontologischer Standard (*no entity without identity*) (Quine), soziolinguistische Hypothesen (Semantik als Sozialwissenschaft) und wissenschaftlicher Realismus (H. Putnam) und semantischer Abstieg (Realismus) (M. Platts), Fürwahrhalten als Basis der Bedeutungszuschreibung und der Triangulationsexternalismus (Davidson) sowie starre Bezeichnungen als intensionslose Namen (S. Kripke). Basistheorien haben immer einen konstruktiven Bestandteil, obwohl sie als Basis auch etwas Gegebenes bzw. die Auffassung von etwas Gegebenen betreffen. Es empfiehlt sich dabei, die Abfolge von Basistheorien der analytischen Philosophie am Leitfaden der Veränderungen und Erweiterungen des semantischen Aufstiegs (Quine) zu umreißen, um zu zeigen, daß sich in diesem Zuge das Problem der sprachlichen Beziehung von Sprache und Welt erneut stellt.

1. Kritik an der Bewußtseinsphilosophie

Die moderne Sprachphilosophie hat die Bewußtseinsphilosophie, den Mentalismus des cartesianischen Paradigmas der Philosophie, abgelöst. Die Varianten der Kritik an der Bewußtseinsphilosophie sind die klassische Verhaltenswissenschaft (J. B. Watson u. a.), die verhaltenswissenschaftliche Semiotik von C. W. Morris und die existential-ontologische Kritik der modernen Erkenntnistheorie unter dem Titel »Das Problem der Metaphysik« von M. Heidegger. Quines proximale und Davidsons distale Theorie der Gedanken und Bedeutung (Kritik am Mythos des Subjektiven) und die damit einhergehende Kritik am Repräsentationalismus sind Fortbildungen dieses philosophischen Paradigmas. J. R. Searles Ansatz – alle Internalisten – ist als ein Gegenzug dazu einzustufen. Für ihn ist die Sprachtheorie, seine Version der Sprechakttheorie, ein Vehikel, des Nachweises der Intentionalität (des Geistes) als einer biologischen Eigenschaft (Searle 1987).

Wie ist diese Wende begründet?

1.1. Mentalismus

Die für die Bewußtseinsphilosophie charakteristische mentalistische Semantik können wir (Cartesianische-)Locke-Semantik bzw. mentalistische Referenzsemantik nennen (Schnädelbach 1976: 115-20, vgl. dazu auch E. Tugendhat 1976, 86-89, 349-52). Die Bedeutungstheorie ist aus dieser Sicht grundsätzlich eine Bezeichnungstheorie: Zeichen sind Stellvertreter. Für Locke sind Vorstellungen (ideas) und Wörter *Zeichen*, das heißt, Vorstellungen sind Zeichen erster Stufe und Wörter sind Zeichen zweiter Stufe. Das Problem dieser Semantik kann darin gesehen werden, daß Wörter nur als Vorstellungen (ideas) Bedeutung haben. Vorstellung ist dasjenige, das immer, wenn ein Mensch denkt, Gegenstand seines Verstandes ist. Vorstellungen sind Vertreter von äußeren Gegenständen im Sinne eines allgemeinen Begriffs für eine bewußte Beziehung zu Gegenständen. Wörter sind Zeichen für Vorstellungen und nicht für bekannte Gegenstände. Insofern unterscheidet Locke zwischen Sachkenntnis und Wortbedeutung. Die Bedeutung der Wörter beruht für Locke zwar auf einer Festsetzung, zum Beispiel, wir sagen »blau« zu blau und nicht »rot« beruht auf einer Konvention, die Qualität der Blauvorstellung ist aber von einer Konvention unabhängig. Sprache ist für Locke zunächst Privatsprache. Darunter versteht er nicht die Verwendung die dem Sprecher eigenen Sprache, sondern die Vorstellungen (Bedeutungen) sind privat festgelegt. Er geht im Rahmen eines öffentlichen Zeichensystems von einer privat gegebenen Bedeutung aus.

> Wenn die Natur der Ideen darin besteht, Dinge im mentalen Bereich zu vertreten, dann müssen alle wissenschaftlich relevanten Vorstellungen der Menschen Dingzeichen sein oder sich aus ihnen rekonstruieren lassen. Der empiristische Reduktionismus der Ideenanalyse ist damit implizit als Programm formuliert: Wörter vertreten Ideen als mentale Realitäten, und sie sind nur sinnvoll, wenn sich anläßlich ihres Gebrauchs die mentalen Realitäten im Bewusstsein des Zeichenbenutzers einstellen, die durch sie vertreten werden. (Schnädelbach 1976: 116-17)

Wie kommen wir bei dieser Voraussetzung zu einer öffentlichen Dingsprache? Wie ist das Lernen, Lehren und die Verfügbarkeit von Bedeutung bei dieser Voraussetzung zu erklären?

In Lockes Semiotik ist es konsequent, ein vorsprachliches Vermögen der Identifikation von Gegenständen anzunehmen, um das Funktionieren der interpersonalen Sprache sicherzustellen. »Die Idee einer vorsprachlichen Bezugnahme auf Gegenstände impliziert, daß man sich diese Bezugnahme als ein Vorsichhaben (Vorstellen, d. V.) denkt.« (Tugendhat 1976: 86) Damit stellt sich das Wittgenstein-Problem: Wie kann eine Privatsprache zugleich öffentlich sein?

Es ist in diesem Zusammenhang anzumerken, daß sich Wittgensteins Kritik an der Privatsprachen nicht auf einen monologischen Sprachgebrauch und nicht nur auf mir privilegierte zugängliche Regungen bezieht. Eine Sprache läßt sich monologisch gebrauchen, es wird aber dabei nicht etwas mitgeteilt. Wittgenstein unterscheidet bei der Thematisierung von Regungen, zum Beispiel Scherzen, zwischen dem natürlichen und konventionellen Ausdruck. Es besteht aber keine logische Beziehung zwischen dem Gehalt des Ausdrucks, zum Beispiel »Ich habe Schmerzen« und einem Körperereignis als Schmerzempfindung.

Locke und der Cartesianismus bis zu Kants allgemeiner Menschenvernunft setzen eine Gleichartigkeit der mentalen (vernünftigen) Ausstattung der Menschen voraus. Sie ist das paradigmatische Apriori des methodologischen Solipsismus der cartesianischen Tradition. Es stellt sich deshalb für sie nicht das Problem einer privaten Sprache oder des Fremdpsychischen. Es ist insofern für die transzendentale (Erkenntnis-) Psychologie gar kein Problem, ob Bedeutungen oder mentale Ereignisse der Gegenstand der Analyse sind (Schnädelbach 1976: 118). Es ist in diesem Zusammenhang darauf hinzuweisen, daß »Die Entstehung des Historismus das wissenschafts- und ideengeschichtliche Faktum (ist), das das Problem des Fremdpychischen in seiner modernen Gestalt überhaupt erst erzeugte; seine Lösungsschwierigkeiten haben entscheidend dazu beigetragen, daß introspektive und empathisch-verstehende Psychologie in der Gegenwart suspekt geworden sind.« (Schnädelbach 1976: 45).

Gegen diese Locke-Semantik wendet sich Freges realistische Semantik, Wittgenstein in seinen *Philosophischen Untersuchungen*, aber auch in der Folge der postempiristischen Bedeutungstheorie Putnam und Davidson.

Wittgensteins Gegentheorie in seinen *Philosophischen Untersuchungen*, die er *Augustinische* Bedeutungstheorie nennt, ist als eine Systematisierung der Locke-Semiotik zu interpretieren. Sie steht in dem besonderen Kontext seiner Philosophie im *Tractatus*, von Freges Bedeutungstheorie und Russells Sprachphilosophie. Dieser Zusammenhang ist mittlerweile gut erforscht (E. von Savigny 1974: 15-24, G.P. Baker, P.M.S. Hacker 1980: 3-15, zu Frege 15-20 und zu Russell 20-25). Ich möchte diese Gegentheorie in Erinnerung rufen, da an ihr exemplifizierbar ist, gegen welche Semantik sich ein Antimentalismus in der Bedeutungstheorie abgrenzt. Dies schließt aus meiner Sicht aber keine Gebrauchstheorie der Bedeutung ein.

Die *Augustinische* Bedeutungstheorie als eine *primitive Sprache* betrifft Annahmen über das *Wesen der Sprache*, im Hinblick auf eine situationsunabhängigen Bedeutung der Bezeichnung von *Namen*, den *Geist*, das *Meinen* und dem *Fremdpsychischen*.

1. *Ontologie in der Augustinischen Bedeutungstheorie*. Alle Wörter sind Namen, alle Sätze sind eine Verbindung von Namen, das heißt, die Sprache dient dazu, *über* die Welt zu sprechen. Das betrifft das Verhältnis von Sprache und Welt in dem Sinne, da Wörter, die etwas bezeichnen eine Bedeutung haben. Die Wörter sind deshalb Stellvertreter. »Jedes Wort hat eine Bedeutung. Diese Bedeutung ist dem Wort zugeordnet. Sie ist der Gegenstand, für welchen das Wort steht.« (Wittgenstein 1969: § 13)

Die Bedeutungen sind somit die einzelnen *Gegenstände*, welche die Wörter bezeichnen. Die Bedeutung der Namen ist unabhängig von ihrer Anwendung. Sie stehen somit immer für dasselbe Objekt. Ihre Bedeutung ist unabhängig von den Sätzen, in denen sie vorkommen. Damit geht eine bestimmte Begriffstheorie einher, die besagt: Der *Begriff* des Tisches ist die Bedeutung des Wortes »Tisch«. Die elementare Beziehung von Sprache und Welt wird für dieses Bild der Sprache durch die Hinweisdefinition hergestellt, die einem Namen einen Gegenstand (Bedeutung) zuordnet. Sie verbindet Sprache und Welt. Der *Sachverhalt*, auf den sich ein Satz bezieht, ist der *Gegenstand*, der seine Bedeutung oder seinen Sinn ausmacht. Der Aussagesatz *p*, zum Bespiel »es regnet«, steht somit auf den Sachverhalt *daß p*, zum Beispiel »daß es regnet«. Wobei die nominalisierte Form *daß p* ein singulärer Terminus (ein Subjektausdruck) ist. Diese ontologische Auffassung von Sachverhalten wurde von Wittgenstein im *Tractatus* vertreten. Nach Wittgenstein ist dies Bild der Sprache zu korrigieren (Wittgenstein unterscheidet die hinweisende Definition von dem hinweisenden *Lehren* der Wörter (§ 6). (Zu der Kritik an der ostensiven Definition (Exemplifizierung) als einer Herstellungsrelation von Intensionen im Unterschied zu einer Auffindungsrelation siehe Essler 2000: 57-59).

2. *Mentalismus in der Augustinischen Bedeutungstheorie.* Das Geistige ist von dem Körperlichen durch den Zusatz (Bereich) des Geistes zu unterscheiden. Eine Tätigkeit des Geistes ist der seelische Vorgang des *Meinens*. Dieser Vorgang ist nur *mir* zugänglich, und er gibt dem Gesagten seinen *Sinn*. *Was* jemand durch einen Satz *sagt* ist deshalb durch den *Akt* des Meinens bestimmt. Das Verstehen der Äußerungen anderer Sprecher ist demzufolge eine geistige Tätigkeit. Wenn ein Sprecher zum Beispiel mit der Äußerung des entsprechenden Satzes *a* meint »daß es schneit«, dann kann er nicht wissen, ob der Hörer die Äußerung des Ausdrucks verstanden hat. Verstehen bezeichnet somit einen Zustand: Der Inhalt von Verstehen ereignet sich im Kopf. Ideen (Zeichen) vertreten aber nicht nur Gegenstände im mentalen Bereich, sondern intentionale (geistige) Akte schaffen sich ihren Gegenstand (bedeutungsverleihende Akte), das heißt, die Wörter sind mit ihrer Bedeutung durch eine Intention verbunden (Husserl: bedeutungsverleihende Akte). Dies ist ein genuiner geistiger Mechanismus. Das Verstehen eines Satzes ist daher eine Aktivität, die von seinem bloßen Hören und Äußern grundsätzlich zu unterscheiden ist.

3. *Fremdpsychisches in der Augustinischen Bedeutungstheorie.* Das Problem des Fremdpsychischen betrifft die Frage nach der Bedeutung der Wörter mit denen Empfindungen und Eindrücke ausgedrückt werden. Eine andere Person kann nicht *meine* Empfindungen haben. Sinneseindrücke sind die Basis des Wissens. *Ich* weiß deshalb *sicher*, welche Empfindungen ich habe. Welche Empfindungen dagegen eine andere Person hat, kann *ich* nicht *wissen*. *Ich* weiß deshalb nicht, ob *seine* Empfindungswörter – seine mentale Sprache – *dieselbe* Bedeutung haben, wie *meine* Empfindungen. Nach Wittgenstein begeht eine private (mentale) Sprache einen Fehler bezüglich der Erlebnisse und einen im Hinblick auf die Mitteilungsfunktion der Sprache.

Zur Augustinischen Bedeutungstheorie gehört auch ein bestimmtes Verständnis von Kommunikation, da sie beschreibt, wie Kommunikation durch das Lehren und Lernen der Sprache etabliert wird. Die Augustinischen Bedeutungstheorie ist keine Theorie, sondern eine *Weltanschauung*, da sie keinen Eigentümer hat. Wittgenstein nennt sie ein *Bild* vom Wesen der Sprache.

Wir erkennen an der Augustinischen Bedeutungstheorie den Grundzug des semantischen Mentalismus, das heißt eine besondere Auffassung der Verbindung zwischen dem *mental-deskripiven*, dem *semantisch-linguistischen* und dem *ontologischen* Gesichtspunkt als einem Wesenszug von Semiosis. Wir erkennen an der Augustinischen Bedeutungstheorie als einem Bild der Sprache zwangsläufig das Problem der Öffentlichkeit und der Erreichbarkeit der vorsprachlichen Bezugnahme auf Gegenstände (des semantischen Wissens) sowie des Gegenstandsbezugs von Zeichen stellt.

> Allgemein läßt sich sagen: die Philosophie hatte, solange sie die logische Struktur unberücksitigt ließ, keine andere Möglichkeit, als sich die Beziehung Bewußtsein-Gegenstand nach der Analogie mit einem sinnlichen Vorsichhaben zu denken und das heißt – ob dieser Ausdruck jeweils verwendet wir oder nicht – als ›Vorstellen‹« (Tugendhat 1976: 88-89, zur Kritik am Mentalismus vgl. auch 349-57).

Der sprachliche Gegenstandsbezug ist demgegenüber nicht als Vorstellen, sondern als ein *Meinen* zu analysieren, wobei das Wort nicht die Ergänzung durch einen Nominalsatz »ich meine, daß *p*«, sondern durch die Ergänzung durch einen singulären Terminus »ich meine *N*« zu verstehen ist (Tugendhat 1976: 356). Die Analyse der Rolle von singulären Termini mit denen sprachlich Gegenstände bezeichnet werden, gehört in eine bestimmte logische Satzstruktur. Damit wird aber nicht die Sinnlosigkeit der umgangssprachliche Rede von Vorstellen behauptet. Das anschauliche Vorstellen von etwas bedeutet nichts anderes als daß wir uns etwas veranschaulichen, das wir meinen (Tugendhat 1976: 88). Dieser Propositionalismus führt zu dem Folgeproblem, daß sich Mentales nicht in propositionalen Einstellungen erschöpft. Ohne die Einbeziehung des unmittelbare Bewußtsein ist »Bewußtsein« letztlich nicht verständlich zu machen.

1.2. Antimentalismus

Für Frege, Russell und Wittgenstein$_1$ gilt:

> I propose to consider whether anything, and if so, what can be inferred form the structure of language as to the structure of the world. (Russell 1950: 341)

Die logische Analyse von sprachlichen Ausdrücken beabsichtigt, eine nicht-sprachliche Realität zu erfassen. Der Schritt zur modernen Sprachphilosophie ist durch *methodologische*, *skeptische* und *linguistische* Argumente begründet (Schnädelbach 1976: 49-60). In dieser Tradition steht auch Davidsons Philosophie, ohne ihre besonderen Erkenntnisinteressen zu teilen. Seine Bedeutungstheorie führt keine »Analysen« der Bedeutung von einzelnen Ausdrücken durch, sondern verfährt holistisch. Eine Bedeutungstheorie ist seines Erachtens eine empirische Theorie des Sprachverhaltens ohne ein empiristisch-epistemisches Fundament. Das folgt aus der wahrheitszentrierten Bedeutungstheorie der radikalen Interpretation.

Analytische Philosophie besagt die Vorordnung der (Sprach-)Logik vor der Erfahrung, da wir nicht direkt analysierend auf die Welt zugehen. Dieser weite Begriff von analytischer Philosophie gilt unabhängig von logischen Atomismus und trifft zum Beispiel auch auf Carnaps linguistische Rahmenwerke zu. Davon ist ein engerer Begriff von analytischer Philosophie, der logische Atomismus, zu unterscheiden. Das Studium der Logik und der Sprache, ihr Ausdrucksreichtum, hat ontologische Implikationen. Ob ein *Satz* Sinn hat, ist demzufolge eine Sache der Logik, ob *Gegenstände* existieren, ist eine Sache der Erfahrung. Die Untersuchung der Wahrheit von Aussagen, der Bedeutung von Ausdrücken und Satzteilen bezieht sich auf vollständige oder unvollständige Sätze und ihre Ergänzungsausdrücke. Die syntaktisch-logischen Kriterien bestimmen dabei, was als ein Satz gilt und welche Teile in einem vorliegenden Sprachgebilde, das einer semantischen Interpretation bedarf, bedeutungsvoll sind.

Frege ist derjenige, der als erster den Umstand gebührend herausgestellt hat, daß natürliche Sprecher keine Gedanken haben, die sie nicht ausdrücken können. Der Gedanke ist im Unterschied zu Schmerzen und Vorstellungen nicht privat. Die Untersuchung von Gedanken, die privat bzw. als geistige Erlebnisse aufgefaßt werden, kann demzufolge schon im Ansatz als verfehlt gelten. M. Dummett hob die Begründung der sprachanalytischen Philosophie und damit den Paradigmenwechsel von der Bewußtseins- zur Sprachphilosophie durch Frege hervor. Sie besagt nach Frege: Die Aufgabe der Philosophie ist die Klärung und Analyse der *Struktur von Gedanken;* diese Untersuchung von Gedanken ist von der psychologischen Untersuchung des Denkens *zu unterscheiden;* die richtige Methode der Analyse von Gedanken besteht in der Analyse der *Sprache*. Freges Sprachphilosophie geht von den Annahmen aus:

1. Sätze sind der Gegenstand der Bedeutungstheorie. Der Satz ist die kleinste sprachliche Einheit, die ein Sprecher dazu verwendet, etwas zu sagen.

2. Der Wahrheitsbegriff wird zur Erklärung der Bedeutung eines Satzes und der Bedeutung eines jeden Ausdrucks herangezogen. Auf Frege geht der Kompositionalitätsgrundsatz zurück: Die Bedeutung eines zusammengesetzten Ausdrucks ist eine Funktion der Bedeutung seiner Bestandteile.

Insofern wird von einem Frege-Grundsatz gesprochen: Nur im Kontext eines Satzes haben Wörter (Ausdrücke) Bedeutung (kontra H. Putnam, P. Ziff). Aus der Sicht Freges sollten wir diesen Grundsatz methodisch verstehen. Er steht in dem Kontext seiner Kritik am Psychologismus in der Mathematik und der Unterscheidung zwischen Begriff und Gegenstand. Paradigmatisch ist für dieses Paradigma in der Philosophie der Satz 4 in Wittgensteins *Tractatus*: »Der Gedanke ist der sinnvolle Satz«. Die Philosophie von Descartes bis Husserl hatte im Unterschied dazu die Analyse des Denkens an Tatsachen und Zuständen des Bewußtseins orientiert. Descartes *cogito* sollte, im Unterschied zu der üblichen Tradition, nicht als »Ich denke«, sondern als »Mir ist etwas bewusst« übersetzt werden. Die *cogitatio* umfassen alle Bewußtseinszustände. Sie beziehen sich auf *cogitata* und werden als *cogitata* (ideae, Vorstellungen) gewußt. Es wird insofern die Repräsentation mitrepräsentiert. (Schnädelbach 2004: 59-60; er greift bei seiner Interpretation auf M. Foucault zurück). E. Husserl ist nicht zufällig von dem *ego cogito cogitatum* als Arbeitstitel seiner Bewußtseinstheorie ausgegangen.

Die Wende von der Bewußtseins- zur Sprachphilosophie wurde dahingehend charakterisiert, daß wir nicht mehr erkenntnistheoretisch von Vorstellungen, Empfindungen, Wahrnehmungen, Gedanken und Urteilen, sondern von Ausdrücken, Klassen von Ausdrücken, ihren Strukturen, Bedeutungen und Gebrauchsregeln, nicht mehr von Bewußtseinsvermögen, (intentionalen-) Bewußtseinsakten und Vorstellungen, sondern von der semantischer Kreativität der Sprachfähigkeit und der Performanz (Verhalten) sprechen. Ein natürlicher Sprecher wird aus dieser Sicht durch die bestimmte und angebbare Struktur seines Sprachverhaltens charakterisierte, die ihn zu einem Sprecher einer bestimmten Sprache macht. In den Kontext der Ablösung der Bewußtseins- durch die Sprachphilosophie ist auch Sellars psychologischer Nominalismus zu stellen. Die Kritik am Mentalismus in der Bedeutungstheorie erhält ihren Abschluss in Davidsons Kritik an dem Mythos des Subjektiven: Unsere Überzeugungen sind wahr oder falsch, aber sie repräsentieren nichts. Es ist aber offen, ob dies das letzte Wort in Sachen mentaler Repräsentationen sein wird. Zu erwähnen ist in diesem Zusammenhang eine Revision des *linguistic turn* und ein nicht-inferenzialer *neuer linguistic turn* in der Bedeutungstheorie, sofern der alte linguistic turn Bedeutung mit ihrer Rolle in analytischen Schlüssen identifiziert (Fodor, Lepore 2002: 2-19). Der linguistic turn in der Philosophie sollte nicht als eine Hinwendung zu einem Inferenzialismus und Pragmatismus in der Bedeutungstheorie interpretiert werden.

1.3. Freges Einsicht: Sinn und Bedeutung (Referenz)

Die Wirkungsgeschichte von Freges Logik (Mathematik) und Sprachphilosophie ist unter Sprachphilosophen geläufig. Russell, Wittgenstein, Carnap und später Church verhalfen seiner Philosophie zu ihrer Anerkennung. Zu erwähnen ist in diesem Kontext auch Husserl, der in seinen *Logischen Untersuchungen* (1900), vermutlich durch Freges Einfluß, seine psychologische Theorie der Zahlen korrigierte. Seine Zeitgenossen beschrieben ihn als einen scharfsinnigen, aber unfruchtbaren Sonderling (Husserl). Frege innovierte die Philosophie dahingehend, daß er die auf ihn zurückgehende moderne Logik für die Erforschung der Sprachstruktur und der Beziehung zwischen Welt und dem Ausdruck der Gedanken nutze. Die Erforschung der Gedanken, nicht in einem psychologischen Sinne, ist aus seiner Sicht von der Analyse der Sprachstruktur abhängig. Damit beanspruchte er, zu einer besserem Verständnis des menschlichen Wissens beizutragen. In diesem Sinn gab Frege einen Beitrag zu einem grundlegenden Thema der traditionellen Philosophie, und er war zugleich der Begründer eines neuen Faches: der Semantik natürlicher und künstlicher Sprachen.

Frege ist, trotz seiner speziellen Erkenntnisinteressen der Zurückführung der Mathematik auf die symbolische Logik, auch mathematische Logik genannt, als Urheber der Wende von der Bewußtseinsphilosophie zur Sprachphilosophie anzuerkennen. Dummett hat insofern zu Recht von seiner »Verstoßung der Gedanken aus dem Bewusstsein« gesprochen. Der Ursprung der analytischen Philosophie bei Frege ist mittlerweile gut erforscht. Dem gibt es kaum etwas Neues hinzuzufügen. Man wird sich an ihn in dem Verständnis dieses paradigmatischen Ausgangs in der fortlaufenden Wiederaneignung der Wende von der Bewußtseins- zur Sprachphilosophie immer wieder erinnern. Das gilt auch dann, wenn es sich von unserer heutigen Zugangsweise aus gesehen um eine historische Position handelt. Ich möchte diesen Ausgang umreißen, um Freges Einsicht im Blick zu haben.

Frege (1892) hat mit seiner funktionalen Auffassung prädikativer Sätze eine neue Analyse vorgelegt hat, die zunächst, zum Beispiel auch von Husserl in seinen *Logischen Untersuchungen* (1900), unbemerkt geblieben war. Der *Sinn* als eine Eigenschaft von Zeichen, der durch Zeichen ausgedrückt wird, ist ein Bestandteil der *Bedeutung*. Die Unterscheidung zwischen Sinn und Bedeutung wird von der holistischen Sprachauffassung von Quine, von Davidson Bedeutungstheorie sowie von Kripkes kausaler Theorie des Bezeichnens nicht geteilt. Den *Sinn* eines Ausdrucks zu klären heißt deshalb, eine teilweise Erklärung dessen zu geben, *was* der Sprecher weiß, wenn er diesen Ausdruck versteht. Freges Entdeckung, die Unterscheidung zwischen *Sinn* und *Bedeutung*, besagt: Der Sinn eines Ausdrucks besteht nicht nur in seiner Bedeutung, sondern der Sinn ist als dasjenige aufzufassen, was die Bedeutung (Frege-Bedeutung) bestimmt. Der Beitrag der außersprachlichen Realität wird dabei in Rechnung gestellt.

Im Fortgang spreche ich, um Mißverständnisse zu vermeiden, terminologisch statt von Frege-Bedeutung von Referenz (Bezug von Zeichen, Bezeichnung). Die Rede von Ausdruck ist systematisch vieldeutig. Er kann sich auf Mienen, Gebärden (Gesten), Handlungen, sprachliche Äußerungen und Ausdrücke sowie den ästhetischer Ausdruck beziehen. Der Terminus *Ausdruck* wird, neben Lexemen und Formen dazu benötigt, um etwas zu identifizieren oder auf etwas zu referieren: referierender Ausdruck. Der Terminus wird aber auch dazu gebraucht, wenn einer Entität durch ein sprachliches Zeichen eine bestimmte Eigenschaft zugeschrieben wird: prädizierender Ausdruck, zum Beispiel »Frankfurt« kann dazu verwendet werden, um die Stadt Frankfurt am Main zu bezeichnen und von Frankfurt kann der Ausdruck »die Rhein-Main Metropole« als ein Merkmal (Eigenschaft) prädiziert (zugeschrieben) werden (vgl. J. Lyons 1980: 32-39). Frege spricht im Zuge seiner Wende zur Bedeutungstheorie von der Unterscheidung zwischen »Ausdruck« und »Inhalt« eines Ausdrucks. Funktion und Argument gehört für ihn zum Inhalt. Von »Funktionsausdrücken« spricht er dann, wenn er sich auf die Zeichenebene bezieht. Die frei Variable »x« gehört dann zum Funktionsausdruck und zeigt die Argumentstelle der Funktion an.

Von der Überlebensfähigkeit der Unterscheidung von Funktion und Argument, war Frege zu recht überzeugt gewesen, was auch immer von seiner Philosophie fortbestehen wird. Im Unterschied zu der herkömmlichen Logik verwirft Frege die Unterscheidung zwischen den grammatischen Satzbestandteilen Subjekt und Prädikat für die logische Analyse von Sätzen. »Statt also das Urteil aus einem Einzeldinge als Subjecte mit einem schon vorher gebildeten Begriff als Praedicate zusammen zu fügen, lassen wir umgekehrt den beurteilbaren Inhalt zerfallen und gewinnen so den Begriff« (Frege 1969: 18) Die funktionale Auffassung prädikativer Sätze ist eine Kritik des Synthesismodells von Kant für die Logik und Semantik prädikativer Sätze, das heißt, diese Sätze sind nicht aus einem Einzelding und einem Universale zusammengesetzt. Das grammatische Subjekt in dem Satz »Cäsar eroberte Gallien« ist von dem grammatischen Subjekt in dem Satz »Gallien wurde von Cäsar erobert« verschieden, aber alles, was aus dem ersten Satz bzw. dem Gedanken des ersten Satzes folgerbar ist, folgt auch aus dem zweiten Satz. Der Unterschied zwischen den beiden Sätzen ist für die Theorie des Schließens ohne Bedeutung. Bei Frege tritt an die Stelle der grammatischen Unterscheidung zwischen Subjekt und Prädikat die Unterscheidung zwischen Funktion und Argument aus der mathematischen Formelsprache. Einen Satz wie »Cäsar eroberte Gallien« betrachtet Frege als das Ergebnis einer Einsetzung des Arguments »Cäsar« und »Gallien« an den richtigen Stellen der Funktion »*x* erobert *y*«. Die unvollständigen Ausdrücke, welche Funktionen bezeichnen, kann man somit »Prädikate« und zwar in einem logischen und nicht in einem grammatischen Sinn nennen (*relationale* Auffassung prädikativer Sätze).

Die Referenz eines Eigennamens hat nach Frege zwei Gesichtspunkte: den *Sinn* und seine *Referenz*. Die Referenz eines Eigennamens ist dasjenige, was er benennt. Daher bezeichnet »Sir Walter Scott« die Person Sir Walter Scott. Neben der Bezeichnung unterscheidet Frege noch einen anderer Gesichtspunkt der Referenz von Namen. »Sir Walter Scott« und »der Autor von Waverley« bezeichnen dieselbe Person, es wäre aber unplausibel zu sagen, sie hätten denselben Sinn. Dieser Gesichtspunkt von Referenz, mit dem wir zwischen »Sir Walter Scott« und »dem Autor von Waverley« unterscheiden, nennt Frege den Sinn des Eigennamens. Der Sinn des Eigennamens stellt die *Art des Gegebenseins* des Gegenstandes (des Bezeichneten) bereit. Nach Frege gibt es eine grundlegende ontologische Unterscheidung zwischen *Funktionen*, die *unvollständig* und *Objekten*, die *vollständig* sind. Ein Begriff ist eine Funktion, die zu ihrem Wert immer einen Wahrheitswert hat, zum Beispiel »x^2+x« bezieht sich auf eine Funktion, welche Zahlen als Argumente und bestimmte Zahlen als Werte aufweist. Er spricht in diesem Fall von Funktionsausdrücken. Funktionsausdrücke mit einer Leerstelle sind *unvollständig*; sie sind *vollständig*, wenn wir in sie, zum Beispiel in »x^2+x«, eine bestimmte Zahl einsetzen, da dann der Ausdruck für eine bestimmte Zahl steht: Sie ist der Wert der Funktion für dieses Argument. So steht zum Beispiel »2^2+2« für 6. Dasselbe gilt für »die Hauptstadt von *x*« und »*x* ist ein Lebewesen«. Damit entwirft Frege eine neue Theorie, wie sprachliche Ausdrücke Gegenstände bezeichnen. Setzen wir zum Beispiel in »die Hauptstadt von *x*« Frankreich ein, da bezeichnen wir damit Paris. Frege erweitert dieses Verfahren, indem er es nicht nur auf komplexe singuläre Termini anwendet, sondern auch auf singuläre prädikative Sätze, wie zum Beispiel »Peter ist ein Lebewesen«. Der generelle Terminus wird von ihm auch als Funktionsausdruck (Ausdruck mit einer Leerstelle) gefaßt, zum Beispiel »( ) ist ein Lebewesen«. Setzen wir an die Leerstelle Hans, so ergibt sich ein wahrer oder falscher Satz. Handelt es sich bei einem Funktionsausdruck um einen generellen Terminus, so sind die Werte der Funktionen die Wahrheitswerte. Dasjenige, für das ein Funktionsausdruck steht, nennt Frege die *Funktion*. Frege spricht von *Existenz* als einem *Begriff zweiter Stufe*, das heißt in »Peter ist ein Lebewesen« ist »Peter« der Name eines Gegenstandes und »... ist ein Lebewesen« ein Ausdruck, der sich auf einen Begriff erster Stufe bezieht. In »($\vee x$) (*x* ist ein Lebewesen)« ist dagegen ein Ausdruck, der sich auf einen Begriff *zweiter Stufe* bezieht »($\vee x$) (*x* ...)«, mit einem Ausdruck, der sich auf einen Begriff *erster Stufe* bezieht, verknüpft. Freges Ansatz ist aber insofern platonistisch, da der generelle Terminus für *etwas*, einen Begriff, steht, das heißt, ist der Funktionsausdruck ein genereller Terminus, so nennt er die Funktion einen *Begriff*. Vermutlich konnte er sich die Beschaffenheit der epistemischen Grundsituation, in der wir uns befinden, nicht anders vorstellen, daß wir den Gegenständen gegenüberstehen. Begriffe sollen nicht konzeptionalistisch aufgefaßt werden, sondern als etwas *Objektives* und somit *Intersubjektives* (Argument der Kommunikation). Sie sollten aber kein (materieller) Gegenstand sein.

Frege führt eine neue Bedeutung von *Gegenstand* ein. Gegenstand ist nicht so, wie in der philosophischen Tradition das Subjekt von Prädikaten. Er spricht von *Sättigung* von Begriffen. Das ist als Erfüllungsbedingung zu reanalysieren, die über ein nicht-leeres Universum zu interpretieren ist (V. Mayer 1996: 147-8). Frege unterscheidet grundsätzlich zwischen *Begriff* und *Gegenstand* und dem *Merkmal* eines *Begriffs* und dem *Gegenstand*. Der Begriff »Der König von Großbritannien« hat ein charakteristisches Merkmal »ein König zu sein«, das als Eigenschaft einem Gegenstandes (in diesem Fall einer Person) zukommt, der König von Großbritannien ist. »Fallen unter einen Begriff« ist nach Frege die logische Grundrelation und Begriffe sind nicht subjektive. Sie sind keine Vorstellungen (Kritik am Psychologismus). Er gibt aber Begriffen einen *Umfang*. Dadurch wird die Unterscheidung zwischen beidem unscharf.

Der Sinn des ganzen Satzes ist der Gedanke (Proposition). Gedanken sind dasjenige das wahr oder falsch sein können. Nach Frege bezeichnen Eigennamen *Gegenstände* und Prädikatsausdrücke bezeichnen *Begriffe*. Das Prädikat »ist ausgedehnt« bezeichnen etwas, ohne daß es sich dabei um einen (materiellen) Gegenstand handelt. Objekte sind demnach *vollständig* und Begriffe sind *unvollständig*. Frege wendet die Unterscheidung von Sinn und Bedeutung (Referenz) auch auf Sätze an. Der Schritt ist bei ihm dadurch begründet, daß die Frage nach der Bedeutung (Referenz) des Satzes sich uns dann stellt, wenn wir nach der Bedeutung (Referenz) seiner Teile fragen. Er verbindet damit den Kompositionalitätsgrundsatz mit dem Wahrheitswert von Sätzen. Dabei stützt er sich auf das aus dem Kompositionalitätsgrundsatz folgenden Grundsatz der Ersetzbarkeit, das heißt: Sofern wir Wörter innerhalb eines Satzes ersetzbar sind, welche die Identität ihrer Referenz bewahren, so wird auch die Identität der Referenz des entsprechenden Satzes nicht verändert. Das mag unproblematisch sein. Frege geht aber noch einen Schritt weiter, da nach ihm der *Wahrheitswert* von Sätzen als singuläre Termini auf das *Wahre* und das *Falsche* referiert. Wahrheitswerte sind Gegenstände und sie sind daher vollständig (siehe Abbildung).

Ausdrücke mit derselben Bezeichnung können, ohne ihren Wahrheitswert zu verlieren, ausgetauscht werden. In den sogenannten indirekten Kontexten haben Ausdrücke (Wörter) im Unterschied dazu einen indirekten Sinn und eine indirekte Referenz, das heißt einen *ungerader Sinn* und deshalb eine ungerade Referenz. Die indirekte Bezeichnung eines Satzes ist ihr normalsprachlicher Sinn, das heißt ein Gedanke, und ihr indirekter Sinn ist der Sinn des Ausdrucks *der Gedanke, daß* ... Gedanken sind der Sinn von Aussagesätzen. Nur ein Gedanke kann nach Frege »wahr« oder »falsch« sein. Der Gedanke, daß *p* ist derselbe Gedanke wie der Gedanke, daß *p* wahr ist. »Daß *p*« unterscheidet sich von »*p*« dadurch, daß der Aussage »*p*« die behauptende Kraft entzogen ist. Sinn, Gedanken und Zahlen sind keine Vorstellungen (mentale Entitäten). Sie sind *vollständig* und *objektiv* und Bewohner des dritten Reichs, das weder als eine mentale noch eine physische Entität zu erfassen ist. Frege bleibt aber mit seiner Fassung der Funktion als dasjenige für das ein Funktionsausdruck steht, noch einer gegenstandstheoretischen Auffassung der Semantik verpflichtet (Tugendhat, Wolf 1983: 142-41). Der Gedanke steht zwar nicht für einen Gegenstand, aber für *etwas*. Das nennt Frege die *Funktion*.

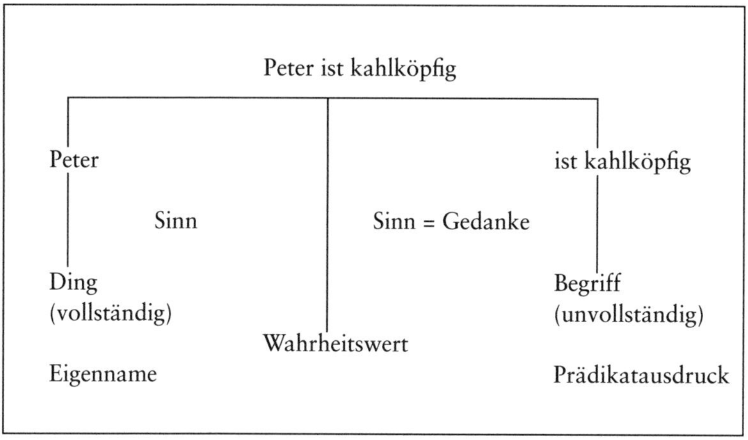

Nach Frege sind Behauptungssätze als singuläre Termini einzustufen und Wahrheitswerte sind Gegenstände: Der Wahrheitswert eines Satzes ist seine Referenz. Das Wahre und das Falsche sind für ihn Gegenstände. Ausdrücke mit derselben Referenz können deshalb, ohne daß sie ihren Wahrheitswert verlieren, ausgetauscht werden und in den sogenannten indirekten Kontexten haben Ausdrücke (Wörter) einen indirekten Sinn und eine indirekte Bezugnahme: einen ungeraden Sinn und deshalb eine ungerade Bezugnahme. Die indirekte Referenz eines Satzes ist ihr normalsprachlicher Sinn, das heißt ein Gedanke, und ihr indirekter Sinn ist der Sinn des Ausdrucks »der Gedanke, daß ...«.

Die Innovation Freges besteht darin in der *funktionale Analyse* die Bedeutung prädikativer Sätze. Sie stehen somit nicht für etwas Zusammengesetzes steht. Das ist seine Kritik an der traditionalen Urteilstheorie. Es kündigt sich aber bei dieser Innovation ein Folgeproblem an. R. Schantz hebt zu recht hervor, daß Freges ontologische Unterscheidung zwischen Gegenständen und Funktionen mit seiner Annahme zusammenhängt, die singulären Termini und Sätze als *vollständige (gesättigt)* sprachliche Ausdrücke einzustufen, während im Unterschied dazu Prädikate und Funktionsausdrücke *unvollständige (ungesättigte)* Ausdrücke sind. Aus seiner sprachlichen Analyse folgt für Frege eine ontologische Auffassung. *Vollständig* nennt er nicht nur singuläre Termini und Sätze, sondern auch die *Gegenstände*, für die sie stehen. *Unvollständig* nennt er aber nicht nur die Funktionsausdrücke, sondern auch die nichtsprachlichen Entitäten der Funktionen, für die diese Entitäten stehen. Daraus erklärt sich Freges Ansatz: Alle wahren und alle falschen Sätze stehen für denselben Gegenstand. Insofern geht das Schleuderargument (collapsing argument) auf ihn zurück, da für ihn Sätze und Ausdrücke singuläre Termini sind. Sie gehören als Ausdrücke zu demselben logischen Typ (zu seiner Systematisierung Neale 2001). Es geht dabei um ein grundlegendes analytisches Problem in der Sprachtheorie, inwieweit Wahrheitswerte Gegenstände und »das Wahre« und »das Falsche« singuläre Termini sind. Dieser Ansatz Freges ist aus seiner Gleichsetzung von Begriffen mit Funktionen (ihre Werte sind Wahrheitswerte) zu erklären ist (Schantz 1996: 162, dazu 161-63). Mit Schantz können wir auch darin überein, daß die verallgemeinerbaren Erfüllungsbedingungen für die Semantik grundlegend sind, und der Wahrheitswert das semantische Merkmal ist, das von den referentiellen Eigenschaften seiner Bestandteile funktional abhängt (Kompositionalitätsgrundsatz). Somit stellt sich die Frage: Sollten wir die Auffassung der Sätze als singuläre Termini aufgeben? (dazu Schantz 1996: 162, der die Frage positiv beantwortet.)

Nach T. Burge (2005) ist die Verwerfung des Frege-Sinn, zum Beispiel bei Searle, Wittgenstein, Kripke und Donnellan auf einem Mißverständnis. Es besteht darin, Sinn mit sprachlicher Bedeutung gleichzusetzen. Das verfehlt aber Freges Erkenntnisinteresse, die zeitlose Struktur von Gedanken und nicht die konventionelle linguistische Bedeutung in einer erkenntnistheoretischen Einstellung zu untersuchen. Burge hebt hervor, daß Russells Verbreitung von Frege dazu geführt hat, daß man im Fortgang dem Unterschied zwischen beiden Ansätzen keine große Aufmerksamkeit mehr zukommen ließ. Russels erkenntnistheoretische Basistheorie assimilierte Verstehen und Wissen an das nicht-propositionale Wissen durch dirkete, nicht-widerlegbare Bekanntschaft. Burge wendet sich gegen den verbreiteten nominalistischen Einwand, daß Frege den Gedanken vergegenständlicht. Diese Kritik stuft die erklärende Rolle von repräsentationalen Inhalten nicht richtig ein, da es sich bei diesen Inhalten um Gesichtspunkten von Einstellungen handelt. Er räumt aber ein, daß Freges Rede von dem Gedanken fassen unglücklich (metaphorisch) ist. Die Probleme mit Freges Platonismus entstehen aus Burges Sicht nicht durch die Kluft zwischen einem individuellen Denker und einem objektiven Reich, die zu überbrücken ist, sondern durch die Angabe der Individuierungsbedingungen von Arten mentaler Fähigketen. Burge hebt hervor, daß Freges erfolgreiche Wirkungsgeschichte auch mit Vereinseitigungen und Mißverständnissen einhergegangen ist. Der logische Empirismus hat z.B. seine Innovationen in der Logik aufgenommen, aber er hat seine Erkenntnis- und Bedeutungstheorie nicht fortgeführt, da er Freges philosophischen Hintergrund nicht mehr teilte.

Insofern ist Freges Wirkungsgeschichte auch zu korrigieren. (Zu einer Neufassung von Freges Bedeutungstheorie vgl. auch D. Kaplan 1979, vgl. dazu M. Frank 2012: zu rein-indexikalischen und indexikalischen Ausdrücken, zu content and character 139-164.)

1.4. Behauptende und fragende Kraft

Frege unterscheidet zwischen dem »Fassen des Gedankens – das Denken«, »die Anerkennung der Wahrheit eines Gedankens – das Urteilen« und »die Kundgebung dieses Urteils – das Behaupten«. Das Verstehen einer behauptenden Äußerung erfordert nach Frege: Der Sprecher weiß, was es heißt, etwas zu behaupten und der Sprecher weiß, was es heißt, was für einen Inhalt/Gehalt die bestimmte Behauptung hat, das heißt, welche Bedingungen erfüllt/wahr zu sein haben, damit das Behauptete wahr ist. Nicht-behauptende Äußerungen (Sätze), zum Beispiel eine Frage, verstehen wir demgemäß dann, wenn wir wissen, was es heißt, eine Frage zu stellen und wissen, was für einen Inhalt eine bestimmte Frage hat. Bei Fragen betrifft dies die Bedingung, unter der sie mit »Ja« oder »Nein« zu beantworten sind. Frege unterscheidet bei einem Behauptungssatz seinen Inhalt (Gedanke) und die Behauptung, wobei er den Inhalt mit der *Satzfrage* gemeinsam hat. Wir können den Inhalt von Behauptungssätzen *fassen*, ohne sie zu behaupten. Der Wahrheitsbegriff wird von ihm auch auf Fragen angewandt, das heißt, die richtige Antwort »Ja« wird als »wahr« gedeutet. Behauptungs- und Fragesätze haben demnach denselben Sinn und der Behauptungs- und Fragemodus treten zu ihm hinzu. Gehen wir von dieser Erweiterung aus, so gilt für beide Sprechakte, daß der Sprecher genau dann einen wahren Satz äußert, wenn bestimmte Bedingungen erfüllt sind. Frege hat dadurch die Sprechakttheorie begründet. Searle hat im Anschluß an J.L. Austin seinen Ansatz aufgenommen.

Frege unterscheidet zwischen der assertorischen Kraft, die einem Satz zu einer Behauptung macht und dem Gedanken (propositionaler Gehalt: daß p) des dadurch Ausgesagten. Das *was* des Behaupteten wird mit Hilfe von Wahrheitsbedingungen erklärt und die assertorische Kraft fügt dem nur die Geltung der Erfüllung dieser Bedingungen hinzu. Der Aussagesatz »p« bringt dann *beides* zusammen zum Ausdruck. Eine Behauptung ist demnach als eine Art sprachlicher Akt aufzufassen, der dem Sprecher in bezug auf die Wahrheitsbedingungen jedes Satzes, den er als Behauptung äußert, zuzuschreiben ist. Diese Zuschreibung kann der Sprecher auch monologisch vornehmen. Dabei spricht er und kommuniziert er nicht mit sich selbst. Kommunikation ist immer fremdorientiert.

Der Unterschied zwischen behauptenden und anderen Äußerungen besteht darin: Der Sprecher *behauptet* bei Behauptungen, daß die Wahrheitsbedingung erfüllt ist und er *fragt* bei Fragen, ob sie erfüllt sind. Diesen Unterschied bezeichnet Frege als einen *Unterschied der Kraft*, die dem Satz in beiden Fällen zugemessen wird: die behauptende oder fragende Kraft. Die Kraft ist nach Freges Auffassung ein Gesichtspunkt der Bedeutung des Satzes und ist von der Wortbedeutung zu unterscheiden, die dazu dient, die Bedingungen zu bestimmen, unter denen der Satz »wahr« ist. Diesen Bestandteil nennt Frege den *Sinn*, die Art des *Gegebenseins* von etwas. Bei Namen ist die Art des Gegebenseins das Bezeichneten (des Trägers), zum Beispiel Morgenstern und Abendstern sind zwei Arten des Gegebenseins desselben Planeten (der Venus) und bei Sätzen ist es der Gedanke, das Gesagte als etwas Objektives. Auf Frege geht die moderne Auffassung zurückgeht, daß der Sinn eines Satzes, sein propositionaler Gehalt, in seinen Wahrheitsbedingungen besteht. Das haben zum Beispiel seine Interpreten Dummett und Tugendhat herausgestellt.

1.5. Öffentlichkeit und Erreichbarkeit von Gedanken

Der Sinn eines Satzes kann keine Idee bzw. eine mentale Entität sein, aber ein Gedanke: ein abstraktes Objekt, eine Proposition. Der Gedanke unterscheidet sich von anderen Gegenständen, die auch geistige Gegenstände heißen, zum Beispiel Schmerzen und Vorstellungsbilder, dadurch, daß er nicht wesentlich privat ist. Ich kann einer anderen Person zwar mitteilen, was ich für Schmerzen habe oder was ich mir vorstelle, aber meine Schmerzen bzw. meine Vorstellungen kann ich ihr nicht übermitteln. Dem Gedanken ist es jedoch wesentlich, *übertragbar* zu sein, das heißt ich kann einer anderen Person genau das übermitteln, was ich denke. Gedanken (Propositionen) sind für Frege nicht nur die Garantie der *Öffentlichkeit* des Wissens, sondern auch seiner *Erreichbarkeit*. Frege hat, vermutlich wegen seiner speziellen Erkenntnisinteressen, nicht viel zu der rätselhaften Fähigkeit des Gedankenfassens beigetragen. Die Zulassung von Gedanken (Propositionen) stellt das Problem ihrer *Erreichbarkeit*. Die Rolle, die Frege seinem Begriff des Sinnes beimißt, sind von ihm nicht ausgeführt wurde. Darin stimmen die Kommentatoren Freges überein (vgl. zum Beispiel dazu Schantz 1996: 94). In seiner epistemischen Rolle ist Sinn einerseits mit der mentalen Fähigkeit eines Sprechers verbunden den Sinn eines Ausdrucks zu fassen, das heißt, ihn zu verstehen, andererseits soll er die Referenz des jeweiligen Ausdrucks bestimmen, das heißt, der Sinn bestimmt die Referenz, und er legt somit die Beziehung zwischen Sprache und Welt fest.

Wenn der Sinn eines Satzes als eine mentale/private Entität aufgefaßt wird, dann ist die Relation meiner Vorstellungen und der Vorstellungen einer anderen Person rätselhaft: Das betrifft das Problem der *Objektivität*. Wir können hinzufügen, wie Tugendhat einleuchtend dargelegt hat, auch die Referenz auf Gegenstände durch Ausdrücke. Die Bewußtseinsphilosophie geht von einer vorsprachlichen Referenz auf Gegenstände aus, wobei sie sich diese Referenz als ein Vorsichhaben bzw. als Vorstellung auffaßt. Ein Sprecher, der ein Zeichen verwendet, kann sich deshalb auch *ohne* Zeichen auf Gegenstände als etwas beziehen, was er vor sich hat, weil er sonst Zeichen nicht Gegenständen zuordnen könnte: Ein Zeichen vertritt etwas, das auch ohne die Verwendung dieses Zeichens gegeben sein könnte (Vertretungstheorie).

Gedanken (Propositionen) sind im Unterschied zu Vorstellung *öffentlich*, das heißt, Sprecher und Hörer können denselben Gedanken fassen. Das Gedankenfassen ermöglicht so etwas wie ein *öffentliches* und *objektives* Wissen. Die Zulassung von Gedanken stellt aber für Sprecher und Hörer das Problem der *Erreichbarkeit*. Beide Probleme verschwinden, wenn wir bei der Rekonstruktion der *Erreichbarkeit* und der *Objektivität* des Wissens nicht nur von Sätzen, sondern von auch vom Sprachverhalten ausgehen. Dem *Sagen, daß* ... (saying that) kommt dabei eine prominente Rolle zu. Das Sprachverhalten eines Sprechers ist beides, sowohl *objektiv* als auch *erreichbar*. In Davidsons *Vereinheitlichter Theorie* wird das Problem der Objektivität und Erreichbarkeit von Gedanken durch die Triangulation von Subjektivem, Intersubjektivem und Objektivem zu lösen versucht, wobei für das Zustandebringen dieses Triangel durch eine öffentliche objektive Wahrheit verbürgt sein soll, das heißt, unsere Überzeugungen werden durch die Welt (Gegenstände und Ereignisse) wahr gemacht. Das verbürgt die interpersonale Verifikation. Sie sollen nicht von einem Interpretationsschema, unserer Gesellschaft oder der Geschichte der Menschen abhängig sein.

2. Die Problemsituation der analytischen Philosophie

2.1. Das Problem der idealen Sprache

In der analytischen Philosophie liegt eine Problemsituation vor, die *von:*

1. der semantischen Analyse von Sätzen und ihren Teilausdrücken mit Mitteln der logischen Syntax, die den Ausdrucksgebrauch für die Begriffe *Bedeutung* und *Referenz* in der Weise systematisiert, daß er auf die Quantorenlogik beziehbar wird (Wittgenstein, Russell, Carnap, Quine, Davidson),

2. *über* die Debatte über Namen, Kennzeichnungen und Präsuppositionen (Russell, Strawson, Quine, Stalnaker, Donnellan u.a.) und der partiellen Interpretation der theoretischen Begriffe

3. *zu* der Hypothese der semantischen Arbeitsteilung der Sprache (Putnam: soziolinguistische Hypothesenbildung, der semantischen Reinterpretation der empirischen Pragmatik (Carnap) als einer Semantik als Sozialwissenschaft) und einer neuen Debatte über Erkenntnistheorie, die über Externalismus (Davidson versus Burge, Putnam), Realismus (D. Lewis) und Internalismus (vereinfacht alle Repräsentationalisten: Putnams interner Realismus: Objekte sind von unserem Konzeptualschema abhängig, Searle, C. McGinn, Fodor, H.-N. Castañeda) führt.

Es liegt nahe, die Veränderungen der analytischen Philosophie von der Analyse der logischen Syntax einer idealen Sprache als Basis der metaphysischen Bestimmung der Sprache zu der intensionalistischen Semantik (Carnap) am Leitfaden des *semantischen Aufstieg* (Quine) zu beschreiben. Impetus dieser Entwicklung ist, wie die Frage beantwortet wird:

Inwieweit ist der Weg begehbar, eine ideale Sprache (universale Sprache) um ihrer selbst willen auszuarbeiten (Vision der idealen/universalen Sprache), welche den Status einer extensionalen Sprache hat, die nicht von dem Sprachgebrauch der normalen Sprache abhängt?

Mit der Beantwortung dieser Frage hängt zusammen, ob die Suche nach einer *richtigen* Analyse von Sätzen und des Sprachgebrauchs erfolgreich sein kann (zu dem nahezu klassischen Problem und den metaphilosophischen Schwierigkeiten der linguistischen Philosophie R. Rorty 1967[1]). Der Übergang zur new-level-Analyse wird in der Wahrheitstheorie nachzuweisen gesucht: »To know what exactly we are asserting is to know what must be the case if we are asserting truly«. (L. S. Stebbing 1934/35: 79) Der logische Atomismus bestimmt dabei weiterhin die Richtung der philosophischen Analyse. Er wird aber insofern abgeschwächt, als das Denotatum von logischen Eigennamen nicht mehr die unmittelbare Referenz von Sprache und Welt sicherstellt. An ihre Stelle treten die semantischen Entsprechungen der wahren Propositionen (Stebbing 1934/35, J. Wisdom 1934, zur Unterscheidung zwischen »materialer«, »formaler« und »philosophischer« Analyse Wisdom 1934: 65-68, dazu Schnädelbach 1977: 291-294). Das leitete die Debatte über Propositionen als Wahrheitsträger ein und die Debatte, ob das Wahrheitsprädikat im Anschluss an Tarski sprachrelativ oder ob es auf Propositionen zu spezifizieren ist (dazu A. Pap 1955: 57-69). Es wäre erneut zu überprüfen, wie der Anschnitt in der Wahrheitstheorie vorzunehmen ist, da man auch begründete Zweifel haben kann, ob wir Quine und Davidsons interpretativen Wahrheitstheorie in der Zurückweisung von Propositionen als Wahrheitsträger wirklich folgen sollten. Wahrheit wäre somit ein »nicht-semantischer Begriff« (Carnap), da eine Proposition wahr sein kann, ohne daß sie sprachlich ausgedrückt ist.

Problemgeschichtlich gesehen wurde der Bezugsrahmen des semantischen Aufstieges (Quine) verändert und erweitert. Der semantische Aufstieg wird in einer Standardsprache, das heißt nach Maßgabe der logischen Form und dem Gebrauch der kanonischen Notation formuliert (Wittgenstein$_1$, Russell, Carnap, Quine). Dieses Programm fällt zusammen mit der Konstruktion der logischen Syntax einer durchsichtigen Wissenschaftssprache, die, nach der Aufgabe des logischen Atomismus und des Verzichtes der logischen Analyse als Methode der Metaphysik, pragmatisch motiviert wird (Quine).

Die Kritik an der Metaphysik des logischen Empirismus führt zu der Unterscheidung der Ebene elementarer Sätze und ihrer wahrheitswertfunktionalen Verknüpfung in Richtung auf die Bedeutung von Teilausdrücken. Die Angabe des Satzsinns, in der Methode der Verifikation (Wittgenstein), erfordert aber mehr als die Feststellung einer Korrespondenz von elementarem Satz und Tatsache. Die reduktive und im Fortgang die dekompositorische Analyse (Carnap) belasten damit die Teilausdrücke. Die dekompositorische Analyse führt zu dem Folgeproblem, ob die identifizierende Referenz eine Eigenschaft von Ausdrücken ist, das heißt, es stellt sich die Frage, ob die Angabe des Sinns eines Ausdrucks die Kriterien seiner Zuschreibung (referentiell und prädikativ) einschließt. Die postempirische Bedeutungstheorie (Quines) zieht daraus die Folgerung der Unerforschbarkeit der Referenz und der Unbestimmtheit der Übersetzung, die nicht zu beseitigen sind.

Die Kontroversen im logischen Empirismus (Wiener Kreis) betreffen vor allem die Begründung der Geltung empirischer Aussagen (Sätze). Das war durch die Voraussetzung begründet, daß eine Zurückführung der Geltung empirischer Aussagen auf Elementarsätze (Wittgenstein) problematisch wurde. Wittgenstein gab im *Tractatus* kein Beispiel für Elementarsätze. Sie waren für ihn noch zu finden. In der Debatte über Protokollsätze am Anfang der 1930er Jahre (Carnap, Schlick, O. Neurath) ging es vor allem darum, inwieweit den Protokollsätzen gegenüber anderen Sätzen eine Vorrangstellung zuzusprechen sei. Dieses Problem wurde von Carnap und Neurath dahingehend gelöst, daß für den Aufbau der Wissenschaften keine absoluten Anfangssätze anzunehmen sind. Popper stellte die Konstitution empirischer Begriffe (Carnap) und den Versuch, wissenschaftliche Aussagen durch Überzeugungserlebnisse zu begründen (Schlick: Konstatierungen), dahingehend in Frage, daß Wahrnehmungsaussagen keine grundlegende Rolle in der Erkenntnisfundierung spielen: Alle Aussagen sind als Hypothesen zu behandeln und ihre Geltungsbegründung betrifft die Festsetzung der Basissätze (Prüfsätze).

Der logische Empirismus lehnte synthetisch apriorische Aussagen (Kant) als logisch unmöglich ab. Aus seiner Sicht sind diese Aussagen leer. Alle Aussagen sind entweder synthetisch a posteriori oder tautologisch (analytisch). Unter analytischen Sätzen versteht man die Sätze die logisch wahr sind oder die durch den Austausch von synonymen Ausdrücken in wahre Sätze übergehen. Die vollständige Disjunktion zwischen synthetischen und analytischen Sätzen wurde von Quine, aber auch von M. G. White, bestritten. Nach Quines Gegenargument läßt sich kein klares Entscheidungskriterium für die synonyme Ausdrücke angeben. Pap hebt hervor, dass die »Anti-Dualisten« sich nur auf die Eigenschaften von Sätzen beziehen. Es ist aus seiner Sicht aber fraglich, ob die Untersuchung von Ausdrücken darüber entscheiden kann, ob eine Proposition analytisch oder synthetisch ist, da sie sich auf die Analyse der Identität von Begriffen und nicht auf die Synonymität von Ausdrücken zu stützen hat. (Pap 1955: 204-206, zur Übersicht: 193-206, zur Kritik an Quine vgl. Fodor, Lepore 1992) Angesprochen sind damit auch die Grenzen der linguistische Theorie in der formalen Logik, die besagt, die Sätze der formalen Logik beruht selbst auf Sprachkonventionen.

2.2. Zwei Traditionen

Im Fortgang der Geschichte der analytischen Philosophie sind *zwei* Traditionen zu unterscheiden, die Frege/Russell-Tradition und die Wittgenstein/Austin/Strawson-Tradition, welcher der Bedeutungsnominalismus als einer Kritik an einem semantischen Platonismus (Frege) von H. P. Grice, J. Bennett u.a. zuzuordnen ist. Die intentionalistische Bedeutungstheorie ist dahingehend lehrreich, um zu zeigen, wie der Versuch aussieht, statt einer Referenzfunktion der Satzteile in einem semantischen Sinn einen Mechanismus zu finden, der zwischen den Intentionen eines Sprechers und dem Wissen von Hörern ein Verhältnis herstellen kann. Die intentionalistische Bedeutungstheorie wendet sich gegen eine formalsprachliche Satzanalyse und eine gegenstandstheoretische Auffassung von Bedeutung. Nach ihr kann die Bedeutung eines Wortes nicht festgestellt werden. Der Bedeutungsnominalismus wird sowohl als ein Bedeutungsintentionalismus als auch als ein intentionaler Konventionalismus vertreten. Wenn eine Äußerung Bedeutung hat, dann heißt dies, daß ein Sprecher mit ihr etwas sagen möchte (meaning). Dieser Ansatz erklärt Bedeutung durch die Übertragung einer Sprecherintention, des kognitiven Gehalts der Äußerungen, auf einen Hörer. Die situationsunabhängige Bedeutung oder die Standardbedeutung soll diesem Vorschlag gemäß durch die Unterscheidung von natürlicher und nicht-natürlicher Bedeutung erreicht werden. Es handelt sich bei diesem Ansatz um eine Strategie, die einen Mechanismus des Verstehens von Äußerungsbedeutung nachweisen möchte. Der Ansatz wurde von M. Ulkan im Anschluß an G. Meggle rekonstruiert und in eine Analyse kommunikativer Akte überführt (1997, 1981). Eine intentionalistische Bedeutungstheorie möchte die Existenz eines nichtsprachlichen (kausalen) Mechanismus (Grice-Mechanismus) als Basis des Verstehens der Äußerungsbedeutung und von Kommunikation nachweisen. Daran hat die Kritik von Davidson mit seinem Grundsatz der Autonomie der Bedeutung angesetzt.

Die *Problemsituation* der analytischen Philosophie tritt dann ein, wenn sich für die Sprachanalyse die Alternative stellt:

- logische Form als Normalform von sprachlichen Ausdrücken versus der Beschreibung des Gebrauchs von sprachlichen Ausdrücken in der Folge der Aufgabe des logischen Atomismus und der metaphysischen Bestimmung der Sprache und
- die Zurückführung auf die Rekonstruktion von Verstehen mit semantischen Begriffen, die sich auf den Ausdrucksgebrauch und die Satzwahrheit als Analysans beziehen, erneut das Referenzproblem singulärer Termini auf den Plan ruft. Für Quine können sie eliminiert werden, für Davidson sind Wortbedeutung, Referenz und Erfüllung Implementierungen der Wahrheitstheorie und für Tugendhat sind sie eine semantische Klasse.

Die Wahrheitstheorie Tarskis kommt rückblickend die Rolle zu, die Problemsituation zu überbrücken. Der Bezugrahmen ist die Satzwahrheit und die Behauptung der Koextension von Sinn (Intension) und Wahrheitsbedingungen. Hierunter fallen sowohl Quine, Davidson und Tugendhat. Die Autoren unterscheiden sich zwar in ihrer Sprachphilosophie, sie stimmen aber in ihrer Sprachtheorie in vielen Punkten überein: 1. Wahrheitsbedingungen sind das Schlüsselelement der Sprachtheorie, 2. das Auffinden einer verborgenen Tiefenstruktur einer

Sprache ist das kritische Problem der Sprachtheorie (logische Form), 3. die Form der Tiefenstruktur wird aufgebracht durch eine theoretische und quasi-logische Überlegung, 4. das heißt im besonderen, daß die logische Form der aufgebrachten Tiefenstruktur sich mit der formalen Sprache der symbolischen Logik schließt (für Quine und Davidson ist dies die Prädikatenlogik erster Stufe, für Tugendhat ist dies eine semantische Form als logische Form, die angibt, wie die Wahrheit eines Satzes von der Bedeutung ihrer Teilausdrücke abhängt, das heißt, wie ein Satz wahrheitsrelevant zusammengesetzt ist), 4. daraus folgt, daß sich Sätze als atomare Sätze durch logische Operatoren bilden lassen und 5. die sogenannte Tiefenstruktur einer natürlichen Sprache ist extensional (logische Formanalyse) und zwar ungeachtet der irreführenden Erscheinungen der Oberflächenstruktur. Wittgenstein hat in seinen *Philosophischen Untersuchungen* diese Annahmen zu bestreiten gesucht. Für ihn sind »Tiefenstrukturen«, »logische Formen«, »zugrundeliegende Semantiken« und »ontologische Bindungen«, welche Philosophen zu untersuchen beanspruchen, »Luftgebäude«. Dabei handelt sich aber um einen kostenpflichtigen Weg, dessen Preis sehr hoch ist.

2.3. Alternativen und Folgerungen

Vor diesem Hintergrund stellen sich für die Sprachanalyse die Alternativen:

1. Entweder sind Namen als *Beschreibungen* zu analysieren (Beschreibungstheorie), dann kann die Intension (Sinn, Wissen, Kontext), in einem nicht-metaphysischen Sinn (Intension) die Referenz (Extension) bestimmen oder

2. Begriffe lassen sich *richtig* analysieren, das heißt, sie sind extensional äquivalent, auch in diesem Fall bestimmt die Intension die Extension (nach Carnap sind Intension und Extension semantische Begriffe, zur Kritik Putnam 1975: vor allem 262-66).

3. Mit der Aufgabe der beiden Dogmen des Empirismus und der postempiristischen Bedeutungstheorie (Zirkel zwischen Überzeugung und Bedeutung) werden *analytische Bedeutungstheorien* aufgrund der Unerforschbarkeit der Referenz zurückgewiesen (Quine).

Wenn die ersten beiden Positionen nicht mehr überzeugen, dann stellt sich erneut das Referenzproblem. Wählen wir als Ausgangspunkte der Analyse die Prädikation, den Gebrauch von Teilausdrücken und ihre Bedeutung, dann bieten sich als Alternativen der Sprachanalyse an:

1. Bezugsproblem ist die Rekonstruktion der Satzfunktion (Frege/Russell-Tradition). Bedeutung wird parallel zur Wahrheitsdefinitheit behandelt. Singuläre Termini sind dabei formal (konzeptuell) als ergänzungsbedürftige Teilausdrücke zu charakterisieren (Tugendhat),

das heißt, eine formale Semantik in begrifflicher Absicht geht von der Analyse der Satzfunktion aus (Zeichenfunktion) und erklärt mit ihr die Referenz singulären Termini, indem sie die Sprachverwendungsregeln dieser Teilausdrücke durch ihre Verifikation in Wahrnehmungssituationen exemplifiziert oder

2. Bezugsproblem ist die Beschreibung des Gebrauchs von Ausdrükken der Umgangssprache (Wittgenstein - Tradition), wodurch die Weichen zu dem Sprachdeskriptivismus und Sprachskeptizismus gestellt sind.

Aus diesen Alternativen läßt sich die Folgerung ziehen, daß die dogmatische Entgegensetzung: *die Bedeutung versus der Gebrauch* zu überwinden ist. Das ist aus meiner Sicht der entscheidende Punkt, wie man auch immer diese Entgegensetzung beseitigt. Ein Übereinstimmung diesbezüglich besteht zum Beispiel zwischen Tugendhat und Davidson, aber auch anderen Autoren. Lepore und Fodor würde dem mit ihrer antiholistischen Sprachtheorie auch zustimmen.

Von Interesse ist normalerweise die Angabe darüber, wie ein Ausdruck seinen Gegenstand, das heißt, die Intension die Extension bestimmt. Dabei ist zu berücksichtigen, daß der Sinn eines Ausdrucks nicht sein Gegenstand sein kann, wie Russell in seiner Theorie der Beschreibung gezeigt hat. Wählen wir als Ausgangpunkt die Analyse von Namen, dann bieten sich die Alternativen an:

1. Eine *Russell-Position* – hierzu gehören zum Beispiel so unterschiedliche Autoren wie zum Beispiel Sellars, Tugendhat und Neale –,

2. eine *intensionale Auflösung* des Verhältnisses zwischen Erläuterung und Analyse (Strawson),

3. die *Eliminierung* von singulären Termini nach Maßgabe der kanonischen Notation und eine Naturalisierung der Erkenntnistheorie (Quine) oder

4. eine *kausale Referenztheorie* (Kripke) bzw. die Semantik von intensionslosen Namen (Donnellan).

Diese Alternativen legen die Folgerung nahe, daß *Referenz* und *Bedeutung* zu trennen sind.

Die Entgegensetzung: *logische Form als Normalform* versus *Beschreibung des Gebrauchs* führt in das Zentrum der historischen *Problemsituation* der analytischen Philosophie, wie sie sich in den beiden großen Visionen der analytischen Philosophie, den Vertretern der Philosophie der idealen Sprache und den Vertretern der Philosophie der normalen Sprache dokumentiert. Im nachhinein würden wir gegenüber dieser Auseinandersetzung eher eine Entdramatisierung vornehmen. Formalsprachliches Philosophieren ist nicht auf eine weltabbildende Sprache oder eine Weltabbildung ontologisch zu verpflichten. Strawson hat diese Situation dann dahingehend zugespitzt, aber auch modifiziert. Er setzt dem klassischen Analysebegriff *als logische Analyse der Sprache* die begriffliche Analyse *als Beschreibung eines allgemeinen Begriffsschemas* entgegen (deskriptive Metaphysik).

Die Philosophie der normalen Sprache tritt in einen Grenzbereich, da sie Sprache in einem anderen Medium, den sprachlichen Tätigkeiten, spiegeln und so keine rationale Rekonstruktion der Sprachstruktur anstrebt. Die Vertreter der idealen Sprache verzerren andererseits den Analysebegriff (Beschreibung des Gebrauchs), da sie unterstellen, die Umgangssprache würde von der Philosophie der normalen Sprache als eine Kalkülsprache eingeführt und gedeutet. Sie verstellen sich damit den Blick dafür, daß die formale und die Wissenschaftssprache nur eine Teilfunktion von Sprache sind. Aus meiner Sicht ist Quines Hinwendung zur naturalisierten Erkenntnistheorie und die durch ihn begründete post-empirisitische Bedeutungstheorie als eine Überwindung dieser Sackgasse zu interpretieren. Man mag gegenüber seinem Naturalismus (Materialismus) nicht zufrieden sein, aber seine verhaltenswissenschaftliche Rückbindung der Sprachtheorie betrifft weniger eine Ontologie, sondern die Belege der Attributierung von Sprachdisposition (Sprachbegriff) zu dem qualifizierten Verhalten der Zustimmung oder Ablehnung der Sätze eines Sprechers unter beobachtbaren Umständen. Nach Quine mag die Verhaltenswissenschaft für die Philosophie des Geistes fraglich sein, für den Sprachbegriff kommen wir aus seiner Sicht aber nicht umhin, sie anzuerkennen. In der Philosophie des Geistes liegt in der Werkgeschichte Quines keine ganz einheitliche Position vor. Sicherlich neigt er dazu, die mentale Dispositionen als physisch einzustufen.

Für Wittgenstein und Austin gehört zu dem Definiendum einer Sprache ihre Verknüpfung mit nichtsprachlichen Tätigkeiten, die den sprachlichen Äußerungen Bedeutungen verleihen. Darin besteht der Unterschied des Sprachverständnisses in der Wittgenstein/Austin-Tradition zu Frege, aber auch zu Davidson. Austin vertritt aber keine Gebrauchstheorie der Bedeutung. Für Frege ist dagegen die Institution der Sprache autonom. Frege und Wittgenstein stimmen aber darin überein, daß konventionelle Grundsätze die Praxis des Sprechens einer Sprache regeln. Eine Gegenposition dazu ist Davidsons Kritik an Sprachkonventionen. Sie teilen eine Auffassung des Verhältnisses zwischen Denken und Sprache, die besagt, daß nicht ein Satz an sich ein Ausdruck eines Gedankens ist, sondern ein gegebener Satz als Ausdruck eines bestimmten Gedankens zu verstehen sei. Beide Traditionen lassen sich als Folgeproblem aus der *Problemsituation* dahingehend annähern, daß eine interpretative Erfüllungstheorie der Satzbedeutung als ein Theorie des linguistischen Verhaltens systematisiert wird. Sie setzt voraus, daß der Grundsatz der Autonomie der Bedeutung anzuerkennen ist. Damit geht eine Umorientierung einher, die eine Gebrauchstheorie der Bedeutung aufgibt. In diese Richtung sind zum Beispiel Lepore und Ludwig ohne eine verhaltenstheoretische Grundlegung gegangen.

Die Theorie der starren Bezeichnung (Kripke) wendet sich gegen die Beschreibungstheorie der Referenz (Frege, Strawson, Searle). Sie besagt: Die Referenz eines Eigennamens wird unabhängig davon fixiert, welche assoziierten Beschreibungen der Sprecher für wahr hält, das heißt, der Name bezeichnet starr, und zwar insofern er dasselbe Ding bezeichnet. Namen haben demnach keine Bedeutung im Sinne von bestimmten Beschreibungen, sondern stehen für Gegenstände. Die Referenz wird durch den Gebrauch bei der Taufe des Objekts hergestellt und mit dieser Referenz stehen andere Sprecher in einem kausalen (historischen) Kontakt, das heißt, sie intendieren einen Gebrauch mit derselben Referenz. Die Fehler in der Referenzzuschreibung rühren daher, daß sie verschiedene Sätze, die den Namen enthalten, für wahr halten. Nach Donnellans Unterscheidung zwischen einem attributiven und einem referentiellen Gebrauch von Kennzeichnungen betrifft die pragmatische Zweideutigkeit des Gebrauchs von Kennzeichnungen auch die Existenzpräsupposition (zur Kritik an dieser Unterscheidung Kripke). Im Anschluß an Donnellan bezieht sich die Debatte auf die von ihm eingeführte semantische Begriffsbildung der identifizierenden Beschreibungen als intensionslose Namen. Die daraus resultierende Semantik ist aber mit dem erkenntnistheoretischen Problem eines historischen (kausalen) Referenzmechanismus belastet.

3. Die postempiristische Bedeutungstheorie

Die Skepsis gegenüber einer geschlossenen Bedeutungstheorie

3.1. Folgeprobleme

Die Rede von einer Abfolge von *Problemsituationen* der analytischen Philosophie kann dadurch begründet werden, da sich im Fortgang das Folgeproblem der Skepsis gegenüber einer geschlossenen Bedeutungstheorie stellt. Die nach-empiristische Bedeutungstheorie als die Skepsis gegenüber einer geschlossenen Bedeutungstheorie wurde von Quine begründet. Sie wendet sich gegen den logischen Empirismus. Er unterscheidet zwischen zwei Klassen von Ausdrücken, empirische und theoretische Ausdrücke. Nach Quine ist demgegenüber Bedeutung nicht aus dem kommunikative Gehalt einer Satzäußerung herauszuschälen. Insofern bestreitet er den Gegenstandsbezug von Ausdrücken als ihre Bedeutung. Die Referenz von Ausdrücken ist nicht zu erforschen. Das Verstehen von Sätzen ist demnach nicht *referentiell* schematisierbar. Bedeutung und Überzeugung sind immer miteinander verbunden. Davidson nennt dies den Zirkel zwischen Bedeutung und Überzeugung. Quine hat deshalb das Bedeutungsverstehen von Äußerungen, Sätzen und Inskriptionen als das Problem der *Übersetzung* in eine Rahmentheorie dargestellt, das heißt, die Rede von Bedeutung ist auf die (empirischen) Belege einer Rahmentheorie zu beziehen. Quine führt zu diesem Zweck die Situation der radikale Übersetzung ein, um die Nettobedeutung des Äußerungsverhaltens eines Sprechers an den Beobachtungssätzen und an deren Äußerungsbedingungen in einem Reiz-Reaktionsschema als Reizbedeutung und Reizsynomie zu beschreiben. Damit soll auch der soziale Charakter von Bedeutung erklärt werden. Quine wendet bei der radikalen Übersetzung den Grundsatz der Nachsicht an, der eine weitgehende Übereinstimmung von Sprecher und Übersetzer über die Wahrheitsbedingungen der Äußerungen, der Zuordnung von Sätzen zu ihren Auslösebedingungen, gewährleisten soll. Darin besteht die empirische Nettosynonymie von Beobachtungssätzen. Der Grundsatz der Nachsicht ist nicht epistemisch beschränkt und wirkt mit entsprechenden Spracheingangssätzen zusammen. Wahrheit wird somit nicht realistisch, sondern technisch interpretiert, das heißt: *Wahrheit ist Zitattilgung*. Die Wahrheit von Sätzen (als nicht-analytische Bedeutung) besteht bei der Herausfilterung der Nettobedeutung in der Übereinstimmung (*simple correspondence*) von Sätzen mit physikalischen Tatsachen. Die Übersetzung von Satzäußerungen bleibt aber in zweierlei Hinsicht unbestimmt, da Referenz, die gegenständliche Bedeutung von

Ausdrücken, unerforschbar ist und sich die analytischen Hypothesen des Übersetzers von der Anlage her korrigierbar sind. Das gilt auch unter der Voraussetzung der naturalistischen Theorie des Übersetzers. Sie besagt, daß wir für die Übersetzung (Verstehen) alle beobachtbaren Umstände (Beobachtungsbedingungen) als Belege heranzuziehen, die für den Übersetzer offensichtlich sind. In diesem Sinne gibt es keinen blinden Fleck in der Wahrnehmung der Äußerungssituation. Die Sprachwissenschaft hat, wie jede andere empirische Theorie, keine letzte Ontologie, da jede Ontologie relativ auf eine Rahmentheorie ist. Davidson hat gegen die Sonderstellung der Beobachtungssätze eingewandt, daß Beobachtungs- und theoretische Sätze nicht an der Basis der Muster der Reizstimulierung erkenntnistheoretisch zu unterscheiden sind, da dies zu einem Skeptizismus führt.

Die Problemsituation der analytischen Philosophie tritt somit dann ein, wenn im Rahmen des semantischen Aufstiegs (Quine) danach gefragt wird, *ob* und *wie* die Referenz und Bedeutung als Eigenschaften des Gebrauchs von Ausdrücken zu identifizieren seien. Dies betrifft die Rolle der singulären Termini als einer semantischen Ausdrucksklasse und die ontologischen Bindungen. Bezugspunkte für diese Spezifikation waren:

1. die Rolle (Funktion), die Ausdrücke einer bestimmten semantischen Art für die *Konstruktion einer Standardsprache* spielen. Semantische Untersuchungen betreffen die verwendete Notation, die selbst nicht theoretische und metaphysisch zu interpretieren ist, da sie unser empirischen Wissen (der Physik und der Verhaltenswissenschaft) nicht erweitert und unsere Ontologie relativ ist (Quines eliminative Strategie der Beseitigung der singulären Termin zur Lösung der Anomalien des Bezeichnens und die ontologische Relativität),

2. die Rolle (Funktion), die Ausdrücke einer bestimmten Art für die *Bestimmung des Wahrheitswerts* eines Satzes spielen (Strawsons Asymmetriethese zwischen den Teilausdrücken prädikativer Sätze in Hinsicht auf ihre Wahrheitsbedingungen). (siehe Abbildung, S. 56)

Strawson hat gegenüber Russell eingewandt, daß sich die singulären Termini nicht durch semantische Begriffe und die Konstruktion einer Wissenschaftssprache eliminieren lassen. Das betrifft die identifizierende Referenz (*identifying reference*) in ihrer Relation zu einem identifizierenden Wissen (*identifying knowledge).* Wenn ein Sprecher einen Ausdruck *A* dazu gebraucht, um mit diesem Ausdruck identifizierend über *A* zu sprechen (Sprecherreferenz), dann nimmt er an, das der Hörer über ein identifizierendes Wissen über *A* verfügt, das heißt, der Hörer ist in der Lage A von allen anderen Entitäten des vorausgesetzten Universums auszusondern (to pick out). Das heißt somit, er kann spezifizieren *wer* oder *was* mit *A* gemeint ist. Der Ausdruck identifizierende Referenz (Sprecherreferenz) steht somit in der Beziehung zu einem

Termtheorie Strawsons (nach Searle 1969: 175)

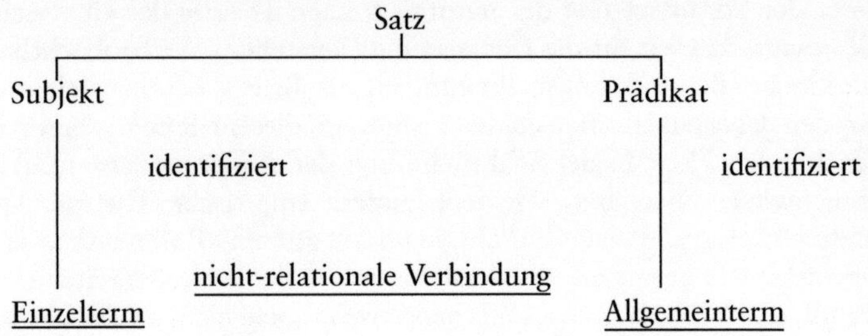

(Zur Termtheorie Searle 1969: 113-19, Terme – Begriffe, Ideen, Eigenschaften, Bedeutungen, Sinne, Klassen – sind nichtsprachliche Gegenstände, Searle interpretiert Strawsons Termtheorie als eine Kritik an Freges funktionaler Auffassung prädikativer Sätze.)

identifizierenden Wissen eines Hörers. Die Wahrheitsdefinitheit eines Satzes besteht demnach in der Kenntnis der Umstände. Strawson führt deshalb ein Sprecher-Hörer Modell ein. Das identifizierende Wissen, das Sprecher und Hörer teilen, begrenzt die Substituierbarkeit der Beschreibungen. Dies ist die Bedingung dafür, daß der Sprecher annehmen kann: Der Hörer ist davon überzeugt, daß es eine Entität gibt, die eine bestimmte Eigenschaft x hat. Das Problem dabei ist, daß die objektive Lokalisierung, welche die situationsunabhänge Identifikation ermöglicht, gegenüber dem identifizierenden Wissen von Seiten eines Hörers neutral bzw. vorauszusetzen ist.

3. die Rolle (Funktion), die Ausdrücke einer bestimmten semantischen Art für das *Verstehen einer (Satz-)Äußerung* spielen (Davidsons kompositionale Semantik). Nach diesem Ansatz sind Referenz und damit zusammenhängende Begriffe wie zum Beispiel die *Erfüllung* gegebener Aussagefunktionen durch gegebene Gegenstände (Tarski) theoretische Begriffe. Er akzeptiert eine Wahrheitstheorie im Stile Tarskis, eine schlanke Theorie, die einem formalen Begriff von Referenz auf der Basis ihrer Axiome in quantifikatorische Form nutzt. Nur diese Struktur ist ontologisch relevant. Dabei ist es irrelevant, wie die Teile der Ausdrücke (Referenz und Prädikation) innerhalb der Theorie durch die Äußerung der Wörter eines Sprechers zu Objekten spezifiziert werden. Die distale Referenztheorie der Gedanken und Bedeutung führt Referenz axiomatisch ein (Referenzaxiome der wahrheitszentrierten Interpretationstheorie). Referenzaxiome sind theoretisch nicht zu beseitigen. Wir sind dazu genötigt, die Objekte zu akzeptieren auf die sich die singulären Termini beziehen. Für eine erfolgsreiche Wahrheitstheorie sind Referenzausdrücke nicht als eine privilegierte Ausdrucksklasse auszuzeichnen. Die

besondere Erfüllungsrelation dieser Ausdrucksklassen stellt somit keine Beziehung zwischen Sprache und Welt her (zur Systematisierung siehe Neal 2001: 27-32, 33-38).

Die Rede von semantischen Arten bezieht sich hier auf die Unterscheidung von singulären Termini und Prädikaten. Setzen wir den jeweiligen Bezugsrahmen, zum Beispiel Standardsprache, Wahrheit, Verstehen in ein Verhältnis zu dem Ausdrucksgebrauch, so ergeben sich folgende Gesichtspunkte:

– Für den *ersten* Ansatz (Quine) spielen die Begriffe Referenz und Bedeutung aufgrund der Basistheorie der Unerforschbarkeit der Referenz eine periphere Rolle. Die Konstruktion einer Standardsprache bezieht sich auf bestimmte Merkmale von Wörtern (Rollen), die sie entsprechend einer kanonischen Notation kennzeichnet, deren primitive Begriffe intuitiv verständlich sind, zum Beispiel der Existenzoperator.

– Für den *zweiten* Ansatz (Strawson) stellt sich die Frage nach den Wahrheitsträgern. Strawson hatte gegen Russell eingewandt, daß die singulären Termini – damit die identifizierende Referenz – in Relation mit dem identifizierenden Wissen (identifying knowledge) stehen, die sich nicht durch semantische Begriffe und der Konstruktion einer Wissenschaftssprache eliminieren lassen. Strawson bestreitet in seiner Russell-Kritik, daß die Bedeutung von logischen (echten) Eigennamen der von ihnen bezeichnete Gegenstand sei, sondern Sprecher gebrauchen sprachliche Ausdrücke, um über etwas zu sprechen. Nach Strawson ist »dies« kein mehrdeutiger Eigenname (Russell). Russell begeht nach Strawson eine Vermengung von der Bedeutung und dem Gegenstand des Ausdrucks. Diese Einwände sind jedoch nicht triftig, wie Tugendhat m.E. zutreffend dargetan hat (zur Kritik an Strawson vgl. vor allem Tugendhat 1976: 384-407). Strawson unterscheidet zwischen zwei Arten der Identifizierung, der direkten (demonstrativ) und der indirekten (nichtdemonstrativ). Wir können zum Beispiel die Frage »Welches ist der höchste Berg?« derart beantworten, daß wir zu diesem Berg gehen und auf ihn zeigen und äußern »Dies ist der höchste Berg«. Insofern greift der Hörer einen Gegenstand, den er durch seine Wahrnehmung unterscheidet, heraus (to pick out). Das Gemeinte wird dadurch nach Strawson direkt lokalisiert. Bei der indirekten Identifizierung verwenden wir dagegen raum-zeitliche Relationen. Tugendhat wendet zu Recht gegenüber Strawsons ein, daß bei der demonstrative Identifizierung die Ersetzbarkeit der raum-zeitlichen Relationen vorausgesetzt wird. Damit geben wir die *objektive* raumzeitliche Stelle des jeweiligen Gegenstandes an. (Zur Zusammenfassung Tugendhat: 1976: 403-4). Die Ersetzbarkeit der deiktischen Ausdrücke gewährleistet den Bezug auf denselben Gegenstand.

Wenn wir davon ausgehen, daß Bedeutung nicht aus dem kommunikative Gehalt einer Satzäußerung herausschälbar ist, so wird das

Verhältnis von Teilausdrücken zur Satzäußerung thematisch. Dieses Problem beansprucht die kompositionale Semantik Davidsons als eine Theorie des Sprach*verhaltens* (logische Form und Implementierung der Wahrheitstheorie durch Wortbedeutung, Referenz von Ausdrücken und Erfüllung) und Tugendhats Ansatz (semantische Form und Einbeziehung der Rolle (Funktion) der singulären Termini als Teilausdrücke) zu lößen.

– Die in dem *dritten* Ansatz charakterisierte Problemstellung ergibt sich in dem Sinn aus dem zweiten, wenn wir davon ausgehen, daß die Bedingungen der Wahrheitswertzuschreibung eine Funktion des Ausdrucksgebrauchs und der auf dem Hintergrund des Ausdrucks- und Satzgebrauchs stattfindenden Interpretationen einer Äußerung sind, zum Beispiel die radikale Interpretation und ihrer wahrheitszentrieten kompositionalen Bedeutungstheorie (Davidsons). Die Lösung wird aber, im Unterschied zu Strawson, nicht in einer Relation zwischen der identifizierenden Referenz (identifying reference) zu einem identifizierenden Wissen (identifying knowledge) nachzuweisen gesucht, sondern in Verhaltensbelegen, die für den Interpreten offensichtlich sind. Die Quine/Davidson-Tradition hält eine privilegierte Klasse von Ausdrükken, die eine Beziehung zur Welt herstellen für nichtüberzeugend und sie verzichtet auf Propositionen als abstrakten Entitäten (intensionale Gegenstände), welche die Position von Wahrheitsträgern einnehmen (Kritik am mentalen Museum). Quine wendet sich gegen eine intensionale Isomorphie (Carnap), welche den Austauschbeziehungen der Substitution der Beschreibungen in Redekontexten von propositionalen Einstellungen genügen soll. Im Hinblick auf diese Voraussetzung gibt es zwischen diesen beiden Ansätzen keine Annäherung.

3.2. Reizbedeutung und Kritik an der Referenztheorie

Für erkenntnistheoretische und semantische Untersuchungen des Sprachverhaltens sind von Quines nach-empirischen Bedeutungstheorie, von Davidsons Sprach- und Handlungstheorie, von Putnams soziolinguistischer Hypothese und von Tugendhats Wahrheitsbedingungssemantik die folgenden Einsichten relevant. Das führt mich zu dem Burge-Problem und der Revision am Linguistic-Turn von Fodor und Lepore, Ludwig, Cappelen.

Quine erscheint die Konzentration auf Sätze bereits gefährlich. Diese zeichnen sich durch ihre Wahrheitsfähigkeit aus und legen damit ein direktes Verhältnis von Sprache und Welt nahe, das als Bezugsrahmen der Analyse der Sprache figurieren könnte. Für Quine ist nicht der Wahrheitsbegriff der semantische Explikationsrahmen, sondern das Bedeutungsverstehen. Zentral ist die Satzfunktion in Form offener oder geschlossener Sätze. Identifikation ist eine Funktion der Verwendung genereller Termini, deren Rekonstruktion die kanonische Notation leistet. Der verhaltenswissenschaftliche Bedeutungsbegriff (Reizbedeutung) bindet die Sprachverwendung an Verhaltenssituationen. Quine führt die Bedeutungstheorie auf die Beschreibung des Vorkommens wahrer Prädikationen und Ostensionen als Basis von induktiven Verallgemeinerungen zurück. Eine explikative Notwendigkeit einer Referenztheorie erscheint als die naive Auffassung, eine Klasse von singulären Termini habe Kraft ihres Sinns, wie auch immer, eine exklusive Beziehung zur Welt. Die kanonische Notation als Bezugsrahmen der Sprachrekonstruktion ist nach Quine deshalb kein Vorschlag zur Beschreibung einer Sprachrealität, sondern ein Vorschlag zur Beschreibung des Sprachverhaltens. Der Gebrauch der kanonischen Notation als Methodologie der Wissenschaftssprache zu dem Zweck ihrer durchsichtigen Darstellung wird von Quine pragmatisch begründet. Dabei schließt er sich an die Skizzen zur Pragmatik von Carnap an.

Folgeproblem: Das Bedeutungsverstehen und die Rede von Bedeutung steht immer in einer Relation zu (empirischen) Theorien über den Satzgebrauch im Unterschied zu allen analytischen Auffassungen sprachlicher Bedeutung. Aus Sätzen und dem Satzgebrauch ist ihre Bedeutung nicht herausschälbar und zwar im Hinblick auf die Spezifikation eines gegenständlichen Gehalts eines Ausdrucks (Ausdrucks-Gegenstand Relation). Referenz ist unerforschbar als eine Beziehung von Ausdrücken und Gegenständen. Referenz gehört zur Sprache und nicht zur Welt und hat zu seinem Analysans Sätze und ihre Äußerung. Die Rede von Bedeutung ist an die Satzbedeutung gebunden und Satzbedeutung ist mit der Überzeugung, das heißt der propositionalen Einstellung des Sprechers, untrennbar verknüpft. Intentionalität ist in diesem Sinn nicht reduzierbar. Daran schließt sich das Folgeproblem an, inwieweit eine Bedeutungstheorie zu ihrem Analysans eine formale und referentiell schematisierte Theorie hat.

In der Folge der Skepsis gegenüber einer geschlossenen Bedeutungstheorie, der Aufgabe der beiden Dogmen des Empirismus (Quine) als Folgeproblem des Scheiterns einer metaphysischen Bestimmung der Sprache als auch den Einwänden gegen die Semantik und den Sinnbegriff des logischen Empirismus betritt Davidsons Sprach- und Handlungstheorie die Szene.

3.3. Die *Vereinheitlichte Theorie* und der Triangulationsexternalismus

Davidsons Wahrheits- und Bedeutungstheorie wählt die Beschreibung der logischen Form unter dem Gesichtspunkt des Beitrags der Satzteile zur Satzwahrheit und der semantisch relevanten Eigenschaften der syntaktischen Struktur (logische Form) als Bezugsproblem. Die Aufgabe der Bedeutungstheorie ist nach Davidson die Analyse der Struktur von Sätzen und nicht die Angabe der Bedeutung von individuellen Wörtern. Modell hierfür ist Tarskis Methode, der die Erfüllung für komplexe offene Sätze in Termini von einfachen offenen Sätzen definiert. Davidson zu Folge haben wir damit eine Erklärung an der Hand, wie die Bedeutung von zusammengesetzten Sätzen von der Bedeutung ihrer Teile abhängt. Diese Theorie gibt keine dekompositionale Analyse und berührt nicht das Problem der Referenz. Aber in der wahrheitszentrierten Bedeutungstheorie von radikaler Interpretation sind Referenzaxiome nicht entbehrlich. Die Sprachtheorie von Davidson stellt sich weitgehend als eine Fortführung von Quines Ansatz dar. Davidsons Sprachphilosophie beansprucht die Aufstellung einer analytischen Ontologie, die er durch seinen Externalismus erkenntnistheoretisch ergänzt. Der Übergang von der Bedeutungs- zur Handlungstheorie erfolgt in Davidsons kognitiver und holistischer Theoriekonstruktion durch *Verhaltensgewißheiten*, des außersprachliche *Handeln* und der *Ereignisse* als ontologische Voraussetzung für die Be- und Rebschreibung von Sprecheräußerungen als ein *sagen, daß …* (propositionale Struktur der Sprache). Wahrheit ist dann nicht nur eine Eigenschaft von Sätzen, sondern auch von (natürlichen) Äußerungen. Das außersprachliche Handeln und die Ereignisse betreffen den Sinn (Signifikation) der Rebeschreibungen des Sprachverhaltens. Insofern ist der Schritt von Davidson zu einer externalistischen Erkenntnistheorie ohne eine Grundlegung folgerichtig, da die referentielle Schematisierung der Axiome im Rahmen der kompositionalen Analyse von Ausdrucksbedeutung im Zuge der radikalen Interpretation durch die Einstellungszuschreibung und ihrer Individuierung erfolgt. Die Inhalte der propositionalen Einstellungen sind kausal ausgelöst (Verhaltensoffensichtlichkeit in der Triangulation).

Davidsons erkenntnistheoretische Fortschreibung seiner Bedeutungstheorie hat sich deshalb nicht zufälliger Weise, wenn vermutlich aber nicht beabsichtigt, in der Auseinandersetzung zwischen der *proximalen* (Quine) versus der *distalen* Theorie (Davidson) der Referenz und der Belege zugespitzt. Davidson stuft Quines Erkenntnistheorie als cartesianisch ein, die zum Skeptizismus führt. Damit erneuert sich die Frage, wie das Verhältnis zwischen Sprache und Welt zu fassen ist. Die *objektive* Wahrheit der propositionalen Einstellungen ist für ihre distale Individuierung der Welt anheimzustellen.

Nach Davidsons Externalismus sind Überzeugungen wahr oder falsch, aber sie repräsentieren nichts. Er spricht im Anschluß an Quines Museumsmythos vom Mythos des Subjektiven. Der Externalismus betrifft zunächst die Semantik von Termini der natürlichen Arten (Putnam). Er wird von Davidson Triangulationsexternalismus erweitert.

Seine Ablehnung von Burges sozialem Externalismus ist dadurch begründet, daß durch Triangulation zwischen Physischem, Eigenmentalem und Fremdpsychischem über die direkte Verursachung der Inhalte von propositionalen Einstellungen Objektivität und Intersubjektivität hergestellt sein soll. Er beansprucht somit Burges Wahrnehmungs- und sozialen Externalismus zu verbinden. Neu ist daran, daß die erkenntnistheoretische Frage der direkten Individuierung der Inhalte der propositionalen Einstellungen durch Dinge und Ereignisse (Externalismus) teilweise im Zusammenhang mit der These des anomalen Monismus in der Philosophie des Mentalen steht (Davidson). Die erkenntnistheoretische Absicht dieses Ansatzes ist es, epistemologische Fundierungen grundsätzlich zurückzuweisen. Es gibt keine epistemischen Vermittler. Die Belege der Interpretation, das Für-wahr-halten von Sätzen, und der Individuierung von propositionalen Einstellungen sind *keine* Fundierung unseres Wissens. Es gibt somit keine nicht-sprachlichen Tatsachen, die unseren Repräsentationen entsprechen. Anspruch des Triangulationsexternalismus ist es, das Kapitel der Erkenntnistheorie von Descartes bis Quine zu schließen.

Folgeproblem: Das Bedeutungsverstehen ist auf Äußerungen als Handlungen auszurichten. Die *Vereinheitlichte Theorie* hat uns in die Lage zu versetzen, propositionale Einstellungen zuzuschreiben. Die Verstehenstheorie wird in ihrer Theoriebildung von der natürlichen Beschreibung eines Äußerungsverhaltens zu einer Redeskription von Handlungen erweitert. Propositionalen Einstellungen sind Teil einer Rekonstruktion von plausiblen Handlungsgründen und im Anschluß an Quine wird der Grundsatz der Nachsicht unbegrenzt angewandt. Quine und Davidsion haben ein grundsätzliches Problem in die Sprach- und Bedeutungstheorie eingebracht: Es besteht eine Nichtunterscheidbarkeit zwischen Bedeutung und Überzeugung (allen propositionalen Einstellungen). Davidsons *Vereinheitlichte Theorie* bedarf aber einer Revision, da sich die externalen Auslösebedingungen der Zuschreibung von propositionalen Einstellungen nicht verallgemeinern läßt und das Prinzip der Nachsicht die Reinterpretation des Sprachverhaltens als a priori Anforderung nicht gewährleisten kann. Die Zuschreibung von Einstellungen in der Triangulation ist durch den sozialen Bezugsrahmen der Reinterpretation der Einstellungszuschreibungen zu erweitern.

Mittlerweile gehen viele Erkenntnistheoretiker und Philosophen auf eine Distanz zum Externalismus, vor allem in der Version von Davidsons Triangulationsexternalismus. Es stellt sich die Frage, ob durch diese erkenntnistheoretischen Wende in der Sprachphilosophie wirklich etwas hinzugelernt wurde. In diesem Zusammenhang stellt sich erneut das Problem der *Objektivität* und *Erreichbarkeit* von Gedanken – allen propositionalen Einstellungen – und anderer mentaler Zustände. Bei jeder Interpretation empfiehlt es sich als ein nicht-logischer Grundsatz davon auszugehen, dass der Sprecher Recht hat. Insofern wenden wir den Grundsatz der epistemischen Gerechtigkeit unbegrenzt an. Aus meiner Sicht sollten wir es im Unterschied zum Humeianismus (Standardtheorie) im Fortgang philosophisch ernst nehmen, daß wir die propositionalen Einstellungen, aber auch unsere moralischen Überzeugungen, als vergleichbar objektive einzustufen haben, wie die Dinge und Ereignisse, die wir in unserer Objektsprache naive voraussetzen und auf die wir uns mit sprachlich ausgedrückten Meinungen beziehen. Das gilt unabhängig davon, wie wir das Burge-Problem, somit den sozialen Bezugsrahmen der Einstellungszuschreibung, bei der Zuschreibung von Einstellungen, zu gewichten haben. Es ist damit, wenn auch in einer anderen Rahmentheorie, das Problem der *Objektivität* der Einstellungszuschreibung angesprochen.

Es ist in diesem Zusammenhang auf neue Problemstellungen hinzuweisen. Davidson hat im Zuge der Aufstellung einer Wahrheitstheorie als Semantik natürlicher Sprachen die Existenz von Tatsachen, die unseren Repräsentation entsprechen, beschritten. Das betrifft die moderne Korrespondenztheorie der Wahrheit Russells, nach der Tatsachen zur Welt gehören. Davidson beansprucht damit, die moderne Erkenntnistheorie zu revolutionieren. In der Erörterung von Neals Position wird zu klären sein, inwieweit dieses Argument wirklich zwingend ist. Zu erwähnen ist in diesem Zusammenhang auch die Fortbildung der Bedeutungstheorie Davidsons durch den verallgemeinerten Erfüllungsansatz (*generalized fulfillment approach*) von Lepore und Ludwig (2002, 2003). Sie behält die Wahrheitstheorie als einen zentralen Bestandteil einer kompositionalen Bedeutungstheorie für alle Sätze einer natürlichen Sprache als harten Kern bei. Der Ansatz will ein altes Problem – wie die Semantik von Behauptungssätzen mit Nicht-Behauptungssätzen in Einklang zu bringen ist – neu lösen. Er verfährt auf der Satzebene. Hervorzuheben ist in diesem Zusammenhang die kompositionale Semantik von Cappelen, Fodor, Lepore und ihre Kritik am semantischen Holismus und der konzeptuellen Rollensemantik (Inferentialismus) (Fodor, Lepore 2002). Der Inferentialismus besagt: Die Bedeutung eines Ausdrucks ist bestimmt durch seine inferentiellen Relationen und daher durch seine Rolle in einer Sprache.

3.4. Realism with a Human Face

Folgerungen aus der Skepsis gegenüber einer geschlossenen Bedeutungstheorie und dem Scheitern der traditionellen Bedeutungstheorien mit ihrer grundlegenden Unterscheidung zwischen Intension und Extension, zum Beispiel Carnap, unter dem Stichwort Kalifornische Semantik, rückverlängert auf die Geschichte des Analysebegriffs, zieht

Putnam mit seiner Überführung von Semantik in eine methodologisch aufgeklärte sozialwissenschaftliche Theorie. Zwar bestimmt auch für Putnam die Intension die Extension, aber Bedeutung (Intension) ist nicht etwas »im Kopf«.

Putnams *interner Realismus* wendet sich gegen einen metaphysischen Realismus, zum Beispiel von D. Lewis und gegen die Auffassung, es gäbe so etwas wie eine »wahre Theorie« (zu einer ausführlichen Analyse von Putnams Philosophie, insbesondere des Schritts von dem internen Realismus als einem Übergangsansatz zu einen natürlichen Realismus bzw. eines *Realism with a Human Face* vgl. Schantz 1996: 359-75). In bezug auf die Wörter für natürliche Arten vertritt Putnam einen Externalismus. Er wendet sich somit gegen die Gewichtung der Verstehenstheorie auf die sogenannte referentielle Erklärung. Seine soziolinguistische Hypothesenbildung wird von Davidson dahingehend bestritten, da er Putnams Konzeption der Arbeitsteilung der Sprache als Basistheorie des Sprachverstehens nicht als fundamental für die radikale Interpretation und die Individuierung der Gegenstände von propositionalen Einstellungen hält. Er verallgemeinert deshalb Putnams Externalismus. Man muß aber, auch dann wenn man das vom grundsätzlichen her gesehen, für richtig halten sollte, nicht bestreiten, daß das Sprachverhalten gegenüber der Arbeitsteilung der Sprache anfällig ist. Es stellt jedoch die Frage, was ihr semantischer Status ist. In der Kritik am Empirismus besteht zwischen beiden aber kein Unterschied. Damit werden die Kritiken von Wittgenstein, Sellars und Austin, wenn auch mit anderen philosophischen Zielsetzungen, bekräftigt. In diesem Zusammenhang ist auch Rorty zu erwähnen (1981).

Ausgangspunkt einer Untersuchung von Referenz ist nach Putnam die Bestimmung der Funktion von Ausdrücken, die analog zu theoretischen Termini in den empirischen Wissenschaften aufgefaßt werden. Ihre Funktion wird auf einen bestimmten Teil des Gesamtverhaltens spezifiziert, an dessen Erfolg das Sprachverhalten arbeitsteilig Anteil hat. Der funktionale Gesichtspunkt wird nun nicht in einer Bedeutungsanalyse gewonnen, sondern in einer Spezifikation des relevanten Teils der Konstruktion der Theorie, die mit dem Gebrauch des entsprechenden Wortes in der Form von Stereotypen (Überzeugungen ausgedrückt in Wörtern, vereinfachte Theorien) oder Tests assoziiert sind. Semantik wird eine methodologisch aufgeklärte sozialwissenschaftliche Theorie und die Begriffe der Umgangssprache werden so wie wissenschaftliche Begriffe behandelt. Die Theorie des Gebrauchs beschreibt nach Putnam das erfolgreiche Verhalten der Sprachbenutzer. Die Begriffe *Wahrheit* und *Referenz* erklären den Beitrag der Sprache zum Erfolg des Gesamtverhaltens. Dieser Erfolg ist realistisch zu erklären (wissenschaftlicher Realismus). Nach Donnellan, Kripke und Putnam haben Namen keine deskriptive Bedeutung und zwar in dem Sinne, daß sich die Extensionen der Merkmale von natürlichen Arten (natural kind nouns) mit Hilfe der Designation durch Begriffe festlegen ließe. Die Referenz von Ausdrücken wird eher durch eine kausale Referenzkette als durch Beschreibungen festgelegt, da sich die bestimmten Beschreibungen (Kennzeichnungen) immer auch als falsch herausstellen können. Kennzeichnungen legen zwar die Referenz eines Namens fest, aber sie tragen nichts nur Bedeutung des Namens, welchen Gegenstand ein Name bezeichnet, bei.

Folgeproblem: Ausgehend von der Signifikanz von Ausdrucksklassen für den Bezugsrahmen einer Theorie des Sprachverstehens stellt sich die wissenschaftstheoretische Frage nach der Bedeutung bzw. dem Bedeutungswandel der Begriffe der empirischen Wissenschaft. Referenz wird dann als eine notwendige Bezugsnahme verstanden und der semantische Weg der Referenz von den Intensionen zu den Extensionen entfällt. Referenz verliert damit die Funktion einer semantischen Basis. Für den Weg von der Intension zu der Extension lassen sich nur bestimmte Ausdrucksklassen auszeichnen. Die Referenzauszeichnung soll durch eine kausale Kette des Wissens gewährleistet werden. Putnams spätere Skepsis gegenüber der (semantischen) Erklärung der Referenz von Ausdrücken durch eine kausalen Kette des Wissens stützt sich auf die Unterscheidung zwischen Verstehens- und Referenztheorie. Bedeutung wird dann nur noch als ein technischer Begriff verstanden (kontra J.J. Katz) und das sprachtheoretische Reden über die Bedeutung der Wörter natürlicher Arten der Umgangssprache ist keine Ermittlung ihrer Extensionen.

3.5. Wahrheitsbedingungssemantik und die Bedeutung singulärer Termini

Redegegenstände des philosophischen und wissenschaftstheoretischen Diskurs über Bedeutungen sind Wörter/Ausdrücke bzw. Sätze. Als Folgeproblem der Eliminierung singulärer Termini als einer Ausdrucksklasse bei Quine und ihrer kompositionalen Analyse bei Davidson (Axiome der Bedeutungstheorie) ergibt sich die Frage:

Wie läßt sich aber die identifizierende Referenz mit Bezug auf die *Rolle* (Funktion) der Ausdrücke in Sätzen erklären?

Damit ist Tugendhats Ansatz benannt. Er unterscheidet sich in diesem Punkt von Russell, Quine und Davidson, da nach seinem Ansatz die singulären Termini eine semantische Klasse bilden. Für Davidson zum Beispiel ist Referenz-relativ-zu-einer-Sequenz (Erfüllung) eine allgemeine Form von Referenz (Bezeichnung). Es handelt sich dabei um einen theoretischen Ausdruck. Vergleichbar dazu sind die Begriffe des singulären Terminus und des Satzkonnektives als theoretische zu behandeln. Die Referenzaxiome verbinden Sprachteile (-ausdrücke) und Entitäten (Stücke der Welt). Eine akzeptable Wahrheitstheorie im Stile Tarskis gebraucht einen schlanken (formalen) Referenzbegriff. Die Referenzaxiome sind mit der Quantorenlogik zu beschreiben, und diese Darstellung ist ontologisch signifikant. Es gibt von diesem Ansatz her gesehen keinen Grund, eine vorrangige theoretisch unabhängige Referenzrelation festzulegen, das heißt, es gibt keine identifizierende Referenz von Ausdrücken. Tugendhat beansprucht dagegen, eine Wahrheitsbedingungs-Semantik mit Wittgensteins Ansatz der Analyse von Sprachverwendungsregeln im Sinne einer Erklärung des Gebrauchs von Ausdrücken zu verbinden. Die identifizierende Referenz von Ausdrükken (singulärer Termini) wird von ihm durch die Angabe von Sprachverwendungsregeln beantwortet, die aber im Unterschied zu Quine und Davidson einer semantischen Analyse zugänglich sind. Dabei handelt es sich bei Tugendhat aber nicht um eine Bausteinetheorie. Es wird mit diesen Sprachverwendungsregeln versucht, die Funktion von singulären Termini in Sätzen als eine Explikation der Teilausdrücke zu erklären (Beitrag zum Verstehen). Erklären heißt dabei kein explanatorisches Erklären. Tugendhats Fortführung der Frege/Russell-Tradition beansprucht, die Lösung dieses Problems im Rahmen der Ausdrucksverwendung – Funktion (Rolle) im Sinne der formalen Semantik – zu rekonstruieren. Das betrifft den Beitrag der singulären Termini zu der Bedeutung wahrheitsfähiger Sätze. Für Tugendhat gehört deshalb, im Unterschied zu Russell, die *Situationsreferenz* (Raum- und Zeitstellen) zu der Bedeutung der singulären Termini als einer Klasse von Ausdrükken. Im Unterschied zu Quine referieren die singulären Termini auf Situationen (Raum- und Zeitstellen). Im Unterschied zu Russell, führt er singuläre Termini als ergänzungsbedürftige Teilausdrücke ein, um ihre Referenz von der logischen Syntax der Universalsprache und dem logischen Atomismus unabhängig zu halten.

Tugendhat schließt an den Kompositionalitätsgrundsatz an und ergänzt in durch die Analyse der Funktion der Identifikation von Wahrnehmungsgegenständen. Singuläre Termini sind nach seiner Analyse der semantischen Form als eine logische Form eine semantische Klasse. Sie dienen zusammen mit Sortalen dazu, raum-zeitliche Wahrnehmungsgegenstände zu identifizieren. Die Wahrnehmungs- und Verifikationssituation gehört zu der Bedeutung von singulären Termini:

> …singuläre Termini dieser Art (demonstrative und lokalisierende, d.V.) sind solche, die die Wahrnehmungssituaation angeben, in der durch Wahrnehmung festgestellt werden kann, welches der Gegenstand ist, den sie spezifizieren; aber der Sinn davon besteht darin, daß damit die Verifikationssituation spezifiziert wird, in der Festgestellt werden kann, ob die von einem Gegenstand behaupteten Wahrnehmungsprädikate zutreffen. Das also wäre, mindestens bei

> den singulären Termini der ersten beiden Typen (demonstrative und lokalisierende, d.V.), die besondere Rolle, die ihnen für die Feststellung der Wahrheit prädikativer Sätze zukommt: sie geben die Verifikationssituation an, an der die Verifikaitonsregel des Prädikats zur Anwendung zu bringen ist. (Tugendhat 1976: 416)

Tugendhats besonderer Verdienst besteht in der Kritik an der traditionalen Vertretungstheorie der Zeichen, nach der ein Zeichen etwas vertritt, das auch *ohne* die Verwendung dieses Zeichens gegeben sein könnte. Insofern geht es um nichts mehr oder weniger als einen (sprach-)analytischen Gegenstandsbegriff. Seine formal-semantische Analyse ist dahingehend lehrreich, da erst eine semantische Analyse von sprachlichen Ausdrücken im Hinblick auf die *Substitution* der singulären Termini im raum-zeitlichen Systemen ihre Eigenschaften als eine semantische Klasse erklärt. Da die objektive Referenz der Raum-Zeit Koordinaten nicht scheitern kann, *verweisen* dies Ausdrücke aufeinander. Vergleichbar dem Ansatz von Quine und Davidson beansprucht die Einbeziehung des Sprachverhaltens, das heißt der wahrheitsdefiniten *Stellungnahme* zu Sätzen als Sprachverwendungsregel, *sowohl* die wahrheitsfunktionale Analyse der Teilausdrücke ganzer Sätze (kompositionale Analyse), somit das Satzverstehen *als auch* die Referenzfunktion (-rolle) singulärer Termini zu beantworten. Für Tugendhat gehört, im Unterschied zu Russell, die Wahrnehmungssituation zu der Bedeutung der singulären Termini als einer Klasse von Ausdrücken. Er schließt sich Strawson in seiner Russell-Kritik soweit an, daß der demonstrative Ausdruck »dies« kein mehrdeutiger Name ist, sondern der Ausdruck gehört zu einer semantischen Klasse von Ausdrücken. Der Unterschied zu Quine besteht darin, daß nach diesem Ansatz, die singulären Termine, die Raum- und Zeitstellen (Situationen) bezeichnen, für die Identifikation und Unterscheidung von Gegenständen grundlegend sind. Die raum-zeitliche Lokalisierung ist objektiv, und sie ist für die Identifikation von Wahrnehmungsgegenständen vorauszusetzen. Im Unterschied zu Russell führt er deshalb singuläre Termini als *ergänzungsbedürftige* Teilausdrücke ein, um ihre Referenz, das heißt ihre Spezifikation auf Wahrnehmungsgegenstände, von der logischen Syntax der Universalsprache und dem logischen Atomismus unabhängig zu halten.

Folgeproblem: Ansatz setzt an die Stelle der traditionellen ontologischen Frage nach dem Seienden als Seienden und den synthetischen Leistungen des Bewußtseins die formalsemantische Analyse des Verstehens von Sätzen. Der Gegenstandsbezug ist zwar für die Sprachverwendung grundlegend, er wird aber im Unterschied zur gegenstandstheoretischen Tradition nicht als selbstverständlich vorausgesetzt. Gegenstände sind keine Ergänzungen von Vorstellungen, die den sprachlichen Ausdrükken Bedeutung verleihen. Anspruch seiner Semantik ist es, am Beispiel der semantischen Analyse der Funktion singulärer Termine einen sprachanalytischen Gegenstandsbegriff bereitzustellen. Die Wahrheitsbedingungssemantik und der späte Wittgenstein – einen Satz verstehen heißt, wissen wie er verwendet wird – werden in diesem Ansatz zusammengeführt (Tugendhat 1976: 134-135). Dadurch soll eine semantische Analyse von assertorischen speziell prädikativer Sätze und ihre Teile erbracht werden. Das Wort *wahr* wird von ihm durch die prädikative Satzform erklärt. Im Unterschied zur traditionellen Philosophie wird dabei der Gegenstandsbezug nicht als selbstverständlich vorausgesetzt, sondern der Wahrheitsbezug wird durch Ausdrücke hergestellt, die ihrerseits erst einen Gegenstandsbezug gewährleisten. (Zu Tugendhat vgl. D. Henrich 1979, 1989, Frank 2012: 226-292.)

3.6. Der sozialen Bezugsrahmen der Einstellungszuschreibung

Quine hat uns darauf aufmerksam gemacht, daß es keinen Sinn macht, einem Sprecher eine Einstellung zuzuschreiben, die sein Wissen (epistemische Kapazität) übersteigt. Damit reaktualisiert sich das Burge-Problem. Burge zieht die Konsequenzen aus Putnams Twin Earth-Gedankenexperiment. Sein Gedankenexperiment (Arthritis-Beispiel) argumentiert für einen Antiindividualismus im Sinne eines Wahrnehmungsexternalismus, der nicht sozial ist, und einem sozialen Externalismus. Unter Individualismus versteht er die Auffassung, daß die mentalen Zustände über die physischen Zustände von Personen – getrennt von ihrer Umwelt – supervenieren. Er wendet sich gegen die Verallgemeinerung einer referentiellen durchsichtigen Reinterpretation von Satzäußerungen durch natürliche Auslösebedingungen. In der normalen und der kontrafaktischen Situation seines Gedankenexperiments ist der Sprecher physisch und funktional typenidentisch, der Unterschied zwischen beiden Situationen besteht ausschließlich im Gebrauch der Ausdrücke wie zum Beispiel »Arthritis«, »Gas« und »Möbel«. in der entsprechenden Gemeinschaft. In diesen Fällen liegt eine logisch (begrifflichen) und keine kausale Referenzfestlegung vor. Die nichtkausale Beziehung ist für Davidson der kritischer Punkt in Burges Ansatz. Burge weist in seinem Gedankenexperiment der Zuschreibung von Einstellungen auf die nicht-individualistischen Einschränkungen des Verstehens von allen Ausdrücken hin bei denen man sich irren kann. Das betrifft den Zusammenhang zwischen ihrer Bedeutung als einem Wissen in der Sprachgemeinschaft und der Zuschreibung von Überzeugungen. Diesbezüglich liegen zwischen Burge und Putnam eine Gemeinsamkeit vor (zu den Gemeinsamkeiten und Unterschieden zwischen Putnams metaphysischem Externalismus und Burges Antiindividualismus L. Röska-Hardy 1994: 267-8). Die Art dieser Beziehung, wie sie durch die Praxis in der Sprachgemeinschaft für ihre Mitglieder vorliegt, hat nach Burge einen verpflichtenden Charakter (normative Kraft dieser Praxis). Die epistemischen Beschränkungen der Zuschreibung von propositionalen Einstellungen betreffen die Punkte:

1. Die Kriterien der Zuschreibung von propositionalen Einstellungen sind Teil einer sozialwissenschaftlich verfahrenden Verstehenstheorie, die mit Einschränkungen, auch praktischer Art, des linguistisch relevanten Wissens bzw. Sprecherwissens durch Experten rechnet.

2. Daraus folgt die nicht-formale, nicht-kompositionelle Auffassung von Satzverstehen und Satzbedeutung, die nicht eine auf das Vorkommen der Ausdrücke verallgemeinerbaren Rede von Ausdrucksbedeutung zu ihrem Analysans hat. Damit ist die linguistische Arbeitsteilung angesprochen, da über die Referenzfestlegung durch Experten entschieden wird, wobei die Expertenmeinung für den Sprecher verpflichtend ist.

3. Die Begrenzung der Auswahl von Überzeugungen, welche mit der Bedeutung des Satzverstehens nicht-abschälbar verbunden sind, ist nach Maßgabe der Teilnahme des Sprechers *an* der Sprachgemeinschaft zu bestimmen.

Folgeproblem: Im Anschluß daran sollten wir den *sozialen Bezugsrahmen der Einstellungszuschreibung* einführen. Das führt zu der epistemischen Differenzierung von Sprachgemeinschaften und betrifft den Problembereich der sozialen Erkenntnistheorie. Damit wird ein kritischer Punkt in Davidsons Ansatz angesprochen, da die semantische Reinterpretation durch eine wahrheitszentrierte Bedeutungstheorie auf die referenzielle Transparenz der Auslösungsbedingungen von Überzeugungen in der Triangulation angewiesen ist. Von meinem Verständnis aus ist aber eine (inhaltliche) normative Charakterisierung dieses sozialen Bezugsrahmens (Burge) irreführend, das gilt für alle Normativisten, wie ich sie nennen möchte, da die Einstellungszuschreibung, sind wir mit Hilfe der Hintergrundtheorie in den Zirkel zwischen Überzeugung und Bedeutung eingebrochen, deskriptiv zu charakterisieren ist (erklärende Wiedergabe des Sprachverhaltens). Dabei ist, und das kann an der Debatte über Namen und Kennzeichungen exemplifizieren, zwischen dem *Verstehen von* ... und dem *Verstehen als* ... zu unterscheiden. Viele Sprachphilosophen stimmen darin überein, daß die logisch-semantische Analyse von Aussagen nicht sprechakttheoretisch, durch illokutive Akte, vorgenommen werden kann. Es wurde diesbezüglich von einem Fehlschluß der Analyse illokutiver Akte gesprochen. Die Sprechaktanalyse gehört zwar zur Theorie des Sprachverhaltens, aber für die Theorie der illokutiven Akte bedarf es eines semantischen Ansatzes. Es ist schwer nachvollziehbar, warum die illokutiven Akte nicht semantisch untersuchbar sein sollten. Für die Semantik gibt es aber keine sozialen Normen. Auch eine normative Pragmatik halte ich für einen verfehlten Ansatz (vgl. dazu Fodor, Lepore 2002: 137-154, vor allem 153). Eine andere Frage ist, welche Rolle die sozialen Normen (Erwartungserwartungen) und Commitments in sozialen Systemen haben. Darauf bedarf es einer soziologischen und keiner semantischen Antwort.

3.7. Suppositionalismus und offenes Philosophieren

Analytische Philosophie ist nicht mehr eine Beitrag zur logischen Analyse der Darstellung der Welt in der Sprache (Russell), sondern eine Analyse der sprachlichen Mittel und ihres Ausdrucksreichtums, die uns zu einer *Métaphysik der Erfahrung* führen (Struktur von Erfahrung). Das betrifft den weiten Begriff von analytischer Philosophie. Eine Antwort auf die Problemsituation ist aus meiner Sicht der von Essler begründete Suppositionalismus als einen hypothetischen Platonismus (2001). Er geht davon aus, daß es keine letzte und oberste Metasprache und kein absolutes Universum (Grundbereich) gibt. Es geht dabei um die Erstellung der allgemeinen Grundsätze *nach* dem Prozeß der Erkenntnisgewinnung, das heißt, *was der Sache nach zuerst da ist*. Die Erkenntnistheorie sucht zu ermitteln, *wie* und *in welchem Ausmaß* Auszüge der Métaphysik erfolgreich zur Anwendung zu bringen sind resp. sie zeigt uns die unmittelbaren Voraussetzungen auf, die wir als gegeben unterstellen müssen, um zu einzelwissenschaftlichen Erkenntnissen und ihren allgemeinen Zusammenhängen zu gelangen. Dabei wird sie sich im Hinblick auf eine *de jure* Beurteilung an den ökonomischsten Mitteln orientieren, die uns eine gegebene Métaphysik zur Verfügung stellt.

Im Anschluß an H. Scholz, G. Hasenjäger und H. Hermes wendet ein Suppositionalismus den zweiwertigen Wahrheitsbegriff bei erkenntnistheoretischen und wissenschaftstheoretischen Untersuchungen unbegrenzt an. Das rekursive Definieren stellt den Wahrheitsbegriff auf einer semantischen Ebene dar. Von der Wahrheitsdefinition sind dabei die Verfahren der Wahrheitsfindung zu unterscheiden (Carnap). Der Wahrheitsbegriff ist seinerseits durch entsprechende Methoden der Bewahrheitung zu ergänzen. Die Forderung nach Eindeutigkeit bei dieser Definition von Wahrheit betrifft ihre Fassung durch ein kategorisches Axiomensystem (Monomorphie der Strukturgleichheit der Modelle von Theorien). Beispiele für kategorische Systeme sind die natürlichen Zahlen – verstanden als endliche Anzahlen – und die reellen Zahlen. Die Grundbegriffe der erfahrungswissenschaftlichen Theorien fassen jedoch, im Unterschied dazu, den Begriff der Eindeutigkeit schwächer (Quasikategorizität). Sie betrifft zwar die Struktur dieser Begriffe, nicht aber ihre Extensionen. Die aus dieser Definition der Wahrheit gewonnene Semantik ist extensional, da wir eben durch Extensionen bestimmen, was Wahrheit und was eine logische Folgerung ist. Zwar sind die Wahrheitsdefinition und die Wahrheitserkenntnis zu unterscheiden, aber die Ziele der Erkenntnistheorie sid ihr durch die Semantik vorgegeben: Ihr Ziel ist idealiter das Erkennen der Struktur jener Welt, die durch den Ausdrucksreichtum einer Sprache, zum Beispiel für Zwecke der Argumentation und der Kommunikation, vorausgesetzt wird. Für die Erstellung der epistemischen Basissprache ist hervorzuheben, daß das hinweisendes Zeige (Exemplifizieren) eine Auffindungsrelation und gerade *keine* Herstellungsrelation ist. Zeigen/Hinweisen ist keine Ersterstellung des dabei geäußerten Ausdrucks als *Ersterstellung* eines Begriffs. Hinweisen legt nicht die *Intension* eines Ausdrucks erkenntnistheoretisch vorrangig fest. Er kann nur den Bezug eines neuen Ausdrucks zu einer *bereits bekannten Intension* eines Ausdrucks in einer mentalen Sprache festlegen. (Essler, J. Labude, S. Uesnay: 2000, 56-60)

Beim Fortschreiten in der Sprachstufung, ausgehend von dem Ausdrucksreichtum der Beobachtungssprache (Beobachtungsbegriffe), gewinnen wir bei der zunehmenden Höhe der Sprachstufung einen zunehmend umfangreicheren Grundbereich über das unsere Aussagen in einer Sprach aufgestellt sind. Wir erreichen aber kein maximales Universum von Objekten. (Vgl. zum Beispiel zu der Vorgehensweise Essler, Labude, Ucsnay 2000: 191-215) Das mag kein zwingender, aber ein guter Grund dafür sein, den Begriff des Universums im Hinblick auf die jeweils benützte Sprache anzugeben, deren Ausdruckskraft den Möglichkeitsraum festlegt. Dabei wird die Relation zwischen Sprache und Welt (Universum) durch den Interpretationsbegriff mitgegeben. Wir setzen somit bei dem Gebrauch einer Sprache nach Maßgabe ihres Ausdrucksreichtums immer hypothetisch eine Ontologie voraus. Die epistemische Kapazität eines Sprechers wird somit über den Ausdrucksreichtum der verwendeten Sprache festgelegt. Sie legt den Möglichkeitsraum fest, da der Ausdrucksreichtum der jeweilig verwendeten Sprache auch die in ihm als Elemente enthaltene Wirklichkeit teilweise mit den Mitteln der verwendeten Sprache bestimmt. Wenn wir für den Gegenstandsbezug eine Sprache und ihren jeweiligen Ausdrucksreichtum voraussetzen, dann spricht nichts dagegen, auch Objekte vorauszusetzen oder auch Sprache und Sprachverhalten unter außersprachlichen Gesichtspunkten zu beschreiben und zu erklären. Die einfache Typentheorie empfiehlt sich dabei als Paradigma der philosophischen Analyse. Gehen wir von einem Suppositionalismus aus, so läßt sich das Problem des Realismus und Antirealismus anders stellen, da sich ein *offenes Philosophieren* nicht auf eine einzige Ontologie festlegt. Die Hierarchie der Sprachstufen ist noch *oben* offen, insofern kann mit ihr weder ein Maximum an Objekten noch eine letzte Metasprache (universale Sprache) gefunden werden. Die einfache Typentheorie eignet sich aus dieser Sicht als ein geeignetes Mittel philosophischen Analyse. Es steht aber jedem

Philosophen und Wissenschaftler frei, eine Sprache für seine Zwecke zu wählen. Andere Sprachen mögen sich für andere Zwecksetzungen besser eignen. Es ist auch nicht verboten auch eine phänomenologische Sprache zu verwenden. Die Entscheidung darüber ist nicht ultimativ festlegbar, sondern läßt sich nur nach Maßgebe dessen treffen, zu welchen Ergebnissen wir dabei kommen.

Folgeproblem: Wie rechtfertigen wir die Voraussetzungen der empirischen Erkenntnis, sofern ein außerhalb der deduktiven Logik liegendes Verfahren ausscheidet, zum Beispiel Kants transzendentale Deduktion und eine empirische Begründung (Mill) zirkular ist? Ein *Konditionalismus* in der Erkenntnistheorie betrifft die Art der Rechtfertigung der Voraussetzungen von empirischer Erkenntnis. Er erkennt unumgehbare Bedingungen des alltäglichen und wissenschaftlichen Erkennens und deren epistemische Rechtfertigung an. Dabei handelt es sich um einen mittleren Weg zwischen einem radikalen Empirismus und einem dogmatischen Rationalismus. Zwischen beiden Extremen finden wir nicht nur einen einzigen, sondern eine ganzes *Spektrum* von Wegen. Auf einem der mittleren Wege wird von einem Suppositionalismus schrittweise der Aufbau der Erfahrung entworfen. Für einen Konditionalismus ist dabei die Unterscheidung zwischen (Motiv-) Plausibilitätsgründen und deduktiv zwingenden Gründen für die Rechtfertigung dieser »unumgehbaren Bedingungen« grundlegend.

Bei dem Aufstieg in der suppositionalistischen Sprachstufung erkennen wir, daß wir nicht a priori auf einen ontologischen Monismus und einer Ding-Ereignis-Sprache für alle Métaphysiken und ihre vorausgesetzten Bereiche (Universen) zu verpflichten sind, da wir mit der Wahl unseres linguistischen Rahmenwerks auch immer ontologische Entscheidungen treffen und zwar unabhängig davon, in welchem Ausmaß uns das auch intentional bewußt ist. Eine psychologische und soziologische Sprache wird zum Beispiel andere ontologische Entscheidungen im Hinblick auf die Bestandteile des vorausgesetzten Universums treffen als eine physikalische Sprache. Warum sollen wir zum Beispiel auf Klassen verzichten, wenn der Fortschritt und die Systematisierungen der Mathematik nicht ohne Klassen eingetreten wäre. Wir haben psychologisch eine Präferenz für mittelgroße Gegenstände, und eine Dingsprache (Dingsetzungen) erweist sich in unserer Alltagsontologie als zweckmäßig. Wir könnten auf sie auch verzichten und unsere Alltagsontologie zum Beispiel relational in einem Koordinatensystem mit Raum-Zeit-Punkten ausdrücken und beschreiben. Das wäre aber für Kommunikationen eine weniger einfache und handhabbare Ausdrucks- und Darstellungsweise. Das harmoniert damit, daß es eine (erfahrungs-) einzelwissenschaftliche Frage ist, ob es Engel, Götter, was auch immer, gibt.

3.8. Revision des *Linguistic Turn*

Fodors und Lepores (2002) kompositionale Semantik und mentaler Repräsentationalismus in der Philosophie des Geistes geht dahin, den Pragmatismus in der Bedeutungstheorie durch die Analyse des Inhalts von mentalen Repräsentationen zu bestreiten. Das betrifft den Zusammenhang von Sprache und Geist, das heißt, Kompositionalität gibt uns eine Antwort darauf, was *Begriffe* und *Wortbedeutungen* sind. Die Kompositionalität der Bedeutung von zusammengesetzten Ausdrücken (Sätzen) verbindet nach diesem Ansatz mentale und linguistische Repräsentationen. Damit geht eine Revision des *linguistic turn* einher, sofern er in einen sprachlichen Relativismus einmündet, die weiter zu erörtern sein wird. Dieser Ansatz wendet sich gegen alle Versionen eines semantischen Holismus (Inferentialismus), die gegen die Möglichkeit einer Übersetzung, somit gegen die Kommensurabilität von unterschiedlichen Sprachen und Überzeugungssystemen (Ideologien) argumentieren.

In der analytischen Sprachphilosophie und Semantik hat sich mittlerweile ein *Schisma* zwischen den Vertretern eines *Semantic Minimalism* (z.B. S. Somas, E. Borg und Cappelen and Lepore, vgl. Preface, in diesem Buch). und den Vertretern eines *Radical Pragmatism* oder *Contextualism*, z.B. R. Carston, F. Recanati und Neale, eingestellt. Der Grund für die sich zuspitzende Uneinigkeit besteht in der Analyse der Satzbedeutung. Formal semantische Theorien gehen davon aus, dass die Bedeutung eines Satzes eine Proposition oder eine Menge von Wahrheitsbedingungen ist. Der erfasste Inhalt der Äußerung wird durch die formale Struktur des Satzes bestimmt, somit durch die kontextuell invariante linguistische Bedeutung der Wörter und die logischen Form des Satzes. Eine radikale Pragmatik bestreitet dagegen den Erklärungsanspruch formal semantischer Theorien, da sie ihn für nicht einlösbar hält. Sie geht im Unterschied davon aus, dass die kontextuellen Informationen nicht nur die Implikaturen der Äußerung (Grice), sondern auch *intuitiv* dasjenige bestimmen, was durch eine beliebige Äußerung gesagt wird. Neu ist an diesem Ansatz, dass Sprecher und Interpret intuitiv über das kontextuell Gesagte verfügen. Das unterscheidet ihn von früheren Versionen des Kontextualismus.

Der semantische Minimalismus weist den semantischen Kontextualismus mit dem Argument zurück, dass die Kritik an formal semantischen Theorien die Frage nach der Möglichkeit von Kommunikation und des Sprechaktinhalts mit Fragen der Semantik und des Satzinhalts vermengt. Das ist nach ihm ein grundsätzlicher Fehler. Formal semantische Theorien bestimmen nur den Satzinhalt. Über diesen Inhalt gibt es, im Unterschied zu dem Sprechaktinhalt, keine semantischen Intuitionen. Wir können uns das eingetretene Schisma in der Sprachphilosophie und Semantik an der Charakterisierung der Beziehung zwischen dem semantischen Inhalt und dem Sprechaktinhalt verdeutlichen. Sprachtheoretiker setzen weitgehend voraus, dass es Sprachen gibt, die wir mit dem Kompositionalitätsgrundsatz analysieren, d.h. der semantische Wert von Wörtern trägt zu dem semantischen Wert von Sätzen und komplexen Ausdrücken bei. Semantik ist eine Disziplin, welche die semantischen Werte von lexikalischen Eintragungen und ihren Beitrag zu den semantischen Werten von komplexen Ausdrücken und Sätzen, in denen sie vorkommen, beschreibt. Strittig ist dabei eigentlich nicht der Kompositionalitätsgrundsatz, sondern wie streng er anzunehmen ist, z.B. atomistisch oder holistisch (funktional). Wenn wir dagegen herausbekommen möchten, was durch ein Äußerung gesagt wurde, so sind die Sprechakte (Äußerungen) des jeweiligen Sprechers zu charakterisieren. Dabei berücksichtigen wir sowohl besondere Informationen über den Sprecher *K*, als auch Informationen darüber, unter welchen Voraussetzungen seine Sprechakte gegenüber einer besonderen Hörerschaft, somit den unterschiedlichen Äußerungssituationen *K**, Erfolg oder Misserfolg haben. Sofern wir diese Beschreibung des Anspruchs der Semantik akzeptieren, so gibt es nach einem semantischen Minimalismus keine Veranlassung, das *Context Shifting Argument* oder andere Versionen der Annahme über Kontextintuitionen des semantischen Inhalts als eine »a priori Anforderung« für eine semantische Theorie oder eine Interpretationstheorie von Sprachverhalten aufzustellen (dazu Cappelen, Lepore 2005: 4-5, 10).

Folgeproblem: Das eingetretene *Schisma* in der Sprachphilosophie und Semantik wird nicht ohne weiteres zu beseitigen sein. Die Gesprächsbereitschaft könnte dadurch erleichtert werden, dass man von der Frage ausgeht, was ein Interpret, der immer auch die Rolle des Sprechers einnehmen kann, voraussetzt, um den Teil des Kontextes zu bestimmen, der in Gesagtes eingeht. Das gilt auch in dem Fall, dass der semantische Gehalt unbestimmt ist. Dabei ist die Frage zu beantworten, wie wir die Beziehung zwischen Sprechaktinhalt und semantischem Gehalt erklären. Die Antwort wird sicherlich nicht lauten, dass der semantische Gehalt eine Funktion von Äußerungssituationen auf propositionale Inhalte ist, die wir intuitiv erkennen. Auf die Frage »Wie viel Pragmatik wird von einem Interpreten für die Analyse des semantisch bestimmten Inhalts eines Satzes vorausgesetzt?«, antwortet der semantische Minimalismus mit »sehr wenig«; dagegen auf die Frage »Wie viel Pragmatik wird von einem Interpreten vorausgesetzt, um festzulegen, was durch eine Äußerung gesagt wird?« antwortet er mit »sehr viel«, da es eine unbestimmt große Menge von Propositionen gibt, die mit dem Gesagten zusammenhängen. Für einen Interpreten lässt sich somit keine Grenze ziehen, mit der er die Bestandteile der Menge der Propositionen, die in jede Äußerung eingehen, pragmatisch (eindeutig) festlegt. Eine Insensitive Semantik verbindet deshalb eine äußerst minimale semantische Theorie mit einem Sprechaktpluralismus. Der Interpret hat davon auszugehen, dass ein Sprecher zwangsläufig eine unbestimmte große Menge von Propositionen durch seine Äußerungen sagt, behauptet und beansprucht. Einige dieser Propositionen sind syntaktisch und semantisch nicht zu der Proposition relationiert, die der Sprecher semantisch durch den geäußerten Satz ausdrückt. Der Sprecher selbst nimmt diesen Umstand meistens nicht wahr. Für den Interpreten sind es zusätzliche Informationen, die er für die verständliche Wiedergabe von Sprachverhalten zu berücksichtigen hat (*intelligible redescription, reported speech*). Insofern liegt ihr eine *geteilte Interpretation* zugrunde (vgl. dazu Preface in diesem Buch): Es gibt unbestimmt viele Kontexte der Interpretation der Äußerung, aber es gibt eine besondere Beziehung zwischen dem *Satz* und der semantisch ausgedrückten Proposition (minimale Kontextsensitivität). Sie ist durch die semantische Theorie beschreibbar, z.B. durch eine interpretative Wahrheitstheorie oder eine verallgemeinerte Erfüllungstheorie illokutiver Akte.

Als Forschungsstand zeichnet sich bereits ab, dass die Grenze zwischen Semantik und Pragmatik neu zu ziehen ist. Sie wird mit Hilfe der Belege zu ziehen sein, mit denen wir den semantischen von dem *nicht*-semantischen Inhalt unterscheiden. Dabei ist die *geteilte Interpretation* einzubeziehen. Die geteilte Interpretation betrifft auch das Ausmaß der Systematisierung der Theorie der illokutiven Kraft in der Tradition der Sprechakttheorie und Semantik. (Frege, Austin, Strawson, Searle, D. Holdcroft, Platts, J. McDowell, J.J. Katz u.a.) Es geht dabei um das Problem, *ob* und *we* die Theorie der (illokutiven) Kraft, der Bedeutung und Frege-Sinn zusammenwirken (Dummett, McDowell, vgl. dazu Platts 1979: 58-63). Wenn wir von der geteilten Interpretation ausgehen, dann spezifiziert die Theorie der illokutiven Kraft nicht die illokutive Akte, die ein Sprecher mit seinen Äußerungen vollzieht (Holdcroft 1978, Preyer 1997: 113-138) Insofern kann das Zusammenspiel der Theorie der Kraft mit der Theorie des Frege-Sinns nicht aus der Objektsprache die illokutiven Akte extrahieren, wie z.B. »Er behauptet, dass *p*« und »Er fragt, ob *q*«. Es betrifft dies die Erfüllung des geäußerten Satzes *s* durch den *propositionalen* Gehalt *p*, somit den propositionalen Akt, den der Sprecher durch die Äußerung des Satzes *s* vollzieht, z.B. die Satzäußerung der Behauptung und der Aufforderung. Eine Bedeutungstheorie hat diesen Inhalt zu bestimmen. Das verweist auf die epistemischen Beschränkungen der plausiblen Interpretation der Äußerungen. Bei dieser Grenzziehung der geteilten Interpretation stellt sich aber auch die Frage, auf welcher Interpretationsebene der soziale Bezugsrahmen der Einstellungszuschreibung zu platzieren ist und worin die soziale Funktion der Sprache besteht. Die Debatte über

Kontextsensitivität betrifft deshalb auf ihrer tiefsten Analyseebene die Fragestellung, wie die Beziehung zwischen Satzbedeutung und Kommunikation zu bestimmen ist.

3.9. Kritik am Individual-Repräsentationalismus

Zu erwähnen ist in diesem Kontext Burges Untersuchung der Tendenzen der Philosophie im 20. Jahrhundert, die aus seiner Sicht zu einer Überintellektualisierung neigten (Burge 2010: 111-288). Der Individual-Repräsentationalsmus dominiert bis in die Gegenwart die Philosophie. Er besagt: »... objective representation of entities in the physical environment constitutively depends on individual's representation of preconditions for objectivity« (Burge 2010: 211). Aus seiner Sicht ist der erkenntnistheoretische Individual-Repräsentationalismus, der die Philosophie und Erkenntnistheorie des 20. Jahrhunderts dominierte, zu verwerfen, und es sind seine grundsätzlichen Fehler zu erkennen. Er beschreibt zwei Familien des Individual-Repräsentationalismus. Die erste Familie geht davon aus, dass die Repräsentation von Individuen (Particulars) in der physischen Umwelt von der vorgängigen Repräsentation von Sinnesdaten, elementaren autopychologischen Objekten (Phenomenalismus) oder der propositionalen Struktur abhängt. Burge skizziert die Ansätze von Frege und Russell und wendet sich gegen die Sinnesdatentheorie und ihre Versionen (C. D. Broad, H.H. Price) und den Phänomenalismus (Carnap, A.J. Ayer, C.I. Lewis). Sein Argument gegen Russell besagt, dass dieser die Objekte der Referenz und die Arten, wie wir diese Objekte repräsentieren, vermengt. Daraus folgt in Russells Erkenntnistheorie eine Vermengung von Evidenz und phänomenales Bewusstsein. Nach Burge ist der qualitative Bestandteil des Bewusstseins nicht das Referenzobjekt der Perzeption. Er bezieht aber auch die kontinentale Tradition des Individual-Repräsentationalismus (E. Husserls primordiale Konstitution der Erfahrung, M. Heidegger Existenzialontologie in *Sein und Zeit*, M. Merleau-Pontys Phänomenologie der Wahrnehmung und E. Cassirers Verstehenstheorie) in seine Untersuchung ein. In einem nächsten Schritt bespricht Burge den Einschnitt im Hauptstrom der Philosophie des 20. Jahrhunderts seit der Mitte des letzten Jahrhunderts, die Kritik an der Sinnesdatentheorie in den frühen Schriften von Quine und Strawson, Sellars Kritik am Mythos des Gegebenen und seinen Inferentialismus, Strawsons Russell-Kritik und die kausale Referenztheorie (Donnellan, Kripke).

Die zweite Familie des Individual-Repräsentationalismus nimmt an, dass für die Repräsentation von Entitäten in der Umwelt allgemeine Voraussetzungen notwendig sind, z.B. ein Begriffsschema. Von besonderem Interesse ist für Burge der Neu-Kantianische Individual-Repräsentationalismus von Strawson und Evans. Dabei geht es ihm darum, seinen Begriff der objektiven Referenz von Strawsons demonstrativer Referenz und Evans Begriff der objektiven Referenz abzugrenzen. Eine weitere Tradition der zweiten Familie ist nach Burge der sprachzentrierte Ansatz, deren Vertreter in der Tradition von Quine und Davidson stehen. Nach Quine sind Bedeutung, Referenz und Repräsentation nicht objektiv. Diese Tradition vertritt einen erkenntnistheoretischen Antirepräsentationalismus. Burge wendet gegen Quine ein, dass Perzeptionen und Beobachtung nicht einfache Reaktionen der Reizung der Nervenenden sind. Perzeptuelle Zustände sind aus Burges Sicht in Übereinstimmung mit der Volkspsychologie und der Psychologie als repräsentationale Zustände typ-individuiert. Die Stimulus-Bedeutung bzw. die Stimulierung der Nervenenden als Evidenz der linguistischen Kommunikation erklärt nicht, ob die Perzeption richtig oder falsch ist. Burge stellt heraus, dass die zweite Familie des Individual-Repräsentationalismus (Quine, Strawson, Evans) die erkenntnistheoretischen Grundannahmen teilt, dass Individuen nur dann einen Körper repräsentieren können, wenn sie dazu in der Lage sind, Individuation und Reidentifikation in allgemeiner Form durch Individuationskriterien zu repräsentieren. Aus Burges Sicht ist diese Annahme für diese Philosophen so selbstverständlich, dass sie diese Voraussetzung nicht diskutieren und nicht begründen.

Folgeproblem: Burge interessiert vor allem bei Davidsons Quine-Kritik, dass es keine Progression vom Subjektiven zum Objektiven gibt und dass propositionale Gedanken konstitutiv von dem Verfügen über eine Sprache und von der Kommunikation abhängen. Er hebt hervor, dass die erkenntnistheoretische Differenz zu Quine vor allem darin besteht, dass Davidson die Stimulusbedeutung als die Erklärung von Bedeutung und Referenz nicht akzeptierte. Nach Burge werden diese Anforderungen nicht weiter begründet. Davidsons Triangulationsproblem ist aus seiner Sicht schon lange von der Perzeptionspsychologie gelöst (vgl. zum Triangulationsexternalismus M.C. Amoretti, Preyer 2011). Die Lösung besagt, dass die diskriminierenden Bestandteile in der Umwelt die Repräsentanda der perzeptuellen Repräsentationen sind, da innerhalb der perzeptuellen Systeme unterschiedliche Triangulationen bereits vorkommen. Burge kommt zu dem Ergebnis, dass kein Argument wirklich gezeigt hat, dass objektive Repräsentation von dem Verfügen über eine Sprache abhängt. Die unterschiedlichen Versionen dieser Positionen stuft er als »hyperintellektualisiert« und »sprachlastig« ein. Insgesamt ist Burges Untersuchung des Individual-Repräsentationalismus dahingehend lehrreich, dass sie die unbegründeten Voraussetzungen dieser Ansätze thematisiert, die in seiner Wirkungsgeschichte als selbstverständlich hingenommen wurden. Was die Charakterisierung der Philosophie des 20. Jahrhunderts betrifft, so sollten wir von unterschiedlichen »Strömungen« sprechen und nicht einfach von einem sie dominierenden Ansatz. Darin ist Burge zuzustimmen.

4. Sprachbedeutung *ohne* Regelbefolgung

In der analytischen Philosophie liegen vereinfacht gesprochen zwei Traditionen mit einem unterschiedlichen Sprachbegriff (-verständnis) vor, die Frege- und die Wittgenstein$_2$-/Austin-Tradition. Für Wittgenstein gehört es zu dem Definiendum von Sprache, daß sie mit nichtsprachlichen Tätigkeiten verknüpft ist, die den sprachlichen Äußerungen Bedeutung verleihen. Dies gilt – im weitesten Sinne – auch für Austin; er vertritt aber keine Gebrauchstheorie der Bedeutung. Für Frege ist dagegen die Institution der Sprache autonom. Dies für ihn dadurch begründet:

> Ein Satz bringt seinen Gedanken dadurch zum Ausdruck, daß wir imstande sind, seine Wahrheitsbedingungen auf bestimmte Weise aus seiner Zusammensetzung vermittels der ihn bildenden Wörter abzuleiten, und der Wahrheitsbegriff läßt sich nur verstehen, indem man die verschiedenen höchst allgemeinen Typen sprachlicher Praxis erfaßt, die darin bestehen, daß man einen Satz mit gegebener Wahrheitsbedingung äußert, und zwar in Einklang mit der einen oder anderen Konvention, die den durch die Äußerung vollzogenen sprachlichen Akt bestimmt, zum Beispiel den der Behauptung, daß die Wahrheitsbedingung des Satzes erfüllt ist, oder den der Frage, ob sie erfüllt ist. Nach dieser Darstellung ist es also für unsere Fähigkeit, eine Sprache wie die unsere zu sprechen, kaum von Belang, daß wir an nichtsprachlichen Tätigkeiten mitwirken. (M. Dummett 1982: S. 201. Zu Dummett K. Puhl 1994)

Frege und Wittgenstein und daran anschließend Dummett stimmen aber darin überein, daß konventionelle Grundsätze die Praxis des Sprechens einer Sprache regeln (kontra Davidson). Sie teilen eine Auffassung über das Verhältnis zwischen Denken und Sprache, die besagt: Nicht ein Satz ist ein Ausdruck eines Gedankens, sondern ein gegebener Satz als Ausdruck eines bestimmten Gedankens zu verstehen sei. Es gibt eine weitverbreitete Neigung, Wittgensteins Sprachphilosophie mehr abzunehmen als für eine Sprach- und Bedeutungstheorie wirklich förderlich und erhellend ist.

In einem ersten Schritt werde ich Wittgensteins Sprachphilosophie im *Tractatus* skizzieren und daran anschließend seine Bedeutungstheorie in seinen *Philosophischen Untersuchungen (PU)* umreisen. Die Grenzen einer Regelsemantik sollen dadurch verdeutlicht werden. Regeln im Sinne Wittgensteins haben aus meiner Sicht nichts mit dem Sprechen oder Verstehen einer natürlichen Sprache zu tun. Eine Kritik an der Regelsemantik und allen Regelianern kann mit Hilfe der Einwände von Sellars und mit Davidsons Grundsatz der Autonomie der Bedeutung vorgenommen werden. Grundsätzliche Einwände gegen eine Regelsemantik sind bereits von P. Ziff vorgebracht worden. Er führt im Unterschied zu Regeln *semantische Regularitäten* ein: »Semantic regularities are not simply regularities pertaining exclusively to linguistic elements: they include but are not restricted to such regularities. Semantic regularities are regularities of some sort to be found in connection with the corpus pertaining to both linguistic elements and other things, e.g. to utterances and situations, or to phrases and persons, as well as to utterances and utterances.« (P. Ziff 1960: 27). Zu Ziff vgl. J. Bennett (1982: 427-433).

Nach Sellars treten die Folgeprobleme einer Regelsemantik durch die Semantik des Gebotenseins und der Unterscheidung zwischen der verbalen Formulierung einer Regel und der Bedeutung der Formulierung auf.

> It may prove helpful, in our extremity, to note what Metaphysicus has to say. As a matter of fact, he promises a way out of our difficulty which combines the claim that one is not playing a game - even a language game - unless his is *obeying* (not just *conforming to*) its rules, with the claim that one may obey a rule without being able to use the language - play the language game - in which its rules are formulated. To do this he distinguishes between the verbal formulation of a rule and the rule itself as the *meaning* of the verbal formulation of a rule and the rule itself as the *meaning* of the verbal formula. (W. Sellars 1983: 427-33)

Die Bedeutung der sprachlichen Formulierung der Verhaltensregulierung führt ihrerseits zu der Frage nach der Bedeutungstheorie von Ausrücken/Wörtern(Sätzen) und (Satz-) Äußerungen. Für sie sind aber die Verhaltensanleitungen und die weitergehenden Zielsetzungen, die wir in die wörtliche Bedeutung und somit in den Sprachgebrauch hineinlegen, zum Beispiel wie wir uns verhalten sollen, ob wir eine Verhaltenserwartung erfüllen oder nicht, nicht informativ oder sogar grundlegend. Für eine Bedeutungstheorie ist m.E. die dogmatische Opposition *die Bedeutung* versus *der Gebrauch* zu überwinden. Davon ist Wittgensteins Unterscheidung zwischen *Auffassen* (understanding) und *Deuten* (Interpretation) mitbetroffen (Wittgenstein 1969 Bd. 1: § 201). Diese Unterscheidung gibt es eigentlich nicht, da eine Bedeutungstheorie, die zum Beispiel im Anschluß an Davidson von der Rebeschreibung des Sprachverhaltens ausgeht, in einem Zug eine Theorie der Sprachbedeutung und der semantischen Kompetenz aufstellt. Die Kripke-Debatte ist m.E. deshalb instruktiv, da sie die Konstruktionsprobleme der Sprachphilosophie Wittgensteins besonders gut belegt. In einem weiteren Schritt argumentiere ich dahingehend, die Regelbefolgung und die Tätigkeiten nicht als die Basistheorie des Sprachverstehens einzustufen und skizziere einen Anschnitt für die Theorie der Sprachbedeutung ohne Regelbefolgung (kognitive Semantik). Eine sprachliche

Äußerung interpretieren (= verstehen) heißt die logisch-semantische Form der Satzbedeutung zu spezifizieren und eine Theorie über die propositionalen Einstellungen des Sprecher aufzustellen, genau dies wird mit Wittgensteins Sprachphilosophie der Beschreibung des Gebrauchs und der methodischen Konstruktion von Sprachspielen ausgeschlossen. Eine Stellungnahme zu Wittgensteins philosophischem Anspruch und seinem Philosophiebegriff schließt den Artikel ab. Um den Kontext von Wittgensteins Bedeutungskonzept in seinen *Philosophischen Untersuchungen* für den Leser im Blick zu haben, skizziere ich zuerst seine Sprachphilosophie im *Tractatus*.

4.1. Wittgensteins Sprachphilosophie im *Tractatus*

Wittgenstein hat in seinem *Tractatus logico-philosophicus* die Wende von der Bewußtseins- zur Sprachphilosophie im Anschluß an Frege und Russell ausdrücklich vollzogen. Wittgenstein spricht im *Tractatus* in den Sätzen 1 - 3 von *Welt*, den *Bildern der Welt*, den *Gedanken* und der *Sprache* (1969, Bd. 1):

> 1 Die Welt ist alles, was der Fall ist.
>
> 2 Was der Fall ist, die Tatsache, ist das Bestehen von Sachverhalten.
>
> 3 Das logische Bild der Tatsachen ist der Gedanke.
>
> 3.1 Im Satz drückt sich der Gedanke sinnlich wahrnehmbar aus.

Und im Satz 4 des *Tractatus* wird der Gedanke mit dem sinnvollen Satz gleichgesetzt:

> 4 Der Gedanke ist der sinnvolle Satz.

An die Stelle einer mentalistischen Semantik des Zeichenverstehens tritt die logische Untersuchung sprachlicher Ausdrücke und ihrer Verwendungsweisen.

Für Wittgenstein heißt Sprachkritik: Die Regeln der logischen Syntax können die Gebrauchssprache aufhellen. Es ist für ihn deshalb unmöglich, den Zugang zu dem Erkennen eines Sachverhaltes beschreibend (deskriptiv) zu bestimmen. Diese Unmöglichkeit verweist auf die Unterscheidung zwischen *sagen* und *zeigen* und die Bestimmung des Sinns von Sätzen durch ihre Wahrheitsfähigkeit.

> 4.431 Der Ausdruck der Übereinstimmung und Nichtübereinstimmung mit den Wahrheitsmöglichkeiten der Elementarsätze drückt die Wahrheitsbedingungen des Satzes aus. Der Satz ist Ausdruck seiner Wahrheitsbedingungen. (Frege hat sie daher ganz richtig als Erklärung der Zeichen seiner Begriffsschrift vorausgeschickt. Nur

ist die Erklärung des Wahrheitsbegriffs bei Frege falsch: Wären »das Wahre« und »das Falsche« wirklich Gegenstände und die Argumente in ~ p etc., dann wäre nach Freges Bestimmung der Sinn von »~ p« keineswegs bestimmt.)

Nach der Extensionalitätsthese hängt die Wahrheit zusammengesetzter (molekularer) Sätze von der Wahrheit der Elementarsätze ab. Der Sinnbegriff wird durch die Wahrheitsfähigkeit von Sätzen expliziert. Alle sinnvollen Sätze werden, im Unterschied zu sinnlosen Sätzen (der Logik, Mathematik) und dem Unsinn (das Mystische), auf deskriptive Sätze zurückgeführt.

Die Einschränkung des Bereichs sinnvoller Sätze führt zu der Paradoxie zwischen *Analyse* und *Erläuterung* im *Tractatus*. Es stellt sich die Frage:

»Wie *ist philosophische Erläuterung im Felde analytischer Sätze möglich?*
Diese Frage wird *unlösbar*, wenn man die analytischen Sätze als Tautologien faßt (*Tractatus* 6.11. »Die Sätze der Logik sagen also Nichts«; sie sind im *Tractatus* Tautologien, d.V.) und dies dann auf die philosophischen Sätze, die nach Wittgenstein Erläuterungen sein sollen, selbst anwendet. Da *empirische* Korrektheitsbedingungen als Beurteilungsmaßstäbe ausscheiden, kann eine philosophische Analyse nur dann korrekt sein, wenn sie *logisch-wahr* ist, und das heißt: wenn sie sich in eine *Tautologie transformieren* läßt; läßt sie aber diese Transformation zu, dann ist sie *trivial*. Dieses Junktim zwischen der Korrektheit und der Trivialität philosophische Analysen ist das berühmte ›*Paradox der Analyse*‹, das Moore wohl zu exponieren, aber nicht zu lösen imstande war.« (Schnädelbach 1977: 298) Das Paradox der Analyse ist nicht zu lösen, wenn man beansprucht, dass philosophische Analysen *analytisch* zu sein haben und Wittgenstein dahingehend folgt, *analytisch* durch *tautologisch* zu definieren (dazu und zu den Lösungsvorschlägen Schnädelbach 1977: 297-300). Schnädelbach folgert daraus, dass »›*Analyse*‹ *kein zureichendes Explikans für* ›*Erläuterung*‹ sein (kann)« (Schnädelbach 1977: 300)

Was der Fall ist, ist das Bestehen von Sachverhalten (Sinn, Verstehen), ein bestehender Sachverhalt ist eine Tatsache. Die Erläuterung des Sinns von Sätzen durch ihre Wahrheitsfähigkeit betrifft dann für Wittgenstein die Unterscheidung zwischen wahrheitsfähig und wahr. Ein Elementarsatz: *f(a)* ist ein Satz, dessen Wahrheitsfähigkeit von ihm selbst abhängt und nicht von anderen Sätzen. Die Voraussetzung von *einfachen* Gegenständen ist dabei die Basis der Elementarsätze (Metaphysik im *Tractatus*). Die Basisfunktion von Sätzen als Bildern der Wirklichkeit setzt die weltabbildende Sprache von Russells und A.N. Whiteheads *Principia Mathematica* als einer idealen Sprache voraus. Die letzten Sinneinheiten des Verstehens und der philosophischen Analyse sind – im Unterschied zu Russell – Sätze und keine Namen, weil Namen einen Gegenstand nur *nennen* können. Der Wahrheitswert der Elementarsätze hängt aber nicht von dem Wahrheitswert der anderen Sätze, sondern von ihrer Struktur ab: Strukturisomorphie zwischen Satz und Tatsache. Die Bildtheorie Wittgenseins in *Tractatus* besagt, daß die »interne Relation« zwischen Sprache und Welt nicht aussagbar ist. Denken gilt als ein isomorphes Abbilden (2.225 Ein a priori wahres Bild gibt es nicht). (Zu einer Präzisierung der Bildtheorie durch einen geeigneten Homomorphismus (Isomorphismus) im Anschluß an E. Stenius, mit einem Schritt zu beliebigen Tatsachenkomplexen als Modellwelten unter der Voraussetzung der Aufgabe des Absolutismus der einfachen Tatsachen und des Atomismus, das heißt der Elementartatsachen als atomare Individuen und atomare Attribute vgl. W. Stegmüller 1972; Stegmüller geht nicht von einer extensionalen Logik aus, sondern verwendet als Grundbegriff ein intensionales Relationssystem.)

Die Möglichkeit der deskriptiven Rede liegt in der Unterscheidung zwischen dem, *was* und dem, *wie* sie etwas darstellt. Der Sinn der Rede wird mit der Darstellung der Welt, die selbst nicht dargestellt werden kann, gleichgesetzt. Die deskriptive Sprache vollzieht sich immer schon in der Topologie des logischen Raums, der einen Logik, welche die Welt erfüllt und die für sich selbst Sorge tragen muß. In diesem Sinn ist die Logik *transzendental*. Sie legt die Grenzen der Welt fest und ist die Sprache im Singular, der wir folgen müssen. Die Sprache legt fest, wie wir ihr folgen, weil der Sinn der Rede durch das identifiziert wird, was die ideale Sprache darstellt, die selbst nicht darstellbar ist. Die logische Form des Satzes ist somit zugleich die logische Darstellung von Welt, die mit Hilfe des Satzes auf die Sprache übertragen wird. Wenn das Regelsystem der idealen Sprache die Welt erfüllt, gibt es keinen Standpunkt, von dem aus die Welt beschrieben werden kann.

Was bedeutet nach Wittgenstein die Rede von einem Ich, wenn es sich dabei nicht um eine deskriptive Rede handelt?

> 5.6 *Die Grenzen meiner Sprache* bedeuten die Grenzen meiner Welt.
>
> 5.61 Die Logik erfüllt die Welt; die Grenzen der Welt sind auch ihre Grenzen. Wir können also in der Logik nicht sagen: Das und das gibt es in der Welt, jenes nicht. Das würde nämlich scheinbar voraussetzen, daß wir gewisse Möglichkeiten ausschließen und dies kann nicht der Fall sein, da sonst die Logik über die Grenzen der Welt hinaus müßte: wenn sie nämlich diese Grenzen auch von der anderen Seite betrachten könnte. Was wir nicht denken können, das können wir nicht denken; wir können also auch nicht *sagen*, was wir nicht denken können.

> 5.62 Diese Bemerkung gibt den Schlüssel zur Entscheidung der Frage, inwieweit der Solipsismus eine Wahrheit ist. Was der Solipismus nämlich *meint*, ist ganz richtig, nur läßt es sich nicht *sagen*, sondern es zeigt sich. Daß die Welt *meine* Welt ist, das zeigt sich darin, daß die Grenzen *der* Sprache (der Sprache, die allein ich verstehe) die Grenze *meiner* Welt bedeuten.
>
> 5.621 Die Welt und das Leben sind Eins. (Der Mikrokosmos.)
>
> 5.631 Das denkende, vorstellende, Subjekt gibt es nicht. ...
>
> 5.632 Das Subjekt gehört nicht zur Welt, sondern es ist eine Grenze der Welt.

Nach Wittgenstein kann streng genommen von einem *ICH* keine Rede sein. Es gibt für Wittgenstein zwar *kein* erkennendes, aber ein wollendes Subjekt. Die deskriptiven Aussagen über ein *ICH* fallen in die Psychologie. Leitend ist nach Wittgenstein die Unterscheidung zwischen *sagen* und *zeigen*. Nur was von der Grenze der Welt umschlossen wird, kann Thema (Gegenstand) der deskriptiven Rede sein, was darüber hinausgeht, kann sich nur zeigen. Das Possessivpronomen *mein* in dem Satz »die Welt ist meine Welt« zeigt, daß die Grenze *meiner* Welt die Grenze *meiner* Sprache ist. In seiner späteren Philosophie wird sich Wittgenstein dann gegen jede Art des Solipsismus in der Sprachphilosophie wenden.

Der philosophische Anspruch des *Tractatus* ist es, dem Leser auf der Leiter des *Tractatus* zu einer *richtigen* Sicht der Welt verhelfen, das heißt, daß Philosophie als Sprachkritik die Philosophie zum Verschwinden bringt, um das Mystische zu zeigen. Insofern ist das philosophische Erkenntnisziel der sprachlogischen Leiter, auf der man im *Tractatus* hinaufsteigen soll, der Weg zu einer sprachphilosophische Mystik, die aber kein sinnvolles Sprecher mehr ist. Darin besteht seine unausgesprochene praktische Philosophie. Das geschieht selbst in einer paradoxen Weise, dem Paradox von *Analyse* und *Erläuterung*. Nach dem *Tractatus* sind alle sinnvollen Sätze deskriptive Sätze. Philosophie als Sinnklärung ist der Gebrauch von sinnlosen Sätzen.

Wie kann aber durch den Gebrauch sinnloser Sätze überhaupt etwas *erläutert* werde (Paradoxie zwischen *Analyse* und *Erläuterung*)?

Analyse als Erläuterung kommt als der Gebrauch sinnloser Sätze zu einem sinnlosen Ende, das doch die richtige Sicht der Welt sein soll, da sie uns das Mystische zeigt, das selbst nicht wieder sagbar ist.

Die Skizze der sprachlogischen Philosophie des *Tractatus* habe ich in Erinnerung gerufen, um an seine Kritik an der Bewußtseinsphilosophie und an seinen Philosophiebegriff zu erinnern. Er verbindet sich mit einem besonderen philosophischen Erkenntnisinteresse. Seine Kritik an der Bewußtseinsphilosophie verläßt aber noch nicht das cartesianische Paradigma in der Philosophie. Der Umbau wird von ihm im Fortgang seiner Werkgeschichte vorgenommen. Sie ist nicht unumstritten geblieben. Unabhängig davon, ob man zwei oder drei Philosophien Wittgensteins nachzuweisen sucht, es liegt auch eine Einheit in seiner Werkgeschichte vor. Das ist mittlerweile unter vielen Interpreten nicht strittig.

4.2. Wittgensteins Sprachphilosophie in den *Philosophischen Untersuchungen*

Wittgensteins Anspruch geht sicherlich dahin, das Eidos/die Species der Sprache gefunden und beschrieben zu haben, und er verfolgt die Einlösung eines metaphysischen Anspruchs: Er will dem Leser zu der *richtigen* Sicht der Welt verhelfen. In seinen *PU* illustriert er, daß das Verstehen eines Wortes der Fähigkeit vergleichbar ist, ein Spiel zu spielen, das heißt einer Regel zu folgen. Die Grammatik des Wortes »wissen« ist mit dem Wort »können« bzw. dem Wort »fähig« und dem Wort »verstehen« verwandt. Für Wittgensteins Beschreibung der »Physiognomie..., was wir im alltäglichen Leben »einer Regel folgen« nennen« (§ 235) ist die Fähigkeit natürlicher Sprecher instruktiv, die wir durch die Beschreibung des Sprachgebrauchs in Verwendungssituationen exemplifizieren. Es ist aber alles andere als ausgemacht, inwieweit wir mit dem Regelbegriff diese Fähigkeiten erklären können. Fähigkeiten (Dispositionen) sind nicht-propositional im Unterschied zu unseren propositionalen Erfahrungen. Wittgenstein gleicht dagegen die Fähigkeiten an das propositionale Regelbefolgen an.

Wittgenstein beschreibt zwei wesentliche Merkmale der Sprache: 1. die Sprache als eine Menge von *Instrumenten*, das heißt, das Verstehen von Zeichen ist die Beherrschung eines Instruments: »Sieh den Satz als ein Instrument an, und seinen Sinn als seine Verwendung« (§ 421) und 2. die Sprache als eine Menge von *sozialen Praktiken* (zur Summe über das Wesen der Sprache §§ 23, 65-6, 82-7, 197-208, 217-19, 232). Eine Praxis definierende Regel gilt nach Wittgenstein immer universell. Die Regelbefolgung wird somit der Sprache als Institution vorgeordnet; nur dann kann etwas in einer Sprache geäußert werden, wenn es in Übereinstimmung mit einer Regel geäußert wird. In diesem Punkt unterscheidet sich meine Darstellung etwas von M.B. Hintikka, J. Hintikka (1990). Für sie sind die Sprachspiele den Regeln vorgeordnet, da es sonst möglich wäre »private Sprachen durch Angabe ihrer privaten Regeln zu definieren.« (309). Die aufgeworfenen Interpretationsprobleme entstehen durch die Doppeldeutigkeit von »privatim« (dazu P. Niesen 1998). Diese Behauptung wurde jedoch nicht allgemein akzeptiert und ist vermutlich falsch (kontra Ziff, Davidson). Regeln bestimmen nach Wittgenstein den Sprachgebrauch, die Sprachspiele und ihre Konstruktion. Die Sprachbenutzer wissen nur dann, was ein Wort bedeutet, wenn sie dazu fähig sind, Wörter »richtig« zu verwenden. Das Analysans dieser Fähigkeiten ist die Regelbefolgung.

Wittgenstein beschreibt vier wesentliche Merkmale, die eine Lebensform als ein regelgeleitetes Verhalten definieren:

1. Eine Praxis definierende Regel nimmt die Rolle einer *Norm* bzw. eines *Kriteriums* ein, mit der ein Verhalten/Handeln als »richtig« oder »falsch« beurteilt wird.

Worin besteht der Unterschied zwischen einem individuellen Regelverhalten und dem »daß jemand einer Regel folgt«, ihrem propositionalen Gehalt?

Nur in dem Fall »daß jemand einer Regel folgt«, handelt er »richtig«. Das »daß« bezieht sich auf eine bestimmte Handlung, welche durch eine Regel spezifiziert wird, das heißt, folgt er der Regel oder verletzt er sie. Eine Regelverletzung bedeutet nicht nur eine Unregelmäßigkeit, sie bedeutet einen Fehler begehen, demzufolge das Verhalten einer Korrektur unterworfen werden kann. Wir können eine Regel deshalb nicht durch die Beobachtung eines Verhaltens lernen. Das Verhalten muß die Möglichkeit einschließen, einen Fehler zu begehen und somit korrigierbar sein. Es hat weiter erkennbar zu sein, daß eine bestimmte Art von Handlungen ein Fehler gewesen ist und bestimmte Arten von Behandlungen eine korrigierende Wirkung haben können. Dies folgt aus der Tatsache, daß eine Praxis ein regelgeleitetes Verhalten ist.

Regeln werden weiter durch das Explizitmachen von Regeln gelernt – Regelfunktion des angeleiteten Verhaltens. Regeln sind Instruktionen. Wittgenstein betrachtet Regeln – den Ausdruck einer Regel – als einen »Wegweiser«. Die zweifelhaften Fälle sind Fälle der philosophischen Therapie.

2. Die Anwendung einer Praxis definierenden Regel (-n) hat *interpersonal* beherrscht zu werden. Nimm an, es gibt keine Konvention, wie der Wegweiser interpretiert wird; nimm weiter an, jede Person interpretiert den Wegweiser anders. Die Regeln, die den Gebrauch einer Sprache bestimmen, müssen nach den Regelianern derart sein, daß es für mehr als eine Person möglich ist, ihre Anwendung und Befolgung zu beherrschen. Wäre dies nicht der Fall, dann könnten sie kein Verhalten anleiten.

3. Eine Praxis definierende Regel gilt immer *universell*. Dies gilt für eine Klasse von Handlungen, minimal für eine einzelne Handlung.

Was heißt es, einer Regel zu folgen?

Einer Regel kann nicht nur ein einziges Mal gefolgt werden, das heißt, ihre Befolgung ist von einer universellen Verhaltensabrichtung angeleitet – Unterschied zwischen Regel und Inspiriation. Eine Regel kann dann und nur dann Verhalten regulieren, wenn mindestens mehr als nur eine Person in der Lage ist, sie anzuwenden, das heißt sie generell und universell gilt. Einer Regel kann somit nicht individuell gefolgt werden. Sie muß öffentlich bekannt sein. De facto kann zwar nur eine Person in diese Lage kommen, einer Regel zu folgen, das heißt aber nicht, daß sie nur für diese gilt bzw. anwendbar ist.

Aus Wittgensteins Sicht besteht m.E. der entscheidende Punkt der »Unmöglichkeit« der berüchtigten Privatsprache, dem sogenannten Privatsprachenargument, darin, daß sie s.E. keine Kriterien der semantischen Regularität des Sprachgebrauchs enthält und insofern keine Kriterien für die Bestätigung der Sprechereindrücke, die ihm seine ersichtlichen Erinnerungen als einen konsistenten und geregelten Wortgebrauch verständlich werden lassen. Eine Privatsprache enthält demnach keine Unterscheidung zwischen einer tatsächlichen und einer scheinbaren Regelbefolgung. Insofern bezieht sich die Regelbefolgung nur auf öffentlich verifizierbare Dinge und Eigenschaften (Wittgenstein-Ryle-Sprache). Es ist aber nicht zwingend, daß eine semantische Regularität des Wort-, Satzgebrauchs Regeln im Sinne Wittgensteins impliziert. Die Regelbefolgung folgt auch nicht aus der öffentlichen Verifikation von Behauptungen über Dinge, Ereignisse und Eigenschaften, wie dies zum Beispiel Davidsons Triangulations-Externalismus annimmt. In diese Richtung weisen auch M.B. Hintikka und J. Hintikka, nach deren Darstellung die öffentliche Sprache bzw. der »öffentliche Rahmen« für die Vergleiche privater Erlebnisse die »Realität der privaten Erlebnisse ebensowenig beeinflußt wie unsere Fähigkeit, über sie zu sprechen, auf sie Bezug zu nehmen, sie zu beschreiben und zu benennen.« (M.B. Hintikka, J. Hintikka 1990: 317). Es liegt gegenüber der Öffentlickkeitsthese auf der Basis von Regelbefolgung eher nahe, daß

> The publicness of meaning and thought is aspecial case of very general thesis which has nothing in particular to do with meaning or thought. This is the thesis, as one might crudely put it, of the knowability, in principle, of any truth that is there to be known. If this thesis is acceptable, then so should a thesis of the knowability of thought and meaning, since it would just be a specific instance of it. (Bilgrami 1992: 210).

4. Eine Praxis definierende Regel hat derart formuliert sein, daß sie *lehrbar* ist (Wittgenstein: Abrichtung). Eine natürliche Person kann nur dann etwas lernen, wenn sie abgerichtet wird, eine Sprache zu gebrauchen bzw. nur wenn solche Abrichtungssituationen bestehen, kann von einer Sprache gesprochen werden. Eine Sprache beherrschen heißt eine Technik verstehen. Der Begriff der Sprache als Spiel meint, daß eine Sprache eine Menge von Praktiken und Instrumenten ist.

Inwieweit untersucht Wittgenstein nur den Genus einer Sprache und nicht ihre spezifische Differenz zu einer anderen Sprache?

Diesen Einwand kann Wittgenstein insofern zurückweisen, da es nach seiner Darstellung verschiedene soziale Praktiken und Instrumente gibt, die nicht Sprache sind.

Was macht eine Praxis zu einer linguistischen Praxis und was macht ein Instrument zu einem linguistischen Instrument?

Eine Sprache ist nach Wittgenstein eine Menge von Regeln, die den Gebrauch der Wörter einer Sprache bestimmen. Sprachverwender wissen somit, was es heißt – Verfügen über die Fähigkeit –, die Worte einer Sprache zu gebrauchen. Eine Erklärung, die nicht davon ausgeht, wäre ohne Nutzen, denn jede Erklärung ist schon der Gebrauch von Worten in einer Sprache. Wittgenstein führt in seiner Beschreibung des Sprachspielen sozusagen verschiedene Weisen des Wortgebrauchs vor und ihre Konstruktion – das Finden der »Zwischenglieder« – ist der Bezugsrahmen für die Beschreibung des Wortgebrauchs. Es kann der Umfang des Sprachgebrauchs angegeben, aber es kann keine Grenze festgestellt werden, die zwischen einer linguistischen und einer nicht-linguistischen Praxis verläuft. Die Sprachspiele (-regeln), die den Gebrauch der Sprache festlegen, können wir uns nur durch die Beschreibung des Gebrauchs der Sprache vergewissern. Die Sprachspiele sind zu spielen, um beschreibbar zu sein. Die Pluralität der Sprachspiele wird von den an Wittgenstein orientierten Philosophen nicht als ein Mangel der Darstellung der Sprachfähigkeit angesehen, sondern als ein Beleg ihrer Nicht-Idealität.

Hier kündigt sich aber ein grundsätzliches Problem der Bedeutungstheorie Wittgensteins an: Das Verfahren der »Erklärung des Gebrauchs« in den Abrichtungssituationen ist genau genommen zirkulär. Zugespitzt formuliert wird der Sprachgebrauch, den »ich lerne«, durch den Sprachgebrauch »einer anderen Person« erklärt. Es liegt demgegenüber nahe, die Konditionierung nicht in bezug auf eine weitere Sprachverwendung zu erklären, sondern im Hinblick auf die externale Verwendungssituation bzw. die gemeinsame Wahrnehmungssituation von Dingen und Ereignissen. Wittgensteins Vergleich der Sprache mit einem Werkzeug, das gesprochen wird, kommt dann zu einem Ende, wenn die Bedingungen des Gebrauchs von Ausdrücken zu bestimmen sind. G. Baker, P. M. S. Hacker (1980) sehen in dem Vergleich der Sprache mit einem Instrument eine bloße Analogie. Ihre Überlegung geht dahin:

> Wittgenstein himself deflates the hyperbolic comment by equating understanding a language with having mastery of a technique. What we required is only criteria for failing to have mastery of specific technique for using sentences. (72).

In den *PU* geht es Wittgenstein darum, am Beispiel des Vergleichs der Sprache mit einem Spiel, nicht mit einem Kalkül, eine Verbindung zwischen dem Sprechen einer Sprache und den nicht-sprachlichen Tätigkeiten herauszustellen.

Was ist daran für eine Semantik interessant?

Der Anspruch der *PU* ist es, Sinn und Unsinn zu unterscheiden. Er möchte dem Metaphysiker zeigen, daß er bestimmten Zeichen in seinen Sätzen keine Bedeutung gegeben hat. Wittgenstein konstruiert zu diesem Zweck Sprachspiele als Modelle der philosophischen Untersuchung, um zu klären, was es heißt, den Zeichengebrauch »richtig« zu verstehen, das heißt, die Verwendungsregeln von »richtig« verstehen, in der Umgangssprache, verdeutlicht demnach, *wie* sich eine natürliche Person (Sprecher) zu verhalten hat und zwar dann, wenn ihm ein richtiges Verstehen zugeschrieben wird (zum Aufbau der Sprachspiele cf. den Überblick M.B. Hintikka, J. Hintikka 1990: 348-349).

> So sagst du also, daß die Übereinstimmung der Menschen entscheide, was richtig und was falsch ist?« – Richtig und falsch ist, was Menschen sagen; und in der Sprache stimmen die Menschen überein. Dies ist keine Übereinstimmung der Meinungen, sondern der Lebensform.« »Wenn man fragt »Wie macht der Satz das, daß er darstellt?« – so könnte die Antwort sein: »Weißt du es denn nicht? Du siehst es doch, wenn du ihn benützt.« Es ist ja nichts verdeckt. Aber auf die Antwort »Du weißt ja, wie es der Satz macht, es ist ja nichts verborgen« möchte man erwidern: »Ja, aber es fließt alles so rasch vorüber, und ich möchte es gleichsam breiter auseinander gelegt sehen. (Wittgenstein 1969 Bd. 1: § 241, 435).

Wittgensteins Bedeutungstheorie der »Erklärung des Gebrauchs« besagt somit, daß die *Wie*-Frage nicht mit der Aufdeckung eines vorsprachlichen Mechanismus zu beantworten ist. Eine Untersuchung von Gedanken, die nur *mir* (privatim) zugänglich sind bzw. die erkenntnistheoretisch als inneres geistiges Erlebnis oder als Vorstellungsbild bestimmt werden, gilt nach dieser Darstellung – auch für die gesamte Wittgenstein-Tradition – schon im Ansatz als verfehlt, das heißt, ein unausdrückbarer Gedanke, der erst noch in eine Sprache zu übersetzen wäre, ist nach Wittgenstein ein Unding. In diesem Punkt stimmen Frege und Wittgenstein letztlich überein. »Nur in der Sprache kann ich etwas mit etwas meinen. Das zeigt klar, daß die Grammatik von »meinen« nicht ähnlich der ist des Ausdrucks »sich etwas vorstellen« und dergl.« (Wittgenstein 1969 Bd. 1: Anmerkung § 38). Dummett hat das gebührend herausgestellt:

> Frege hat als erster den Umstand gebührend hervorgehoben, daß wir keinen Gedanken haben können, den wir nicht zum Ausdruck bringen, wenn nicht für andere, dann für uns selbst. Jeder Versuch, unsere Gedanken losgelöst von ihrem *Ausdruck* (hvg. d.V.) zu erforschen, wird deshalb darin enden, daß man das innere Erlebnis des Denkens bzw. die bloß kontingenten geistigen Begleitvorgänge des

> Denkens mit dem Gedanken selbst verwechselt. Der Gedanke unterscheidet sich von anderen Dingen, die ebenfalls geistige Gegenstände heißen (wie zum Beispiel Schmerzen oder Vorstellungsbilder), darin, daß er nicht wesentlich privat ist (1982: 47-48).

Der Gedanke bzw. Sinn ist aber insofern unabhängig von seinen Ausdrücken, da er verschieden ausgedrückt werden kann:

> Man ist jetzt, wie es scheint, geneigt, die Tragweite des Satzes zu übertreiben, daß verschiedene sprachliche Ausdrücke niemals vollkommen gleichwertig seien und ein Wort nie genau in einer anderen Sprach wiedergegeben werde. Man könnte vielleicht noch weiter gehn und sagen, nicht einmal dasselbe Wort werde von Menschen einer Sprache ganz gleich aufgefaßt. Wieviel Wahrheit in diesen Sätzen ist, will ich nicht untersuchen, sondern nur betonen, daß dennoch nicht selten in verschiedenen Ausdrücken etwas Gemeinsames liegt, was ich den Sinn und bei Sätzen im Besondern den Gedanken nenne, mit anderen Worten: es darf nicht verkannt werden, daß man denselben Sinn, denselben Gedanken verschieden ausdrücken kann, ... (Frege 1990: 170, Anmerkung 7)

Nach Wittgenstein ist der Sprachgebrauch als eine Menge von Tätigkeiten aufzufassen, die durch Regeln definiert sind, das heißt Regeln, die den Wortgebrauch anleiten. Wittgenstein akzeptiert Freges sogenanntes Kontextprinzip »Nur im Zusammenhang eines Satzes hat ein Wort Bedeutung« (kontra Ziff, Putnam; zu diesem Prinzip mit Bezugnahme auf Frege, im *Tractatus* und dem späten Wittgenstein: Baker, Hacker 1980: 145-70, zum Kontextprinzip bei Frege V. Mayer 1996: S. 74-77). Baker und Hacker fassen Wittgensteins »spätere Zustimmung zu dem Kontextprinzip« dahingehend zusammen:

> A sentence is, in general, the minimal unit by which a move is made in the language-game. It is only with sentences that we actually *say*, and understanding begins with the whole sentence (*Philosophical Grammar* 44). There are no ›half propositions‹ (Sätze) – half a sentence (Satz), like a word, has a meaning only in the context of a whole sentence (*Big Typescript* 1). Half a proposition does not stand to a proposition as half a bread roll to a whole one, but as ›half a knight's move‹ to a knight's move.... Thus interpreted, the contextual dictum is directly connected with *use*. It is connected with structure only in so far as structure reflects use or alternatively only in so far as understanding, mastery of the use of a sentence, is shown in explanation of meaning by reference to structure. And that too is merely one form among others of explanations which constitute criteria of understanding sentences. (161)

Wittgenstein verfolgt in seiner Untersuchung eine »begriffliche (logische)« und keine empirische Analyse der Regelbefolgung. Um Regeln zu verstehen ist es notwendig, die ganze Institution »einer Regel zu folgen« zu verstehen. Die Untersuchung von Regeln erfolgt an dem Beispiel, wie sich Regeln »ausdrücken« (Ausdruck der Regel als ein Wegweiser, Wittgenstein 1969, Bd. 1: § 198) im Vergleich zu der Untersuchung des Ausdrucks von Empfindungen und Gedanken. Das bloße Handeln nach einer Regel, zum Beispiel in eine Richtung gehen, eine Reihe fortsetzen und ein Versprechen geben, heißt nicht, die Regel zu »deuten« (interpretation), sondern eine Auffassung (understanding), welche die Anwendung einer Regel im Hinblick auf »der Regel folgen« und »ihr entgegenhandeln« betrifft. Die Regelbefolgung setzt die Übereinkunft des Fortschreitens in derselben Weise voraus, das heißt das Handeln bei denselben Gelegenheiten. Das Wort »Regel« und das Wort »gleich« sind miteinander verwoben. Das Handeln nach einer Regel ist kein »deuten«; deuten besagt, »einen Ausdruck einer Regel durch einen anderen ersetzen« (§ 201, 206). Die Regelbefolgung kann nach Wittgenstein nicht von einer Person nur ein einziges Mal ausgeführt werden. Es geht ihm darum, die kanonische Form von Regeln/der Regelbefolgung aufzufinden, zum Beispiel, sind Regeln (bedingte) Befehle?

Hat Wittgenstein seine Sprachkritik im *Tractatus* in seinen *PU* aufgegeben?

Wittgenstein hat in seiner Werkgeschichte die Sprachkritik nicht aufgegeben hat. Darüber besteht unter seinen Interpreten eine Übereinstimmung. Die Gebrauchssprache ist nach beiden Ansätzen irreführend, da ihr die Übersicht von der Seite der Sprachbenutzer fehlt. An die Stelle der grammatischen und einer logischen Form tritt bei der Beschreibung von Sprachspielen die Unterscheidung zwischen einer Oberflächengrammatik (dasjenige, was gehört wird) und einer Tiefengrammatik (Rolle der Ausdrücke/Wörter im Satzbau) als zwei Arten der Sprachspielbeschreibungen. Die Tiefenstruktur ist aber nicht die Normalform von sprachlichen Ausdrücken. Unter Oberflächengrammatik versteht Wittgenstein dasjenige, was sich durch den Gebrauch von Wörtern unmittelbar einprägt, die Tiefengrammatik ist der Gebrauch von Wörtern im Hinblick auf die Verwendungsweise im Satzbau, die nicht wahrnehmbar ist.

Lorenz hat die Abbildtheorie der logischen Form im *Tractatus* dahingehend interpretiert, daß die Handlung der Prädikation nicht hintergehbar ist, ohne daß dabei der Natur nachgefahren wird (1970). Die Abbildtheorie der logischen Form kann unabhängig von dem logischen Atomismus als eine Theorie der Prädikation interpretiert werden. Die Einsicht Wittgensteins besteht darin, daß dem Sinn der primären Prädikation durch die metasprachliche Prädikation »ist wahr« nicht semantisch etwas hinzugefügt wird. Die Sprachkritik besagt im *Trac-*

tatus: Die Regeln der logischen Syntax können die Gebrauchssprache aufhellen. In den Sprachspielbeschreibungen und ihrer Konstruktion wird dagegen der Gebrauch von sprachlichen Ausdrücken beschrieben. Den Gebrauch der Sprache beschreiben heißt: Den Gebrauch von Wörtern (Ausdrücken)/Sätzen in bestimmten Situationen zu verstehen und angeben können. Wittgenstein spricht auch von einer *Erklärung* des Gebrauch als ein Zeigen oder auch Vorführen, aber nicht im Sinne eines theoretischen Erklärens.

Die Methode der Sprachspielbeschreibungen verfolgt die Absicht, die Verständlichkeit und den Sinn der Gebrauchssprache (Alltagssprache) zu bestimmen. Bei den Beschreibungen von Sprachspielen werden von den Sprachbenutzern Unterscheidungen zu Hilfe genommen, zum Beispiel berichten, danken und fluchen, die aber selbst in ihren Gebrauchsweisen erklärungsbedürftig sind. Vor diesem Hintergrund des Verstehens/Gebrauchs von sprachlichen Ausdrücken wird erst klar, weshalb Wittgenstein die hinweisende Definition als abhängig von der Kenntnis bestimmter Sprachspiele einführt. Er findet heraus, daß in einer Lehrsituation oft Mißverständnisse auftreten können. Der Gebrauch von »König« im Kontext eines Sprachspiels bedarf des Zusatzes »Spielfigur«, um im Unterschied zu anderen Klassifikationen dieses Redegegenstandes, zum Beispiel nach seiner Gestalt, seiner Farbe, seine Bedeutung als Spielfigur angeben zu können. Erst der Zusamnenhang der ganzen Sprache, des in Frage stehenden Sprachspiels und seiner Verwandten, kann den Sinn eines einzelnen Sprachspiels in seiner semantischen Struktur verständlich machen.

Die selbstkritischen Bemerkungen Wittgensteins betreffen nicht die Unhintergehbarkeit der Prädikation und nicht die semantische Verankerung zwischen Sprache und Realität (Wirklichkeit), sondern richten sich gegen die Monopolstellung einer von allen natürlichen Sprachen ausgezeichneten idealen (universalen) Sprache, die eine eindeutige Entsprechung zwischen Sprache und Welt darstellt. War für Moore die Umgangssprache noch die sicherste Basis aller Kunstsprachen, so wird ihre Stellung in den Sprachspielbeschreibungen verändert: 1. Die Umgangssprache ist Lebensform und Weltansicht und 2. die Puzzles der Philosophen werden mit Beispielen der Sprachspielbeschreibungen aufgelöst.

Wittgensteins Konstruktion von Idealtypen von Sprachspielbeschreibungen führt zu dem Folgeproblem, in welchem Verhältnis die nicht-hintergehbare sprachliche Handlung der Prädikation zu dem hintergehbaren faktischen Sprachgebrauch und der nicht-begrenzbaren Innovierbarkeit der Sprache steht. Dieses Problem tritt bereits bei Ryle auf, wenn er das Verstehen von Äußerungen und Ausdrücken (Worten) in unterschiedlichen Handlungskontexten situiert, andererseits das Bedeutungsverstehen sprachlicher Ausdrücke erst ihren unmißverständlichen Gebrauch ermöglicht. Ryle erklärt Begriffe deshalb am Beispiel des Wortgebrauchs. Nach Ryle ist philosophische Erläuterung nicht als logische Analyse in einer idealen (universalen) Sprache durchzuführen. Propositionen sind deshalb keine reale Form von Tatsachen. Die sprachphilosophische Erläuterung als Analyse hat nach Ryle nicht das Ziel, die Struktur der Welt aufzuklären, sondern Fehlkonstruktionen der Sprache und absurde Theorien aufzudecken. Der entscheidende Unterschied zwischen Logik und Grammatik bleibt bei diesem Anschnitt jedoch ungeklärt.

Ryle weist aber durch seine Anwaltschaft für die Unterscheidung zwischen Wörtern und Sätzen auf ein grundlegendes Problem von Wittgensteins Sprachtheorie hin (1961). Die Unterscheidung wird von ihm dadurch begründet: Wörter werden gebraucht, Sätze dagegen, ungleich Wörtern, werden gebildet. Shwayder unterscheidet demgegenüber den Ausdrucksgebrauch von dem Gebrauch ganzer Sätze (1970). Der Gebrauch ganzer Sätze unterliegt dem Erfolg von Sprechakten. Die semantischen Merkmale eines Sprechaktes und als was er zu verstehen ist, zum Beispiel als eine Warnung, eine Behauptung und eine Aufforderung, sind auf das Vorkommen bestimmter Ausdrücke zu beziehen. Die Unterscheidung zwischen dem Ausdrucksgebrauch und dem Satzgebrauch (Ryle: Herstellen von Sätzen) wird erst dann informativ, wenn eine funktionale Differenz zwischen beidem besteht. Der Zusammenhang zwischen verschiedenen Ausdrücken ist durch ihre semantischen Eigenschaften (Dummett: semantische Werte (Kategorien)) spezifizierbar, aber ein vergleichbar geregelter Zusammenhang besteht nicht zwischen der Äußerung ganzer Sätze, zum Beispiel eine Bitte ist nicht dadurch charakterisiert, daß ein »ich bitte dich ...« äquivalenter Ausdruck vorkommt. Ein Problem, dass sich bei diesem Anschnitt ergibt, ist, ob es überhaupt Sinn macht von dem Gebrauch von Sätzen zu sprechen. Sätze werden gebildet und geäußert, aber nicht gebraucht. Wir gebrauchen die Kaffeemaschine, um Kaffee zu kochen, wir gebrauche aber keinen Satz, um etwas zu behaupten oder zu etwas aufzufordern. Wir äußern Sätze, deren Inhalt wahr oder falsch, ausführbar oder nicht ausführbar. Ihnen wird widersprochen oder nicht, aber wir gebrauchen sie nicht.

Gehen wir von dem Prinzip der Autonomie der Bedeutung (Davidson) aus, dann ist Wittgensteins Angleichung von Bedeutungskonventionen an Institutionen und semantische Eigenschaften den Ausdrükken respektive der semantischen Regeln der Sprachspiele an soziale Handlungsnormen – Regelbefolgung bedeutet Handeln, Geflogenheit (Gebräuche, Institution) – für eine Theorie der Sprachbedeutung nicht informativ. Dies gilt vor allem gegenüber einer kriteriellen Semantik (zu einer kriteriellen Semantik G. Baker 1970. Der Ansatz ist nicht zufälligerweise eine periphere Bedeutungskonzeption geblieben).

4.3. Sellars Einwand

Die Spannung in der Regelsemantik tritt durch die Semantik des Gebotenseins auf und nicht durch die Übereinstimmung/Nicht-Übereinstimmung in der Befolgung einer Regel bzw. in der Orientierung an Regularitäten. Jemand kann einer Regel folgen, ohne eine Sprache zu gebrauchen, in der sie formuliert ist. Wenn dies der Fall ist, dann ist zwischen der verbalen Formulierung einer Regel und der Bedeutung der verbalen Formulierung zu unterscheiden. Die Spannung tritt auf, weil sich der präskriptive Gehalt der Regel(-befolgung) nicht als ein universeller Imperativ interpretieren läßt. Die Explikation von dasselbe sagen am Leitfaden von interpersonal geltenden Bedeutungskonventionen mit Hilfe der Regelbefolgung führt zu einer unreinen Semantik, und zwar insofern als sie die sprachexternen Zwecke, die Handlungen und die soziale Normen für die Bedeutungserklärung heranzieht. Für die Identifikation der Spannungen einer Regelsemantik ist Sellars Analyse des Regelbefolgens hilfreich (1983: 321-27).

Sellars bestreitet eine Regelsemantik mit folgenden Argumenten:

1. Das Lernen einer Sprache *S* heißt, die Regeln von *S* zu befolgen.

2. Aber: Eine Regel, die mir das Tun (*doing*) des Aktes *A* in einer Sprache vorschreibt, ist ein(-e) Satz(-äußerung), der einen Ausdruck in dieser Sprache enthält.

3. Daher ist die Regel, die mir das Tun (*doing*) des Aktes *A* in einer Sprache vorschreibt ein Satz in einer Sprache, die einen Ausdruck *E* (ein Satz in einer Metasprache = *MS*) enthält.

4. Das Lernen einer Sprache zu folgen präsupponiert die Fähigkeit *MS* zu gebrauchen und zwar als Standard für die Bewertung der Verhaltens- und der Richtigkeitserwartung, in der die Regel von S formuliert ist, das heißt, die Zuschreibung eines richtigen Verstehens wird spezifiziert durch den richtigen Gebrauch der *MS*.

5. Insofern präsupponiert das Lernen des Gebrauchs von *S* das Lernen des Gebrauchs einer *MS*. Dasselbe Vorkommen *MS* präsupponiert aber das Lernen des Gebrauchs einer Metasprache *MSS* usf.

6. Es entsteht ein unendlicher Regress, die These ist offensichtlich angreifbar.

Wie läßt sich die Schwierigkeit beseitigen?

Wir können konsistent substituieren: *lernen in Übereinstimmung mit einer Regel …* für *lernen einer Regel folgen …* und zwar in dem Fall, wenn in Übereinstimmung mit einer Regel heißt: Es ist geboten *A* in der Situation *C* zu tun (Verhaltens- und Anerkennungserwartung). Diese Beschreibung besagt dann nichts mehr als *Tue (doing) A, wenn die Situation C eintritt*. Die Rede von *in Übereinstimmung* wird aber oft in dem Sinne von *es ist geboten* als ein erwartbares richtiges Verhalten (Anerkennungserwartung) gebraucht. Die Unterscheidung zwischen »in Übereinstimmung mit einer Regel« und dem »es ist geboten, daß...« schließt eine Stipulation ein. Die Definition von *in Übereinstimmung mit einer Regel* im Sinne von *einer Regel folgen* unterstellt den Sprachgebrauch, in der die Regel formuliert ist, aber das Verhalten in »Übereinstimmung mit einer Regel« schließt nicht den Sprachgebrauch ein, in der die Regel formuliert ist. In dem Fall, in dem die Explikation von *einer Regel folgen* mit *es ist geboten* durchgeführt wird, kann durch die Substitution der Zirkel vermieden werden. Das Lernen einer Sprache beinhaltet dann nicht den Gebrauch von *MS*.

Die Analyse von Fähigkeiten am Modell der Regelbefolgung schließt zwei Fälle zusammen:

1. Das bloße in einer Übereinstimmung mit einer Regel etwas tun, zum Beispiel *doing A* in *C*, *A'* in *C'* usf. Das doing ist in diesem Fall eine Ausführung eines komplexen Musters, zum Beispiel *A* bringt *q(R)* hervor, zum Beispiel Tanzen u.a. und

2. einer Regel folgen, zum Beispiel doing *A* in *C'*, *A'* in *C'* usf. mit der Absicht, die Nachfrage nach einer Ausführung eines durch eine Regel spezifizierten Aktes zu erfüllen.

Dies Unterscheidung mag eine falsche Dichotomie sein (!), sie ist aber heuristisch nützlich, weil der zweite den ersten Fall einschließt, aber mit dem ersten nicht identisch ist.

Die Spannungen in der Regelsemantik treten durch die Semantik des Gebotenseins auf und nicht durch ein Verhalten in der Übereinstimmung mit oder in Abweichung von einer Regel bzw. einer Regularität. Die Präskriptionen – wie man sich verhalten soll – dürfen aber ihrerseits nicht als universellen Imperativen interpretiert werden. In diesem Punkt folge ich P. Taylor (1961). Nach seiner Analyse können zwar Sätze als Imperative verwendet werden, um Präskriptionen zu äußern, zum Beispiel die Beantwortung der Frage »soll ich *x* tun?« kann lauten »tue *x*!«; inwieweit diese Imperative aber Befehle oder normativ autorisierte Aufforderungen sind, hängt von der Autorisierung des Sprechers und vom Kontext ab, in dem sie geäußert werden. Die präskriptive Akte sind nur dann keine Befehle, wenn die von ihm aufgeführten fünf Bedingungen der Präskription erfüllt sind. Die fünf Bedingungen der Soll-Geltung präskriptiver Akte lauten: Ernsthaftigkeit des Sprecherangebotes, alternative Wahlmöglichkeit des Adressaten, freie Wahl des Adressaten bei der Annahme/Ablehnung des vorgeschriebenen Aktes, Begründungsverpflichtung des Sprechers als berechtigte Erwartung des Adressaten und der Adressat befindet sich seinerseits in der Situation, den vorgeschriebenen Akt zu tun oder zu lassen. Imperative sind zwar keine Sollens-Sätze, sie können jedoch dazu verwendet werden, um Regeln zu statuieren, zum Beispiel «*a* soll *x* in *c* tun« kann paraphrasiert werden »wenn *x*, dann tue *c*«. Daraus folgt aber die problematische Auffassung der Definition von Regeln als universelle Imperative (Differenz zwischen Regel und Befehl).

Die Funktion von Regeln besteht darin, Verhalten anzuleiten und zu regulieren, indem sie festlegt, was getan und gelassen werden soll. Dabei handelt es sich jedoch um Regularitäten, auch Orientierungen an solchen (Lewis-Konventionen), bei denen die Übergänge gerade nicht immer schon gemacht sind. Der Begriff der Regelbefolgung setzt sich durch den völlig unnötigen Bestandteil der Normativität dem Einwand eines Ersatz Platonismus in die Sprachphilosophie und Philosophie des Geistes aus (Bilgrami).

4.4. Kripke-Debatte

Kripke stützt sein skeptisches Paradox auf den § 201 der *PU*

> Unser Paradox war dies: Eine Regel könnte keine Handlungsweise bestimmen, da jede Handlungsweise mit der Regel in Übereinstimmung zu bringen sei. Die Antwort war: Ist jede mit der Regel in Übereinstimmung zu bringen, dann auch zum Widerspruch. Daher gäbe es hier weder Übereinstimmung noch Widerspruch.

Mit diesem Paradox begründet Kripke einen Bedeutungsskeptizismus im Hinblick auf Bedeutungstatsachen. Er interpretiert Wittgensteins Privatsprachenargument in Analogie zu Humes skeptischer Auflösung des Problems der Verursachung. Beide, Wittgenstein und Hume,

> develop a sceptical paradox, based on questioning the nexus between past ›intention‹ or ›meaning‹ an present practice: for example between past ›intention‹ regart to ›plus‹ and my present computation ›68 + 57 = 125’. Hume questions two other nexuses, related to each other: the causal nexus whereby a past event necessitates a future one, and the inductive inferential nexus from the past to the future. (Kripke 1982: 62)

(Zur Kritik an Kripkes Interpretation P. Winch 1983, C. McGinn 1984, G.P. Baker, P.M.S. Hacker 1984, R. Scruton 1984, C. Wright 1984, J. McDowell 1984, W. Goldfarb 1985, A. Bilgrami 1992, G. Grewendorf 1995, zur privaten Sprache 14-30, zum skeptischen Paradox 31-43).

P. Niesen hat die Themen der Kripke-Debatte dahingehend zusammengefaßt:

> Gibt es ein skeptisches Problem bezüglich der Bedeutung? Wenn ja, hat dieses Problem eine skeptische Lösung? Muß Übereinstimung innerhalb einer Gemeinschaft zur Explikation des Regelfolgens herangezogen werden?

und die Lösungsstrategien wie folgt zusammengefaßt:

> 1. Die direkte Lösung: man bestreitet die Prämissen, die zu dem Paradox führten. In unserem Fall verweist man auf eine »Bedeutungstatsache«, die vom Skeptiker übergangen wurde (McGinn).
> 2. Die skeptische Lösung: man akzeptiert die Prämissen, bestreitet jedoch, daß eine solch niederschmetternde Konklusion daraus folgt. Diese Strategie dient der Schadensbegrenzung: man gibt den Status quo preis zugunsten einer weniger universalen Position, die aber dennoch Bedeutung ermöglicht (Kripke)
> 3. Die sinnkritische Auflösung: man weist nach, daß das »Problem« aus einer Überstrapazierung von Begriffen erwächst, die aus ihrem eigentlichen (alltagssprachlichen) Zusammenhang gelöst werden. Die Prämissen des Skeptikers werden nicht als falsch, sondern als sinnlos abgelehnt. Diese Strategie versucht nicht, eine Gegenposition zu beziehen, sondern die Beweislast für die Idee, es bestände philosophischer Handlungsbedarf, wieder auf die Seite des Skeptikers zu verlagern (Baker und Hacker).
> Der zentrale Bezugs- und Streitpunkt beider Parteien ist in den *PU* die Interpretation des Wortes »privatim« (§ 202). In diesem Wort ist die gesamte Kontroverse wie in einer Nußschale enthalten. Für den Individualisten heißt »privatim« innerlich, nicht-öffentlich, introspektiv. Der Kommunitarier versteht darunter allein, isoliert von einer Gemeinschaft. Die Anfangsfrage könnte also lauten: ist die Praxis, von der in § 202 die Rede ist, notwendig eine soziale? (1998: 105)

Baker/Hacker sind insofern interessant, da sie vom Standpunkt Wittgensteins auf Kripke antworten (1984). Sie wenden gegen den Regelskeptizismus ein: 1. Er verkennt die Autonomie der Regel, 2. Verstehen und Bedeutung werden als mentale Zustände aufgefaßt, 3. die anthropologische Fragestellung führt zu Konfusionen, 4. der Regelskeptizismus endet bei der skeptischen Auflösung eines Gemeinschaftsgesichtspunktes, 5. es wird die interne Relation zwischen Regeln und ihrer Anwendung, Regeln und dem dasselbe Tun (einer Regel zu folgen) verkannt und damit, daß der Ausdruck der Regel ein Erklären der Bedeutung meint (erklären nicht im Sinne eines deduktiven Erklärens). Diese Darstellung unterstellt jedoch, daß es so etwas wie Regeln gibt. Ihre Berufung auf die Autonomie der Grammatik (Wittgenstein) kann dabei nicht viel weiter helfen. Das führt zu dem unterstellten Sprachbegriff zurück. Das Argument setzt sich aus meiner Sicht einem Regel-Platonismus aus.

Tugendhat schlägt eine semantische Analyse von Regelbefolgung und des Privatsprachenarguments vor (1979). Er rekonstruiert die expressiven Sätze als Fall der assertorischen Sätze. Es liegt eine veritative Symmetrie zwischen den Sätzen der 1. und der 3. Person und eine epistemische Asymmetrie in der Semantik dieser Sätze in dem Verhältnis der Selbst- und Fremdzuschreibung vor. Mit diesem Nachweis ist nach Tugendhat ein allgemeiner Bezugsrahmen der Verwendung von Personenprädikaten gegeben. Die Angleichung der Ich-Sätze an Ausrufe besteht nach Tugendhat bei Wittgenstein zu recht. Er neigt aber s. E. dazu, den assertorischen Charakter dieser Sätze zu leugnen, um ihren expressiven Charakter zur Geltung zu bringen. Beides schließt sich nach Tugendhat nicht aus: wahr-falsch kann bei Ich-Sätzen verwendet werden, das heißt, die veritative Symmetrie zwischen der 1. und der 3. Person will die Mitteilungsfunktion der Sprache sichern. Nach Tugendhat läßt sich bei Ich-Sätzen von einem Wissen sprechen, einem *unmittelbaren* Wissen, das nicht auf einem Erkennen beruht (dazu Rogler, Preyer 2001: 108-11). Damit ist die erste Person Autorität über die wir als natürliche Spreche verfügen angesprochen, ohne die es keine Sprache gäbe.

Bei der Kritik an einer Privatsprache ist bei der hermeneutischen Rekonstruktion im Anschluß an Kelly (1974, zur Kritik an Kelly vgl. Grewendorf 1995) von der Durchführung Wittgenstein in seinen *PU* nach seiner Untersuchung der Regelbefolgung §§ 197-243 auszugehen. Daran schließt sich das Privatsprachenargument an. In ihr kulminiert seine Explikation der Natur des Verstehens, der Untersuchung der kriteriellen Relationen zwischen Verstehen und Kategorien wie Zustände, Prozesse, Ereignisse und Fähigkeiten §§ 143-242 sowie einer Interpolation einer Erörterung von lesen §§ 156-178. Der Fehler der privaten Sprache ist einer bezüglich der Erlebnisse und einer bezüglich der Sprache, das heißt bezüglich der Rekonstruktion der Mitteilungsfunktion der Sprache. Die Argumentation verläuft am Beispiel der Empfindungen entlang der Linie:

§§ 246-252: Schmerzen sind nicht unmittelbar,

§ 256: Neuformulierung der Hypothese der Privatsprache,

§ 257: Es macht keinen Sinn von Schmerz ohne seine natürliche Ausdrucksweise zu sprechen,

§ 258: Die Erörterung des Pseudoschmerzes, der nicht mitteilbar ist, dem ein sprachliches Korrelat beigefügt wird, ist demzufolge der wesentliche Punkt der privaten Sprache.

Die ganze Debatte steht und fällt mit dem vorausgesetzten Sprachbegriff. Grewendorf zeigt z. B., daß, wenn wir Chomskys Sprachbegriff zugrundelegen, sich das Problem der Rechtfertigung bei dem skeptischen Parodox nicht stellt. Er erörtert das Privatsprachenargument im Hinblick auf seine Konsequenzen für die mentalistische Sprachtheorie. Der skeptischen Lösung wird ein »empirisches Paradox« entgegengehalten, das besagt: Ohne eine private Sprache kann es so etwas wie Sprache nicht geben. Grewendorf vertritt die These, daß Wittgensteins Darstellung es gibt keine Sprache, die nur der Sprecher selbst verstehen kann – im Unterschied zu Wittgensteins Beispielen und den gängigen Interpretationen zum Beispiel von Stegmüller und Kelly – nicht im Zusammenhang der Privatheitsthese der Empfindungen steht. Gegen die gängige Wittgenstein-Interpretation, die besagt: Die Bedeutung unserer Satzäußerungen ist ihre Funktion/Rolle in der jeweiligen Lebenssituation und die privaten Erlebnisse/private Sprache wird demzufolge gestrichen, wendet sich auch Hintikka/Hintikka (1990). Sie analysieren in Wittgensteins Werkgeschichte den Interpretationsirrtum, daß es ihm bei der Analyse von privaten Erlebnissen um eine »abgeschlossene Widerlegung der phänomenalen Sprache« ginge. Hierin sehen sie »nicht das einzige Mißveständnis« der Wittgenstein-Interpretation.

Hunter hatte bereits 1971 vier mögliche Bedeutungen des Begriffs Lebensform unterschieden: the language-game account, the behavior-package view, the cultural-historical view, the natural-historical theory, or the ›organic‹ account. Zwanzig Jahre später überprüft er seinen damaligen Anschnitt und bleibt bei der letztgenannten Lesart (Hunter: 1996. Dazu auch A. Ulfig 1996: 67-68). French vertritt demgegenüber eine entgegengesetze Interpretation: Wittgensteins These eines epistemologischen Vorrangs von bestimmten Gewißheiten hängt von sozialer Übereinstimmung und sozialem Verhalten ab (1996). Der Regreß der Rechtfertigungen kommt nach French in der Übereinstimmung der Gemeinschaft zu einem Ende. Damit vertritt er eine Variante eines epistemischen Gemeinschaftsgesichtspunktes der Gültigkeit und Rechtfertigung von Wissen sowie von sprachlichen und nichtsprachlichen Handlungen. Dieser Ansatz führt zu dem Folgeproblem, daß die Gültigkeit von Wissen nicht kriteriell eine Übereinstimmung in einer Gemeinschaft sein kein, es ist immer extern sicher zu stellen: Über die Wahrheit von Wissen (Theorien) entscheiden die externen Bestätigungen und keine Gemeinschaft.

4.5. Sprachbedeutung *ohne* Regelbefolgung

Der Sprachbegriff in der Wittgenstein-Tradition führt zu dem für die Semantik entscheidenden Frage, inwieweit Tätigkeiten, Handlungen, Aufrichtigkeit, Regelbefolgung, Lewis-Konventionen und Institutionen für eine Bedeutungstheorie informativ oder sogar grundlegend sind. Sie wurde durch Davidsons Prinzip der Autonomie der Bedeutung negativ beantwortet. Es besagt: Es gehört zum Wesen der Sprache, daß alle weitergehenden Zwecke in sie hineinlegen können. Die buchstäbliche Bedeutung ist sozusagen gegenüber den Absichten, den Zielsetzungen, den Absichten, den Zwecken und den Handlungsorientierungen von Sprechern kognitiv und semantisch neutral. Damit wird s.E. ein Weg gebahnt, das Problem der sprachlichen Einstellungszuschreibung im Sinne der Sätze über propositionale Einstellungen in der indirekten Rede zu lösen.

Der Anspruch der Bedeutungstheorie auf der Basis der radikalen Interpretation besteht darin, eine Erklärung dafür zu finden, wie der Bedeutungsbegriff in einer einsichtigen Weise auf Überzeugungen, Wünsche, Intentionen, Zwecke anzuwenden ist. Nach Davidson können dies Konventionen, zum Beispiel von Lewis (D.), nicht leisten. Er wendet sich vor allem gegen die Bedeutungstheorie von Grice (Bedeutungsnominalismus) und vergleichbarer Strategien zum Beispiel von Schiffer und Bennett. Es wird von Davidson nicht bestritten, daß alle sprachlichen Äußerungen beabsichtigt sind. Die Sprecherintention ist für die Interpretation von Gesagtem zwar unentbehrlich, sie verleiht einem geäußerten und niedergeschriebenem Satz aber keine Bedeutung. Der Beitrag der Sprecherintention besteht nach Davidson in der Interpretation des Äußerungsakts zu der die Intention eines Sprechers gehört, zum Beispiel die Interpretation als ein Akt des Behauptens. Die Anwendung des Bedeutungsbegriffs auf Sprecherintentionen und propositionale Einstellungen wird durch das Prinzip der Autonomie der Bedeutung vorgenommen. Die Sprachkonventionen im Sinne von Lewis sind in der Interpretationspraxis eine Krücke, die aber letztlich in der Sprachtheorie entbehrlich sind. Sie beschreiben ein gewohntes, aber zufälliges Merkmal der sprachlichen Kommunikation. Nach Davidson ist die Übereinstimmung und *dieselbe* Bedeutung der Äußerung von Sätzen von zwei Sprecher keine notwendige Bedingung einer Kommunikation. Dieses Argument läßt sich auch gegen Wittgenstein und vergleichbare Positionen einwenden.

Eine kognitive Semantik hat zu ihrem Leitfaden die Beantwortung der Frage: Was heißt es, eine (Satz-) Äußerung zu verstehen?

Bei der Beantwortung dieser Frage wird sie in einem ersten Schritt zwischen dem *Geäußerten*, das durch ein bestimmtes Sprachsystems strukturiert ist und dem *Äußern* als einer Verhaltensweise (Handlung) unterscheiden. Das betrifft die Analyse der Beziehung zwischen Satzäußerung und Satz.

Für die sprach- und handlungstheoretische Analyse dieser Basis unterscheidet Röska-Hardy zwischen *Sprech*handlungen als Teilmenge von Handlungen im Sinne von absichtlich herbeigeführten Sprecherereignissen durch die Hervorbringung von sprachlichen Lauten und *Sprach*handlungen als Teil der Sprechhandlungen bei der die Bedeutung der sprachlichen Ausdrücke für die Zuschreibung der jeweiligen Äußerung entscheidend ist (1997).

> Beispiele für Sprechhandlungen, die keine Sprachhandlungen darstellen, sind das Erschrecken einer geistesabwesenden Person durch das plötzliche Ausrufen von ›ais‹ – im Sinne eines perlokutiven Aktes, der durch einen phonetischen Akt vollzogen wird –, das Äußern des Satzes ›Das Eis ist sehr dünn‹ im Rahmen einer Sprecherziehungsübung – im Sinne eines phatischen Aktes, der einen phonetischen Akt einschließt – oder das Hervorrufen eines witzigen Echos: ›Was essen die Studenten? (Enten)‹ – in Sinne eines rhetischen Aktes«. (143)

Nach Röska-Hardy müssen Sprecher und Hörer bei Sprachhandlungen entsprechende Erwartungen über die mit den vollzogenen illokutiven Akten einhergehenden propositionalen Einstellungen vorliegen. Die Autonomie der Bedeutung ist für den Vollzug von Sprachhandlungen nicht nur die Voraussetzung dafür, daß der Sprecher das meinen kann, *was* er sagt, sondern auch – auf der Basis der Bedeutung sprachlicher Ausdrücke – für die *Zuschreibung* von propositionalen Einstellungen von Seiten eines Adressaten. Nur auf dieser Basis kann ein Hörer ein an ihn gerichtetes Sprechereignis als eine bestimmte Sprachhandlung interpretieren. Die Kenntnis der Bedeutung der sprachlichen Ausdrükke auf der Seite des Sprechers und Hörers nenne ich ihre *semantische Kompetenz*, das heißt das intuitive (theoretische) Wissen über die Bedeutung der zu verwendenden (wählenden) sprachlichen Ausdrücke (Wörter/Sätze) in einer Sprache.

Wie läßt sich der Zusammenhang zwischen der Sprachbedeutung, somit dem Geäußerten und dem Äußern als einem Handeln derart herstellen, daß wir im Rahmen einer kognitiven Semantik die propositionale Einstellungen zuschreiben können?

Dieser Rahmen ist einer »wirksamen Struktur« vergleichbar und hat durch die Analyse der Satzbedeutung erbracht zu werden. Dabei kann man auf Vorliegendes zurückgreifen. Ich gehe dabei von der Darstellung von Wunderlich aus (1976: 51) Die logisch-semantische Form der Satzbedeutung eines Satzes S_i, somit des semantischen Gehalts im Sinne der intendierten Interpretation der ganzen Äußerung (der Terminus geht auf Bennett zurück), kann wie folgt wiedergegeben werden:

– Bedeutung $(f, C, L) = \{b{:}b = \langle p, str(p), E, K\rangle\}$

Die Satzbedeutung b von S_i (geschriebener/geäußerter Satze), das heißt die Bedeutung einer Form eines Satzes f, relativ zu einem raumzeitlichen Kontext C im Sinne einer Instanz von f und relativ zu einem Sprachsystem L, ist eine Teilmenge der Menge aller geordneten Vier-Tupel bzw. die logisch-semantische Form ist eine Eigenschaft von geordneten Vier-Tupel, die aus einem propositionalen Gehalt p von S_1, der Struktur (*str*) dieses propositionalen Gehaltes $str\ (p)$, einem Positionstyp E und einem bestimmten illokutiven Typ K bestehen (den Ansatz habe ich weiterentwickelt in Preyer 2011[2]: 288-308).

Ein Positionstyp ist ein Funktionsoperator, dessen Funktionsbereich eine (geeignete) Menge von propositionalen Gehalten und dessen Wertebereich eine Menge von propositionalen Einstellungen ist. Zwischen *E* bzw. *K* und *p* gelten bestimmte Verträglichkeitsbedingungen. Für den so analysierte Satz S_i gilt, daß er immer mindestens einen weiteren Satz impliziert, der kontextunabhängig und nahezu einzelsprachlich universell impliziert wird.

> Ein auf diese Weise lediglich implizit mit-ausgedrückter Satz ist stets als Deklarativ-Satz zu rekonstruieren, der ausgedrückte propostionale Gehalt stets als Proposition. Würde man im Falle semantischer Implikturen von implizit realisierten Sprechakten sprechen, so müßte der so realisierte Sprechakt als Behauptung bestimmt werden. (P. Rothermel 1997: 76)

Dieser Zusammenhang ist als eine semantische Implikatur im Sinne einer quasi-logischen zweistelligen Relation zu analysieren. Er ist für die Zuschreibung von propositionalen Einstellungen und Handlungen insofern informativ und grundlegend, da wir sie – vermutlich generell – auf der Basis der Erfüllungsbedingungen der S_i implizierten Sätze zuschreiben. Dies läßt sich an den Faktitiva, zum Beispiel erkennen, entdecken, unterlassen, bedauern, verlassen und heiraten, besonders gut belegen, da für sie bestimmte Bedingungen vorliegen müssen, um entsprechende Einstellungen und Handlungen zuschreiben zu können, zum Beispiel:

1. Woran erkennt man, daß ein *Z* ein Säugetier ist?
1'. Es ist der Fall, daß weibliche Tiere von der Art *Z* lebende Junge gebären.
1''. Es ist der Fall, daß ein Tier von der Art *Z* eine Wirbelsäule hat.
1'''. Es ist der Fall, daß ein Tier von der Art *Z* ein Großhirn hat.
2. Hat S den Unfall von *T* wirklich bedauert?
2'. Es ist der Fall, daß *T* einen Unfall hatte.
3. *R.* unterließ es in der Situation Sit_1 h zu tun.
3'. Es ist der Fall, daß *R.* relativ zu der Situation Sit_1 die Fähigkeit hatte, *h* auszuführen.

Ich beziehe mich auf einige von Rothermel formulierte Beispiele. Die Sätze können in reichhaltigeren Kontexten auch anders interpretiert werden. Diese Implikationsbeziehungen gelten auch für explizit performative Äußerungen (zu den Realisierungsrelationen von Sprechakten vgl. Wunderlich 1976: S. 301-313):

4. Ich fordere dich hiermit auf, dein Versprechen *V* zu halten.
4'. Es ist der Fall, daß der Angesprochene ein Versprechen gegeben hat.

4''. Es ist der Fall, daß der Angesprochene relativ zu der Situation Sit_1 in der Lage ist, *V* zu halten.
4'''. Es ist der Fall, daß der Sprecher berechtigt ist, den Angesprochenen zur Einhaltung seines *V* aufzufordern.

Je nach den Erfüllungsbedingungen der Sätze, welche die Bedeutung eines Satzes S_i impliziert, kann die Zuschreibung von propositionalen Einstellungen anders ausfallen; die Zuschreibung kann gegebenenfalls auch durch epistemische Modifikationen wie zum Beispiel »vermutlich«, »wahrscheinlich«, »mit Gewißheit« und »könnte dazu bereit sein« weiter qualifiziert werden.

4.6. Wittgensteins Philosophiebegriff

Wittgenstein hat seine Auffassung von Philosophie seit dem *Tractatus* nahezu nicht geändert. Sie steht in dem Kontext seiner Idiosynkrasie gegenüber der europäischen und amerikanischen Zivilisation. Vermutlich ist sie von Spenglers Kulturphilosophie, die dem Zeitgeist entsprach, mit beeinflußt worden. Philosophie ist für ihn keine Wissenschaft und hat keine empirischen Probleme zu lösen. Diesbezüglich hat Wittgenstein seinen Philosophiebegriff nicht geändert. Im Tractatus heißt es:

> 4.111 Die Philosophie ist keine der (Natur-) Wissenschaften. (Das Wort «Philosophie« muß etwas bedeuten, was über oder unter, aber nicht neben den Naturwissenschaften steht.).

In der Philosophie werden keine Hypothesen aufgestellt, sie erklärt nichts, sondern sie beschreibt, was *offen* vor Augen liegt: Die Harmonie zwischen Sprache und Realität. Auch im *Tractatus* soll uns Philosophie als Tätigkeit durch die sprachlogische Analyse von Gedanken (Frege) zu einer richtigen Sicht der Welt verhelfen. Das ist kein Problem der Psychologie, sondern das Ziel der Philosophie ist es, alles so zu lassen wie es ist, um das Mystische zu zeigen. Die traditionellen Probleme der Philosophie verdanken sich einer Verunstaltung der Sprache.

Nach der zweiten Philosophie, den *PU*, sind philosophische Probleme sind für ihn *begrifflicher* Art. In der Philosophie kann es insofern keinen Fortschritt im Sinne der empirischen Wissenschaften geben. Die philosophischen Therapien beanspruchen die Demontage der philosophischen Mythologien, zum Beispiel des Platonismus, des cartesianischen Dualismus, des Idealismus und des logischen Atomismus. Ihre Demontage, durch ein »immer dasselbe erfassen« (Wittgenstein 1970: Vorwort, November 1930), soll dazu führen, die intellektuellen, vergleichbar moralischen Sünden, nicht durch Wissen, sondern durch *Verstehen* vorzubeugen. Die philosophischen Therapien möchten dem

Leser die Augen dafür öffnen, daß »notwendige Wahrheiten« ein Ergebnis der »Grammatik« und kein Ergebnis der Beschreibung einer Realität sind. In der Philosophie gibt es keine Axiome, Deduktionen und Theoreme: Philosophische Fragen sind keine beantwortbaren Fragen, es sind Fragen des Sinns. Für die Philosophie ist deshalb nichts verborgen. Sie bewegt sich immer im Bereich der Sprache, in dem es nichts zu entdecken gibt. Ihre Erklärungen sind demnach immer Erklärungen durch Beschreibungen und die Beschreibungen sollen die Erzeugung von Konfusionen und Unsinn zum Verschwinden bringen.

Gewißheit finden wir nach Wittgenstein durch die »Übersicht«, die Konstruktion der »Zwischenglieder«, welche die Sprache bei der Arbeit zeigt. Gewißheit als die richtige Sicht der Welt, ist keine Selbstgewißheit eines *ICH* im Sinne Descartes ego cogito oder Husserls reinem Ich (*ego cogito cogitatum*), sondern das *ICH* wird sozusagen in ein ichloses *SELBST* depotenziert. Wittgensteins therapeutische Visionen sind vermutlich von der Weisheit der Zen-Meister inspiriert: Die Krankheiten des Verstandes sollen sich lösen und das Verschwinden der philosophischen Problem – die Konfusionen und der Unsinn, der durch die Sprache selbst erzeugt wurde – soll zu einer vollkommenen Klarheit führen. Diese Klarheit/Gewißheit ist zugleich *Leere* im Sinne einer (relationalen) Mannigfalligkeit/Fülle.

Wittgensteins Philosophiebegriff hat sich in seiner Wirkungsgeschichte als eine große, kaum abzahlbare Hypothek herausgestellt. Die unüberbrückbare Kluft zwischen Philosophie und Wissenschaft – auch Logik und Sprachwissenschaft – hat zu einer kaum mehr übersehbaren Literatur zur Wittgenstein-Interpretation geführt, aber zu keiner fruchtbaren Fortbildung. Sie ist vermutlich auch nicht möglich, da jede Fortbildung zu einer anderen Theorie der sprachlichen Bedeutung geführt hat und führen wird. Die von ihm vorgenommene Grenzziehung zwischen Philosophie und Wissenschaft ist alles andere als überzeugend, sondern verdankt sich, sofern sie in dieser Ausschließlichkeit behauptet wird, nur der Hemmung, diese Grenze zu überschreiten. Vor allem haben Wittgensteinianer keine Bedeutungstheorie von natürlichen Sprachen entwickelt. In diese Richtung sind im Gegenzug Davidson gegangen, in Abgrenzung von der Quine/Davidson-Tradition die kompositionale Semantik (Lepore, Fodor) und Katz. Es ist auch alles andere als alternativlos, ob Wittgensteins philosophische Ansprüche und zenbuddhistische Inspirationen mit seinen Mitteln zu erreichen sind (dazu Essler 2001: 211-48). Dazu gibt es sprachtheoretische Alternativen, die nicht von den Idiosynkrasien gegenüber der westlichen Zivilisation in der Folge von Nietzsches und Spenglers Kulturkritik dominiert sind.

II

Zur vereinheitlichten Theorie der Gedanken, Bedeutung, Handlung und Bewertung

1. The Externalism of Triangulation and the Social

J. R. Searle (1998) claims to answer the question: How do we link the mental (attitudes), language and the social?

This is surely a fruitful question for interdisciplinary discovery in particular in the philosophy of social science. This problem is of a particular significance if we make the assumption that communication does not reach (directly) the mental (consciousness). I will not discuss Searle's account here (on Searle, see D. Koepsell, L. S. Moss eds. 2003, Hindriks (2002). My intention is to give a sketch how we link the mental, language and the social. This shows us how semantics projects into social sciences. This shows us how semantics projects into social sciences. It was at first G. Macdonald and P. Pettit who have shown that radical interpretation (*RI*) as a semantics of natural language takes effect in the philosophy of social science:

> We believe that the elaboration of Davidson's understanding of semantics, the pursuit of the so-called Davidsonian program, has thrown new light on the old project of making sense of people, and that in this light we can gain fresh insight into the issues raised by the philosophy of social science. (Macdonald and Pettit 1981: 13)

The theory of interpretation and communication has a mirror image feature because communication is to analyze not from the agent's point of view, but – like language in the framework of *RI* – from the addressee's side.

Davidson's epistemological turn of *RI* – the triangulation model or *RI* – is giving up traditional epistemology. His view of truth and meaning is a rejection of facts, the scheme-content distinction, representationalism (the myth of subjectivity) and sense-dates as foundation in epistemology, that is, sensations connect the world and beliefs (classical empiricism, phenomenalism; about that there is no difference to Putnam 1992). The first task is to analyze whether the externalistic foundation of communication followed from *RI* has *revolutionized* our understanding of the social. The terminus externalism goes back to D. Armstrong (1973). On the classical debate on externalism and internalism (reliabilism) see H. Kornblith (ed.) (2001). Reliabilism is not an internalism as a physicalistic non-relational account of mental states. Davidson's externalism itself is to distinguish from this externalism as a foundationalism. Both versions of externalism have different basic theories of knowledge. Triangulation relates the system of beliefs to external circumstances semantically and not epistemologically. Therefore the certitude of beliefs of our own propositional attitudes is no foundation of knowledge. Consequently the foundation of interpretation, but not the foundation of knowledge, is that the interpreter has to treat first person authority of speakers.

The claim is to resystematize charity by the principle of natural epistemic justice, and to complete the triangulation model of *RI* with the social frame of reference. In the process of *RI* the problem of a correspondence of the background theories between speaker and interpreter emerges. Thereby, a response to the Burge-problem has to be given without going along with social externalism in general. To handle the restrictions of *RI* we border on the epistemic capacity that limits our understanding in general. The epistemic capacity is a matter of (our) richness of expression of power levelling language that takes epistemic effects in interpretation. In this context we give another turn to *RI* linking semantics and social science. This proposal shows us, why epistemology takes effect on social considerations. Yet the step to social epistemology is born from the other version of interpretation.

1.1. The Circle between Belief and Meaning

For Quine the token of linguistic behavior does not distinguish between the net-meaning and the beliefs of a speaker about the situations of utterances. This is the distinction between the meaning of uttered words, the indicated beliefs, and the consequences of such beliefs expressed in the speaker's words (communicative intentions). In other words, meaning is not to select from the communicative content of utterances as a pure entitative meaning. Understanding linguistic behavior is therefore confronted with the circle between belief and meaning. The dilemma of interpretation following Quine is therefore: we cannot interpret linguistic activity without knowing what a speaker believes, and there is no way to found a theory of interpretation on a primary subsentential discovery of his beliefs and intentions. (Davidson 1980: 142, 144) The contribution of speaker intentions for *RI* is that we interpret the utterance, for example, as an act of assertion. But in the first place meaning is not a result caused from such intentions.

(a) The Total Theory of Behavior

How, then, do we cope with the interdependence between belief and meaning without resting on a knowledge of meanings or beliefs and intentions of a particular speaker?

The attitude of holding a sentence true seems to be without any epistemic restrictions an evidence of a theory of interpretation. This belief is applicable to *all* sentences and to *all* utterances, even though each utterance is to be interpreted in a different way. Such evidence allows us to construct an interpretative theory of truth, that is, a satisfaction-theory of belief and meaning. This is the hard core of Davidson's semantics. Such attitudes, they may be true or not, are always the *same*. They immediately correspond to the beliefs of speakers. On this basis the interpreter constructs a theory about the beliefs of the respective speaker and his verbal behavior, that is, from the interpreter's point of view beliefs and desires are *theoretical* constructs.

Yet, a speaker can only hold a sentence true (have a belief), it is necessary to have a *concept* of truth. It may be that a speaker has a false belief but this does not mean that a radical interpreter makes the assumption that most of his beliefs are false. It is this pattern that fixes the truth or falsehood of a single belief (statement). The attitude of holding a sentence true is a fundamental relationship between the beliefs of a speaker and the interpretation of his utterances. This explains the particular role of truth conditions – or fulfilment conditions in general – for *RI* because the interpreter can *know* the holding true of sentences from the speaker's point of view without having a knowledge about the meaning of the occasional utterances or the particular beliefs in a given case. But a theory of interpretation »will not stand alone« because holding a sentence true can only interpret utterances if we find the intentions of the speaker that are connected with our ascription of his desires and actions (Davidson 1984: 162). Therefore, the unified theory of thought, meaning and action is a »total theory« of an interpretation of action and the assignment of beliefs and desires, that is, a »composite theory« of both (Davidson 1984: 163). Therefore the total theory of behavior deals *directly* with the relationship between actions and propositional attitudes (Davidson 1980: 234, he calls all such attitudes thoughts). The problem of evidence goes back to radical translation. For Quine such evidence is reaching our surfaces of the neutral unconceptualized information that are the pattern of sensory stimulations (proximal stimulus) caused by physical receptors. Quine has called such information evidence. Therefore this epistemology makes a fundamental distinction between scheme and our content of knowledge that is refuted as the third dogma of empiricism (on Quine's naturalism P. K. Moser and D. Yandell 2000).

(b) The Evidence of RI

First we can clarify the above mentioned connection by the circumstance that a true utterance depends on the concept of true belief. A belief may be idiosyncratic, but we cannot understand it just as a private state. We grasp what it means that someone has a belief, if we recognize beliefs in their role of interpreting linguistic behavior. Therefore, we can have beliefs if we are familiar with the concept of truth and therefore with the concept of error. Now we can see why from holding a sentence true, as evidence of *RI*, the epistemological step to triangulation follows thereby

> For the sentences that express beliefs, and the beliefs themselves, are correctly understood to be about the public things and events that cause them, and so must be mainly veridical. (Davidson 2001: 174).

Yet this does not mean that a speaker has no false beliefs. In the contrary, the distinction between holding a sentence true and its being true gives error its point. A radical interpreter himself makes the assumption that most beliefs (statements) he ascribes to any speaker are true; but within this frame he fixes the possibility that single beliefs of the speaker could be false. Holding a sentence true as the typical sort of evidence of *RI* is the fundamental relationship between the beliefs of the speaker and the interpretation of their utterances (but the ascription of beliefs does not presuppose propositional knowledge from the speaker's side). This explains the particular role of truth conditions in the procedure of *RI*. An interpreter himself *knows* how to hold a sentence true without simultaneously knowing what the speaker actually means or which belief he utters in given circumstances. Yet the evidence for *RI* explains also *why* all beliefs are a network and not to grasp as single attitudes:

> A correct understanding of the speech, beliefs, desires, intentions, and other propositional attitudes of a person leads to the conclusion that most of a person's beliefs must be true, and so there is a legitimate presumption that any one of them, if it coheres with most of the rest, is true. (Davidson 2001: 127-8).

RI and radical translation take place in the third person. This is a point constantly misunderstood. The third person approach of *RI* is the guarantee that a speaker does *not* have to know the sentences that the interpreter redescribes. If this were a requirement of *RI*, then persons would not be successful with their linguistic communication. It is an essential feature of language that this is not necessary. The first person authority is an unavoidable part of *RI* because without such authority the ascription of attitudes and their content would be empty. If we ascribe a belief to a speaker on the basis of evidence, we cannot avoid making the assumption that the speaker *knows what* he has said and *what* he believes. However, the speaker knows his own thoughts in a way no interpreter can know them. He knows these without any evidence. When we apply the truth-centered theory of *RI* it is obvious *why* the utterances of our simple sentences are normally true. It shows us also how the authority of first person is connected with the principle of the autonomy of meaning. The first person authority also gives us an answer of the problem of self-deception. An absolute self-deception is not possible.

RI is basically an asymmetric situation between speaker and interpreter, but it is symmetrical with respect to the truth conditions of sentences. The interpreter ascribes the same truth conditions to the sentences (utterances) that the speaker also assumes. This explains the role of truth conditions of semantics for natural languages as a theory of individual speaker utterances. It also explains us why the paratactical account of indirect discourse and the concept of samesayer are parts of *RI* and its truth-centered theory of interpretation (on the paratactic account and mixed quotation see Cappelen and Lepore 1999 and Elugardo 1999). The evidence of the attitude of holding true directed toward sentences gives the theory of interpretation its quantificatory form. And this is just the case »... although most utterances are not concerned with truth, it is the pattern of sentences held true that gives sentences their meaning«. (Davidson 1984: 162)

1.2. The Principle of Epistemic Justice

To answer the question »What guarantees the independency evidence of *RI?*« has to shown its possibility. In other words, understanding linguistic behavior requires a unification because only listing individual cases gives us no generalized answer. Holding true of sentences is introduced as the guarantee for the independent availability of evidence. Without this assumption the solution of the task of *RI* could not begin.

(a) The Resystematization of Charity

For *RI* charity is the bridging principle of grasping objective truth and interpersonal understanding. I will systemize it in the next steps. It consists of some assumptions (principles) that are combined in *RI*. I will name this systematization the principle of *natural epistemic justice*, that is, the speaker is right if the opposite is not proven. (therefore, I take into account the Burge-problem). At the first glance this is not obvious by the evidence of *RI*. From my point of view it is a result of a resystematization of charity that takes effect in the intelligible redescription of behavior in general. In this way, we recognize *how* and *why* the individuation of the content of attitudes goes along with the solution of the task of *RI*. It must be emphasized that the principle of natural epistemic justice also gives the principle of charity another turn. Epistemic justice is a guarantee for a correspondence of the background theories between speaker and interpreter. Coping with the circle between belief and meaning always means breaking into the background theories of the speaker.

Yet from the line of communication and the role of the second person also the *social frame of reference* emerges within which we ascribe the local content of attitudes (on the local content see Bilgrami 1992). This turn is in harmony with the inscrutability of reference and the indetermination of translation.

1. *Principle of coherence*: The interpreter optimizes the self-consistency of the speaker. If he did not, he could not understand *him*. This is an application of a two-value logic as a component of the theoretical framework of *RI*. Other versions of logic do not give us a powerful instrument for analyzing attitudes. The ascription of attitudes and the redescription of behavior as actions do not avoid the assumption that propositional attitudes cause an extensive consistent pattern of behavior. Consequently we presuppose a coherent (consistent) set of speaker dispositions and could only decide within this framework on the divergences in cases under study. The first point is to complete with the following point.

2. *Principle of correspondence*: The interpreter assumes that there is a correspondence between his and the speaker's view of world. The occasion of successful interpretations and communications are the guarantee of a shared world view. The general features of language will give us the general features of reality. It is the claim of the truth-centered theory of *RI* to show this. The dependence of belief and meaning is concerned with three problems: the ascription of attitudes, the interpretation of sentences, and the individuation of the content of attitudes. The guarantee of the independence of evidence and the individuation of the content of attitudes is given by the application of two principles: the optimization of true beliefs and the identity of reference of caused verbal reactions by distal stimuli.

(a) Holding a sentence true as evidence of *RI* is a matter of the principle of optimizing true beliefs. *RI* applies a theory of interpretation, in the style of Tarski, relativized to speaker and time point. The formal feature is that the biconditionals are true and conclude from the axioms of the theory. Furthermore empirical sentences are to exclude that are coherent with the formal features but are incomprehensible for intelligible redescription. It is obvious that the speaker holds true sentences in given circumstances. Therefore he optimizes a correspondence in respect to true beliefs, and he identifies such beliefs only within a right sort of pattern of beliefs. If we would not make this assumption, our discussion about *error* could make no sense (Davidson 1984: 170).

(b) The optimization of true beliefs is consistent with the principle of similar reactions. Both are systematically connected. Therefore the interpreter presupposes that the speaker is disposed to response in the same or a comparable way toward things and events like he himself does. The interpreter ascribes to the speaker true beliefs that are directly caused by distal stimuli. The principle of similar reactions is the causing our beliefs, and therefore a condition of objective truth that comes into play for the ascription of attitudes in the triangle, that is, »perceptual beliefs: the beliefs that are directly caused by what we *see* and hear and otherwise sense. These I hold to be in the main true because their content is, in effect, determined by what typically causes them« (Davidson 1999: 18-19). The principle formulates an identity of reference of caused verbal reactions. This is presupposed for an application of truth conditions to linguistic behavior and for the ascription of attitudes. And this simultaneously frames the intelligible behavior in our given environment by *triangulation* as a »prelinguistic« and »precognitive« situation, that is, it is a matter of mutual (similar) reactions that are caused from the external world that guarantees the objectivity of interpretation. (Davidson 2001: 128-129, see also 225-220) The similar reactions among humans and the external causation of perceived shared stimuli are necessary conditions to individuate attitudes. Therefore, it follows that the »second person« is to be included in the solution of the task of interpretation. But the assumption of mutual standards makes no sense because there is a reciprocal interpretation only. The question is not to ask for mutual standards but for the objectivity of interpretation as a guarantee of successful interpretation.

3. *Principle of continence*: The interpreter assumes a coherence between propositional attitudes and intentional actions, that means: »One should prefer (act on) the judgement based on all considerations deemed relevant« (Davidson 1985: 350) or in other words: »perform the action judged best on the basis of all available relevant reasons.« (Davidson 1980: 41) Objective irrationality is an intra-inconsistency of otherwise consistent sets of beliefs. Ultimately we are unable to act against our strongest beliefs. Weakness of the will is in principle a borderline case although in ordinary life we are well-known with weak-willed people (Davidson 1980; 1985). It is the claim of the principle of continence to give a particular answer to the relationship between the intending and intentional actions.

Forming an intention is an »all-out judgement« or »unconditional judgement« like »This action is desirable.« (Davidson 1980: 98) »Self-deception«, »overpowering desire«, »lack of imagination« and so on are faults in the building of such judgements. Prima facie judgments – judgments that are desirable in respect to certain attributes of an action – could be reasons for acting but an intentional action is caused by a stronger judgment. This is Davidson's (final) explanation of the relationship between intentions and intentional actions (on the problems of Davidson's way to this solution, see Preyer 2002). Wants, desires, principles, prejudices, felt duties, and obligations are reasons for actions and intentions we express in prima facie judgments, but intentions and the judgments that cause an intentional action are a result of an all-out judgment: pure intending is an intention as an all-out judgment that is a result of the relevant beliefs of an agent. I come back to such judgments to find the relationship between attitudes of agents and social units.

The entities of *RI* – the *un*interpreted utterances of natural speakers – are given to us *directly* as intelligible behavioral items in this framework. But from the triangulation model point of view we do not identify attitudes with behavioral items. (Davidson 2001: 128-29) The theory of interpretation informs us what the utterance of speakers means. It has to enable us to ascribe propositional attitudes and to individuate the content of such attitudes without an empirical researching of those attitudes, that is, »identifying the causes with the objects of his beliefs« (Davidson 2001: 152). Therefore, the distal theory of meaning and cognition does not need propositions as entities of propositional attitudes.

The interaction of the principles of *RI* means: coherence (consistency), true beliefs, the identity of reference in respect of caused reactions and relevant judgments are essential features of the network of our system of attitudes (we are *not* successful stating attitudes one by one). These are prerequisites of the emergence of an elementary social system. Within this framework within we ascribe attitudes (whatever its internal differentiation and organization may be). Such a system could not exist without the interaction of these principles. With the second and third point, triangulation is introduced because the content of beliefs is caused by things and events, and this is obvious in the triangle. Thereby Davidson claims that the basic line of communication is found: »Communication begins where causes converge: your utterance means what mine does if belief in its truth is systematically caused by the same events and objects« (Davidson 2001: 151). Thereby he intents to give an answer also to the significance of the »second person« in the triangulation model of *RI*. We can ascribe meaning and attitudes only if people reciprocally interpret their linguistic behavior.

(b) RI, *Communication and the Causation of Attitudes*

Does revolutionize *RI* our understanding of communication?

At first glance this is not obvious. The answer to this question leads us back to the circle between belief and meaning and shows us the new role of an interpreter that emerges from *RI*. The claim of the so-called »revolution« of our understanding of communication is comprehensible if we make clear three points that are fundamental for every communication: 1. Systems of communication can only exist if we – as participants – are able to distinguish between holding true and being true (and the same distinction for other fulfilment conditions); in general we must be able to evaluate propositional attitudes; 2. on the other hand, communication is only possible if the content of our beliefs is caused by distal stimuli and such causation has to be obvious in the triangle. 3. There is a social frame of reference within which we ascribe attitudes that cannot be disputed from the point of view of different observers. A. Avramides has summarized the problem of the individuation of propositional attitudes in respect to the circle between belief and meaning in order to clarify why thoughts are dependent on communication:

> ...in communication one speaker understands the words and sentences of another; that is, in communication we find ourselves in the position of interpreters of the words and sentences of another. As interpreters we are faced with the following problem: what a person means is in part a function of their belief. Yet we have just been told that what persons believe is a function of what their words and sentences mean. Our dilemma is how to break into this circle of belief and meaning. (Avramides 1999: 146; see also Ludwig 1999: 41-44)

Yet, what is the epistemological role of the causation of attitudes?

It is to emphasize that causal relations are not »relations« of con- or disconfirmation. Such relations do not build a block. Causes are not propositions or beliefs, but events that cause us to believe something, that is, events itself are not the evidence but »they cause us to belief something«, and »it is the belief that is properly called the evidence, not the event« (Davidson 2001: 173). The subject of a theory of interpretation is behaviorally given and the theory informs us what an utterance means, that is, enables us to *ascribe* propositional attitudes. This is the step from the truth-centered theory of interpretation to the *distal* theory of meaning and cognition: triangulation is the frame of reference of the ascription and individuation of the (objective) content of attitudes (on perceptual beliefs and perceptual sentences Davidson 2005: 136-38). *RI* claims to attribute attitudes because both beliefs and distal stimuli take effect in the process of *RI* in the way that they »take up the slack« between objective truth, holding a sentence true, and communication. This leads us to another understanding of communication. It seems that mental states (or ordinary propositional attitudes) cannot be individuated by both: inner states and external facts (social or otherwise) – the »inner« is identified with neuronal processes that happen in our body.

For the anomalous monism and the triangulation-model of *RI* both conditions are satisfied: mental states are *inner* as being identical with states of the body and non-individualistic to individuate because we identify such states by causal relations to objects and events *outside* the subject. *Yet we need an epistemological answer for the individuation of entities of these attitudes (their content).*

The expansion of *RI* by triangulation leads to the epistemological result to refute the myth of subjective: thoughts have no mental objects. Davidson, Burge, Putnam, Dennett, Fodor, Stich, Kaplan and Evans and others agree about that: »propositions can't give the content of our thoughts *and* be subjectively assured« (Davidson 2001: 37). Meaning is not a mental reality; and in the first person authority we have no knowledge about ourself.

The triangulation model of *RI* also claims to answer the question of the function of communication in epistemology: We can only ascribe thoughts to creatures that are able to communicate. Therefore communication is the guarantee of objectivity (Davidson 2001: 201). This is the prerequisite for someone being right or wrong in his beliefs. With respect to this, the interpretation of speakers presupposes language, or depends on language. We can only attribute thoughts on the basis of given languages and no interpretation is language independent. But it may be that we have thoughts that remain solely our own, and we are unable to express them. Everyone knows such a situation where he has a thought and it is difficult for him to express it in words. Thoughts and expressions in someone's language are factually interdependent, but there is *no* reduction of one to the other. This also holds in the case of reciprocal reinforcement.

What is the link between the semantics for natural language born from *RI* and communication?

Normally we make the assumption that the ability to master a language is that we are able to speak. In contrast to that, in Davidson's theory of language, the *RI* is the basic concept of a language. Therefore the essential feature of language is that the speaker himself is an interpreter of another speaker (Davidson 1984: 157). To solve the task of *RI* a detailed knowledge of speaker's intentions and beliefs does not count as evidence. All strategies to define or explain linguistic meaning on the basis of non-linguistic intentions, uses, purposes, functions, activities are not only difficult, but impossible.

Communications are an upshot of successful tries to communicate something, that is, to take an effect on the addressee's side. Therefore, such actions are intentional doings. It is an essential feature of communication to decide about the continuation of the social intercourse. Without such a decision there is no communication. It is *not* the distal stimulus that makes the intended effects transparent. If the shared reactions work, there is a frame of reference to understand and to continue the process of communication. This also explains the role of language in the universe of the social. It is a requirement of communication that the participants identify (reidentify) the same stimulus and the same communicative event. This is only possible if they can describe (express) these in a language (and there is a class of expressions, the singular terms, that are the guarantee to recognize that). On this level an elementary system of communication has emerged, that is, the intended response of an agent is to recognize by an addressee.

(c) Triangulation and the Concept of Language

What does the triangulation model of *RI* imply for the concept of language?

Coping with the circle of belief and meaning by the application of the truth-centered theory of interpretation, we find a basic property of linguistic behavior. The role of parts (words, sentences) can only be understood »in the context of the system (language)«. To understand a language means »*translating* it into our own system of concepts« (Davidson 1980: 239). In the case of beliefs, desires, and actions we proceed in the same way. The correspondence of true beliefs and the shared reactions among different individual speakers are the prerequisites for a common language.

> Beliefs cannot be ascertained in general without command of a man's language; and we cannot master a man's language without knowing much of what he believes.« (Davidson 1980: 238)

If this were not the case, then there would be neither a common language nor a public verification of the components (a) - (c) of the principle of epistemic justice.

RI applies the truth conditions to the behavioral reactions of individual speakers. This is its fundamental procedure. For *RI* language always means speaker's language (idiolect theory). The correspondence in the use of individual speakers' language is caused by stimulus-responses. This is a concept of language that is reasoned by a theory of *RI* and an externalism of triangulation. A common language or a linguistic community only exists if the speakers have the same theory of interpretation. It is a basic feature of linguistic behavior that the participants of the triangle can verify their occasional sentences (perceptual beliefs). This is an essential feature of human language.

Yet, why is the link between the mental and language also shown by triangulation?

RI has a *mental* counterpart. From the radical interpreter's point of view (the third person attitude of interpretation) both is linked by the asymmetry of *RI*. The redescription of linguistic behavior by a radical interpreter makes the assumption that the ascribed belief is coherent to the set of the speaker's true beliefs. But *RI* is to be characterized by an asymmetry: the speaker does not interpret himself. From his point of view there is no *RI*. He also does not compare his uttered sentences with something that is given outside of him in the world to determine their empirical content. A speaker can express the truth or falsehood of his beliefs with his uttered sentences only: »Our sentences provide the only measure of the mental.« (Davidson 2001: 6) Thus, we can infer what a speaker means and intends to do, but the speaker himself stays in a black box. Or in other words, the non-transparency of all ascriptions of attitudes is not excluded in principle. It may be that this is a little bit ›bulky‹ to grasp. For Quine's philosophy the following is valid: from the ontological point of view reference is scrutable, from the radical translation point of view (epistemological, behavioral) it is not. In a reversal: we are ontological black boxes, but not epistemologically, that is, if the ascription of attitudes works, the indeterminacy between the ascription of attitudes and the given interpretation of the speaker's words is limited (also in case there are discrepancies). But we cannot discover from the *RI* point of view the attitudes themselves. We conclude from our theory of interpretation what attitudes are. To be a black box ontologically takes also effect in rationalization behavior (see the »climber-example«. It shows that there are no ways to explain how our attitudes cause an action that may be also caused in another way, Davidson 1980: 79). The construction of the link in Davidson's theory of meaning and epistemology is reasoned by the global third person attitude of interpretation.

1.3. The Link between Semantics and Social Science

The role of evidence for *RI* and the unlimited application of the principle of charity are the guarantee to grasp the quantificatory structure of attitudes. Also it cannot be concluded from the evidence that the beliefs of a speaker and an interpreter are corresponding; and it can also not be excluded that there is a change of beliefs. Holding a sentence true enables us to interpret an utterance only if we are able to ascribe intentions that are connected with desires as well.

The distal theory of meaning (reference) leads Davidson to the *new* role of an interpreter (an omniscient interpreter). The frame of ascription of meaning to utterances is our evidence to explain and understand the given behavioral items. For Quine, the meaning of words is conditioned by our sensory stimuli and the evidence is given in the description of conditions of utterances in a stimulus-response scheme (see on Quine and Davidson in this respect R. F. Gibson 1994). The understanding of attitudes (the mental) is only possible on the level of linguistic behavior. But in difference to Quine a distal theory of meaning characterizes the role of the interpreter in a new way because a radical interpreter concludes the speaker's attitudes from his *own* reaction to the behavior of the speaker. The new active role of the interpreter is the ground that the interpreter refers to the obvious causes that give the speaker's beliefs their content (Davidson 2001: 174, on critique Lepore, Ludwig 2005: 323-32).

From this point of view communication and higher level of social systems are emerged only on this basic line of the *same* reactions of speaker and interpreter. I re-interpretate this principle of *RI* by the principle of *identity of reference of verbal reactions* we make intelligible by the expressibility of our linguistic frame of reference. The elementary logical-semantical operation within this framework is the substitution of singular terms. Thereby it is replaced Davidson's principle of correspondence of true beliefs and their individuation by common causes.

Yet, holding true and the principle of identity of reference take an epistemic effect in the procedure of *RI*. This results in the right selection of truth (fulfilment)-conditions from the radical interpreter's side. In general Davidson makes the assumption that the radical interpreter perceives that the speaker's holding true is caused by the distal stimuli. Thereby this is strengthened because the interpreter constructs his theory on the speaker's beliefs on the basis of holding true and by the obvious reactions caused by distal stimuli. From my point of view, it is essential therefore to ascribe to the speaker not only a holding true of sentences but also a specific knowledge. This explains us why *RI* requires a convergence of background theories. If an interpreter makes these assumptions for the solution of the task of *RI*, we have to consider an expanded frame of reference for *RI*. The task of *RI* is to solute without knowing something about the particular beliefs of the speaker, that is, »the theory describes conditions under which an utterance of a speaker is true, and so *says* nothing directly about what the speaker knows.« (Davidson 1990: 312) Therefore, the truth-centred theory of *RI* eliminates the epistemic restrictions of interpretation.

From my point of view, we can circumvent epistemical restrictions as an option of the theory of interpretation only if we presuppose the background theory as well known. Yet we do not completely find out of background theories, even though it may be that such theories are difficult to explore. This shows that Davidson's charity leads us to restrictions of making behavior intelligible in principle. In general, the radical interpreter has to project his analytical-empirical knowledge to the speaker.

This shows *how* and *why* the steps to the individuation of the content of thoughts are made through applying the principle of epistemic justice. But we also recognize *why* the conditions (assumptions) for *RI* are to be systematized by the principle of epistemic justice: The intelligible redescription of speech and actions cannot avoid presupposing that the speaker (agent) is largely right in respect to the truth of their beliefs and other fulfilment conditions. But this is not just a mere charity, we have to assume it: »We must, if we are to interpret at all« (Davidson 1980: 290). This strategy allows us to pair the sentences of the speaker and his reactions with ours that we also hold true. But the particular authority of the speaker and his background is the restriction of *RI*. If the theoretical framework of a radical interpreter is presupposed as true for the speaker, then we have to specify for the ascription of attitudes also the epistemic restrictions from the speaker's side. This renews the constraints of interpretation which takes effect to link semantics and social science.

The application of the principle of epistemic justice leads us to the peculiarity of the evidence of *RI*. I agree with the paradigmatic inside of *RI*: it is just not possible to state *at first* what a speaker believes, desires, intends, and in the *next* step to give an answer to the question what the uttered words refer to. But the problems of the constraints of *RI* emerges from this inside (see also Fodor, Lepore 1992). From Davidson's point of view *RI* states the inscrutability of reference in a new way, because if we have collected all evidence for our theory of interpretation, it is not possible to separate the contributions of beliefs, desires, thoughts, and actions for *RI* step by step: we need »total theories« (Davidson 1984: 241). The task is to give us a theoretically revised version of the inscrutability of reference as not eliminable combinations of propositional attitudes.

The principle of epistemic justice gives this version another turn. But from my point of view, the principle is not an epistemic norm (see also D. K. Henderson 2000). We use it for descriptive and theoretical characterizations. But I think that we cannot naturalize epistemic predicates. Here, I do not analyze the role of norms in communication. From my point of view, social norms are not the foundation of social systems and have in the theory of social system a derivative place. This does not mean that norms do not play a role in such systems. But this is not my subject here. In semantics they play no role which is to mention (see also Fodor, Lepore 2002: 153-54).

What is the connection between beliefs, their truth and their linguistic expressions?

With this connection we find the framework to link the mental, language and communication (the social). The interaction explains – that is the claim –, why we apply the principle of compositionality on all levels of *RI*. But it leads us also to the individuation of the content of propositional attitudes by the social frame of reference. Yet the truth-centered theory of *RI* borders on the problem that the semantical redescription as an identification of truth-condition presupposes the so-called referential transparence of semantical context. This leads us to the *Burge-problem* (1979) because we need an answer for the problem – in Burge's counterfactual story – that the expression in a referential non-transparent position like, for example, »arthritis«, does not allow us to ascribe individual propositional attitudes. This is the link to partially connect semantics and social science. (On Davidson, Burge and Putnam, see Röska-Hardy (1994): 255-97, on Burge 266-71)

Burge's account is to characterize as follows:

1. his perceptual externalism does not argue for a metaphysical foundation of the causal explanation of reference;
2. he applies externalism not only to natural kind terms like Putnam, but also to terms like ›arthritis‹, ›contract‹ and so on, that is, all terms we could make a mistake about – this is no difference to Davidson's version of externalism;
3. his thought experiments deal with the individuation of contents of attitudes (mental states); from his point of view de dicto attitudes are also to individuate externalistically;
4. propositional attitudes and also other mental states are to individuate partly by or within a social frame of reference.

From my point of view, and as I have argued in another context, Burge's social externalism is to modify by the epistemic differentiation within the social frame of reference. Putnam's conception of the division of linguistic labor and stereotypes is comparable with Burge's social externalism. It was Putnam's approach that reference is not a relation between a mental state as an internal component and entities as a external component. He limits the inscrutability of reference (Quine), but reference is intensionally inscrutable. To show this, Putnam goes along with Kripke's rigid designation, that is, reference of an expression is not to fix by a set of descriptions of the reference-object in a qualitative way. It is a rigid relation of expression as names to entities, that is, reference is global and not to modify by redescriptions of entities. Natural kind terms, for example, are such names. Yet Kripke's rigid designation is overstrained with a metaphysical essentialism and Putnam's account is found on scientific realism. I do not discuss Burge's thought-experiment in detail here. It is well-known. But it is to mention that in difference to Putnam's »Twin-Earthlings« the physiological descriptions (conditions) in the two stories of the Burge-problem are the same. The difference in the stories is not a matter of the physiological conditions that cause the »pain«, but the point is that within the division of linguistic labor the reference of the *expression* »arthritis« is fixed. The challenge of Burge's thought-experiment is that he has argued that all materialistic identity theories are »rendered implausible« for non-individualism. (On Burge see Davidson 2001: 25-28, 32-33, 2001: 198-204, on Putnam 18-22, 28-32)

In sum: we link attitudes, language and the social with reference to the epistemic restrictions of interpretation and not from the line that beliefs and distal stimuli take effects in *RI*. Triangulation does not link the social directly with perceptual externalism, that is, the second person (the social) is not located within the causal nexus. The problem is not only the causation of the content of our thoughts but it is also to find the correct sort of causal ascription. It is to be taken into play to re-interpret linguistic behavior, the epistemic restrictions (background theories). *RI* requires a *social frame of reference* of the ascription of attitudes that makes behavior comprehensible. With this step we know how to handle Burge's problem (1979) that the autonomy of meaning does not correspond to an essential relationship between an individual belief and sentence meaning (on Burge's and Kripke's social externalism see also Bilgrami 1992). I make a distinction between such a »frame« and a semantics of community because it is not the autonomy of meaning that is the problem, but fixing reference of expressions within the epistemic differentiations in the social universe of discourse. I introduce the social frame of reference to continue *RI* as a feature of the ascription of comprehensible epistemic attitudes that take into account social considerations. And this leads us to the epistemic restrictions of *RI*, not only of individual speakers but also as a part of the social frame. *This is the link between semantics and social science.*

Appendix

Steven Miller has replied to me that my epistemic charity principle may have been too »charitable« because we need to assume that the body of beliefs attributed to the other are, in the main, true, but problems then arise when we are asked to provide for evidence outside of the triangle, especially adequate empirical evidence. Steve notes down a real problem. Firstly, in my book on Davidson I have discussed this problem in the context of Henderson (2000), on a first version Preyer (2000). Secondly, from my contemporary point of view, I see a solution of this question in leveling epistemic capacities – with different expressibility (also as epistemical means) –; yet, I have not restacked *RI* in this way in my article. But one of the main point of the principle of epistemic justice is – familiar to that –, that background theories take effect to solute the task of interpretation, I have considered. This is the bridge to go outside to the world linking the mental, language, and the social. From the social scientist point of view Steve brings into the play a further point: when I gather qualitative data, what am I to assume about the »truth« of what my respondents are telling me?

To border on that in factual systems of communication, we have to cooperate within from different social roles and positions in social stratification, we have to adjust our theories of interpretation about the participants. Many restrictions of different sorts are given on these levels. That is common among social scientists. We need something like the whole picture of the person on its social background within which we order our intelligible redescriptions. But also a layer or a phoney cannot change the meaning of the words they utter, and we can catch on to them.

Michael's (Roth) response goes in another direction. The difference between us is not significant in principle. He has replied to me: »Gerhard among other things – correctly – makes clear the following: firstly, *belief* is to be conceived functionally via its role in interpreting linguistic behavior, secondly, to relate beliefs to reality is the interpreter's business, not the speaker's. Then he considers higher levels of the social to be based on the principle of identity of reference of verbal reactions, That turns out to be his version of Davidson's view of correspondence of true beliefs and their individuation.

In this line of argument – following a truth-centered theory of meaning – he has to vote for a distal theory of meaning, because there are no other concepts licensed by this approach that can be considered able to identify the content of propositional attitudes. (Correctly anyway: inner states nor external facts can do so.)

For *RI* of a speaker Gerhard proclaims a principle of natural (!) epistemic justice: the speaker is considered right as long as not proven wrong. «Natural« meaning naturalistic or just the common way of assigning knowledge/ability/competence, or the like to other fellows?

First person authority appears essential to *RI*, because the speaker, contrary to the interpreter, knows what he believes without evidence. Ascribing propositional attitudes and individuating their content does not require identifying their objects as causes.

In that, Gerhard and me like to follow Davidson. But to assume that speaker's holding true and interpreter's *RI* are due to the same distal stimuli is to assume a certain knowledge on the speaker's side, that is, we can not completely escape background theory on what causes linguistic behavior. I like to follow Gerhard in that, too.

As speaker and interpreter are then considered to be *involved* respectively into the causation of true beliefs – and as this appears so basic to *RI* – the second person is brought into the picture – that is, two persons interpreting each other – not themselves – reciprocally under a necessary principle of natural epistemic justice. It is now, that it is clear to me, there is a naturalistic reading of the principle intended. Attributing judgements on the world (third apex of triangulation approach) hinge on the interpretational relation of speaker - hearer, that is, apex one and two; so is the whole concept of being about, as thoughts and the like are concerned. *Aboutness* of linguistic behavior hinges on the irreducible second person.

Here comes my scepticism: why make the social irreducibility of aboutness argumentatively depending on the natural stimulus in a descriptive sense instead of the knowledge/background theory »causing« linguistic meaning in a non-descriptive sense? Why let yourself been driven into naturalistic commitment rather than into making the first person's (understanding her- or himself) depending on socially differentiated knowledge, as well?

As with the principle of charity this still includes a functional concept of belief and *a coherence view* on speaker's beliefs – as being coherent with the socially differentiated and individually accessible knowledge.

In conjunction with arguing for irreducibility of *G*-predicates a less naturalistic version of epistemic justice seems at hand: hearers/ interpreters assign epistemic authority in a social frame of referring. That is, they interpret the other person with regard to the knowledge plausibly available to them. This appears a non-individualistic solution to the Burge-problem to me as looked at on the background of two irreducibilities of the social – on any level: (a) aboutness of linguistic behavior and (b) the use of *G*-predicates.« (This part of the comment refers to v 2. The Extension of G-Predicates, in this book.)

But why do we bring into play natural epistemic justice to solute the task of interpretation?

I have mentioned already – in the reply to Steven – that I have not systemized *RI* by levelling language. This would be the step from *RI* to an epistemical re-interpretation of behavior, so-called. Yet interpretation can only begin if our response in a similar way is caused by a shared world epistemically. This is not in conflict because of that we make behavior intelligible in a social frame of reference. This is the ground for that *why* communications work without reaching the mental of the participants. But this is not the last word leveling ontology. This is in harmony, that epistemic differentiations in the social universe links semantics and social science.

2. Interpretation ohne epistemische Qualifikation?

Neben Quine ist Donald Davidson seit den siebziger Jahren des letzten Jahrhunderts der weltweit bekannteste amerikanische Philosoph. Vergleichbar ist seine Wirkung nur mit der von Noam Chomsky. Bis 1999 sind über seine Philosophie zehn Sammelbände erschienen. Es ist zu erwarten, daß weitere folgen werden. Seine *Vereinheitlichte Theorie* hat mittlerweile in der Folge von Quines Sprach-, Erkenntnis- und Wissenschaftstheorie eine Resystematisierung der klassischen analytischen Philosophie vorgenommen, die er mit den Fragestellungen der Sprachphilosophie seit den 1950er Jahren erweiterte. Davidson entwickelt seine *Vereinheitlichte Theorie* als eine Gesamttheorie von Verhalten im Anschluß an die seit den 1950er Jahren vorgetragene Skepsis gegenüber einer geschlossenen, das heißt analytischen, Bedeutungstheorie, der Unterscheidung zwischen analytischer und empirischer Wahrheit und der Einführung einer elementaren (phänomenalen) Sprache (Quine: die beiden Dogmen des Empirismus).

In der Folge der Sprachtheorie von Quine konzentriert sich in diesem Paradigma die Bedeutungstheorie zunehmend auf Theorien, die uns in die Lage versetzen, das Handeln anderer Aktoren zu interpretieren. Theorien deshalb, da uns die Auflistung von einzelnen Fällen kein erfolgsversprechendes Verfahren an die Hand gibt. Diese Fragestellung entwickelte sich aus Quines Sprachtheorie, die das nicht zu beseitigende Zusammenwirken von Überzeugung und Bedeutung herausgestellt hat. Daran schließt sich die *Vereinheitlichte Theorie* an. Im Anschluß an die Tradition der klassischen analytischen Philosophie geht Davidson davon aus, daß unsere Sprache eine Ontologie impliziert. Insofern gilt für ihn der Satz B. Russells: »I propose to consider whether anything, and if so, what can be inferred from the structure of language as to the structure of world.« Die Vereinheitlichung der Bedeutungs- und Handlungstheorie geht dahin, die Interpretationstheorie in eine *Gesamttheorie*, eine *zusammengesetzte* Theorie der Überzeugung und Wünsche, somit aller propositionalen Einstellungen, zu überführen (Davidson 2001 spricht von allen propositionalen Einstellungen als Gedanken 99, zum Holismus dieser Einstellungen und der zur Sonderstellung der wahren Überzeugungen 98-99). Sie hat den Anspruch, Verhalten im allgemeinen erklären zu können. Im Unterschied zu Frege steht die Ontologie, die wir für eine Semantik benötigen, in einem direkten Zusammenhang zu der Ontologie in der natürlichen Sprache. Sie ist aus ihr herausfiltern. Beansprucht man somit aus einer Wahrheitstheorie ontologische Schlußfolgerungen zu ziehen, so hat die Sprachauffassung holistisch zu sein, das heißt, sie hat Aufschluß über die Struktur einer natürlichen Sprache zu geben. Der Anspruch des Ansatzes ist es, die Interpretations-, die Entscheidungs- und Kommunikationstheorie aufeinander abzustimmen, da sie sich gegenseitig stützen. Es sind jedoch mittlerweile die berechtigten Zweifel ernst zu nehmen, ob wir diesem Ansatz folgen sollten.

In dem dritten Sammelband *Subjective, Intersubjective, Objective* (2001) sind Davidsons Artikel wiederveröffentlicht, welche die erkenntnistheoretische Fortschreibung seiner *Vereinheitlichten Theorie* zu einem Triangulationsexternalismus zum Thema haben. Der Band ist, den Bestandteilen und Wissenssorten des Triangualtionsmodells folgend, in die drei Abschnitte »Subjective«, »Intersubjective« und »Objective« gegliedert. Das Selbstwissen, das Wissen von Fremdpsychischem und von einer gemeinsam geteilten objektiven Welt, sind nicht aufeinander reduzierbar, bedingen sich aber gegenseitig. Alle drei Arten von Wissen sind Gesichtspunkte derselben Realität.

2.1. Externalismus

Wie ist dieser Schritt zu dieser Version von Externalimus begründet?

Er grenzt sich grundsätzlich von einem sozialen oder linguistischen Externalismus (Burge) und von Putnams soziolinguistischer Hypothesenbildung (sprachliche Arbeitsteilung) als einer Basistheorie der Semantik ab (siehe dazu 25-31, 197-201). Es betrifft dies aus meiner Sicht das Problem des grundsätzliche Verständnis seiner Philosophie, dem wir uns dadurch annähern, wenn wir alle thematischen Erweiterungen seiner Sprachphilosophie, zum Beispiel der Begriff des Mentalen, der Rationalitätsbegriff, das dritte Dogma des Empirismus, der Mythos der Subjektiven und seine Version von Externalismus, aus der Bewältigung des Zirkels zwischen Überzeugung und Bedeutung bei der Lösung der Aufgabe von *RI* und ihrer wahrheitszentrierten Theoriebildung verdeutlichen.

Nach Davidsons Interpretationstheorie kommt ein Interpret eines sprachlichen oder nicht-sprachlichen Verhaltens nicht umhinkommt, eine Übereinstimmung zwischen seiner Weltsicht und der des Sprechers zu unterstellen. Normalerweise weiß ein Sprecher, was er denkt, will und beabsichtigt, und er stützt dieses Selbstwissen nicht auf Belege. Hierin besteht der Status der Autorität der ersten Person, die in der zweiten oder dritten Person bzw. in der ersten Person Plural nicht vorliegt. Die Autorität der ersten Person ist kein Gegenstand von empirischer Forschung, sondern ein Kriterium dafür, was mentale Zustände sind. Die Autorität der ersten Person folgt aus der Asymmetrie der *RI*. Sie besteht zwischen einem Sprecher, der sich *nicht* interpretiert und einem Interpreten, der auf der Basis von Belegen und Folgerungen die

Aufgabe der Interpretation zu bewältigen hat. (Siehe vor allem 13-14, 17-18, 87, 207, 210-11; zu den normativen und kausalen Eigenschaften von mentalen Begriffen 217.) Erfolgreiche Interpretationen und gelungene Kommunikationen belegen immer eine gemeinsame und weitgehend zutreffende Weltsicht ihrer Teilnehmer. Die allgemeinsten Gesichtspunkte der Sprache sollen uns auch einen Aufschluß über die wichtigsten Gesichtspunkte der Realität geben. Dies gelingt dann, wenn wir dazu in der Lage sind, die Wahrheitsbedingungen von Sätzen in den Zusammenhang einer umfassenden Theorie einzuordnen. Das ist der Anspruch einer interpretationstheoretisch gewendeten Sprachtheorie. Das Zusammenwirken von Überzeugung und Bedeutung führt uns zu drei Problemen bei der *RI*: die Zuschreibung von Überzeugungen, die Interpretation von Sätzen und die Individuierung der Inhalte von Einstellungen. Die Gewährleistung der unabhängigen Belege und die Individuation der Inhalten von propositionalen Einstellungen betrifft zwei Grundsätze, das Als-wahr-Akzeptieren von Sätzen als Grundbegriff und den Grundsatz der Identität der Referenz der Auslösung von Reaktionen. Die grundlegende Annahme besagt: Das Fürwahrhalten eines entsprechenden Satzinhalts ist durch distale Stimuli verursacht. Darin ist der weitgehende Unterschied zu Quines Erkenntnistheorie zu sehen, für die proximale Stimuli (Nettobedeutung, Reizsynonimie) die Basistheorie von radikale Übersetzung sind (siehe zur Abgrenzung gegenüber Quine 148-52, zum logischen Empirismus 164-68, 170-73). Nettobedeutung betrifft die herausgefilderte Bedeutung der Beobachtungssätze. Dies betrifft die Beziehung der Sprache zur Welt. Es ist dies ein Gesichtspunkt des Sprachverhaltens durch den unserer Heimatsprache ausgezeichnet ist. Quine bleibt deshalb nach Davidson dem »dritten Dogma des Empirismus« verhaftet. (Zu dem Dogma Schema-Inhalt von Erfahrungen und einem konzeptuellen Relativismus 39-42.) Siehe vor allem die Artikel »First Person Authority«, »Knowing One's Own Mind«, »The Myth of Subjectivity« und »What is Present to the Mind«.

2.2. Das Korrespondenzprinzip

Das Als-wahr-Akzeptieren von Sätzen betrifft den *Grundsatz der Optimierung der wahren Überzeugungen. RI* wendet eine Interpretationstheorie im Stile Tarskis an, die durch eine Berücksichtigung der Situation und des Zeitpunkts der Äußerung erweitert ist (vgl. dazu vor allem 178-82). Als Belege einer Interpretationstheorie, die von besonderen Informationen über die Intentionen, Wünsche und Überzeugungen eines Sprechers unabhängige sind, sollen dazu dienen: Die Sprecher einer Sprache, für die eine Interpretation geliefert werden soll, halten ihre geäußerten oder die ihnen vorgelegten Sätze unter bestimmten Umständen und zu bestimmten Zeitpunkten für wahr. Er optimiert somit eine Entsprechung im Hinblick auf die wahren Überzeugungen zwischen sich und dem Sprecher. Ein Interpret kann solche Belege kennen, auch dann, wenn er noch nicht über die entsprechende Interpretationstheorie verfügt, für die sie die entsprechenden Belege sind. Würde er nicht von dieser Annahme ausgehen, so könnte er nicht verstehen, *was* der Sprecher sagt, und er könnte der Rede von Irrtum keinen Sinn beilegen.

Ergänzend dazu wird der *Grundsatz ähnlichen Reaktionen* eingeführt. Er besagt: Der Interpret unterstellt einem Sprecher ein vergleichbares/ähnliches Verhalten gegenüber denselben Dingen, Ereignissen, Situationen wie er selbst. Der Interpret schreibt dem Sprecher somit wahre Überzeugungen zu, die durch distale Stimuli ausgelöst sind. Dieser Grundsatz betrifft die öffentliche Zugänglichkeit der Verursachungen von Überzeugungen als auch Verhalten und damit den Maßstab einer objektiven Wahrheit, der bei der Zuschreibung von Einstellungen in dem Triangulationsmodell von *RI* ins Spiel kommt. Es handelt sich dabei um die Inhalte von Überzeugungen, die durch Wahrnehmungsgegenstände und individuelle Ereignisse verursacht sind. Der Korrespondenzgrundsatz formuliert einen Grundsatz der *Identität der Referenz der Auslösung von (sprachlichen) Reaktionen*, wie ich ihn nennen möchte: Erst durch die *Gemeinsamkeit* der Reaktionen auf gemeinsame Reize hat Denken und Reden einen besonderen Inhalt. Schreiben wir der Ursache eines Gedankens einen Ort zu, der seinen Inhalt festlegt, so erfordert dies zwei Standpunkte. Diesen Vorgang nennt Davidson Triangulation. Zwar reagiert jede Person auf Sinnesreize in unterschiedlicher Weise, sofern wir aber die Reize nach außen projizieren, so ist der Schnittpunkt die gemeinsame Ursache. Sofern wir die Reaktionen des jeweils anderen, der »zweiten Person«, bemerken, so können wir sie zu den eigenen Reizen und Verhalten in Beziehung setzen. Damit kann die gemeinsame Ursache den *Inhalt* einer Äußerung und eines Gedankens bestimmen. Denken und Sprechen wird durch dieses Triangel einen Inhalt verliehen. Die Wahrnehmungsgegenstände als kausale Auslöser sind die einzigen Gegenstände, die uns in ihm direkt gegeben sind. Die Gegenstände einer Theorie der Interpretation, die *un*interpretierten Äußerungen von natürlichen Sprechern als individuelle Ereignisse, sind uns in diesem Bezugsrahmen *verhaltensmäßig unmittelbar* zugänglich und das Für-wahr-halten ist in ihm als ein Verhaltensdatum offensichtlich. Die Interpretationstheorie hat uns auf dieser Grundlage darüber zu informieren, *was* eine Äußerung $\ddot{A}(x)$ eines Sprechers bedeutet. Sie hat uns nicht nur in die Lage zu versetzen, propositionale Einstellungen zuzuschreiben, sondern sie hat uns gleichzeitig auch eine Antwort auf die Individuierung des Inhalts, eben der Gegenstände dieser Einstellungen, zu geben. Dies beansprucht eine distalen Bedeutungs- bzw. Referenztheorie, somit die Triangulation, beantworten (siehe dazu 120-21, 128-30, 212). Diese Neubestimmung des Verhältnisses von Sprache und Welt versteht sich ihrerseits als eine Alternative zu dem Realismus und Antirealismus in der Erkenntnistheorie (191). Die Autorität der ersten Person, der soziale Charakter der Sprache, die externe Bestimmung von Gedanken und Bedeutung spielen durch die Triangulation der Inhalte von propositionale Einstellungen zusammen. Damit geht sprachphilosophisch die Nutzlosigkeit der Annahme von Propositionen als Gegenstände von propositionalen Einstellungen einher. Siehe vor allem die Artikel »Empirical Content« (1982), »Epistemology Externalized« (1990) und »Three Varieties of Knowledge« (1991). Der letzte Artikel ist dazu geeignet die Verankerung der drei Sorten des Wissen in dem Triangulationsmodell von *RI* in einem Überblick kennenzulernen.

Das einen Satz-für-wahr-Halten als eine Gewährleistung von unabhängigen Belegen als auch die Einbeziehung des Grundsatzes der Identität der Referenz der Auslösung von Reaktionen wirken sich jedoch aus meiner Sicht bei der Durchführung von *RI* zunehmend epistemisch aus: Eine radikaler Interpret kommt bei der Lösung seiner Aufgabe nicht voran, wenn er nicht über ein erhebliches *Wissen* über die Überzeugungen und andere Einstellungen des Sprechers verfügt. Dies wird noch dadurch verstärkt, da auf der Basis des Für-wahr-haltens, gestützt durch die im Triangel zugänglichen distalen Stimuli, der Interpret seine Theorie über die Weltsicht des Sprechers konstruiert. Die Interpretationstheorie ist somit vom Standpunkt der Überzeugungssysteme des jeweiligen Sprechers aus zu konstruieren. Insofern kommen wir nicht umhin, dem Sprecher nicht nur ein Für-wahr-halten, sondern auch ein qualifizierendes Wissen zuzuschreiben. Damit finden wir aus meiner Sicht die Begründung dafür, warum bei jeder erfolgreichen *RI* eine Konvergenz der Hintergrundtheorien vorzuliegen hat. Das führt zu dem Problem des Relativismus, da die mentalen Begriffe durch die Interpretationstheorie festgelegt sind und, wie Davidson hervorhebt, viele Theorien können ihre Aufgabe erfüllen. Das gilt unabhängig davon, dass Quine und Davidson keine Relativisten sein möchten. Davidson geht jedoch davon aus, dass Quines Dualismus zwischen Schema und Inhalt und die ontologische Relativität zu einem Relativismus führt.

Sofern ein Interpret bei der *RI* diese Theorien als weitgehend bekannt unterstellt, sind bereits erweiterte und verschärfte Anforderungen an die *RI* gestellt. Davidson würde sich gegenüber einer solchen Zuspitzung auf die wahrheitszentrierte Theoriekonstruktion der *RI* zurückziehen. Insgesamt hat sich die *RI* auf Belege zu stützen, die sich gerade nicht der bereits vorliegenden Kenntnisse der Bedeutung der Äußerung, noch eines besonderen Wissens über die Überzeugungen des individuellen Sprechers verdanken. Dies soll die Einstellung des Einen-Satz-für-wahr-Haltens gewährleisten. Es ist die einzige Einstellung, die sich auf alle

Sätze anwenden läßt. Dabei braucht der Interpret eine detaillierte Unterscheidung von unterschiedlichen Überzeugungen vorzunehmen. Die *RI* hat zu ihrem Gegenstand uninterpretierte (natürliche) Äußerungen, die der radikale Interpret noch nie gehört zu haben braucht. Der Ausweg, die epistemischen Beschränkungen von *RI* zu umgehen, ist aber nur dann eine Option, wenn wir die Hintergrundtheorie als bekannt voraussetzen. Der Anspruch auf Objektivität und die Intersubjektivität sind in einem Triangulationsexternalismus durch die gemeinsamen Reaktionsweisen auf Ereignisse und Situationen verbürgt. Demnach können wir nach Davidson einem Wesen nur dann Gedanken und propositionale Einstellungen zuschreiben können, wenn es der Kommunikation fähig ist (209-10, 213). Die Rolle der Kommunikation als Bestandteil des Triangels ist aber kein Wahrheitskriterium. Das wird von Davidson systematisch berücksichtigt, wenn er schreibt: »The ultimate source (not ground) of objectivity is, in my opinion, intersubjectivity.« (83). Wir können uns daran wiederum verdeutlichen, wie sich *RI* und die Triangulation der Individuierung von Gedanken und Überzeugungen gegenseitig stützen sollen. Siehe vor allem die Artikel »A Coherence Theory of Truth and Knowledge« (1987) , »Afterthoughts« (1987), »Empirical Content« (1982), »Epistemology and Truth« (1988) und »Rational Animal« (1982).

Wie wird aber die Kenntnis der Wahrheitsbedingungen einem Sprecher bei der *RI* im Zuge der Triangulation zugeschrieben?

Von dieser Zuschreibung ist jede richtige Interpretation von Sprecheräußerungen, man könnte sagen, strukturell, abhängig, da der Interpret die Intention des Sprechers zu kennen hat, das heißt, der Interpret schreibe seiner Äußerung die entsprechenden Wahrheitsbedingungen zu (111-12). Davidson stützt sich dabei auf Grice' Ansatz, der kommunikative Akte als perlokutive Akte bestimmt (112). Die Anforderung an die Zuschreibung von Überzeugungen besteht darin: Die Feststellung der Tatsache des Interpret, Sofern ein Interpret das Für-wahr-halten eines Sprecher einen Satz feststellt, so fügt er *keinen* epistemischen Gesichtspunkt zu dem hinzu, was die Wahrheitstheorie ihrerseits an Sätzen auswirft. Dies gelingt erst durch die Einbeziehung der für die Äußerungsinterpretation relevanten Hintergrundtheorie. Für die *RI* ist Wahrheit die Grundlage der Interpretationstheorie und nicht die Zuschreibung eines die Einstellungen ihrerseits einschränkenden Wissen.

2.3. Die beiden Holismen

Die *RI* führt uns zu zwei Holismen, den der *Bedeutung* der Sätze in einer Sprache und den der *Überzeugungen*. Sie beansprucht, eine Theorie der Überzeugung und Bedeutung in einem Schritt zu entwickeln. Die rekursive Definition der Wahrheit ist die Grundlage für eine Bedeutungstheorie, die uns in die Lage versetzen soll, alle Sätze einer natürlichen Sprache zu interpretieren. Sofern die formalen Anforderungen erfüllt sind, so kann diese Definition die *W*-Sätze für *alle* Sätze der Sprache bilden, auf die sich die Theoriebildung erstreckt. Die Belege der *RI* sind aber nicht semantischer oder linguistischer Art. Für die Einstellungszuschreibung soll das einen Satz-für-wahr-Halten die formale Bedingung der Anwendung der *W*-Sätze auf alle Satzäußerungen in einer natürlichen Sprache erfüllen.

Die Theorie der Bedeutung hat zu ihrem Gegenstandsbereich eine unendliche Menge von Sätzen (Holismus), daher sind die Belege für die Interpretation einer Äußerung zugleich auch die Belege für die Interpretation von allen Äußerungen natürlicher Sprecher. Dieses Argument ist durch die holistisch-satisfaktionale Theorie der Überzeugungen begründet. Sie besagt: Wenn etwas ein Gegenstand einer Überzeugung ist, so hängt damit eine unendliche Menge von Überzeugungen zusammen, und diese Überzeugungen haben weitgehend wahr zu sein; insofern gibt es nach Davidson keine de re Überzeugungen. (Siehe dazu 195, zu M. Dummetts Kritik an Quines Holismus 144-45, zu de dicto und de re Überzeugungen 55-56, zu den de dicto, de re und de se Überzeugungen im Anschluß an H.-N. Castañeda und D. Lewis vgl. M. Frank 2012.)

Der Beleg der Einstellung des Für-wahr-haltens von Sätzen für die Wahrheits- und Bedeutungstheorie läuft auf einen verhaltensmäßiger Ersatz für eine epistemische, auf das Sprecherwissen bezogene Anforderung an eine Theorie der Äußerungsbedeutung, hinaus. An die Stelle des Sprecherwissens und einer weitergehenden Charakterisierung von Sprecherüberzeugungen (Hintergrundtheorie) für die Zuschreibung von Einstellungen (Interpretation), die über eine Korrelation von Sprechern und Sätzen hinausgeht, treten in dem Triangulationsmodell die externale Welt (Dinge und Ereignisse) und die direkten kausalen Veranlassungen von Einstellungen, die selbst bzw. von sich aus die Signifikation unseres Sprachverhaltens bewirken.

Das Triangulationsmodell der kausalen Einstellungsauslösung führt uns aber wiederum zur *RI* zurück:

Wie kann der Sprecher wissen, was der Interpret weiß? Sind die Situationswahrnehmungen und -definitionen von Sprecher und Interpret, zu denen sie jeweils von sich aus immer nur einen selektiven (konditionierten) Zugang haben, dieselben? Verfügen beide über dieselben (vergleichbaren) Theorien? In welchem Umfang hat der Interpret über ein relevantes Wissen zu verfügen, sofern er einer Äußerung die durch sie ausgedrückte Einstellung zuschreibt? Warum ist erfolgreiche Kommunikation ein Symptom für Objektivität, die auf eine Übereinstimmung ihrer Teilnehmer in Hinblick auf die Existenz von Dingen und Ereignissen zurückgeht?

Ein Großteil des für die Interpretation einer Äußerung erforderlichen Wissens ist nur außerhalb des Triangels durch die hypothetische Rekonstruktion von (Vor-) Hintergrundtheorien gegeben. Es ist in vielen, vermutlich den meisten, Fällen mühselig herauszufinden.

Was bedeutet in dem Zusammenhang der Triangulation die Rede von dem Beitrag des Sprachverhaltens zu dem erfolgreichen Gesamtverhalten des Sprechers, wenn nicht jedes Sprachverhalten als eine Beschreibung oder Darstellung eines Weltereignisses aufzufassen ist? Inwieweit verbürgt eine Konvergenz von kausalen, externen (direkten) Auslösern im Triangel die Mitteilungsfunktion von Sprachverhalten und zugleich eine für Sprecher und Interpret gemeinsam zugängliche objektive Welt?

Eine erfolgreiche Interpretation belegt eine für die an der *RI* Beteiligten weitgehend zutreffende Weltsicht. Sofern aber zum Beispiel ein Interpret nichts über die psychologische und soziale Funktion von religiösen Überzeugungen weiß, wird er nicht in der Lage sein, religiöse Handlungen zu beschreiben (verstehen), die sich in den Einstellungen und dem entsprechenden Verhalten ausdrücken.

Damit stoßen wir aus meiner Sicht aber auf die epistemischen Anforderungen und die Situationsbezüge von *RI,* die zum jeweiligen Rahmen von Interpretation gehören, wie zum Beispiel der Sprecher gehört einer bestimmten Kultur oder sozialen Gruppe an u.a.m. Bei der Anwendung des Grundsatzes der Optimierung von wahren Überzeugungen drängen sich ihre epistemische Auswirkungen auf, die ihr von ihrer Anlage zukommen. Der Schritt zu dem Triangulationsmodell von *RI* soll, aus meiner Sicht, eine epistemische Lücke bei der *RI* von *außen,* durch die distalen Bedeutungen und nicht vom Sprecher aus, schließen, da sie die Objektivität von propositionalen Gedanken verbürgen soll. Das liegt nahe, da sich durch die asymmetrische Grundsituation zwischen Sprecher und Interpret bei der *RI* aus der Perspektive des Sprechers eben gerade kein Interpretationsproblem stellt. Der Sprecher vergleicht einen geäußerten Satz nicht mit etwas ihm von außen Gegebenen, um dadurch seinen empirischen Gehalt zu ermitteln. Ein radikaler Interpret kommt demgegenüber jedoch nicht umhin ein implizites, auch propositionales, Wissen bei einem Sprecher zu unterstellen, das sich sozusagen auf die ganze Bedeutungs- und Wahrheitstheorie erstreckt. Insofern liegt auch der Schritt nahe, die *RI* durch epistemische Qualifikationen zu erweitern, die wir durch die Einbeziehung von Hintergrundtheorien gewinnen. Erst dieser Rahmen wird den möglichen Erfolg der Zuschreibung von propositionalen Einstellungen gewährleisten. Ihn herauszufinden ist die Aufgabe der Wiedergabe und Erklärung von Verhalten im allgemeinen. Die Hintergrundtheorie hat somit bei der Zuschreibung von Einstellungen einen epistemischen Effekte.

Wir können das grundlegende Problem der Anwendung des Grundsatzes der Nachsicht und der Korrespondenz als Test für die wahrheitszentrierte Bedeutungstheorie derart beschreiben: Die Optimierung der Übereinstimmung über die Wahrheit von Sätzen wirkt zunehmend epistemisch. Die Anwendung des Grundsatzes erklärt uns nicht, wie die Übereinstimmung zwischen Sprecher und Interpret im Hinblick auf die Individuierung der Inhalte der propositionalen Einstellungen ausschließlich durch die Beobachtung des individuellen Verhaltens im Triangel direkt festzustellen ist. Die Beobachtung des Für-wahr-haltens soll nicht von einer Theorie abhängig sein. Gleichzeitig setzt Davidson für eine erfolgreiche Interpretation eine theoretische Übereinstimmung zwischen Sprecher und Interpret voraus, die nicht zu beseitigen ist. Von seinem Standpunkt ist das durchaus konsequent, da er das Für-wahrhalten nicht epistemisch einschränkt. Daraus ergibt sich ein informatives Folgeproblem, da die Äußerungsbedingungen nicht in jedem Fall als Wahrheit für den Sprecher aus der Sicht des Interpreten zu unterstellen sind. Das heißt aber, die Wahrheiten über die Äußerungsbedingungen sind ihrerseits *epistemisch* zu beschränken. Diese Bedingungen bestehen nicht (nur) in der referentiellen Transparenz der kausalen (natürlichen) Individuation von Einstellungen. Wir werden dann nicht umhinkönnen, Fälle der Einstellungszuschreibung zu unterscheiden, wobei sich die Reinterpretation von Ausdrücken auf das in der Sprachgemeinschaft zur Verfügung stehendes Wissen begrenzt ist.

Daraus folgt ein Umbau der wahrheitszentrierten Kerntheorie von *RI*, da wir die Zuschreibung von Einstellungen auf die epistemischen Restriktionen, denen ein Sprecher unterliegt, zu gewichten haben. *Radikal* wäre dann die Anwendung des Grundsatzes der Identität der Referenz der Auslösung von (sprachlichen) Reaktionen in diesem Bezugsrahmen. Der Unbestimmtheit der Übersetzung wird in diesem Zug eine neue Ausrichtung gegeben, und sie findet damit auch eine (weitere) Begründung. Davidson versucht sich dem zu entziehen, indem er von dem Für-wahr-halten eines Satzes ausgeht. Es ist im Sprachverhalten unmittelbar offensichtlich und das Zusammenwirken von Überzeugung und Bedeutung wird durch die Wahrheit unserer elementaren Überzeugungen begrenzt Vorausgesetzt wird selbstredend bei jeder Interpretation ein Interesse. Das ist aber ein alter hermeneutischer Grundsatz. Dem würde sich Davidson durchaus anschließen. (Siehe zum Beispiel die Hervorhebung dieses Zusammenhangs 190, zur Wahrheit von Überzeugungen siehe zum Beispiel 56, zu dem Dilemma in der Theorie des Wissens 168, zu dem grundlegenden Zusammenhang zwischen Überzeugungen, Wissen und Wahrheit 209, zu Putnams internen Realismus und Dummett 186-188, zur Kritik an der Korrespondenztheorie 184, zur Koherenztheorie 185, vgl. zu ihr vor allem »Afterthoughts« (1987).)

3. Rationalität und Interpretation

Davidson gehört neben Quine, Dummett, Putnum, aber auch Chomsky, zu den in den letzten dreißig Jahren weltweit wirkungsgeschichtlich gewordenen Philosophen. Bereits seit den 1970er Jahren wurde er auch an den amerikanischen philosophischen Fakultäten gelehrt. Seine *Vereinheitlichte Theorie* liegt nicht in einem anfänglichen großen Entwurf vor, der dann fortlaufend ausgestaltet worden wäre, sondern entstand als work in progress in Artikeln in einem Zeitraum von vierzig Jahren. Am Anfang seiner philosophischen Karriere stand für ihn ein *Problem*. In der Zusammenarbeit mit Patrick Suppes und Sidney Siegel ging es um die experimentelle Überprüfung von Ramseys Entscheidungstheorie, seiner Lösung des Auseinanderhaltens der Rolle der subjektiven Wahrscheinlichkeit und des Nutzens bei Entscheidungen unter Ungewißheit. Nach eigener Darstellung war Davidson im Fortgang der Untersuchungen nicht in der Lage, eine überzeugende Theorie zu konstruieren, die den Wandel von Präferenzen bei den Versuchspersonen durch die Beeinflussung im Ablauf der Experimente erklärte und er entschied sich deshalb, Philosoph zu werden. Seit den 1990er Jahren können wir seinen Ansatz überblicken und einer Resystematisierung zuführen. Vor allem ist hervorzuheben, daß Davidsons Philosophie eine Gegenposition zu dem in der zweiten Hälfte der 1970er Jahre aufkommenden Neopragmatismus und einer Gebrauchstheorie der Bedeutung ist. Es ist schwer nachzuvollziehen, wie ein Pragmatismus uns in die Lage versetzt, eine Bedeutungstheorie aufzustellen. Es wird ein Geheimnis bleiben, wie Handlungen Sprachbedeutung hervorbringen sollen.

Der vierte Sammelband seiner Artikel *Problems of Rationality* (2004) ist in die Abschnitte »Rationality and Value«, »Problems and Proposals« und »Irrationality« unterteilt. Die Beiträge des ersten Teils analysieren inwiefern der Zusammenhang zwischen der Interpretation (Verstehen) der mentalen Zustände anderer Personen und ihren Handlungen und unseren Werturteilen diesen einen objektiven Status verleiht. In dem zweiten Teil finden wir Artikel, die sich mit den Voraussetzungen (Bedingungen) der Zuschreibung von mentalen Zuständen zu einem Objekt, sei es ein Computer oder ein Lebewesen, beschäftigt. Alle propositionalen Einstellungen nennt Davidson durchaus Fregeianisch inspiriert Gedanken. Die Analysen der Artikel spielen im Hinblick auf die Aufstellung der *Vereinheitlichten Theorie* zusammen. Sie führt zu einer bestimmten Form einer Entscheidungstheorie. Der dritte Teil beschäftigt sich schließlich mit den Fragen, die in solchen Fällen auftreten, bei denen Gedanken und Handlungen gegen die Anforderung von Rationalität verstoßen. Für die in den Abschnitten angesprochenen Fragestellungen spielt das Problem der Rationalität in dem Sinne eine Rolle, wie es Davidson bei der radikalen Interpretation mit der Einführung des unumgehbaren Grundsatzes der Nachsicht für die verständliche Wiedergabe und Erklärung von Sprachverhalten dargestellt hat.

3.1. Die *Vereinheitlichte Theorie*

Davidsons *Vereinheitlichte Theorie* ist eine besondere Version einer naturalisierten Erkenntnistheorie. Sie beansprucht eine Systematisierung des angemessenen Verständnis der sprachlichen Kommunikation in ihrer natürlichen Umgebung. Bei der Lösung der Aufgabe von Interpretation kommen wir nicht umhin, viel Struktur in das Sprachverhalten hineinzulesen. Bedeutung wird nicht auf Verhalten zurückgeführt. Die radikale Interpretation beruht auf Voraussetzungen, die nicht nur theoretisch zu beschreiben sind, sondern uns auch aufgenötigt werden. Das betrifft die Optimierung der *Konsistenz* des Sprechers, der *Wahrheit* seiner Überzeugungen und - so ist hinzufügen - der *Kontinenz* des Sprechers, sein Handeln an allen verfügbaren relevanten Gründen, die es als das beste Handeln beurteilen, zu orientieren. Diese drei Voraussetzungen werden für die Zusammenführung der (Sprach-) Interpretations-, der (Handlungs-)Entscheidungstheorie und seiner Version einer externalistischen Erkenntnistheorie, den Triangulationsexternalismus eingesetzt.

Mit der *Vereinheitliche Theorie* erhebt Davidson den Anspruch, das Kapitel der Cartesianischen und empiristischen Erkenntnistheorie endgültig zu schließen. Der Cartesianismus reicht für ihn bis zur naturalisierten Erkenntnistheorie Quines mit ihrer Semantik der Reizbedeutung. Dieser Paradigmenwechsel in der Erkenntnistheorie läßt sich durch den Schritt von der Introspektion zur Interpretation und von der proximalen zur distalen Theorie der Bedeutung und Gedanken charakterisieren. Die Fassung der Autorität der ersten Person durch einen erkenntnistheoretischen oder ontologischen Dualismus ist nach diesem Ansatz nicht mehr fortführbar. Alle propositionalen Einstellungen erfordern deshalb den Besitz des Begriffs der *objektiven* Wahrheit. Über diesen Begriff verfügen nur Wesen, die der Kommunikation fähig sind. Insofern ist die Kenntnis von Fremdpsychischen die Grundlage aller Gedanken. Der Erwerb von Wissen verläuft gerade nicht vom Subjektiven zum Objektiven, sondern emergiert holistisch und ist von Anfang an interpersonal. Der Schlüssel von Davidsons Revision des Cartesianischen Paradigmas ist seine Theorie der Sprachbedeutung, die distale Theorie von Bedeutung und Gedanken. Sie beansprucht eine externalistische Erklärung von Bedeutung und Sprachinhalt. Die Interpretationstheorie des Sprachverhaltens wird mit der Erkenntnistheorie derart zusammengeschlossen, da nur Wesen Gedanken haben können, die über den Begriff des Irrtums verfügen. Er hängt mit anderen Begriffen zusammen, wie die der objektiven Realität und der Wahrheit, die für Gedanken selbst vorauszusetzen sind. Vergleichbar mit Wittgensteins Ausweis der Sinnlosigkeit des Skeptizismus sind demnach allgemeine skeptische Ansprüche verfehlt.

Wie wirken aber die Interpretationstheorie und die teilweise externale Individuation der Gegenstände von propositionalen Einstellungen mit der beanspruchten Objektivität von bewertenden Urteilen zusammen? Warum sind Werte genau so objektiv wie Überzeugungen, ohne einen positiven ontologische Status zu haben, da Werte Pseudogegenstände sind?

Davidsons Bedeutungstheorie geht von der Einstellung der dritten Person aus, somit von einem Interpreten, der eine Theorie des Sprachverhaltens eines Sprechers aufstellt. Die dabei bewußt gemachten theoretischen Voraussetzungen verbindet er mit der Analyse von evaluativen Urteilen. Nicht nur Überzeugung und Bedeutung, sondern auch Bedeutung, Überzeugung und Wünsche (Begehren) hängen unentwirrbar zusammen. Sofern die Wahlentscheidungen die Präferenz eines Sprechers (Versuchsperson) erkennen lassen, daß von der Menge seiner geäußerten Sätze eine Teilmenge wahr sei, so liefert die daraus resultierende Gesamttheorie eine Interpretation der jeweiligen Sätze, der wir Überzeugungen als auch Wünschen zuordnen. Diese zusammengesetzte Theorie sollte uns in die Lage versetzen, jegliches Verhalten zu erklären.

Die Interpretation des Sprachverhaltens verfährt nach Davidson nicht atomistisch (Bausteinetheorie), sondern holistisch, deshalb hat sie die Gesamtmenge der Einstellungen untereinander nach dem Grundsatz der Nachsicht zu gewichten. (Zur Kritik am semantischen Holismus und seinen Folgeproblemen Fodor, Lepore 1992, 2002, 9-26) Dabei sind Wünsche, die wir als Präferenzen ausdrücken, begrifflich als Basiseinstellungen anzunehmen. Unsere Überzeugungen sind aber nicht die Sklaven unseres Begehrens, wie es Hume annahm, da sich beides nicht in dieser Weise unterscheiden läßt. Überzeugungen und Begehren sind für ihn gleichwertige kausale Bedingungen der Handlungsverursachung. Der begriffliche Vorrang der Wünsche wird durch den Schluß von einer ausreichenden Kenntnis der Wünsche auf die Überzeugungen begründet, aber umgekehrt ist dies nicht möglich. Erst in dem gemeinsamen Bezugsrahmen der Überzeugungen, Wünsche und Wertungen können Uneinigkeiten auftreten. Der Umstand der Einordnung der Werte in dieses Netzwerk und Relativierung auf raum-zeitliche Situationen sowie auf die lokalen Gebräuche von Populationen, bedeutet aber keinen Relativismus, sondern bindet die Analyse von Bewertungen an die Ausgangssituation von radikaler Interpretation und die Aufdeckung ihrer Voraussetzungen zurück. Diese mögen sich ändern, sie stehen aber nicht beliebig zur Disposition. Somit sind aus meiner Sicht synthetisch-apriorische Annahmen eines Interpreten für die Wiedergabe des Sprachverhalten zu berücksichtigen, die aber *keinen* fundamentalistischen (transzendentalen) Status haben, das heißt, sie werden nicht theoriefrei eingeführt. Siehe vor allem die Artikel »The Problem of Objectivity« (1995), »Expressing Evaluations« (1984), »The Interpersonal Comparision of Values« (1986), zu Davidsons Werttheorie Preyer 2011.

3.2. Der Mythos des Subjektiven

Der Cartesianismus und ein Großteil der westlichen Philosophie in der Folge nach Descartes gehen von der Zurückführung des Wissens von irgendetwas außerhalb unseres Kopfes auf Schlüsse aus. Das führt zu dem erkenntnistheoretischen Problem des grundsätzlichen Zweifel an diesem Wissen. Insofern ist es von Interesse, die Natur der Gedanken von der entgegengesetzten Richtung aus zu erfassen. Das betrifft den Zusammenschluß der Interpretationstheorie und der Zuschreibung von propositionalen Einstellungen mit dem Triangulationsexternalismus, mit der Davidson seine Kritik am Turing-Test und die Aufgabe des Mythos des Subjektiven begründet. Die Interpretationstheorie des Sprachverhaltens hat nicht nur den nicht beseitigbaren Zirkel zwischen Überzeugung und Bedeutung zu bewältigen, sondern auch die Gegenstände vom propositionalen Einstellungen zu individuieren. Ein Interpret versteht die Semantik eines Wesens nur dann, wenn er in der Lage ist, die Objekte, welche die Inhalte seiner propositionalen Einstellungen auslösen, zu beobachtet. Somit haben beide, der Interpretierte und der Interpret, an einer kausalen Geschichte der auslösenden Reaktionen durch Objekte und Ereignisse teilzuhaben. Der Turing-Test ist deshalb keine angemessene Darstellung des Denkens.

Davidson teilt Quines Kritik am mentalem Museum (der Bedeutungsgleichheit, Museumsmythos) und spricht von dem Mythos des Subjektiven, da die Inhalte von propositionalen Einstellungen keine inneren Objekte sind. Die Zuschreibung von Einstellungen ist in einem Rahmenwerk vorzunehmen, das holistisch, normativ und weitgehend rational ist, wobei die Inhalte der Einstellungen in einer kausalen Interaktion mit der jeweiligen Umwelt direkt ausgelöst werden. Irrationalität ist deshalb eine innere Inkonsistenz von ansonsten rationalen propositionalen Einstellungen. Insofern ist die Kenntnis von syntaktischen Programmen und neurophysiologischen Information für diese Zuschreibung nicht informativ. Er unterscheidet einen *Intra-* von einem *Inter*-Einstellungsholismus. Nach dem Intra-Einstellungsholismus werden die mentalen Zustände, die wir propositionale Einstellungen nennen, durch ihre (logischen) Relationen untereinander identifiziert und individuiert wird. Der Extra-Einstellungsholismus vervollständigt den

Holismus des Mentalen insofern die verschiedenen (alle) Einstellungen voneinander abhängig sind. Wünsche, Hoffnungen, Absichten, Verzweiflung, Erwartungen sind von Überzeugungen abhängig. Das Mentale und das Physische teilen zwar ihre Ontologie, sie unterscheiden sich aber in ihren klassifikatorischen Begriffen (konzeptueller Dualismus zwischen beidem). Das bindet die Davidsons Philosophie des Mentalen an die Bewältigung des Zirkels von Überzeugung und Bedeutung als die Lösung der Aufgabe von radikaler Interpretation zurück.

Wie wird aber die Vereinheitlichung der Bedeutungs- und der Handlungstheorie vorgenommen?

Zwei Strukturen wirken dabei zusammen: Die Wahrheitstheorie im Stile Tarskis als eine Semantik natürlicher Sprachen (logische Formanalyse) und eine rationale Entscheidungstheorie (Baysianismus). Die logische Formanalyse von Handlungssätzen und der singulären Kausalaussagen soll uns auf das ontologische Commitment der Ereigniswelt verpflichten. Das Verfahren der *erklärende Redeskription* (*explanation by redescription*) von Handlungen durch Primärgründe besteht in der Individuierung von Handlungen als Ereignisse durch das Commitment der Ereignisontologie. Das ist die systematische Rolle der logischen Analyse von singulären Kausalaussagen. Handlungen beschreiben wir mit einem intentionalen Vokabular und erklären sie durch die Quantifikation in Überzeugungen und Wünsche. Das wurde die Standardtheorie (reines belief-desire Modell) der erklärenden Neubeschreibung des Sprachverhaltens als ein Handeln genannt, die Absichten für die Handlungserklärung eliminiert. Sie sind keine genuinen mentalen Zustände (Zu einer ausführlichen Erörterung und Kritik des Standardmodells A.R. Mele (1992)). Bei der Vereinheitlichung der Bedeutungs- und Handlungstheorie geht es nicht um eine informative Handlungsanalyse im Hinblick auf die institutionellen, kulturellen oder technischen Strukturen des Handelns, sondern um die Einordnung von Handlungen in unsere Ontologie. Aus Davidsons sich in die Ontologie der Ereigniswelt.

3.3. Entscheidungstheorie und evaluative Einstellungen

Die Entscheidungstheorie ist insofern durch eine Interpretations- und Kommunikationstheorie zu ergänzen, da wir Ereignisse als Handlungen beschreiben und erklären, sofern sie die Folgerungen eines entscheidungstheoretisch strukturierten Netzwerkes von Einstellungen sind. Die wirksame Struktur zwischen beidem besteht in dem Vergleich der die Zuschreibung von Einstellungen mit dem Messen verschiedener Größen. Davidson greift den Ansatz Rudolf Carnaps auf. Danach erlaubt die Zuordnung von Zahlen zu Gegenständen und Ereignissen

Aussagen über Größen, Gewichte und Geschwindigkeiten festzustellen. Dabei identifizieren wir nicht zwei Entitäten wie zum Beispiel »Die Geschwindigkeit, mit der ein Auto fährt« und »100 Stundenkilometer«. Die Zuschreibung von Einstellungen und Meßwerten durch Zahlen verhalten sich analog, da wir die Entitäten nicht zu vermehren brauchen. Es genügt die Struktur vorauszusetzen, in der wir ihre Merkmale, seien es Gewichte oder Einstellungen, was auch immer, darstellen können. Zahlen sind dazu ein geeignetes Ausdrucks- und Darstellungsmittel. Die Entitäten, die im Falle der Einstellungszuschreibung eine solche Struktur haben, sind *Sätze* (über propositionale Einstellungen). Davidson hat vorgeschlagen, die mündliche oder schriftliche Äußerung des Interpreten als die Entität aufzufassen, mittels der er den Gegenstand (Inhalt) einer Einstellung zuschreibt (parataktische Erklärung von einstellungszuschreibenden Sätzen): Die Sätze des Interpreten sind somit das Maß der Einstellungszuschreibung und des Mentalen. Insofern werden wir bei der Interpretation der logischen Struktur dieser Entitäten Ockhams Razor anwenden und unsere Ontologie, wo sich dies nicht aufdrängt, nicht erweitern. Nach Davidson ist die Prädikatenlogik erster Stufe für die Quantifikation in Einstellungsmengen reichhaltig genug, da die Letztelemente des Grundbereichs der Interpretationstheorie Individuen (individuelle Sprecher) sind und wir über Ereignisse genauso wie über Dinge quantifizieren können.

Wir erkennen daran, wie die Bedeutungs- und die Handlungstheorie zusammenwirken, da die Zuschreibung einer Einstellung aus einer erklärenden und somit interpretativen Theoriekonstruktion eines Interpreten folgt. Trotz der dabei auftretenden Unbestimmtheit der Übersetzung soll davon die Wirklichkeit des Mentalen nicht betroffen sein. Dabei können unterschiedliche Interpretationstheorien ausprobiert werden, die aber immer dem Zirkel zwischen Überzeugung und Bedeutung zu bewältigen haben. Haben sie Erfolg, so wird dadurch die immer auch noch verbleibende Unbestimmtheit der Übersetzung bei der Zuschreibung von Einstellungen begrenzt, das heißt, wir würden die Zuschreibung von Einstellungen als begründet halten und nicht weiter hinterfragen und sei es auch nur for the time being. Einstellungen sind theoretische Konstrukte einer Theoriekonstruktion (Interpretationstheorie), die in der dritten Person Einstellung verfährt. Dieser Umstand ist für Davidsons Erklärung von Willensschwäche als innerer Inkonsistenz maßgeblich ist. Darin stimmen die Kommentatoren von Davidsons Werk überein. Der Willensschwache handelt nicht grundlos, aber dabei kommen nicht seine besten Gründe zum Zuge. Deshalb werden wir ihn auch tadeln. Anderenfalls gäbe es dazu keinen Grund.

Das führt uns zu Davidsons Problem am Beginn seiner Karriere als Philosoph zurück: Ramseys und Richard Jeffreys Version der Baysianischen Entscheidungstheorie durch eine (Interpretations-) Bedeutungstheorie zu ergänzen. Sie kommt ihrerseits nicht umhin, bei der Zuschreibung von Einstellungen den einzelnen Einstellungen eine Rolle in einem Netzwerk zuzuordnen, in das ein Interpreter seine *eigenen* Rationalitätserwartungen hineinliest. Das ist zugleich der Limes für die semantische Kompatibilität der Wiedergabe von Sprachverhalten: Die logische Form als eine wirksame Struktur und die uns damit auferlegten Rationalitätsstandards der logischen Konsistenz und Wahrheit wirken mit der Triangulation bei der Interpretation von natürlichen Sprechern (Sprachen) zusammen. Aber es gibt keine die Pluralität unserer wahren Überzeugungen und guten Gründe übergreifende ultimative rationale Orientierung. Nach Davidson identifizieren wir zwar oft Handlungen am Leitfaden ihrer Konsequenzen, er vertritt aber keine Kantsche moralischen Imperative und keinen utilitaristische Konsequenzialismus. Er bestreitet zwar nicht einige objektive moralische Prinzipien, sie können aber in nichtlösbare Konflikte bei den davon Betroffenen auslösen (dazu Davidson 1995. In 2004: 41, zur Kritik am Konsequenzialismus J. Nida-Rümelin 1995). Siehe vor allem die Artikel »Turning's Test« (1990), »Representation and Interpretation« (1990), »Problems of Explanation of Action« (1987), »A Unified Theory of Thought and Action« (1980), »Paradoxes of Irrationality« (1982), »Incoherence and Irrationality« (1985), »Deception and Division« (1986).

Aus meiner Sicht führt Davidsons *Vereinheitlichte Theorie* zu dem Folgeproblem, ob der normative Anspruch der epistemischen Annahmen bei der Anwendung des Grundsatzes der Nachsicht wirklich grundlegend ist. Dazu ein Hinweis. Die vorrangige Frage, die wir uns zu stellen haben, lautet deshalb:

Warum garantiert die Kohärenz zwischen Einstellungen und den Wahrheitsbedingungen von Sätzen eine signifikante Interpretation?

Im Unterschied dazu hat sich die Neubeschreibung und Erklärung des Gehalts von Sprachverhalten auch auf die Plausibilität von Einstellungen zu beziehen. Einstellungen halten wir dann für plausibel, wenn sie selbstverständlich sind und keiner weiteren Begründung und Rechtfertigung im Kommunikationsprozeß bedürfen. Damit verschieben sich aber die Gewichtungen in dem Bezugsrahmen für radikale Interpretation. Es sind Rationalität und Plausibilität bei der Interpretation von Sprachverhalten immer auszugleichen. Um die intendierte Bedeutung einer Sprecheräußerung auszumachen, wird ein Interpret dem ihm vorliegenden Verhalten, das er sich erklären möchte, zunächst einmal plausible Einstellungen zuordnen. Nicht die Einstellungen allein, auch nicht das Fürwahrhalten als leitende propositionale Einstellung, sondern ihre *Plausibilität* macht eine Äußerung in einer gegebenen Situation nachvollziehbar. Überzeugungen sind andererseits nur ein Fall von Einstellungen. Für die radikale Interpretation sind sie von grundlegender Art. Haben wir einen breiteren Rahmen von Interpretation im Blick, so ist das Für-wahr-halten nur dann ein Beleg für die Neubeschreibung des Gehalts von Sprachverhalten, sofern wir auch Situationsreferenzen und die Plausibilität der Einstellungen bei der Lösung der Aufgabe von radikaler Interpretation mitberücksichtigen. Der Grundsatz der Nachsicht wäre dann nicht konstitutiv, sondern ein hypothetischer Imperativ der Interpretationspraxis, den ein Interpret für das Herausfinden der richtigen Interpretationstheorie befolgt. Sollte diese Zugangsweise überzeugen, dann ist auch Distanz zu Davidsons Basistheorie der Einstellungszuschreibung, der Naturalisierung der Auslösebedingungen durch die Triangulation, zu gewinnen.

Mit diesem Schritt ist ein erweiterter Bezugsrahmen für die Interpretation des Sprachverhaltens einzuführen. Dieser Rahmen hat auch das die Interpretationstheorien einschränkende Wissen, somit die Hintergrundtheorien und die kognitive Struktur des Sprechers, zu berücksichtigen, somit seine epistemische Kapazität. Methodisch übernimmt dieses Wissen die Rolle einer Selektion von Selektion im Hinblick auf eine Auswahl von alternativen Interpretationen. Widersprechen braucht man dabei aber nicht der grundsätzlichen epistemologischen Annahme der interpretativen Theorie der Begründung Wissen durch Wahrheit und der grundlegenden semantischen Relation der Beziehung zwischen Sprechern und Sätzen, sondern es geht um einen erweiterten theoretischen Bezugsrahmen der Einstellungszuschreibung.

Wie werden Werte in Netzwerk der propositionalen Einstellungen eingeordnet?

Evaluative Überzeugungen unterscheiden sich von nicht-evaluativen Überzeugungen durch die semantischen Eigenschaften der entsprechenden Ausdrücke (Wörter), mit denen wir sie ausdrücken, und den spezifischen Anspruch auf Begründbarkeit, den wir an sie gegebenenfalls stellen. Überzeugungen begründen wir durch die Gesamtheit der zur Verfügung stehenden Belege. Die evaluative Überzeugungen erklären wir nicht in derselben Weise wie die Zustimmung/Ablehnung von Behauptungen, da der Gesichtspunkt der Selbstakzeptanz der Wertgesichtspunkte mit ins Spiel kommt. Insofern bringt mit ihrer Begründung der Sprecher immer auch als Rechtfertigung die eigene Präferenz zum Ausdruck. Eine solche Rechtfertigung liegt bei der Zustimmung von Behauptungen nicht vor. Damit stellt sich aber die Frage, wie evaluative Einstellungen in das Netzwerk der propositionalen Einstellungen einzuordnen sind.

Wie ist die Interpretation von kognitiven und evaluativen Einstellungen aufeinander abzustimmen? Wie überprüfen wir die Akzeptanz von evaluativen Zuschreibungen?

Die Akzeptanz läßt sich hypothetisch an den eigenen Werteinstellungen überprüfen. Die nicht-kognitiven Zustände sind ihrerseits ausdrückbar und sie betreffen die Fähigkeit, in der eigenen Kultur evaluative Überzeugungen bei gegebenen Gelegenheiten zuzuschreiben, zum Beispiel, die Beschimpfung des Kellners war einfach unangemessen, es war doch ein Versehen, er stolperte über den Teppich, und dadurch verschüttete er den Wein. Über diese Fähigkeit verfügen wir nur durch die Korrigierbarkeit unserer selbst zugeschriebenen propositionalen Einstellungen. Die Einbeziehung von evaluativen Einstellungen in das Netzwerk von Einstellungen in die Interpretationstheorie ist vom Standpunkt des Interpreten aus, somit in der Einstellung der dritten Person, vorzunehmen. Dabei ist davon auszugehen, daß er einen sicheren Unterschied zwischen den eigenen evaluativen Einstellungen und denjenigen von anderen Personen annimmt. Im Falle der Fremdzuschreibung evaluativen Einstellungen wird er sich auf seine eigenen evaluativen Überzeugungen verlassen. Damit ist das Problem der Objektivität er Evaluationen (evaluativen Einstellungen) angesprochen. Die Objektivität kann keine der allgemeinen Verbindlichkeit der evaluativen Einstellungen bedeuten, sondern nur eine der Feststellungen von Differenzen. Sie ist als die Toleranz der Einräumung von evaluativen Einstellungen zu reformulieren, der bei der Interpretation anzuwenden ist (Toleranzgrundsatz). Bei der Abstimmung der Interpretation von kognitiven und evaluativen Einstellungen können wir uns aber auf Davidsons Interpretationstheorie stützen, da *dieselben* Sätze Objekte von Überzeugungen und Wünschen sind, um auf die Interpretation evaluativer Einstellungen die allgemeinen Richtlinien der Interpretation von kognitiven Einstellungen anzuwenden. Die Basis des interpersonalen Vergleichs von Werten sind unsere eigenen Wertmaßstäbe, die uns nicht zur Disposition stehen und sie sind die Voraussetzungen unserer Entscheidungen (Wahlen). Das Problem im Hinblick auf Davidsons Ansatz besteht in der darin eingebauten Asymmetrie der Anspruchsgrundlage in die Interpretationstheorie. Er möchte sie ausräumen, da aus seiner Sicht an dem Standardbild des interpersonalen Vergleichs von Werten etwas grundsätzliches falsch ist. Sie geht zuerst von der Entscheidung darüber aus, was die Interessen der einzelnen Personen sind, dann vergleicht sie die Stärke der Interessen vergleichen, um auf dieser Basis darüber zu entscheiden, was zu tun ist. Wir müssen aus Davidsons Sicht keine gemeinsame Basis solcher Vergleiche etablieren, sondern wir haben sie schon immer, wenn wir Wünsche zuschreiben. Es läßt sich demnach eine klare Unterscheidung zwischen dem interpersonalen Vergleich und dem normativen Urteil, auf dem dieser beruht, vornehmen. Aus meiner Sicht ist dieses normative Urteil durch den *Toleranzgrundsatz* zu ersetzen bzw. als ein hypothetischer Imperativ unserer Interpretationspraxis zu reformulieren (vgl. dazu Preyer 2011).

Auf ein anderes Problem möchte ich noch hinweisen. Es betrifft die Zurückweisung des Cartesianismus durch den Triangulationsexternalismus. Eine Zweikomponententheorie in der Erkenntnistheorie wird deshalb fallen gelassen. Diese Auffassung hat auch Putnam vertreten. Nach Davidson sind die meisten Überzeugungen eines natürlichen Sprechers objektiv wahr. Insofern bezeichnet er seine Interpretationsstrategie als Cartesianisch. Seine Erkenntnistheorie ist aber grundsätzlich anti-cartesianisch, sofern er keine unbezweifelbaren Überzeugungen annimmt. Unsere Wahrnehmungsüberzeugungen sind external verursacht. Insofern ist seine Erkenntnistheorie anti-foundationalistisch. Es wäre noch einmal zu überprüfen, ob jede Version einer Zweikomponententheorie einem Externalismus wirklich widerspricht. Nach Schantz ist der Externalismus mit einem nichtinferentiellen Wahrnehmungswissen verträglich, wenn wir von einer Adverbialtheorie der Wahrnehmung ausgehen (im Anschluß an C. Ducasse, R. Chisholm, Sellars; Schantz 1996: 372-73). Eine Verbindung von Adverbialtheorie und Externalismus besagt die direkte Wahrnehmung der Wahrnehmungsgegenstände. Dadurch erwerben wir ein zwar korrigierbares, aber nichtinferentielles. Das ist keine Rehabilitation des Cartesianismus, aber eine der Cartesianischen Intuition. Die Verbindung beider Ansätze soll es uns ermöglichen, die Relativität von Wahrnehmung und Halluzinationen zu erklären. Dem würde nicht widersprechen, die Referenz auf Wahrnehmungsgegenstände ihrerseits sprachlich, durch singuläre Termini, zu erklären. Für Davidson spielt ein solches Wahrnehmungswissen keine erkenntnistheoretische Rolle, da die Inhalte von Einstellungen und alle psychologischen Begriffe kausalen Ursprungs sind.

Zu erwähnen ist zur Problemaufbereitung von Davidsons Philosophie der von Ludwig (2003) herausgegebene Sammelband, an dem Davidson noch mitgewirkt hat. Hinzuweisen sind in ihm vor allem auf die Beiträge von Lepore und Ludwig zur wahrheitszentrierten Bedeutungstheorie als Semantik natürlicher Sprachen, die Übersicht zur Entwicklung von Davidsons Handlungstheorie von A.R. Mele, die Darstellung und Würdigung von Davidsons Philosophie des Mentalen, des anomalen Monismus, von J. Kim, die Analyse der Ontologie und Semantik und Ontologie (Metaphysik) der Ereigniswelt von P. Pietroski und die erkenntnistheoretischen Probleme der Begründung des Triangulationsexternalimus als Revision des Cartesianismus, Empirismus und einer Kritik an Quines Theorie der Reizbedeutung von E. Sosa. Der Band enthält in der Einleitung eine Beschreibung der intellektuellen Entwicklung Davidsons und eine Darstellung der Themen seiner Philosophie.

Der vierte Band der gesammelten Artikel von Davidson wurde von Marcia Cavell herausgeben, da Davidson im August 2003 starb. In dem Band ist ein Interview mit Lepore aufgenommen. Es gibt uns einen Einblick in die intellektuelle und professionelle Biographie Davidsons.

4. Die wahrheitszentrierte Bedeutungstheorie, Ontologie und das Mentale

Der Wahrheitsbegriff ist in Davidsons Philosophie sowohl für die Erforschung der Sprachbedeutung, des Verhältnisses zwischen Sprache, Mentalem und Welt als auch für das Verstehen von Fremdpsychischem grundlegend. Er ist aber für ihn auch für die Beschreibung der Sonderstellung von menschlichen Gedanken gegenüber und innerhalb einer physischen und nur physikalisch erklärbaren Welt leitend. Davidsons Semantik ist der Schlüssel für den Zugang zu seiner Gesamtphilosophie. Sie besagt: Die Struktur einer Wahrheitstheorie im Stile Tarskis, die, ausgehend von einer endlichen Menge von Axiomen, Wahrheitsbedingungen zu jedem Satz zuordnet, ist eine kompositionale Bedeutungstheorie einer natürlichen Sprache. Die wahrheitszentrierte Bedeutungstheorie ist auch die methodologische Basis für einen radikalen Interpreten, der das Sprachverhalten eines anderen Sprechers wiedergibt und dadurch verstehen (erklären) möchte.

4.1. Wahrheitsbegriff und Semantik

Der fünfte Sammelband von Davidsons Artikel *Truth, Language, and History* (2005) enthält im ersten Teil *Truth* seine Artikel aus den 1990er Jahren, in denen er die wahrheitszentrierte Bedeutungstheorie gegenüber dem Deflationismus (F. Ramsey, Quines, P. Horwich, Leeds, Soames) und dem gegenwärtigen Pragmatismus verteidigt. Nach Davidson sind die Korrespondenz-, die Kohärenz-, pragmatische und epistemische Wahrheitstheorien verfehlte Ansätze. Er folgert daraus aber nicht, dass der Wahrheitsbegriff aufzugeben ist, wie es zum Beispiel die Deflationisten nahelegen. Diese Position besagt, dass Wahrheit ein trivialer Begriff ist, der in keinem wichtigen Zusammenhang mit den Begriffen der Bedeutung und Realität steht. Davidson schließt sich diesem Ansatz nicht an. Aus seiner Sicht stützen z.B. die Einwände von Putnam und Etchemendy, dass Tarski nichts zur Semantik beigetragen hat, nicht die deflationistische Interpretation, sondern beide bestreiten, dass Tarskis Untersuchungen für den normalen Wahrheitsbegriff in irgendeiner Weise informativ sind. Nach Davidson geht es Tarski nicht darum, Wahrheit zu *definieren*, sondern er wendet den Wahrheitsbegriff an, um die semantischen Strukturen von besonderen Sprachen herauszufinden. Wir finden aber bei ihm keinen Beleg dafür, wie wir den Begriff der Wahrheit durch grundlegendere Begriffe erklären und wie wir das Prädikat »ist wahr« in einer Sprache in allen Kontexten beseitigen können, in denen wir seine Anwendung auf Sätze verstehen. Insofern ist die Konvention W kein Surrogat für eine allgemeine Definition. Sie zeigt uns aber die Anwendung eines vortheoretischen Wahrheitsbegriffs auf Tarskis formale Definitionen. Von Interesse ist für Davidson auch Quines Zitattilgungsansatz der Wahrheit und die Hervorhebung der Stellen, in denen Quine die deflationistische Haltung nicht teilt (27-30). Das ist deshalb von Interesse, da nach Horwich Quine einen Zitattilgungsansatz vertritt.

Es geht dabei um zwei grundlegende Fragestellungen der Semantik und Erkenntnistheorie: 1. Eine formale Semantik, welche die Wahrheitsbedingungen von Sätzen angibt, leitet aus dem Inhalt der Axiome der Theorie die geeigneten *T*-Sätze ab – (T) *s* ist *T* gdw *p* – und 2. der Wahrheitstheorie wird mit der Anwendung auf beobachtbares menschliches Verhalten eine empirische Ausrichtung gegeben. Sie soll die Zuschreibung des Inhalts von Einstellungen gewährleisten. Dadurch wird die Interpretations- mit der Entscheidungs-, Kommunikationstheorie und mit der Analyse von mentalen Begriffen zusammengeschlossen.

Das Wahrheitsprädikat kann dabei nur dann erfasst werden, wenn wir Wahrheit als allgemeinen, undefinierten Begriff voraussetzen. Der Korrespondenzbegriff, der zur Wahrheitsdefinition herangezogen wird, ist nach Davidson nichtssagend. Darin stimmt Davidson den Deflationisten zu. Er hält aber daran fest, dass Wahrheit nicht epistemisch und pragmatisch erklärt werden kann, sondern von dem So-sein der Welt abhängt. Objektive Wahrheit begründet somit Wissen und stellt den Zusammenhang zu Wünschen, Absichten, Hoffnungen und unserem absichtlichen Handeln her.

Das führt zu dem grundsätzlichen Frage »Existieren die Entitäten, die wir den sprachlichen Ausdrücken zuordnen?«. Wäre das nicht der Fall, so wäre der Schritt von der Semantik zur Wahrheit und zur objektiven Welt nicht begehbar. Das Interesse am Wahrheitsbegriff ist nach Davidson durch die in der Welt vorhandenen wahrnehmbaren Objekte und Zustände – Äußerungen, Überzeugungszustände und Inskriptionen – begründet. Auf sie ist er erfolgreich anwendbar. Könnten wir auf diese Entitäten das Wahrheitsprädikat nicht anwenden, so könnten wir auch nicht den Inhalt dieser Zustände, Objekte und Ereignisse angeben. Davidson bejaht das, da, *sofern wir die Semantik einer Sprache etabliert haben, die Objekte, die wir den Ausdrücken zuordnen, existieren müssen.* Gleichzeitig hält er aber an der Unerforschbarkeit der Referenz und der Unbestimmtheit der Übersetzung (Quine) fest und beansprucht, ihr eine neue Ausrichtung zu geben: Ein Interpret kann nicht zuerst feststellen, welche propositionalen Einstellungen ein Sprecher hat und in einem nächsten Schritt herauszufinden versuchen, welche Gegenstände die geäußerten Wörter des Sprechers bezeichnen. Es bedarf bei der Lösung der Aufgabe der RI der Gesamttheorien und viele Theorien können das gleiche leisten. Dazu die Artikel »Truth Rehabilitated« (1997), »The Folly of Trying to Define Truth« (1996), »Method and Metaphysics« (1993), »Meaning, Truth, and Evidence« (1990), »Pursuit of the Concept of Truth« (1995), »What is Quine's View of Truth?« (1994).

4.2. Sprachbegriff und Kommunikation

Der zweite Teil *Language* enthält die wichtigen Artikel Davidsons zu seiner Idiolekttheorie der Sprache, der Bestimmung der Rolle der Sprecherabsichten, dem sozialen Gesichtspunkt von Sprache, der Funktion von Kommunikation für die Zuschreibung von Gedanken und zur Rolle der Sprache als ein Erkenntnismedium. Davidsons Sprachbegriff »there is no such thing as a language, not if a language is anything like what many philosophers and linguists have supposed« (107) wurde von Dummett, Hacking, Chomsky, Bar-On, Risjord u.a. zurückgewiesen. Davidson hat in »The Social Aspect of Language« (1994) Dummett und in »Knowing One's Mind« (1987) Burge geantwortet. (zu Burge vgl. Davidson 2001, 197-202). Ihren sozialen Externalismus hält er nicht für überzeugend. Die Individuation und die Verursachung der Inhalte von Einstellungen soll durch die vorsprachliche und vorkognitive Situation der Triangulation als einer notwendigen, objektiven Bedingung ihrer Zuschreibung gewährleistet werden. Nach dem Triangulationsexternalismus gibt es keine Erkenntnismedien auf denen unsere Wahrnehmungsüberzeugungen basieren. Auch Sprache ist nach Davidson kein Medium, sondern *ein Teil von uns*. Insofern können wir nicht durch sie hindurchsehen. Sie ist nicht so etwas wie ein Sinnesdatum oder ein Spiegel, in dem sich Realität dargestellt. Sprachliche Kommunikation ist nicht von gemeinsam geteilten syntaktischen und semantischen Regeln und ihrer Anwendung abhängig, sondern von der kausalen Vertrautheit mit der Welt. Insofern gibt es keine Grenze zwischen Sprach- und Weltwissen. Das ist aber nur für Wesen möglich, die der Kommunikation fähig sind, und Kommunikation emergiert dort, wo *Ursachen* zusammenlaufen. Begriffe, Sprache und Gedanken sind somit nicht atomistisch verfasst, sondern sind voneinander abhängig. Da alle Einstellungen einen Inhalt haben, der durch einen Satz ausdrückbar ist, der wahr sein kann, so ist das Verständnis des Wahrheitsbegriffs für Sprache und Denken grundlegend.

Die Fusion der Semantik natürlicher Sprachen mit der Triangulation führt zu dem Folgeproblem, dass die Beobachtung von Verhalten keine hinreichende Bedingung der Individuierung der Einstellungsinhalte durch distale Stimuli ist. Davidson hat deshalb den Grundsatz der Nachsicht als a priori Annahme als eine zusätzliche Anforderung für die Einstellungszuschreibung eingeführt. Durch seine Anwendung optimiert ein radikaler Interpret die Kohärenz und die wahren Überzeugungen des zu interpretierenden Sprechers, aber Referenz bleibt dabei dem Zufall bzw. der Beobachtung des Verhaltens überlassen. Referenz und verwandte Begriffe wie Erfüllung sind für ihn theoretische Begriffe, und Erfüllung ist die verallgemeinerte Form des Bezugs von Ausrücken (Bezeichnung). Nach Davidson gibt es aber keine privilegierten Ausdrucksklassen, welche die Beziehung von Sprache und Welt gewährleisten könnten. Referenz und Erfüllung sind für ihn theoretische Begriffe und als solche nicht zu beseitigen. Eine *T*-Theorie, der wir zustimmen, ist frei, den individuellen Wörtern beliebige, auch unnatürliche, Objekte zuzuordnen. Nicht-sprachliche Mechanismen, zum Beispiel kausale Ketten und Intentionalität, sind für die Festlegung der Referenz von Ausdrücken nicht erforderlich. Das Folgeproblem der kausalen, naturalistischen Fassung von Triangulation besteht aus meiner Sicht darin, dass die distalen Ursachen (Gegenstände und Ereignisse) zu identifizieren sind. Das ist ein sprachabhängiger Vorgang, der die Identifikation von Wahrnehmungsgegenständen durch singuläre Termini betrifft (E. Tugendhat). Davidson bezieht zwar den Spracherwerb und einen großen Teil unserer Konversation in die Triangulation ein (177), die singulären Termini werden von ihm aber nicht als semantische Ausdrucksklassen untersucht. Die raum-zeitliche Identifikation von Wahrnehmungsgegenständen kann die Anwendung des Grundsatz der Nachsicht selbst nicht leisten; durch sie kann nur Verhalten ausgewählt werden. Dazu die Artikel »A Nice Derangement of Epitaphs« (1986), »The Social Aspects of Language« (1994), »Seeing Through Language« (1997), »James Joyce and Humpty Dumpty« (1986), »The Third Man« (1992), Locating Literary Language« (1993).

4.3. Mentale Kausalität und Kausalitätsbegriff

In der Philosophie des Geistes und der Cognitive Science konkurrieren eliminationistische und nicht-reduktive monistische (physikalistische) Ansätze. Die Unterschiede dieser Ansätze gehen auch auf die jeweils bevorzugte Basisontologie (-sprache) zurück, d.h.: Werden Ereignisse fein- oder grobkörnig individuiert? Alle materialistisch (monistisch) extensionalistischen Ansätze (Quine, Davidson) begründen ihre unterschiedlichen Versionen von Monismus durch einen grobkörnigen Ereignisbegriff und eine Ereigniskausalität. Da man ontologisch dualistische (cartesianische) Ansätze aus naturwissenschaftlichen und erkenntnistheoretischen Gründen nicht mehr für überzeugend hält, bleiben als Alternativen nur die verschiedenen Versionen des Monismus (Eliminationismus und nicht-reduktiver Materialismus), der das Mentale (Intentionalität, propositionale Einstellungen, Qualia) entweder als volkspsychologisches Orientierungswissen einstuft, das einen evolutionären Nutzen für das Überleben hat, oder im anomalen Monismus partiell deshalb rehabilitiert, da es zwar Grade der Anomalie geben mag, aber eine Reduktion des Mentalen auf das Physische durch Definition oder durch Brückengesetze grundsätzlich nicht möglich ist.

In dem dritten Teil *Anomalous Monism* ist die Antwort auf die Kritiker seiner Philosophie des Mentalen »Thinking Causes« (1993) und »Law and Causes« (1995) aufgenommen. Davidson beschreibt seinen Ansatz als einen Monismus von Physischem und Mentalem und als einen konzeptuellen Dualismus. Mentales soll aber kein Epiphänomen, sondern nicht weniger real als Physisches, sein. Mentales ist für ihn kein fiktionaler Überbau und nicht eliminierbar. Das soll durch seinen Ereignisbegriff gewährleistet werden. Es sind begründete Zweifel angebracht, ob Davidson seine Philosophie des Mentalen überzeugend verteidigt hat. Das betrifft die Annahme einer mentalen Kausalität und den schwachen Supervenienzbegriff, Supervenienz soll nach ihm einen Monismus, aber keine definitorische oder nomologische Reduktion des Mentalen implizieren. Die Selbstcharakterisierung seines Ansatzes, die von den Kommentatoren weitgehend übernommen wurde, als ontologischer Monismus und konzeptueller Dualismus ist zumindest irreführend, da er mentale Eigenschaften gerade nicht bestreitet. Seine Philosophie ist im Unterschied dazu ontologisch als ein Ereignismonismus und ein psychophysischen Eigenschaftsdualismus zu charakterisieren, dem epistemisch ein Begriffs- und Beschreibungsdualismus entspricht. Damit stellt sich erneut das Problem der mentalen Kausalität. In Davidsons Philosophie des Mentalen liegt ein grundlegendes Konstruktionsproblem vor, das darin besteht, ob seine angestrebte Synthese zwischen einem Monismus, somit eines hinreichend starken Physikalismus, und der Bewahrung der Sonderstellung des Mentalen, seiner Autonomie und Anomalie, wirklich gelungen ist. Ein anderer Punkt ist, sofern wir den Eigenschaftsdualismus einer physischen Einheit akzeptieren, dadurch nicht ein etwas absurdes Bild der Beziehung zwischen Mentalem und Physischen gezeichnet wird. Es wäre ein Einheit, zu der wir von zwei Seiten aus einen Zugang hätten (Den Hinweis weis verdanke ich Frank 2012.).

Für Davidsons Analyse der kausalen Erklärung ist die Unterscheidung zwischen »stating causal relations and explaining these« grundlegend. Er hat im Fortgang seiner Werkgeschichte zwischen strengen Gesetzen einer idealen Physik und nicht-strengen Gesetzen unterschieden. In »Law and Cause« (1995) erörtert er die Interpretation der Kausalgesetzhypothese von Anscombe, Burge, Cummins, Ducasse, Goodman, Margenau und McDowell. Die Gründe für diese Hypothese sind in Davidsons Sicht teilweise a priori (Burge). Sie sind aber nicht durch unsere normale Logik und empirisch nachweisbar. Die Kausalgesetzhypothese besagt nicht, dass besondere kausale Gesetze a priori sind. Sie soll derart interpretiert werden, dass sie mit einer extensionalen Interpretation der singulären Kausalaussagen verträglich ist. Der Wahrheitswert dieser Aussagen wird durch die Substitution von Namen oder Beschreibungen von Ereignissen mit anderen Namen oder Beschreibungen desselben Ereignisses nicht verändert. Davidsons Version der Kausalgesetzthese besagt: Insofern sie wahr ist, nehmen wir bei singulären Kausalaussagen an, dass grundsätzlich ein Gesetz herauszufinden ist, das den Einzelfall erklärt. Dies können wir wissen, ohne dass wir zugleich das erklärende Gesetz kennen. Die epistemische Rechtfertigung dieses Wissens besteht in den besten Gründe für die Erklärung der kausalen Relation: Wir erklären diese Beziehungen durch die Bestätigung der angebbaren Gesetze, unter die eine singuläre Kausalaussage fällt. Durch diese Variante der Interpretation der Kausalgesetzhypothese wird aber keine Ereignisontologie begründet, da sich der umgekehrte Fall, die Anwendung von Gesetzen, nicht auf Ereignisse, sondern nur auf Prognosen, somit gefolgerten Sätze aus Gesetzen, spezifizieren lässt. (Zu Davidsons Analyse von Kausalaussagen vgl. Preyer 2011^2, 184-91)

Der vierte Teil *Historical Thoughts* nimmt Motive seiner Sprachphilosophie, Handlungstheorie und Philosophie des Mentalen auf und stellt sie in philosophiegeschichtliche Zusammenhänge. Dazu die Artikel »Plato's Philosopher« (1985), »The Socratic Concept of Truth« (1992), »Dialectic and Dialog« (1994), »Gadamer and Plato's Philebus« (1997), »Aristotle's Action« (2001), »Spinoza's Causal Theorie of the Affects« (1993). Ein Anhang »Replies to Rorty, Stroud, McDowell und Pereda« (1998) schließt den Band ab. Der Band ist von Marcia Cavell eingeleitet worden. Zu erwähnen sind im Hinblick auf Davidsons philosophiegeschichtliche Untersuchungen auch seine »Perugia Lectures« (2003) (Davidson 2005).

Seit den 1990er Jahren ist eine neue Diskussion von Davidsons Philosophie eingeleitet worden, zum Beispiel von Cappelen, Lepore, Ludwig, Mele und Neale. Sie betrifft vor allem die Problembereiche: Führt eine kompositionale Semantik zwingend zu einer Semantik einer natürlichen Sprache im Stile von Tarskis Wahrheitstheorie? Sind die mentalen Begriffe des radikalen Interpreten ausschließlich theoretische Begriffe und wie überzeugend sind Davidsons Darlegungen, dass nur in der Situation der Triangulation der Begriff des Irrtums und der objektiven Wahrheit angewandt werden kann? Dabei zeichnet sich ab, dass eine wahrheitstheoretische Semantik nicht zwangsläufig zu einer distalen Theorie der Gedanken und Bedeutung führt. Es stellt sich aber auch die Frage, ob der Grundsatz der Nachsicht als eine a priori Annahme des radikalen Interpreten, die Auswahl der Zuschreibung von propositionalen Einstellungen in der Triangulation sicherstellen kann. Einem Sprach- und Einstellungsholismus wird man mittlerweile nicht mehr so ohne weiteres zustimmen. In einem Punkt wird man aber Davidson zustimmen, wenn wir den Wahrheitsbegriff mit unseren Belangen in Beziehung setzen, wie es epistemische und pragmatische Wahrheitstheorien nahelegen, so wird zugleich damit einhergehen, dass die Wahrheit einer Behauptung »... weder von mir noch von meiner Gesellschaft, noch von der gesamten Geschichte des Menschengeschlechts, sondern von der Natur (abhängt)« (16). Das, was wir mit Sprechakten meinen, wird dabei uns überlassen bleiben.

5. Wahrheit, Wissen und Interpretation

Die Wirkungsgeschichte der *Vereinheitlichten Theorie* betraf seit den siebziger Jahren die Auseinandersetzung über ihren theoretischen Bezugsrahmen, das heißt die Wahrheitstheorie als eine Bedeutungstheorie natürlicher Sprachen, seine Theorie der Handlungserklärung (rationalization) als auch seinen Begriff der Elementarhandlung. Mit der Fortschreibung der *RI* zu einem Triangulationsexternalismus hat sich die grundlegende Frage, ob der Zusammenhang zwischen dem Grundsatz der Nachsicht, den Rationalitätsannahmen von *RI* und dem semantischen Externalismus bzw. einem radikalen Externalismus bis zwingend genug dargetan wurde. Das betraf die Möglichkeit der *RI* und die globale dritte Person Einstellung in der Erkenntnistheorie. Die erkenntnistheoretische Fortschreibung von *RI* und ihrer analytischen Ontologie sollte aber nicht mißverstanden werden: Sie bleibt eine Erkenntnistheorie im Spiegel von Bedeutung. Gleichzeitig ist die wahrheitszentrierte Bedeutungstheorie der *RI* im Stile Tarskis von Interesse, da die logische Formanalyse mittlerweile auf linguistische Fragestellungen im engeren Sinn angewandt, zum Beispiel N. Hornstein, B. Schein, aber auch fortentwickelt wurde, zum Beispiel von Lepore, Lepore und Loewer, Ludwig sowie Neale.

Der von Urszula M. Zeglen herausgegebene Band *Donald Davidson: Truth, Meaning und Knowledge* (1999) enthält, neben einer Anwort Davidsons »Is truth a goal of inquiry?« auf Richard Rorty, Untersuchungen zu den Schwerpunkten: »Meaning, truth and interpretation«, »Semantics and its application« und »Knowledge and Mind«. Mit Ausnahme des Beitrags von Horwich antwortet Davidson auf die einzelnen Artikel. In seinen Antworten geht Davidson aber auch unausgesprochen auf Horwichs Kritik an einer Wahrheitstheorie der Sprachbedeutung und dem von ihr beanspruchten Grundsatz der Kompositionalität ein. Ein »General comment« zur Entwicklung seiner Bedeutungstheorie mit Bezugnahme auf Ogden und Richard, Quine und Tarski schließt den Band ab. Davidson antwortet auf die einzelnen Beiträge teilweise zustimmend, aber auch abgrenzend und gibt kürzere Explikationen seines Ansatzes.

5.1. *RI*, Kompositionalität und Bedeutungstheorie

Ludwig untersucht Davidsons Bedeutungstheorie am Leitfaden von drei Fragen:

1. Was heißt es, daß ein Wort (Ausdruck) bedeutungsvoll ist?

2. Was heißt es, daß ein Wort (Ausdruck) das bedeutet, was es bedeutet?

3. Wie hängt die Bedeutung von komplexen Ausdrücken in einer Sprache von ihren Teilen ab (Kompositionalitätsgrundsatz)?

Eine zufriedenstellende Anwort auf die *erste* würde eine Antwort auf die zweite und dritte Frage einschließen. Andererseits könnte die *dritte* unabhängig von der ersten und zweiten Frage und die *zweite* ihrerseits unabhängig von der ersten Frage beantwortet werden. In einem weiteren Schritt diskutiert Ludwig Davidsons Entwicklung seiner Wahrheitstheorie als einer rekursiven Bedeutungstheorie einer natürlichen Sprache seit seiner ersten Darstellung in »Truth and Meaning« (1968). Sie charakterisiert er dahingehend, daß Davidson das bescheidene Ziel dieses Ansatzes, die *dritte* Frage zu beantworten, zu einem ehrgeizigen Projekt erweitert, das heißt alle drei Fragen sollen demzufolge gleichzeitig beantwortbar sein. Der Schritt zu einem ehrgeizigen Ansatz wird nach Ludwig durch die Einbeziehung der *RI* als die Anwendung der Bedeutungstheorie vollzogen – in »Radikale Interpretation« (1973). Dies betrifft vorrangig die gegebene Antwort auf die Frage nach den Belegen von *RI*: das einen Satz Fürwahrhalten. Die Unterscheidung der *dritten* von der ersten und zweiten Frage setzt uns nach Ludwig in die Lage, zu untersuchen, ob die Verfahren von *RI* tatsächlich erfolgreich sind. In einem weiteren Schritt überprüft Ludwig, ob die Beantwortung von *ersten* und *zweiten* Frage im Zuge von *RI* erfolgreich ist. Aus seiner Sicht nimmt das ehrgeizige Programm eine »a priori Garantie« für die erfolgreiche Lösung der Aufgabe von *RI* in Anspruch. Ludwig unterscheidet zwei a priori Argumente für den Erfolg von *RI*: das Argument, daß die Fähigkeit der Kommunikation mit anderen Sprechern wesensmäßig von dem Verfügen über eine Sprache abhängt und, daß das Verfügen über den Begriff der Überzeugung äquivalent ist mit objektiver Wahrheit (zur *RI* vgl. Lepore, Ludwig 2005: 147-300).

Die Frage, ob die Belege der *RI* die Anwendungsbedingungen der von Davidson entwickelten Bedeutungstheorie genügen, ist auch für Gabriel Segal von Interesse. Er versucht, im Anschluß an Chomskys Sprachtheorie, zu zeigen, daß die *RI* als Anwendungsfall einer Wahrheitstheorie im Stile Tarskis nicht genug Informationen zur Verfügung stellt, um einen Interpreten in die Lage zu versetzen, die Äußerungen eines Sprechers zu verstehen. Ein von Segal weiter aufgeworfenes Problem ist es, inwieweit ein Turing-Test die Bedingungen der *RI* erfüllt. Nach Segal hat eine empirische Theorie der linguistischen Bedeutung drei Analysen zu kombinieren: Die Erweiterung des semantischen Wissens durch andere sprachliche und nicht-sprachliche Bestandteile von unbewußtem Wissen ist auf die Rolle dieses Wissen bei der kognitivistischen Erklärung und ihrer Belege zu beziehen. Die Belege haben ihrerseits Theorien über dieses Wissen im allgemeinen als auch des unbewußt semantischen Wissens im besonderen zu bestätigen. Wird die Interpretationstheorie in der Weise angelegt, liegt es nahe, die Theoriebildung von *RI* grundlegend umzuschichten. *RI* beansprucht, eine Theorie der Sprachbedeutung und der Zuschreibung von propositionalen Einstellunge »in einem Schritt« aufzustellen. Sie wendet deshalb den Kompositionalitätsgrundsatz auch auf Einstellungen an. Peter Pagin diskutiert die Anforderungen an die *RI* im Zusammenhang mit dem Kompositionalitätsgrundsatz sowie einige damit zusammenhängende Fragen, welche die Lernbarkeit von Sprache, das Verstehen noch nicht gehörter Äußerungen, den Holismus und die Unbestimmtheit der Übersetzung bzw. die Unbestimmtheit der *RI* durch die zugeschriebenen propositionalen Einstellungen betreffen. Nach Pagin besteht in Davidsons Theorie ein Konflikt zwischen den beiden Annahmen, daß durch den Kanon der *RI* die Bedeutung von Ausdrücken und die kompositionale Struktur von natürlichen Sprachen bestimmt werden. In diesen Zusammenhang ist auch der Beitrag von Horwich einzuordnen, da er sich seinerseits generell gegen eine Bedeutungstheorie im Stile Tarskis und dem daraus folgenden Kompositionalitätsgrundsatz wendet. Er vertritt demgegenüber eine Gebrauchs*theorie* der Bedeutung nach der die Wort- und Satzbedeutung durch grundlegende Gebrauchsregularitäten zu erklären sei. Insofern verteidigt er die deflationistische These des Vorrangs der Bedeutung gegenüber der Wahrheit.

Davidsons Sprachphilosophie ist eine Fortführung der analytischen Philosophie. Er beansprucht mit der logischen Formanalyse darzutun beansprucht, daß unsere Sprache eine Ontologie impliziert. Nach diesem Ansatz gilt: »In describing the semantics, and hence the ontology, of a language we must perforce appeal to the entities we think exist. But these are just the entities that belong to the ontology of our own language; there is no way we can progress beyond our own resources by doing semantics.« (Davidson 2005: 41) Für die *RI* von Sprachverhalten ist jedoch die Referenz von sprachlichen Ausdrücken im Sinne einer Ausdrucks-Gegenstandsbeziehung auf der Basis des Verhaltens von Sprechern unerforschbar (Quine). Im Anschluß an Tarski ist es aus Davidsons Sicht nicht erforderlich, Entitäten wie Tatsachen, Sachverhalte, und Wahrheitswerte anzunehmen, die Sätzen korrespondieren. Stephen Neale führt eine Axiomatisierung des Begriffs der Referenz durch. Eine Wahrheitstheorie hat als eine Theorie der Bedeutung eine Antwort auf die Rolle der Referenz von Ausdrücken zu geben. Die von Neale aufgestellten Referenzaxiome sind eine weitere Ausführung von Davidsons Theorie. Nach Davidson können wir eine interpretative Wahrheitstheorie konstruieren, ohne unsere Ontologie über Gegenstände und Ereignissen als Einzeldinge hinaus zu erweitern. Es gibt somit keine Tatsachen, Situationen, Sachverhalte, Propositionen und Eigenschaften, die in die Bedeutungstheorie als Wahrheitsträger einzubeziehen wären. In einem Schlußschritt erweitert Neale Davidsons logische Formanalyse, indem er Hinweise auf die Analyse von Kontextsensitivität, Eigenschaften und Quantifikationen höherer Stufe vorschlägt.

5.2. Gemischte Zitierung

RI bedeutet die verständliche Wiedergabe (intelligible redescription) von Sprachverhalten durch eine radikalen Interpreten.

Wie geben wir aber das Sprachverhalten eines Sprechers in der Weise wieder, um uns dabei sowohl auf seine *Aussage* (samesaying) als auch auf dasselbe Äußerungs*vorkommen* (same token) zu beziehen?

Dies führt zu der semantischen Analyse der *gemischten* Zitierung. Für die Einstellungswiedergabe wird normalerweise von zwei Annahmen ausgegangen:

1. Die Wiedergabe von propositionalen Einstellungen behauptet eine Relation zwischen dem Sprecher und dem entsprechenden propositionalen Gehalt, und

2. die Wiedergabe der propositionalen Einstellung ist dann und nur dann wahr, wenn der propositionale Gehalt, der durch den daß-Satzteil (complement clause) ausgedrückt wird, den propositionalen Gehalt der Einstellung bzw. der Äußerung des jeweiligen Sprechers wiedergibt.

Cappelen und Lepore geben eine Analyse

1. der *direkten*, zum Beispiel Clinton said, ›I'll cut taxes‹,
2. *indirekten*, zum Beispiel Clinton said that he'd cut taxes,
3. der *reinen*, zum Beispiel ›Lobster‹ is a word und
4. der *gemischten*, zum Beispiel Clinton said that he'd ›cut taxes‹, Zitierung.

Die Äußerungen von 2 und 4 stimmen in dem überein, *was* gesagt wurde. Insofern haben die gemischte und die indirekte Zitierung eine sich überschneidende Semantik. Vergleichbar dazu stimmen die Äußerungen von 1 und 4 in einem anderen Sinn überein. Die direkte und die gemischte Zitierung haben somit auch eine sich überschneidende Semantik. Die Äußerungen 1 und 2 dagegen brauchen nicht in irgend einem Sinne in dem übereinzustimmen, *was* gesagt wurde, und zwar auch dann nicht, wenn wir zum Beispiel Clinton das Verständnis der entsprechenden englischen Äußerung zuschreiben. Mit 1 können wir dem Sprecher auch eine andere Sprache als englisch zuschreiben, die zufälliger Weise mit ihr bestimmte lexikalische Items teilt, oder es könnte auch sein, dass Clinton kein natürlicher Sprecher des Englischen ist und er sich durch die Äußerung ›I'll cut taxes‹ räuspert. Insofern haben die

Äußerungen 1 und 2 eine unterschiedene Semantik. Anzumerken ist, daß 1 und 4 als auch
5. »A token of ›I'll cut taxes‹ was uttered« und entsprechend
6. »A token of ›cut taxes‹ was uttered«
eine reine Zitierung implizieren.

Die Daten legen es nahe, einen vereinheitlichten Ansatz der Zitation zu entwickeln, der Davidsons Analyse von Zitierung in »On Saying that« (1968) und »Quotation« (1979) erweitert. Dabei sollen die einzelnen Zitationsweisen eben gerade *nicht* aneinander angeglichen werden, zum Beispiel die indirekte an die direkte Zitierung (Carnap, Scheffler, Quine u.a.). Cappelen und Lepore führen die Analyse der indirekten und der direkten Zitierung in einer Weise durch, daß ihre Auswertung die Bedingungen von 1 - 4 erfüllen.

Die vorliegenden semantischen Analysen der reinen, der direkten und der indirekten Zitierung sind nicht auf eine semantische Analyse der gemischten Zitierung anzuwenden. Die indirekte Zitierung beansprucht die Wiedergabe desselben Äußerungsvorkommen und die direkte Zitierung beansprucht die Wiedergabe von Dasselbe-sagen: Das heißt, der ergänzende Satzteil (complement clause) bezieht sich auf oder bestimmt eine Aussage (Proposition). Die reine Zitierung wurde von den semantischen Analysen dahingehend untersucht, daß sie als singulärer Terminus abstrakte Objekte oder Ausdruckstypen bezeichnet. Die Frage ist somit:

Wie kann der *daß*-Satzteil von 4 beides festlegen: die *Aussage* Clintons, die keine über Wörter ist und die *Referenz* auf die Wörter, die Clinton äußerte?

Dabei geht es darum, *wie* wir die Extension von Dasselbe-sagen (*SS*) bestimmt wird. Nach Capplen and Lepore ist die gemischte Zitierung in folgender Weise zu konstruieren:

– ∨*(Says(c,u)* & *SS(u,that)* & *ST(u,these)*. He'd cut taxes (*ST* = same token).

Dabei weist die Äußerung des ersten Demonstratives auf die vollständige Äußerung von ›He'd cut taxes‹ und eine Äußerung des zweiten Demonstratives weist nur auf die (Unter-)Äußerung ›cut taxes‹ hin. Insofern verfügen wir damit über einen vereinheitlichten Ansatz, mit dem wir beides zuschreiben können:
1. Dasselbe Äußerungsvorkommens (*ST*) – Beziehung zwischen einer Äußerung von Clinton und der auf sie hinweisenden (Unter-)Äußerung – und
2. Dasselbe-sagen (*SS*)-Beziehung zwischen Clintons Äußerung und der Äußerung auf die hingewiesen wird.

Sind wir aber mit Davidsons parataktischer Analyse der indirekten Rede im Rahmen einer Wahrheitstheorie und der gemischten Zitierung wirklich in der Lage, die Kluft zwischen der Bedeutung einer Sprecheräußerung und ihrem Verstehen durch einen Adressaten zu überbrükken?

Ray Elugardo versucht zu zeigen:

1. Sofern Dasselbe-sagen (samesaying) von Sprecher und radikalem Interpret eine Synonymierelation zwischen zwei Äußerungen ist, so schreibt die parataktische Analyse falsche Wahrheitsbedingungen bei der Wiedergabe durch die indirekte Rede zu und

2. nehmen wir eine pragmatische Relation bei der Interpretation an, so mögen die Wahrheitsbedingungen der Satzäußerungen in der analysierten Sprache auch dann richtig zugeschrieben worden sein, wenn kein natürlicher Sprecher richtig interpretiert wird.

Das Problem der parataktischen Analyse besteht somit nach Elugardo darin, daß der Inhalt des wiedergegebenen Sprachverhaltens pragmatische Gesichtspunkte zu berücksichtigen hat, während die W-Theoreme einer Wahrheitstheorie im Stile Tarskis nicht durch solche Gesichtspunkte des Äußerungsverhaltens festgelegt sind. Insofern stellt sich für ihn die Frage:

Was leistet eine Wahrheitstheorie für die Interpretation von Sprachverhalten?

Pragmatisch wird dabei in einem weitesten Sinn des Wortes verstanden, das heißt, zu berücksichtigen sind bei der Wiedergabe von Sprachverhalten in der indirekten Rede zum Beispiel Sprecherabsichten und Äußerungsumständen, Annahmen, gemeinsam geteilte Überzeugungen und Erwartungen als auch ihre kausale Vorgeschichte. Nach Elugardo kann man aus keiner Wahrheitstheorie einer natürlichen Sprache im Stile Tarskis aus der Äußerung von Cassius »Brutus ist ein ehrenswerter Mann« die intendierte Bedeutung hat »Brutus ist ein Schurke« ableiten kann. Dies würde er auch gegen die gemischte Zitierung einwenden.

5.3. Wahrheits- und Erkenntnistheorie

Nach Davidson bleibt Quines Bedeutungs- und Erkenntnistheorie, sein Begriff der Reizbedeutung und des neutralen Erkenntnisinhalts, dem *dritten Dogma* des Empirismus verhaftet, das heißt der Entgegensetzung eines *Inhalts* und ordnender Begriffsschemata. Quine hatte die nicht-begrifflichen (neutralen) Informationen, welche sich auf der Oberfläche unser Sinnesreizungen einstellen, Belege (evidence) genannt.

R. Gibson weist McDowell Interpretation von Quine als ein Proponent des Gegeben und Davidson als ein Proponent des ungezwungen

Kohärentismus zurück. Insbesondere erläutert Gibson Davidsons destruktives Argument seiner Kohärenzthese – nur Überzeugungen können Gründe von Überzeugungen sein – als auch dessen konstruktives Argument die meisten Überzeugungen sind von Natur aus wahr. Beides zusammen erlaubt es nach Gibson, das Dilemma zu vermeiden, entweder eine falsche oder gar keine Antwort aus den Skeptizismus zu geben. Dies erklärt uns aber, warum McDowell Davidsons konstruktives Argument zu widerlegen sucht. Gibson gibt eine Davidsonianische Antwort auf McDowell und zeigt, warum er Davidsons Kohärentismus unzutreffend charakterisiert. Davidson und McDowell stimmen aber in der Kritik an dem dritten Dogma des Empirismus überein. Darauf weist Davidson in seiner Antwort auf Gibson hin. Davidson hat jedoch im Fortgang seiner Werkgeschichte die Rede von Kohärenz- oder Korrespondenztheorie der Wahrheit aufgegeben hat; entscheidend ist für ihn die distale Verursachung der Überzeugungsinhalte.

Davidsons erkenntnistheoretisch gewendete Bedeutungstheorie führt uns zu einer Asymmetrie der drei Arten von Wissen: des Wissens von uns selbst, von der Welt und von Fremdpsychischem. Anita Avramides untersucht diese Arten von Wissen dahingehend, inwiefern mit ihnen die traditionelle Frage: »Wie ist Wissen (von er Welt) möglich?«, anders gestellt wird. Dies deshalb, da sie vom Standpunkt von *RI* und der Individuierung der Gegenstände von propositionalen Einstellungen in der Triangulation gestellt wird. Es geht somit um die Selbst- (erste Person) und Fremdzuschreibung (dritte Person) bei der Voraussetzung der kausalen Individuierung von propositionalen Einstellung im Triangel. Avramides gibt einen kritischen Vergleich der Asymmetrie der drei Arten von Wissen mit Strawsons Analyse dieser Asymmetrie. Der Vergleich mit Strawson liegt nahe. Nach Davidson hat Strawson zwar die Asymmetrie zwischen der ersten und der dritten Person »richtig beschrieben«, aber eben »nicht erklärt«. Avramides hält dies – nicht ganz unberechtigt – für eher »unfair«. Beide Ansätze sind ihres Erachtens komplementär.

Der Test für eine axiomatisierte, kompositionale und extensionale Wahrheitstheorie als einer Bedeutungstheorie einer natürlichen Sprache ist die *RI*. Das ist die klassische Darstellung. Wir könnten jedoch auch den Schritt zu einer wahrheitszentrierten Bedeutungstheorie von der Situation der verständlichen Neubeschreibung des Sprachverhaltens aus begründen und ihre Voraussetzungen aufdecken. Dazu bedarf es jedoch eines weitgehenden Umbaus der Sprachtheorie von Davidson. Das betrifft nicht die kompositionale Semantik, sondern die globale erkenntnistheoretische dritte Person Einstellung und seinen sophistischen Behavorismus. Das führt uns nicht nur zu der Analyse der propositionalen Struktur von Sprache und der Autonomie der Bedeutung, sondern auch zur gemischten Zitierung (Cappelen und Lepore), das heißt der semantischen Analyse der Mittel der Wiedergabe von Sprachverhalten im Hinblick auf Dasselbesagen und desselben Äußerungsvorkommens. Das ist hervorzuheben, da Davidsons Bedeutungstheorie nicht einfach von der Fähigkeit ausgeht, eine Sprache zu sprechen, sondern Sprachtheorie vom Standpunkt von *RI* betreibt. Das betrifft seinen Sprachbegriff. Erst wenn unserer Sprachverstehen auf dieser Ebene stabilisiert ist, können wir Elugardos Problem angemessen in den Griff bekommen, die über die wörtliche Bedeutung hinausgehende Sprecherbedeutung zu erfassen. Dazu bedarf es nicht nur des Einbezugs der Vorgeschichte der jeweiligen Äußerung, sondern auch der Hintergrundtheorie des Sprachverhaltens, die wir gegebenenfalls herauszufinden haben, um die intendierte Bedeutung der Äußerung eines Sprechers zu erfassen und entsprechend wiederzugeben. Darin sollten wir jedoch keine Widerlegung des theoretischen Ansatzes einer interpretativen Wahrheitstheorie sehen, sondern eine entsprechende Erweiterung.

Das Problem ist ein ganz anderes, es geht darum, ob jeder Sprecher radikal zu interpretieren ist oder ob das nur für einige Sprecher gilt. Gefordert sind für die *RI* »Gesamttheorien« und »viele Theorien« können Vergleichbares leisten. Im Unterschied zu seinen diesbezüglichen Kritikern stehen nach Davidsons Bedeutungstheorie Kompositionalität und *RI* in keinem Konflikt, da sie auch für die Zuschreibung von propositionalen Einstellungen eine wesentliche Rolle spielt. Das Problem ist auch hier ein anderes. Für die Semantik stellt sich die Frage, ob die interpretative Wahrheitstheorie eine kompositionale Semantik *erweitert* (extended project) oder *ersetzt*, das heißt die Bedeutungs- wird durch die Wahrheitstheorie ersetzt (Replacement Theory im Unterschied zu dem »initial project« der kompositionalen Semantik). Lepore, Ludwig haben überzeugend dargelegt, dass das extended project das initial project subsumiert, aber nicht mit ihm gleichzusetzen ist. Die Zielsetzungen der beiden Projekte sind voneinander unabhängig. Davidson neigt sicherlich zu dazu, sie im Fortgang seiner Werkgeschichte zu ersetzen (Vgl. dazu Davidson 1990, dt. In Davidson 2005: 168-169). In dieser Version geht er davon aus: »Sobald wir jedoch über die Theorie (Wahrheitstheorie d.V.) verfügen, können wir die Wahrheit der Sätze auf der Basis ihrer Struktur und der semantischen Eigenschaften ihrer Teile erkären.« (169). Die semantischen Eigenschaften von Wörtern haben dann keinen begrifflichen Vorrang vor den Wahrheitsbedingungen. Der Anspruch des Replacement Theory läßt sich vermutlich nicht einlösen. Das betrifft insbesondere die Einwände von Horwich, Pagin, sowie von Lepore und Ludwig. Zu einer Voraussetzung sind wir jedoch genötigt, unabhängig davon, wie wir das Projekt der *RI* einschätzen: Jede Interpretation von Verhalten kommt nicht umhin, die Ähnlichkeit der Sprecher, den wir interpretieren, mit uns anzunehmen.

6. Physikalismus und die Autonomie des Mentalen

Ungelöste Probleme in Donald Davidsons Philosophie des Mentalen

Erwin Rogler und Gerhard Preyer

6.1. Zum Problem der mentalen Kausalität

Der psychophysische Interaktionismus, das heißt die Verursachung psychischer Phänomene durch körperliche Prozesse und umgekehrt deren Verursachung durch psychische Ereignisse, wird in der Alltagspsychologie als sichere Wahrheit unterstellt. Es gilt zum Beispiel: Körperliche Verletzungen bewirken Schmerzen bewirken und Wünsche und Überzeugungen lösen Handlungen aus. Probleme, insbesondere hinsichtlich der Verursachung körperlicher Prozesse durch Mentales, entstehen erst bei der Thematisierung des Interaktionismus in philosophischen, überhaupt wissenschaftlichen Theorien. In diesem Sinne wird hier der Ausdruck »mentale Kausalität« verstanden. Die speziellen Fragen, welche die Verursachung mentaler durch mentale Ereignisse betreffen, werden in dem Artikel ausgeklammert; vgl. dazu Rogler, Preyer (2001): 31 ff. Denn jetzt können Konflikte mit bestimmten Annahmen entstehen, die in der Alltagspsychologie nicht gemacht werden, zum Beispiel der kausalen Geschlossenheit der physischen Welt *(KG)*. Manifest wurden solche Konflikte schon bei Descartes Versuch, den psycho-physischen Interaktionismus mit seiner Metaphysik körperlicher und geistiger Substanzen zu verbinden (vgl. A. Beckermann 2001: 29 ff., 49 ff.). Seine unmittelbaren Nachfolger sowie spätere Philosophen haben ihn deshalb durch Alternativtheorien wie Parallelismus oder Epiphänomenalismus ersetzt. Sie gelten aber als wenig plausibel, nicht zuletzt deshalb, weil sie die intuitive Gewissheit der mentalen Kausalität im Alltagsleben nicht erschüttern können.

Viele Philosophen bevorzugen deshalb eine Lösung des Leib-Seele Problems, welche beansprucht, die mentale Verursachung in ein wissenschaftliches Menschenbild zu integrieren. So war es ein wesentliches Motiv, nach manchen Autoren (Beckermann a.a.O.: 115 ff., H.-D. Heckmann 1994: 79 ff.) sogar das zentrale Argument für die Identitätstheorie (H. Feigl, J. J. C. Smart u.a.), daß sie dieses Desiderat erfüllt. Sie lässt sich dann als logische Folgerung aus zwei Prämissen verstehen, des psychophysischen Interaktionismus und *KG*. Beide Annahmen können nur wahr sein, wenn mentale Eigenschaften und Ereignisse mit physischen Eigenschaften und Ereignissen identisch sind. Wird diese Konklusion bestritten, weil zum Beispiel wenig Aussicht besteht eine Einseins Korrelationen zwischen mentalen und physischen Eigenschaften als notwendige Bedingung von Identifikationen empirisch festzustellen, dann muß man eine Prämisse fallen lassen. Die Aufgabe der ersten führt meistens zum Epiphänomenalismus. Mentale Phänomene haben physische Ursachen, können aber auf die physische Welt nicht einwirken. Als Alternative kann man *KG* aufgeben. Mentale Kausalität ist nicht an den Dualismus physischer und psychischer Substanzen oder Ereignisse gebunden. Es genügt ein Dualismus von physischen und mentalen, kausal effizienten Eigenschaften, wie er in bestimmten Emergenztheorien angenommen wird (vgl. A. Stephan 1999: 58 ff., 197 ff.).

Kritik an der Identitätstheorie erfolgte durch den Funktionalismus (Fodor, H. Putnam) und Davidsons anomalen Monismus. Die meisten Funktionalisten, wie auch Davidson, versuchen aber einen abgeschwächten, »nicht-reduktiven« Physikalismus beizubehalten, der sich inzwischen in verschiedenen Spielarten als orthodoxe Lehrmeinung etablierte. In ihm wird das Problem der mentalen Kausalität wieder akut. Insbesondere löste die Debatte über den anomalen Monismus eine intensive Diskussion dieses Problems aus. In den folgenden Ausführungen werden wir seine zentralen Aspekte erörtern und damit zugleich der Frage nachgehen, ob Davidson die von ihm angestrebte Synthese zwischen Physikalismus und einer Autonomie des Mentalen wirklich gelungen ist.

6.2. Ereignisbegriffe

Von grundlegender Bedeutung für Davidsons Philosophie des Mentalen ist sein Ereignisbegriff. Nicht reduzierbare, elementare Ereignisse sind das Schlüsselelement seiner Ontologie, mit denen Verursachung, Handlungen und Mentales verbunden werden. Ereignisse werden als einzelne, unwiederholbare, datierte Einzeldinge charakterisiert (Davidson 1985: 199, vgl. dazu 1969, 1970 in 1985: 233-258, 259-288). Sie gehören zur ontologischen Grundausstattung der Welt. Dieser grobkörnige (deflationistische) Ereignisbegriff steht im Gegensatz zu feinkörnigen (inflationistischen) Ereigniskonzepten. J. Kim (1976) zum Beispiel definiert Ereignisse feinkörnig als Exemplifikationen einer konstitutiven Eigenschaft durch einen Ereignisträger zu einer bestimmten Zeit, bzw. durch eine analoge Erweiterung mit mehreren Trägern. Sie sind also keine fundamentalen Entitäten, sondern aus solchen konstituiert. Zwei Kim-Ereignisse sind identisch *gdw* alle ihre entsprechenden Komponenten identisch sind. Exemplifiziert zum Beispiel eine Person zu einer bestimmten Zeit die mentale Eigenschaft *M* und die neuronale Eigenschaft

P, dann handelt es sich um ein und dasselbe Ereignis nur, wenn auch *M* mit *P* identisch ist. Identität von Ereignissen (tokens) schließt also Identität von konstitutiven Eigenschaften (types) ein. Hingegen ermöglicht Davidsons Ereignisbegriff, daß ein und dasselbe Ereignis *M* und *P* instantiiert, auch wenn sie weder identisch noch extensionsgleich sind; mit anderen Worten: Tokenidentität ohne Typenidentität.

Davidson (1969 in 1985: 233-258) individuiert Ereignisse durch ihre kausale Rolle. Zwei Ereignisse sind demnach identisch, wenn sie gleiche Ursachen und Wirkungen haben. Nach der Kritik Quines u.a. (vgl. R. Stoecker 1992: 9 ff.) übernimmt er dessen Identitätsbedingung für Ereignisse: Ereignisse sind identisch *gdw* sie im gleichen Raum-Zeitgebiet stattfinden (Davidson 1985a: 176). Davon hat sich Davidson mündlich distanziert, ohne sich auf eine Individuationsbedingung festzulegen (Stoecker a.a.O.: 224). Diese extrem deflationistische Identitätsbedingung trifft auch auf Objekte zu. Als spezifische Differenzen nennt Davidson Konstanz bei Veränderungen für Objekte sowie Veränderungen an Objekten für Ereignisse. Dann müßte auch eine Individuationsbedingung für Zustände angegeben werden, sofern sie überhaupt von Objekten unterschieden werden sollen. Da der Unterschied zwischen prozessualen und zuständlichen Entitäten in diesem Aufsatz keine Rolle spielt, kann der Begriff »Ereignis« für beide verwendet werden.

6.3. Grundzüge von Davidsons Philosophie des Mentalen

Davidsons Philosophie des Mentalen ist auf intentionale Phänomene oder propositionale Einstellungen eingeschränkt. Ihr Kernstück bilden drei Grundsätze (Davidson 1970 in 1985: 292-93, 1974 in 1985: 323 ff., 1994: 231).

1. Kausaler Interaktionismus (*KI*): Alle mentalen Ereignisse stehen (unmittelbar oder mittelbar) als Ursachen oder Wirkungen in kausalen Beziehungen zu physischen Ereignissen.

2. Nomologischer Charakter der Kausalität (*NK*): Alle kausal verknüpften Ereignisse fallen notwendigerweise unter strikte Gesetze als Elemente umfassender und geschlossener Theorien.

Strikte Gesetze gelten uneingeschränkt, das heißt ohne Ceteris paribus- (*CP*-) Klauseln.

3. Mentaler Anomalismus (*MA*): Es gibt keine strikten psychophysischen Gesetze. Generalisierungen mit psychischen Prädikaten kommen nach Davidson (1970 in 1985: 308) über den Status von »umrisshaften, summarischen Verallgemeinerungen«, »groben Faustregeln« nicht hinaus.

Aus den drei Grundsätzen und der weiteren Annahme, daß nur die Physik auf geschlossene, umfassende Systeme strikter Gesetze abzielt, folgt

4. Psychophysische Tokenidentität *(TKI)*: Alle mentalen Ereignisse sind physische Ereignisse.

Die allgemeine Tokenidentität ergibt sich aus der Annahme: Alle Ereignisse sind kausal verbunden. Das ist eine unmittelbare Konsequenz der kausalen Individuationsbedingung.

KG als ontologische These folgt aus *NK*, der Einschränkung strikter Gesetze auf physikalische Theorien sowie deren realistischer Deutung. Davidson sieht das Universum im Licht einer hochentwickelten Physik als ein geschlossenes System an (1993: 8).

Da seine Philosophie des Mentalen gewöhnlich als anomaler Monismus bezeichnet wird, verwenden wir für die Konjunktion der drei Grundsätze und *TKI* die Abkürzung *AM*.

Wegen *MA* verzichtet *AM* auf die Identität psychischer und physischer Typen und begnügt sich mit einer Tokenidentität. Davidson begründet *MA* in erster Linie mit der Anwendung des Prinzips der Nachsicht bei der radikalen Interpretation. Diese Begründung wurde nicht allgemein anerkannt. Sie besagt vereinfacht, daß die Zuschreibung intentionaler Phänomene, wie Überzeugungen, Wünsche und dergleichen nach anderen Kriterien als die Zuschreibung neuronaler Zustände erfolgt. Maßgebend für erstere ist die Anwendung von Rationalitätsstandards (Prinzip der Nachsicht). Es wird dabei die weitgehende Kohärenz und Wahrheit der propositionalen Einstellungen unterstellt. Damit soll eine gewisse Autonomie des Mentalen sichergestellt werden. Für die Zuschreibung physischer Zustände hat hingegen das Prinzip der Nachsicht keine Relevanz. Maßgebend sind allein empirische Befunde, wie Messungen der elektrischen Aktivität im Gehirn, der Gehirndurchblutung und dergleichen.

Ein weiteres Argument für *MA* beruht auf der teilweisen externalen Bestimmung der Inhalte propositionaler Einstellungen. Hier stimmt Davidson zum Teil mit dem Externalismus von H. Putnam und Burge überein. Ihren Gedankenexperimenten (Zwillingserde, Arthritisbeispiel) fügt er mit der Figur des Sumpfmannes ein weiteres hinzu (1987 in 1994: 655). Sie sollen zeigen, daß die Inhalte – genauer gesagt die weiten Inhalte und Davidson kennt keine anderen – der propositionalen Einstellungen zweier physisch völlig gleicher Menschen mit verschiedenem natürlichen und sozialen Umfeld verschieden sein können, also nicht eindeutig durch Gehirnprozesse determiniert sind.

> Es steht uns deshalb frei, anzunehmen, daß Menschen in allen relevanten physischen Hinsichten identisch sein und sich doch psychologisch unterscheiden können: Dies ist tatsächlich die Position des »anomalen Monismus« (a.a.O.: 674).

6.4. Der Einwand des Eigenschaftsepiphänomenalismus

Inwiefern wird in *AM* das Problem der mentalen Kausalität wieder akut?

Offenbar nur bei Zweifeln an der Konsistenz von *KI* mit den beiden anderen Grundsätzen, die Davidson gerade als Pointe seiner Theorie behauptet. Sicher schließt *TKI* die Epiphänomenalität mentaler *Ereignisse* aus. Sie haben wegen ihrer Identität mit physischen Ereignissen auch physische Eigenschaften. Deshalb fallen sie unter physikalische Kausalgesetze und können als Ursachen und Wirkungen fungieren. Damit gaben sich jedoch verschieden Kommentatoren und Kritiker nicht zufrieden (T. Honderich 1982, E. Sosa 1984, J. Kim 1989 u.a.). Die kausale Wirksamkeit mentaler Ereignisse garantiert noch nicht ihre kausale Effizenz *als* mentale, das heißt ihre kausale Effizienz kraft ihrer mentalen Eigenschaften. Diesen zentralen Einwand formuliert J. Kim (1989 in 1993: 269) kontrafaktisch:

> ... anomalous monism entails this: *the very same network of causal relations would obtain in Davidson's world if you were to redistribute mental properties over its events any way you like; you would not disturb a single causal relation if you randomly and arbitrarily reassigned mental properties to events, or even removed mentality entirely from the world.*

Da singuläre Kausalbeziehungen durch strikte physikalische Gesetze, unter die sie fallen, fundiert werden, sind einzig ihre physischen Eigenschaften kausal relevant. Nur sie – so drücken es verschiedene Autoren aus – verleihen den instantiierenden Ereignissen kausale Kräfte. Anderenfalls würde auch *KG* durch die mentale Kausalität »nach unten« verletzt werden. *MA* und *NK* bzw *KG* haben somit den *Eigenschafts*epiphänomenalismus zur Folge und sind insofern mit *KI* nicht vereinbar.

Kausale Kräfte werden vielfach mit Dispositionen identifiziert oder mit ihren Realisierern, wenn man Dispositionen als funktionale Eigenschaften versteht. Verschiedene Ansichten gibt es über das Verhältnis von kausalen Kräften und Eigenschaften. Im Dispositionalismus werden (zumindest einige) Eigenschaften mit kausalen Kräften identifiziert, im Kategorialismus hingegen beide unterschieden. Eine Synthese dieser Auffassungen schreibt Eigenschaften einen dispositionalen und einen kategorialen Aspekt zu, vgl. D. Armstrong (1997: Kap. 5). In empiristisch-instrumentalistischer Sicht darf die Rede von kausalen Kräften nicht im wörtlichen Sinne verstanden werden. Sie ist reduzibel auf Aussagen über Naturgesetze. Realistisch interpretiert ist eine kausale Kraft eine wirkliche Entität, die je nach Situation verschiedenen gesetzlichen Zusammenhängen zugrunde liegen kann.

Wenn man die Inkonsistenz der drei Grundsätze akzeptiert, so sind zwei weitere Alternativlösungen denkbar. Man könnte *MA* fallen lassen. *KI* und die Verschärfung von *NK* zu *KG* würden dann zur älteren Identitätstheorie zurückführen. Die von J. Hornsby (1993) empfohlene Lösung dagegen gibt mit *NK* die physikalistische Komponente von *AM* und damit den Schluss auf *TKI* preis.

6.5. Superveniente Kausalität, Abschwächungen des Anomalismus

In Davidson (1970, 1973, 1974 in 1985) steht der Eigenschaftsepiphänomenalismus noch nicht zur Diskussion. Vermutlich glaubte er, daß die mentale Kausalität hinreichend durch *TKI* erwiesen sei. Später versuchten mehrere Autoren wie B. McLaughlin (1983, 1989), Fodor (1989), Lepore und Loewer (1987, 1989) den Epiphänomenalismuseinwand auf verschiedene Weise zu entkräften, vor allem durch eine Erweiterung der nomologischen Begründung singulärer Kausalbeziehungen bei Hinzunahme von *CP*-Gesetzen, mit Hilfe kontrafaktisch definierter Kausalbegriffe und Supervenienzthesen. Diese Strategien werden häufig miteinander kombiniert. Sie beanspruchen nicht nur eine Präzisierung des Begriffs der mentalen Kausalität, sondern beabsichtigen insbesondere auch deren Vereinbarkeit mit einem nichtreduktiven Physikalismus klarzulegen.

Schließlich hat Davidson seinen Kritikern in dem für seine Position aufschlussreichen Artikel »Thinking Causes« (1993) geantwortet. Schon in Davidson (1970 in 1985: 301) findet sich ein kurzer Hinweis auf die Supervenienz des Psychischen über dem Physischen, verstanden als Dependenzrelation. Da die Supervenienzrelationen nicht asymmetrisch sind, schließen sie die umgekehrte Dependenz des Physischen vom Psychischen nicht aus. Diese wäre aber mit dem Primat des Physischen nicht vereinbar. Damit soll offenbar die physikalistische Komponente in *AM* eine positivere Charakterisierung und Verstärkung erhalten. In der Auseinandersetzung mit seinen Kritikern weist Davidson dem Supervenienzbegriff eine zweite Aufgabe zu. Mit Hilfe einer schwachen Supervenienzthese versucht er, die kausale Relevanz mentaler Eigenschaften abzusichern.

Allgemein heißt Supervenienz des Psychischen über dem Physischen, daß physische Gleichheit psychische Gleichheit impliziert. Oft ist es vorteilhaft, die Begriffe der schwachen und starken Supervenienz (*WS*, *SS*) folgendermaßen zu definieren (*A* und *B* bezeichnen die Familien der supervenierenden und subvenienten oder Basiseigenschaften bzw. Prädikate. *N* kann als naturgesetzliche, metaphysische oder logische Notwendigkeit verstanden werden):

(*WS*) *A* superveniert *schwach* über *B gdw*

$$N \wedge f \varepsilon A \wedge x(fx \rightarrow \vee g \varepsilon B (gx \leq \wedge y(gy \rightarrow fy)))$$

(*SS*) *A* superveniert *stark* über *B gdw*

$$N \wedge f \varepsilon A \wedge x(fx \rightarrow \vee g \varepsilon B (gx \leq N \wedge y(gy \rightarrow fy)))$$

SS unterscheidet sich von *WS* durch einen zweiten Notwendigkeitsoperator *N* vor der letzten Implikation. Dies bedeutet eine stärkere modale Bindung der *A*- an die *B*-Eigenschaften bei *SS*. Sie ist nicht bloß, wie in *WS*, auf eine Welt beschränkt, sondern gilt zum Beispiel für alle (von uns aus gesehen) naturgesetzlich möglichen Welten, wenn man *N* als naturgesetzliche Notwendigkeit interpretiert. Regularitäten von der Form $\wedge y(B_i y \leq \rightarrow \leq A_j y)$ gelten dann als Naturgesetze. Daran mag es liegen, daß Davidson (1993: 4, Fn. 4), um nicht mit *MA* in Konflikt zu geraten, für *WS* optiert.

Seine Definition lautet: »a predicate *p* is supervenient on a set of predicates *S* if and only if *p* does not distinguish any entities that cannot be distinguished by *S*« (1993: 4). Wird dem Definiens »*N*« vorangestellt, erhält man eine andere häufig verwendete Definition der schwachen Supervenienz:

(*WS**) $N \wedge xy(\wedge g \varepsilon B(gx \leftrightarrow gy) \rightarrow \wedge f \varepsilon A(fx \leftrightarrow fy))$

Aus *WS* folgt *WS**, aus *WS** *WS* nur bei der Annahme, daß *B* eine vollständige Boolesche Algebra ist, das heißt zu jeder Eigenschaft ihre Negation und zu jeder Vielheit von Eigenschaften ihre Konjunktion enthält.

Davidson (a.a.O.: 13 ff.) konzediert seinen Kritikern, daß die Epiphänomenalität mentaler Eigenschaften mit *AM* verträglich ist. Er meint jedoch, diese Möglichkeit mit *WS* als weiteren Grundsatz beseitigen zu können. *WS* wäre demnach der Garant mentaler Kausalität. Dahinter steht folgendes Argument: 1. Mentale Verschiedenheit impliziert nach *WS* physische Verschiedenheit. 2. Physische Verschiedenheit impliziert kausale Verschiedenheit, denn physische Eigenschaften »matter to causal relations«. Das heißt: Zwei Ereignisse mit verschiedenen physischen Eigenschaften stehen in verschiedenen Kausalrelationen. Folglich 3. Mentale Verschiedenheit impliziert kausale Verschiedenheit. Die mentale Kausalität ist damit jedoch nicht bewiesen. Hierfür hätte gezeigt werden müssen, daß zwei Ereignisse aufgrund ihrer verschiedenen mentalen Eigenschaften verschiedene physische Ereignisse verursachen. Davon ist aber nicht die Rede. Davidson sagt nur, die physischen, jedoch nicht mentalen Eigenschaften »matter to causal relations«. Dies auch mit gutem Grund, denn deren kausale Effizienz würde *KG* verletzen.

Wie den oben genannten Autoren geht es ihm um den Nachweis mentaler Kausalität im Rahmen eines nichtreduktiven Physikalismus.

Erstere kommt zum Beispiel in seiner Lehre von den Primärgründen, d.h. die Überzeugungen und die Proeinstellungen sind die Ursachen von Handlungen, zum tragen: »...beliefs and desires have causal powers, and that is why they explain actions« (Davidson 1987a: 44). Der Physikalismus manifestiert sich u.a. dann, wenn von der vollständigen physikalischen Erklärung des Universums die Rede ist (Davidson 1993: 16, 17, Fn. 12). Geht man von ihrer prinzipiellen Möglichkeit aus, so wird die kausale Rolle der mentalen Eigenschaften fraglich. Sie können ihren Instanzen, soll systematische Überdetermination vermieden werden, keine eigenen kausalen Kräfte verleihen, sondern diese wären letztlich auf die subvenienten physische Kausalkräfte reduzierbar. Das bedeutete eine erhebliche Einschränkung von *MA*. Nicht reduzierbar wäre nur der kategoriale Aspekt intentionaler Eigenschaften, was immer man, angesichts der Bedeutungslosigkeit der inneren Erfahrung in Davidsons Theorie, darunter verstehen mag (Vgl. zur Unterscheidung von dispositionalem und kategorialem Aspekt von Eigenschaften Fn. 5, Abschnitt 4).

Vollständige physikalische Erklärungen schmälern nach Davidson das Interesse an Erklärungen mit intentionalen Begriffen keineswegs, obwohl sie interessenabhängig und in hohem Maße unvollständig sind. Dem ist durchaus zuzustimmen. Für alltägliche und die meisten wissenschaftlichen Zwecke reichen intentionale Verhaltenserklärungen aus. Vollständige neurobiologische oder gar mikrophysikalische Erklärungen wären viel zu kompliziert und beim heutigen Stand der Wissenschaft gar nicht möglich. Es ist jedoch nicht einzusehen, daß intentionale Erklärungen unter physikalistischen Voraussetzungen kausale Erklärungen sein können. Davidsons Supervenienzargument zeigt allenfalls die mögliche Erklärungsrelevanz mentaler Eigenschaften, nicht ihre kausale Relevanz.

Die Unzulänglichkeit dieses Arguments zur Begründung der mentalen Kausalität lässt sich auch insofern erkennen, als alle Supervenienzbegriffe mit verschiedenen psychophysischen Theorien vereinbar sind, wie Identitätstheorie, Parallelismus, Epiphänomenalismus, logischem Behaviorismus, selbst Emergentismus. Davidson überschätzt, wie auch andere Philosophen, die Leistungsfähigkeit der Supervenienzbegriffe. Als Instrumente für eine Lösung des Leib-Seele Problems sind sie viel zu unspezifisch. Das betont neuerdings auch Kim (1998: 9ff.). Die Supervenienz des Mentalen ist kein grundlegendes Erklärungsprinzip, »not a metaphysically ›deep‹ relation« (a.a.O.: 14). Sie müßte im Gegenteil durch andere fundamentalere Relationen erklärt werden. Hierfür kommen auch Kausalbeziehungen in Frage (vgl. a. J. Heil 1998: 150-51).

Davidson betrachtet *AM* + *WS* als konsistente Prämissenmenge. Dies wird aber unter bestimmten Bedingungen fraglich. Angenommen, *e* sei ein mentales Ereignis einer Person *a* mit der mentalen Eigenschaft

M. Es wird zum Zeitpunkt *t* durch das physische Ereignis *c* mit der Eigenschaft *P* verursacht (wir sagen abgekürzt »*P* verursacht *M*«). Der gesamte physische Zustand *e** von *a* wird zu *t* durch die komplexe physische Ursache *c** bewirkt. Strikte deterministische Gesetze regeln den Ablauf der physischen Geschehnisse. *P* und *M* sind durch ein nicht striktes Gesetz verbunden, das nur Wahrscheinlichkeitsprognosen erlaubt. Zu einem späteren Zeitpunkt *t'* liegt dieselbe Ursachenkonstellation wie zu *t* vor. Dann ist es möglich, daß durch *P* die von *M* verschiedene mentale Eigenschaft *M'* bewirkt wird. Wegen *WS* muß dem mentalen ein physischer Unterschied im Organismus von *a* korrelieren. Der mentale Anomalismus generiert einen physiologischen Anomalismus. Das widerspricht seinerseits der Annahme strikter physikalischer Gesetze. Der Einwand liegt nahe, daß die Ursachenkonstellationen zu *t* und *t'* nicht gleich sein können. *M'* wird an sich nicht durch *P*, sondern durch die davon verschiedene Eigenschaft *P'* bewirkt und entsprechend der veränderte physische Zustand von *a* durch ein verändertes Ursachenmuster. Dann wären jedoch psychophysische Regularitäten *an sich* ebenfalls strikte und nur für die begrenzten menschlichen Erkenntnisfähigkeiten nicht strikte Gesetze. Dies erinnert an die Auffassung Fodors (1989: 68 ff.). Ihr zufolge sind zwar unsere besten intentionalen Gesetze *CP*-Gesetze. Jedoch können sie durch Explikation von *CP*-Bedingungen in bestimmten Anwendungsbereichen strikten Gesetzen weitgehend angenähert werden. Nomologisch gesehen unterscheiden sich Gesetze mit intentionalen Begriffen nicht von *CP*-Gesetzen anderer Spezialwissenschaften, wie Chemie, Geologie oder Mineralogie. Diese Ansicht gerät aber in Konflikt mit *MA*, wenn man die begründenden Rationalitätsargumente als ontologische Aussagen über die wesensmäßige Verschiedenheit mentaler und physischer Phänomene versteht. Deshalb billigt *MA* Generalisierungen mit intentionalen Termen auch in the long run nur den bleibenden Status von »groben Faustregeln« zu (Davidson 1970 in 1985: 308). Fodor (a. a. O.: 7) distanziert sich davon ausdrücklich, wenn er bekennt: »I have never been able to follow the arguments that are supposed to show that it is«. Weitere Einwände gegen die Vereinbarkeit von *AM* und *WS* finden sich zum Beispiel bei S. Evnine (1991: 68 ff.) und C. MacDonald (1989: 224 ff.). Trotzdem nivelliert Davidson (1993: 11) diesen Unterschied, indem er Fodors Ansichten über intentionale Gesetze als verträglich mit seinen eigenen erklärt. Obige Ausführungen machen aber klar, daß damit die ursprüngliche Fassung von *MA* bemerkenswert abgeschwächt wird. Und von ihr bleibt kaum etwas übrig, wenn Davidson behauptet, seine Philosophie des Mentalen sei ebenfalls mit Kims lokalem Reduktionismus verträglich. Dies lässt sich gut damit belegen, indem man Davidsons eigene Messlatte des Anomalismus anwendet. Nach ihr bestimmt der Umfang der mentalen Begriffe, die nicht auf physische Begriffe reduzierbar sind, den Grad der Anomalität (ebd.). Wären alle mentalen auf physische Prädikate lokal reduzierbar, so könnte man selbst von einem minimalen Anomalismus nur sprechen, wenn angenommen wird, daß der Nullgrad erst bei uneingeschränkter Reduktion erreicht ist. Jedenfalls würde *TKI* zugunsten lokaler Typen-Identität aufgegeben werden, nach Davidsons früherer Ansicht, ein Themenwechsel (1974 in 1985: 304). Die Art der Lokalisierung ist auf verschiedene Weise denkbar und nur empirisch entscheidbar: als Einschränkung auf mögliche Welten, natürliche Arten innerhalb einer Welt, speziellere Strukturen bis hin zu einzelnen Lebewesen im Extremfall. Eine notwendige Bedingung lokaler Reduktion sind lokal restringierte psychophysische Bikonditionalgesetze, deren *CP*-Bedingungen vollständig expliziert sein müssen. Keinesfalls genügen »grobe Faustregeln«. Kim nennt als weitere notwendige Bedingung die vorgängige Funktionalisierung der zu reduzierenden Begriffe bzw. Eigenschaften (1998: 97ff.). Dann stellt sich die Frage, ob und in welcher Weise intentionale Begriffe bzw. Eigenschaften in *AM* funktionalisierbar sind. Darüber äußert sich Davidson unseres Wissens nicht.

Kims lokaler Reduktionismus ist keine dogmatische Behauptung und eher als Forschungsprogramm zu verstehen. Er sieht zwar keine prinzipiellen Schwierigkeiten bei der Funktionalisierung der Intentionalität, aber hinsichtlich der Sinnesqualitäten. Wie letztere erfolgen soll, ohne ihre erlebten intrinsisch-phänomenalen Eigenschaften, das heißt ihr wesentliches Element, zu eliminieren, ist unklar (a.a.O.: 101ff.). In Davidsons Philosophie des Mentalen spielen allerdings Qualia keine nenneswerte Rolle.

Die aufgewiesenen Abschwächungen von *MA* sollte aber nicht überbewertet werden. Sie sind gelegentliche Konzessionen an seine Kritiker ohne nachhaltige Wirkung. In späteren Arbeiten, zum Beispiel Davidson (1997: 20), wird wieder die Nichtreduzierbarkeit des mentalistischen Vokabulars behauptet. Wir werden deshalb jene Abschwächungen nicht weiter berücksichtigen.

6.6. Extensionale Kausalität

Davidson versucht nicht nur den Epiphänomenalismuseinwand durch die Rechtfertigung der mentalen als supervenienten Kausalität zu entkräften. Darüber hinaus distanziert er sich grundsätzlich von seinen Kritikern, indem er bereits ihre Fragestellung als abwegig verwirft. »Kausalität«, so Davidson, ist ein zweistelliges, extensionales Prädikat mit Individuenvariablen *(K(x,y))*, kein vierstelliges Prädikat mit zusätzlichen Prädikatvariablen *(K(x,F,y,G))* (*x* qua *F* verursacht *y* qua *G*). Deshalb lehnt er es auch ab, singuläre Kausalaussagen mit Hilfe eines intensionalen Kausaljunktors zu formulieren (1967 in 1985: 155-213).

Diese lassen sich unabhängig von Gesetzen und Erklärungen behaupten. So kann Davidson im Gegensatz zu Hume und vielen anderen, wie auch Fodor und Kim, sagen, daß das gänzliche Fehlen psychophysischer Generalisierungen das Mentale nicht als »causally inert«, das heißt die Nichtexistenz singulärer psychophysischer Kausalbeziehungen erwiese (1993: 12). Deren Deutung als epistemisch autonome extensionale Fakten liegt der Antwort auf seine Kritiker zugrunde. Wörtlich verstanden macht es keinen Sinn zu fragen, ob Ereignisse qua mentale oder physische kausal wirksam sind. Damit wird aber andererseits Davidsons Supervenienzargument suspekt, das ja mentale Eigenschaften als »causeally efficacious« erweisen soll (a.a.O.: 15). Abgesehen davon ist es aus verschieden Gründen sehr fragwürdig, singuläre Kausalbeziehungen als nicht weiter analysierbare »brute facts« zu deklarieren (vgl. dazu McLaughlin 1993: 32-33, Rogler, Preyer 2001: 50-53).

6.7. Externalismus, Supervenienz, Tokenidentität

Die perzeptuelle Überzeugungen sind nach Davidsons Version des Externalismus aufgrund direkten, intersubjektiven Bezugs auf Wahrnehmungsgegenstände einer gemeinsamen Außenwelt größtenteils wahr und von diesen verursacht. Inwieweit ist sein Externalismus aber mit *WS* verträglich?

Die Antwort hängt davon ab, ob man die in den illustrierenden Gedankenexperimenten (Zwillingserde, Sumpfmann) beschriebenen Situationen in ein und derselben Welt oder in verschiedenen möglichen Welten lokalisiert. Der erste Fall wird durch *WS* ausgeschlossen – es sei denn, man bezieht die Umwelt und Vergangenheit eines Organismus in die Supervenienzbasis ein – und er ist nur mit globaler Supervenienz (*GS*) vereinbar. *GS* fordert lediglich den Unterschied von zwei mental verschiedene Welten auch in physischer Hinsicht, jedoch müssen nicht die mentalen über die neuronalen Eigenschaften supervenieren. Davidson (1989 in 1993: 30) erachtet deshalb *GS* als den zu *AM* passenden Supervenienzbegriff. Er ist freilich zu schwach, um den Physikalismus zu stützen. Der zweite Fall hingegen ist mit *WS* vereinbar, da hier nicht wie bei *SS* zwischenweltliche, sondern nur eine intramundane Supervenienzgeneralisierungen gefordert werden.

Ein auf dem Externalismus beruhender Einwand gegen *TKI* wurde von Burge (1993: 104ff.) erhoben. Er geht von zwei Prämissen aus. 1. Eine Person kann bei gleicher physischer Beschaffenheit inhaltlich verschiedene Gedanken haben. 2. Gedanken mit verschiedenem Inhalt sind nicht identisch. Nach 1. sind kontrafaktische Situationen (mögliche Welten: w_1, w_2) mit demselben physischen Ereignis b denkbar, das in w_1 und w_2 Gedanken mit verschiedenem Inhalt (a_1, a_2) begleiten. Da b ohne

a_1 und a_2 möglich ist, kann es nicht mit ihnen identisch sein. Davidson hat dagegen (mündlich) eingewandt, daß wegen der verschiedenen kausalen Vergangenheiten in w_1 und w_2 nicht dasselbe physische Ereignis *b* auftreten kann. Dies steht aber im Gegensatz zu seiner ansonsten mit Burge geteilten Ansicht der Identifizierung der physischen Ereignisse im Organismus mit den üblichen naturwissenschaftlichen Verfahren, die von seiner kausalen Geschichte absehen. Teilweise werden die extern bestimmte propositionale Einstellungstokens deshalb mit den Ereignissen im Organismus und nicht mit den Ereignissen, die seine Umgebung und Vergangenheit einschließen, identifiziert (Davidson 1987 in Frank 1994: 657, 674). Dies betont Davidson entgegen Putnam, dem zufolge kein psychischer Zustand sowohl *intern* als auch *extern* zu identifizieren ist. Er will natürlich nicht sagen, daß ein und derselbe psychische Zustand zugleich einen *weiten* und einen *engen* Inhalt besitzen kann. Sondern es wird behauptet, daß er qua psychischer zum Teil extern und qua physischer (neuronaler) Zustand intern, »ohne Bezugnahme auf Objekte und Ereignisse außerhalb des Körpers identifizierbar« ist (ebd.). Damit soll die Zurückweisung der Typenidentität von Mentalem und Physischem durch den Externalismus gezeigt werden, ohne damit gleichzeitig deren Tokenidentität in Frage zu stellen.

Burges Einwand lässt sich auch auf andere Weise begegnen. Man könnte zum Beispiel annehmen, in verschiedenen Welten dürfen nicht dieselben individuellen Entitäten, sondern nur ihre Gegenstücke (counterparts) vorkommen. Obiges Beispiel wäre dann folgendermaßen zu modifizieren: *a* und *b* ereignen sich in w_1, ihre Gegenstücke a^* und b^* in w_2. *b* und b^* sind physisch gleich, *a* und a^* haben verschiedenen Inhalt. Denkbar sind bei Voraussetzung von *WS*, nicht *SS*, die Identitäten $a = b$ und $a^* = b^*$. Das Gegenstück a^*/b^* von *a/b* gleicht diesem physisch, aber nicht psychisch.

Den Gedankenexperimenten mit möglichen Welten steht Davidson jedoch kritisch gegenüber. Schon deshalb könnte er Burges Einwand zurückweisen. Wegen der Transitivität der Identitätsrelation kann in einer Welt *b* nicht mit a_1 und a_2 identisch sein, wenn $a_1 \neq a_2$. Nimmt man aber zwei numerisch verschiedene, jedoch gleiche – Davidson sagt »krawattenidentische« – physische Ereignisse (b_1, b_2) an, dann sind, auch wenn a_1 und a_2 sich inhaltlich unterscheiden, die Identitätsbehauptungen $a_1 = b_1$ und $a_2 = b_2$ denkbar, allerdings nicht bei gleichzeitiger Annahme von *WS*, sondern *nur* von *GS*. Einwände gegen *TKI* finden sich auch bei Heckmann (1994: 256ff.), die aber Davidson schon wegen ihres ausgeprägt essentialischen Charakters nicht akzeptieren würde.

6.8. Ontologische Interpretationen

Bisher wurde die Realität der physischen und psychischen Eigenschaften (Universalien oder Tropen) unterstellt. Stützen kann sich diese Annahme darauf, daß Davidson vielfach von Eigenschaften oder Typen spricht. Er scheint sie jedoch in anderen Äußerungen in Frage zu stellen oder abzulehnen. Deshalb hält B. McLaughlin (1989: 122) seine Ansichten über Eigenschaften »far from certain«. Nach Davidson (1993: 4, Fußnote 3) werden offenbar argumentionsstrategisch, bei den Versuchen seine Kritiker zu widerlegen, Begriffe nicht von Eigenschaften und Prädikaten unterschieden. Diese Unterscheidung ist aber von entscheidender Bedeutung für das Problem der mentalen Kausalität. Es handelt sich u.E. dabei nur um eine Scheinnivellierung, die unterschiedliche Interpretationen herausfordert und von ihm selbst nicht durchgängig beibehalten wird. So ist zum Beispiel von Eigenschaften die Rede, wo es plausibel ist, inbesondere beim Begründungsversuch der mentalen Kausalität (siehe V, in diesem Artikel). Der Einwand des Eigenschaftsepiphänomenalismus läßt sich leicht zurückweisen, wenn er mit Hilfe der Begriffe »Begriff« und »Beschreibung« umformuliert wird. Er besagt dann, daß Ereignisse, nur sofern sie mit physikalischen Begriffen beschrieben sind, in Kausalbeziehungen stehen. Ihre linguistische Erzeugung ist natürlich mit Davidsons ontologischem Kausalverständnis nicht vereinbar.

Der Einwand des Eigenschaftsepiphänomenalismus wäre natürlich gegenstandslos, wenn es nach Davidson keine Eigenschaften gäbe, sondern nur Prädikate oder Begriffe. Diese Ansicht vertreten Autoren wie Beckermann (a.a.O.: 185) und Neale (2001: 39ff., 66ff.), der ihm eine sparsame Ontologie von Objekten und Ereignissen ohne Eigenschaften, Sachverhalte und Propositionen zuschreibt, da sie für eine interpretative Wahrheitstheorie ausreicht. Berufen könnte sich diese Interpretation zum Beispiel auch auf Davidsons konzeptuellen (linguistischen) Dualismus:

> ... the very same events and states must have descriptions in both the mental and physical vocabularies. ... The mental and the physical share *ontologies*, but not, if I am right, classificatory concepts. (1990: 18).

Da er Kausalität und Identität als ontologische Kategorien versteht, wäre die beschreibungsunabhängige Wirklichkeit als eine Welt raumzeitlich lokalisierter Dinge und Ereignisse, die kausal interagieren, zu denken (Davidson 1970 in 1985: 302, 1974 in 1985: 340). Man könnte diese Position als eine Art von *neutralem* Monismus verstehen. D. Armstrong (1977) nennt sie »naturalistisch«. Epistemisch gesehen handelt es sich um einen nichtreduktiven *linguistischen* Physikalismus, sofern alle Ereignisse als in Kausalbeziehungen stehend physikalisch beschreibbar sind. Ein *ontologischer* Physikalismus würde ihnen weitere physische Attribute zusprechen, auf die sich bestimmte Prädikate in physikalischen Theorien beziehen. In diesem Sinne wird gewöhnlich auch der Ausdruck »physisches Ereignis« verstanden.

Diese neutrale Deutung von Davidsons Ontologie gibt aber ihrerseits zu Einwänden Anlass. 1. Sie passt schlecht zu seiner Kritik des Schema-Inhalt Dualismus (Davidson 1974 in 1986: 261-282). Der Unterschied zu den abgelehnten traditionellen Theorien treten and an die Stelle der uninterpretierten Sinnesdaten kausal bestimmte Ereignisse und Objekte, denen zwei Klassifikations- und Beschreibungssysteme gegenüberstehen. Werden alle ihre Begriffe als bloße Interpretationsprodukte ohne objektiven Gehalt verstanden, könnte man mit A. Skillen (1984: 523) Davidsons Ereignisbegriff als »hopelessly minimal« charakterisieren. 2. Damit ist aber seine realistische Deutung der Physik schwer vereinbar, der zufolge »things in themselves are physical« (ebd.).

Naheliegend ist es deshalb, die Ontologie neutraler Individualitäten zu einem ontologischen Physikalismus zu erweitern. Anders als gewisse physische hätten alle mentalen Terme kein fundamentum in re. Auch hier wäre die mentale Kausalität beseitigt. Es würden nicht die mit ihr einhergehenden Schwierigkeiten auftreten. Im Sinne dieser physikalistischen Deutung versteht zum Beispiel Skillen (a. a. O. 523 ff.) die mentalen Phänomene in *AM* als eine teleologische Konstruktion, die wir über einem physischen Unterbau errichten. In ihr werden Menschen nicht als deterministische oder probabilistische Automaten angesehen, sondern als Personen, die Zwecke verfolgen und deren Handlungen nach rationalen und moralischen Kriterien zu bewerten sind. Skillen versteht dies als Umkehrung der Kantischen Unterscheidung zwischen Ding(en) an sich und Erscheinungen. »Davidson is an empirical idealist but a transcendental physicalist« (ebd.). Sind die Dinge an sich ausschließlich die Domäne der Naturwissenschaften und die psychischen nicht auf die physischen Begriffe reduzierbar, dann werden die mentalen und moralischen »Erscheinungen« als Fiktionen ontologisch abgewertet. Die zweite Interpretation führt somit zu einer Spielart des eliminativen Materialismus. Auch zu ihren Gunsten lassen sich Äußerungen von Davidson anführen, zum Beispiel »... in my view the mental is not an ontological but a conceptual category« (1987a: 46), »... mental entities do not add to the physical furniture of the world« (1994: 231). Wird die intentionale Begrifflichkeit als bloßes Menschenwerk ohne objektives Fundament gedacht, so ist die Folgerung plausibel:

> Die den Sozialwissenschaften gesetzte Grenze ist also nicht naturgegeben, sondern stammt von uns, sobald wir entscheiden, die Menschen als rationale handelnde Wesen mit Zielen und Zwecken zu sehen, als Wesen, die auch einer moralischen Bewertung unterliegen. (1974 in 1985: 335).

Damit ist durchaus die intentionalen Sprechweisen und die Lebensnotwendigkeit der Volkspsychologie vereinbar, die deshalb im Alltagsleben nicht eliminierbar sind. Wie schon in Abschnitt V herausgestellt, würde nach Davidson eine vollständige physikalische Erklärung des Universums das pragmatische Interesse an den intentionalen Erklärungen nicht tangieren. So kann er sich »eine Wissenschaft vom Menschen vorstellen, die von jeglicher »Volks-Psychologie« gereinigt ist, aber ... nicht vorstellen, worin ihr Nutzen liegen würde.« (1987 in Frank 1994: 663)

Die fiktionalistische Deutung des Mentalen ist jedoch mit verschiedenen Aspekten von Davidsons Gesamttheorie nicht verträglich. Erwähnt sei nochmals seine Handlungstheorie, nach der Gründe eigene kausale Kräfte besitzen und Handlungen verursachen. Zweifelsohne glaubt er, daß dies wirklich der Fall ist. Die mentalen Eigenschaften müssen dann zu dieser Wirklichkeit gehören und dürfen nicht als irreal eliminiert bzw. in einem Überbau fiktiver Konstrukte lokalisiert werden. Entsprechend besagt Davidsons (1997: 22) Absatz, daß im Gegenteil *AM* »... mentale Ereignisse für ebenso wirklich wie physische Ereignisse, mit denen sie ja identisch sind, und Zuschreibungen von (mentalen, d.V.) Zuständen (sind) für ebenso objektiv« einzustufen. Unterstrichen wird dieser intentionale Realismus durch die explizite Abgrenzung von eliminativistischen Positionen bei D. Dennett und Quine (a.a.O.: 20, 29 ff.). Nach der fiktionalistischen Auffassung hingegen wäre auch Davidsons Handlungstheorie eine common-sense Fiktion, ohne Wahrheitsgehalt. Das würde Davidson sicherlich nicht behaupten.

Als weiteren Beleg für den intentionalen Realismus sei auf Davidsons Analyse des Fremd- und Selbstwissens sowie die Triangulation beider mit dem Wissen gemeinsam erfahrener Situationen in der Außenwelt hingewiesen (1991). Die Zuschreibung von propositionalen Einstellungen zu einer anderen Person aufgrund empirischer Befunde wird nicht als Projektion von Fiktionen auf sie, die sie erst als intentionales Wesen konstitutiert, dargestellt. Vielmehr wird vorausgesetzt, daß die andere Person schon bestimmte Einstellungen besitzt. Nur deshalb lässt sich die Frage nach der Objektivität von Einstellungszuschreibungen stellen und mit Hilfe des Triangulationsmodells, das heißt der intersubjektiven Kommunikation in einer gemeinsamen Umwelt, in positivem Sinne beantworten. Gäbe es keine intentionalen Einstellungen, könnte zwischen widerstreitenden Interpretationshypothesen, wie Dennett glaubt, objektiv nicht entschieden werden (Davidson 1997: 30-31). Die Selbstzuschreibung bedarf in der Regel keiner Belege. Auch sie ist keine Quelle einer fiktiven Intentionalität und Autorität. Sondern ich kenne meine Überzeugungen, da ich sie tatsächlich habe. Dieses von Ausnahmefällen abgesehen wahre Selbstwissen beruht nach Davidson nicht auf einer Introspektion, sondern ist eine apriorische Bedingung von Sprache und Kommunikation. Die epistemische Grundsituation das Mentale genauso wirklich wie die physischen Eigenschaften einzustufen, drückt sich schließlich darin aus, daß die drei Wissensformen (Selbstwissen, Wissen vom anderen und einer gemeinsamen Umwelt) sich auf verschiedene Aspekte derselben Wirklichkeit beziehen. (Davidson 1991: 153). Nach Davidson gibt es eine absolute Wahrheit und ein objektive Realität, die unsere propositionalen Einstellungen wahr macht. Die drei Wissensformen sind aufeinander nicht reduzibel, bedingen jedoch einander wechselseitig. Wenn das Selbstwissen und das Wissen von anderen die Realität mentaler Eigenschaften voraussetzen, käme deren Leugnung der Negierung alles Wissens und aller Kommunikation gleich.

Wir haben triftige Gründe, die somit für eine dritte Interpretation von *AM* sprechen. Sie zeichnet eine Teilmenge von Ereignissen aus, denen neben den physischen auch die psychischen Eigenschaften zukommen. Der *AM* wäre demnach ontologisch als ein Ereignismonismus und ein psychophysischer Eigenschaftsdualismus zu charakterisieren, dem epistemisch ein Begriffs- und Beschreibungsdualismus entspricht. Nur in dieser Interpretation tritt das Problem der mentalen Kausalität auf. Es scheinen sich lediglich die zwei konsistente Lösungen anzubieten. Man kann einmal am Physikalismus und an *KG* festhalten und dafür den Eigenschaftsepiphänomenalismus in Kauf nehmen. Oder man besteht auf der mentalen Kausalität und verzichtet als Preis dafür auf *KG*. *AM* würde dann eine zeitgenössische Version des Emergentismus darstellen. Davidson möchte mit der supervenienten Kausalität einen dritten Weg zwischen beiden Optionen einschlagen, der sich aber aus den dargelegten Gründen als nicht gangbar erwies.

Hinter der Behauptung der Konsistenz der drei Grundsätze steht das Projekt einer Synthese zweier Grundpositionen von Davidsons Philosophie, des Physikalismus, repräsentiert durch *NK* bzw. seine Verschärfung zu *KG* und der durch *MA* ausgedrückten Autonomie des Mentalen. *KI* ist hierbei eine vermittelnde Rolle zugedacht. Die bisherigen Versuche dieses Projekt zu realisieren, führten zu einer Reihe ungelöster Schwierigkeiten und geben den Anlass zu berechtigten Zweifeln an seiner Realisierbarkeit überhaupt.

Verwendete Abkürzungen
AM: anomaler Monismus, *CP-:* Ceteris paribus-, *KG:* kausale Geschlossenheit der physischen Welt, *KI:* kausaler psychophysischer Interaktionismus, *NK:* nomologischer Charakter der Kausalität, *MA:* mentaler Anomalismus, *TKI:* psychophysische Tokenidentität, *GS:* globale Supervenienz, *SS:* starke Supervenienz, *WS:* schwache Supervenienz,

7. Das Schleuderargument als Kritik am Repräsentationalismus des Mentalen und dem dritten Dogma des Empirismus

7.1. Antirepräsentationalismus

In der philosophischen Tradition von Quine und Davidson ist die Kritik am erkenntnistheoretischen Repräsentationalismus vergleichsweise breit gestreut wirkungsgeschichtlich geworden. Sie weist die moderne Erkenntnistheorie zurück, daß Gedanken, Äußerungen, Inskriptionen einen Inhalt und somit die Eigenschaft haben, etwas in der Realität zu repräsentieren. Sie hat eine umfangreiche und wirkungsgeschichtlich gewordene Debatte hervorgerufen, wie Mentales und Realität, Sprache und Welt, Tatsachen und ihre mentale Repräsentation in Beziehung zu setzen sind. Erkenntnistheoretisch besagt der Antirepräsentationalismus: Es gibt keine inneren Objekte, die wir introspektiv wahrnehmen und die uns den Zugang zur Welt vermitteln. Insofern bestreitet er die Existenz von Vermittlern empirischer Erkenntnis. Nach Davidson ist auch Sprache kein Erkenntnismedium, sondern wir haben eine Sprache. Der philosophische Anspruch ist es, das Kapitel der Cartesianischen und der empiristischen Erkenntnistheorie zu schließen. Davidson hat, inspiriert von Quine, mentale Repräsentationen als Baustein der Erkenntnistheorie verworfen. Er verbindet den erkenntnistheoretischen Antimentalismus zugleich mit einer Zurückweisung der Ontologie der Tatsachen, Sachverhalte, Situationen und kontrafaktischen Annahmen. Es kann deshalb keine mentale Repräsentation geben kann, die sie darstellen. Der Nachweis der Verwerfung der mentalen Repräsentation von Tatsachen ist mit einem logischen Argument begründet. Das ist eine neue Argumentationsstrategie. J. Barwise und J. Perry haben das Argument »Schleuderargument« genannt, da es mit geringen Mitteln und Voraussetzungen ein großes Potential hat. Das Schleuderargument ist ein Kollapsargument. Es wurde zeitweise auch Frege-Argument genannt, da es A. Church und K. Gödel aus Freges Semantik herauslasen. Sie besagt, der Wahrheitswert eines Satzes ist seine Bedeutung (Referenz). R. Rortys neopragmatische Orientierung hat sich Davidsons Antirepräsentationalismus seit den 1970er Jahren angeschlossen, obwohl beide philosophische Ansätze seit den 1980er Jahren zunehmend auseinander drifteten. In den 1990er Jahren ist demgegenüber im Zuge des New Linguistic Turn von Fodor und Lepore (2002) der Repräsentationalismus wieder rehabilitiert worden, der auf eine Distanz zu dieser Tradition geht.

Stephen Neale hat über das Schleuderargument und die sich aus ihm ergebenden erkenntnistheoretischen und ontologischen Folgerungen seit 1995 philosophisch geforscht. Dabei handelt es sich nicht um ein einziges, sondern um eine Familie von Argumenten. In *Facing Facts* (2001) hat er das Schleuderargument einer formalen Systematisierung zugeführt und seine Konsequenzen für die Erkenntnistheorie und die Ontologie verdeutlicht. Er hebt hervor, daß das Ende der repräsentationalistischen Erkenntnistheorie und die Zurückweisung der Unterscheidung zwischen einem Erkenntnisschema und einem vorgegeben Inhalt, den es ordnet, das sogenannte Dritte Dogma des Empirismus, aus Davidsons Zurückweisung der modernen Korrespondenztheorie der Wahrheit folgt. Nach ihr stehen Sätze für individuelle Tatsachen. Solche Tatsachen werden für diese Version von Korrespondenztheorie als Entitäten angenommen, denen die mentalen Repräsentationen entsprechen. Beide Seiten, die erkenntnistheoretische und die ontologische, hängen wesentlich voneinander ab: Wenn es keine Tatsachen gibt, so gibt es auch nichts zu repräsentieren.

7.2. Die *Deskriptive Anforderung* an das Schleuderargument

Neale gibt, ausgehend von Quine, eine detaillierte formale Analyse des Schleuderarguments. Er zeigt im einzelnen, daß die Schleuder nur dann erfolgreich Tatsachen erreichen kann, wenn wir über eine genaue Theorie der Beschreibung verfügen. Damit verbindet er eine semantische und sprachtheoretische Zugangsweise. Die Beantwortung der Frage, ob bestimmte Beschreibungen singuläre Termini sind, geht demnach mit einer erkenntnistheoretischen und ontologischen Problemstellung einher. Das führt uns zu einem zentralen Problem eines großen Teils der Philosophie des letzten Jahrhundert und der gegenwärtigen Philosophie: »Wie ist der Inhalt von Gedanken, Äußerungen und Inskriptionen durch den Kompositionalitätsgrundsatz zu charakterisieren?«

Davidsons semantisches Programm, seine Darstellung des Verhältnisses von Semantik und Ontologie, sein Argument gegen Tatsachen und die Argumente, mit denen Davidson und Rorty mentale Repräsentationen zurückweisen, überprüft Neale im Kapitel 1. In den Kapiteln 3–4 geht er auf Frege und Russell zurück, da die Analyse der Schleuder eine Untersuchung über Freges Ansatz, daß Sätze Wahrheitswerte bezeichnen, sein Kompositionalitätsgrundsatz und seine Preisgabe der »semantischen Unschuld«, wie es Davidson genannt hat, erfordert. A. Church, Quine und Davidson haben in Frege ihren Vorläufer gesehen. Für Freges Semantik gab es keine ernsthafte Alternative zu der Annahme: Wenn Sätze etwas bezeichnen, so gibt es eine einmalige Entität, die von jedem wahren Satz und eine davon unterschiedene Entität, welche von jedem falschen Satz bezeichnet wird. Frege hat kein deduktives Argument für seine These vorgelegt hat und die formalen Argumente von Church und Gödel sind nicht bei Frege belegbar. Das ist allgemein anerkannt. Freges Kompositionalitätsgrundsatz hat aber diese Argumente beeinflußt. Singuläre Termini und Sätze sind die Bausteine seines Systems. Frege hat auch Sätze als komplexe singuläre Termini aufgefaßt. Russell war von Freges Ansatz nicht überzeugt. Für ihn stehen wahre Sätze für Tatsachen und es gibt aus seiner Sicht ontologisch mehrere unterschiedene Tatsachen. Daran anschließend überprüft Neale Russells Ansatz, nach dem wahre Sätze sowohl für Wahrheitswerte und Tatsachen stehen, als auch die formalen Einzelheiten seiner Theorie der Tatsachen und der Theorie der Beschreibung, die aus seiner Sicht nur sehr dürftig verstanden worden sind. Davon ausgehend, geht er auf Gödels Schleuder ein (Kapitel 5). Nach Gödel liegt eine wichtige Beziehung zwischen den Theorien der Tatsachen und den Theorien der Beschreibung vor. Das ist die *Deskriptive* – nicht triviale, formale – *Anforderung* an das Schleuderargument (12–13, 15–16, 185–89). Sie ist von jeder Theorie der Tatsachen, Situationen, Zustände oder Propositionen und durch jede nicht-wahrheitsfunktionale Logik, von nicht-wahrheitsfunktionalen Konnektiven oder Operatoren zu erfüllen. Wenn ein wahrer Satz für eine Tatsache steht, dann kann man nur dann vermeiden, daß alle Tatsachen in das »Eleatisch Eine« zusammenfallen, sofern man entweder den Kompositionalitätsgrundsatz oder die Annahme aufgibt, daß den Ausdrücken der bestimmten Beschreibungen die Rolle zukommt, für Dinge zu stehen.

Neale beansprucht nachzuweisen, daß Gödel ein besseres Kollapsargument in seiner Besprechung von Carnaps *Introduction to Semantics* (1942) vorlegt als Church. Carnap wies Frege Ansatz zurück. Nach ihm bezeichnen Sätze Propositionen (Sachverhalte) und keine Wahrheitswerte. Church beanspruchte dagegen zu zeigen, daß Sätze in Carnaps System nicht auf Propositionen referieren, da alle wahren Sätze auf dasselbe referieren. Carnap hatte im Fortgang Churchs Argument akzeptiert und seinen Ansatz geändert. Der neue Ansatz besagt: Sätze bezeichnen besser Wahrheitswerte als Propositionen. Andere Versionen von Churchs Argument liegen in Quines Kritik an nicht-extensionalen Satzkonnektiven und in Davidson Kritik der Zurückweisung von kausalen Satzkonnektiven und seiner Aufgabe von Tatsachen, somit der Korrespondenztheorie, vor. Für sein Argument verwendet Church den Abstraktionsoperator und Gödel den Beschreibungsoperator. Der Unterschied ist mehr oberflächlich, da beide darin überstimmen, daß durch Kontextdefinitionen die termformierenden Ausdrücke, wie z. B. »die Klasse von allen x, so dass [...]«, »der Gegenstand x, so dass [...]« eliminierbar sind. Eine Alternative zu der Verwendung der Kontextdefinition wäre es, die Klassenabstraktion als eine bestimmte Beschreibung zu analysieren, z. B. »Die Menge der Dinge, die F sind«. Diese Vorgehensweise ist durchaus in Übereinstimmung mit Russells Theorie (166–67). Der grundlegende Unterschied zwischen Church und Gödel besteht darin, daß Church von dem Grundsatz der logischen Äquivalenzen ausgeht, d. h. die Substitution der extensionsgleichen singulären Termini in einem Satz verändert nicht seine Referenz. Nach Church, Quine und Davidson kann die Basisschleuder sowohl bei der Annahme von Beschreibungen als auch von (abstrakten) Klassen angewandt werden. (Zur Kritik an Quines Strategie 168–76, zu Gödeläquivalenzen 177–89).

7.3. Gödels Schleuder und alternative Ansätze

Neale stellt die formalen Werkzeuge vor, die er für die folgenden Kapitel anwendet, die der Termini »extensional« (Extensionalität) und »Skope« (»occurance« of symbols«) in den Kapiteln 6 und 7 dar. Er unterscheidet die Schlußgrundsätze der Substituierbarkeit für materiale Äquivalenzen, der Substituierbarkeit für singuläre Termini, der Substituierbarkeit für logische Äquivalenzen und die Existenzgeneralisierung, die nicht durch eine einfache Substitution von Ausdrücken in einer Formel zu charakterisieren ist (zu Russells Grundsatz der Substituierbarkeit bestimmter Beschreibungen 157–65). Ausgehend von der Vorgehensweise Quines wandelt Neale in Kapitel 8 zwei grundlegende Formen des Schleuderarguments, das von Church, Quine, Davidson und das von Gödel, in eine Zurückweisung von deduktiven Beweisen um, die sich gegenüber semantischen Problemen agnostisch verhalten. Das sind insbesondere solche Beweise, die keinen besonderen Ansatz der Referenz und (sogar) keine Referenz von Sätzen in Anspruch nehmen. Er wendet dieses Verfahren auf die von Quine und Davidson vorliegenden Versionen der Schleuder an. Sie sind schwächer, als beide annehmen (168–76). Das betrifft ihren Nachweis der Unmöglichkeit von Tatsachen und von nicht-wahrheitsfunktionalen (modalen und kausalen) Konnektiven. Ihre Version der Schleuder der logischen Äquivalenzen und Theorien der bestimmten Beschreibung (abstrakten Klassen) haben bestimmte semantische Bedingungen zu erfüllen, sofern sie logische Äquivalenzen enthalten. In Kapitel 9 wendet Neale dasselbe Verfahren auf Gödels Schleuder an. Gödels Schleuder, so Neales Ergebnis, ist in einen Beweis umwandelbar, der die strengen Anforderungen an den nicht-extensionalen Ansatz zu Tage bringt. Der Beweis dieser Anforderungen wird ohne die Berufung auf logische Äquivalenz, die semantische Annahme der Referenz von Sätzen, ohne strittige Annahmen über die Bezeichnungsrolle von singulären Termini und ohne eine Bindung an eine besondere Semantik von bestimmten Beschreibungen konstruiert. Die Anforderung an die Annahme von Tatsachen, Situationen, Sachverhalten und Propositionen, somit an dasjenige, das durch Sätze repräsentiert ist, entfällt als eine triviale Folgerung eines nicht-extensionalen Ansatzes.

Die alternativen Ansätze zu Russells Theorie der Beschreibung (D. Hilbert und P. Bernay, Fregianische Theorien, z. B. Carnap, D. Scott, R. Grandy, B. Taylor, Strawson) erörtert Neale in Kapitel 10. In Kapitel 11 werden unterschiedliche Theorien der Tatsachen überprüft (Wittgenstein, Wilson, Austin). Nach Neales Untersuchung kann Russells Theorie der Tatsachen, nach der Tatsachen Eigenschaften als Bestandteile haben, vor Einwänden geschützt werden. Er geht daran anschließend auf die Konfusion ein, die in der Literatur über die Frage, ob kausale Aussagen extensional sind, vorliegt. In Übereinstimmung mit seiner Untersuchung lässt es sich nicht bestreiten, daß es einige extensionale Kausalaussagen gibt, die auf der Basis ihrer Oberflächengrammatik eingrenzbar sind. Bei anderen Kausalaussagen ist es eine offene Frage, ob sie extensional oder nicht-extensional zu untersuchen sind. Die Entscheidung darüber hängt nach Neale von der semantischen Theorie ab. Das führt aus seiner Sicht zu der Erfüllung der Struktur zurück, die uns durch die *Deskriptive Anforderung* auferlegt ist.

Davidson hat nicht gezeigt, wann zwei singuläre Termini logisch äquivalent sind. Die meisten Interpreten des Schleuderarguments von Davidson stimmen darin überein. (Lepore, Ludwig 2005: 49-55, Schantz 1996: 150-56) Das betrifft seine Annahme, daß logisch äquivalente Sätze derselben Tatsache korrespondieren. Schantz stellt aus meiner Sicht zu Recht die Frage: »Wie plausibel ist das Prinzip, daß logisch äquivalente Sätze denselben Referenten haben?« (Schantz 1996: 155, 160, zu Frege 156-163). Zwei Sätze, die logisch äquivalent sind (in denselben Modellen wahr sind), brauchen nicht auf dieselbe Situation zu referieren. (dazu Schantz 1996: 155-56) Hat man erst einmal Freges Argument – die Referenz eines Satzes ist sein Wahrheitswert – akzeptiert, dann mag man den Grundsatz, daß logisch äquivalente Sätze für dasselbe Ding stehen, für nachvollziehbar halten. Was aber nötigt uns dazu, diesen Grundsatz anzunehmen? Das führt zu Freges eigenartiger These zurück, daß ein Behauptungssatz ein komplexer singulärer Terminus ist und der Wahrheitswert dieses Satzes einen Referenten – das Wahre und das Falsche – hat. Nach Schantz können wir z.B. Davidsons Version der Schleuder dadurch blockieren, indem wir von Russells Theorie der Beschreibung ausgehen. (Schantz 1966: 154)

Neales *Facing Facts* ist das erste Buch, das sich ausschließlich nicht nur mit dem Schleuderargument auseinander setzt, sondern welche Rolle es in der Philosophie des Geistes bei der Zurückweisung des Repräsentationalismus und der Erkenntnistheorie bei der Aufgabe des Dritten Dogmas des Empirismus spielt. Es legt eine eindrucksvolle Überprüfung der vorliegenden philosophischen Forschung, ihrer Voraussetzungen, der erkenntnistheoretischen und ontologischen Bedeutung von Gödels und Davidsons Schleuderargument vor. Sie verdeutlicht den Zusammenhang, den es zu den unterschiedlichen Theorien der Beschreibung hat. Insofern wird es zur weiteren philosophischen Forschung der Analyse der Beziehung von Semantik und Ontologie beitragen. Das betrifft aber auch die erkenntnistheoretische Frage, wie streng die Beziehung zwischen dem Schleuderargument und der Zurückweisung des dritten Dogmas des Empirismus zu fassen ist. Rorty stellte Davidsons Antirepräsentationalismus und seine Aufgabe von Wahrheitsträgern in die Tradition von Dewey, Heidegger, Wittgenstein, Quine und Sellars. Er geht davon aus, daß Davidsons Zurückweisung des Repräsentationalismus auf der reziproken Relation zwischen wahrmachen und repräsentieren beruht. Das verfehlt aber Davidsons Ansatz. Er möchte die Diskussion über Realismus zu vermeiden, indem er beansprucht zu zeigen, daß der Begriff der Repräsentation oder der Tatsachen in der Philosophie keine nützliche Rolle spielen kann. Als Nebenprodukt ist *Facing Facts* auch ein Beitrag dazu, was an Rortys Davidsonrezeption schief gegangen ist. (Zu Rorty und den Neopragmatismus vgl. z. B. Davidson 1999, zu weiteren Untersuchungen zu Neale's *Facing Facts* vgl. ProtoSociology 23 2006).

III
Formale Semantik, der Received View und die sprachliche Arbeitsteilung

1. On the Legacy of Russell's Theory of Definite Description

In the debates on logical form in contemporary philosophy which was originated from Davidson's logical form analysis of natural locutions of saying that ... and action sentences, it is instructive to look back to the classical controversy on logical form in the theory of language. One of the significant questions is not only to find logical form for given sentences under study, and evaluate their logical implications, but also to outline a proposal for understanding literal meaning and linguistic behavior. Recalling the implications of the controversy between Russell, Strawson, Donnellan, Sellars und Stalnaker, it is helpful to elaborate one of the significant problems of contemporary philosophy i.e. finding the basic means of understanding one's language by redescription of linguistic behavior. We could build a bridge from the past to the present orientations in philosophy by asking: *are contextual features for understanding one's language and speaker reference eliminable?*

This problem is also one of disambiguation. The problem is a impressive one of following up the inscrutability of reference and the replacement of singular terms by canonic formula in Quine's *Word and Object* (1960). In what follows I will argue that Russell's theory of definite description is in principle the right approach, but it is to be expanded to include the analysis of the meaning of linguistic utterances in given contexts, i.e. making the behavior of natural speakers intelligible. Moreover, in the context of this analysis an answer has to be given to the question: *how do we handle singular terms?*

We also need to point out an ambiguity in the concept of presuppositions. We speak of presuppositions in the sense of a relation between statements, parallel to entailment, synonymy etc. and also of the presupposed beliefs of speakers (R. Kempsen 1975). The confusion in this respect leads to a crooked picture in the philosophy of language. Yet if we have to expand our understanding of linguistic behavior in order to grasp beliefs and other propositional attitudes, the ascription of these attitudes become one part of a theory of language. This is not however any falsification of logical form analysis or of the principle of autonomy of meaning, as Davidson has called it. Without applying this principle, no ascription of attitudes is possible.

Going back to Russell's metaphysics of language in the first part, I shall argue that P. F. Strawson's Russell-critique is to be refuted. In a second step I shall discuss Donnellan's response to Russell and Strawson and Stalnaker's modification of the distinction between an attributive and a referential use of descriptions. In the last step I sketch a proposal regarding the function of singular terms and predicates in statements and their composition.

1.1. Russell, Strawson, Sellars

Russell's classical analysis of a denoting phrase has shown that the ordinary grammatical form of elementary subject-predicate sentences like «(this) the table is green« is systematically misleading. The linguistic mistake in our philological grammar of the structure of language can be eliminated by the invention of a logical form. The result of the logical analysis of a proposition is therefore its logical form. The logical form of the sentence such as, for example,

(1) The present king of France (= K) is bald (k)

is:

(1') $(\bigvee x)\ (Kx \wedge (\bigwedge y)\ (Ky \rightarrow y) = x) \wedge kx)$

The logical form of sentences such as, for example:

(2) Pegasus (=P) does not exist (negative existence sentences)
(2') $\neg\ (\bigvee x)\ (Px \wedge (\bigwedge y)\ Py \rightarrow y = x$

The logical form of sentences such as, for example:

(3) Scott = Scott
Scott = is the author of Waverley (= W) (identity sentences which are not trivial)
(3') $(\bigvee x)\ (Wx \wedge (\bigwedge y)\ (Wy \rightarrow y) = x) \wedge x =$ Scott.

These are classical proposals. Russell's theory of definite description makes the two assertions:
– The present king of France is bald implies two assertions:
1. There is only one king of France, and
2. Who ever may be the king of France, he is bald.
An entailment-relation is given between the two sentences, that is to say we make a logical implication that… Following this proposal we have to interpret a singular predicative as an existence statement, and such statements are be to analyzed as a general statement. Both statements have the same origin. There is therefore no direct relation between proper names of natural language and any particular entity. These names are be to analyzed as definite descriptions – in this point Russell followed Frege. Frege asked: *how do designate singular terms (definite descriptions) entities?*

His answer was: the sense determines the reference. Russell however has disputed this answer. The singular terms are part of indexical expressions like demonstrativa, pronouns, adverbs of time and space, definite descriptions, and names. For Russell, definite descriptions like »the such-and-such is…« and ordinary proper names are no singular terms because these expressions have a relationship to *all*.

The logical form is universal. The word »term« is used along with the logical and not the linguistic vocabulary. Terms have the property of being *universal* or *particular*. Their properties are dependent on the quantifiers like »all«, »some«, »for every *x*…« i.e. the properties of propositions which are to be transformed in positive or negative truth values. Quantifiers could therefore express the difference between singular and general terms. For Russell, proper names and definite descriptions do not designate anything. For him ordinary proper names are abbreviated descriptions. Sentences in which such names occur are to be analyzed in the sense that expressions like »there is…«, »there is no…«, »for every…«, »something« as well as logical constants and predicates, do not refer to particular entities: existence is a property of sentential function, and not of things, or in Quine's words: to be is to be the value of a variable. Russell has argued that logical proper names like »here«, »this« (indexical expressions) as unanalyzable primitive expressions make contact directly to the world. They have no other meaning than to stand for things. A logical proper name is »a word whose meaning is a particular« (Russell 1956: 200.)

Following Russell, the philosophy of language is the first philosophy and the foundation of metaphysics. All sentences consist of descriptive general elements (predicates) and deductive elements, and thereby the atomic particulars consist of universals which are the same as the components and the particulars. Both are the constituents. Particulars are logical and not physical particulars which we recognize on the basis of the meaning of elementary symbols.

	elements:		
sentences	predicates (descriptive) logical proper names (deductive)		
atomic particulars	universals =	components particulars	constituents

Russell's conclusion is that a definite modus of description is not valid for a language in general, because if that were the case a metaphysical foundation of language would be not possible. All elementary description has in its subject position only logical proper names. So we conclude from the given example: the king of France is a thing... that this sentence, if it is not tautological, it is only a possible description. It is an atomic sentence, and we need to consider in using this sentence in all possible contexts whether the subject position designates in an unambiguous way. If not, there is no definite identification of the expression. Yet, if we dispose of a universal (ideal) language, such analysis is not ad hoc, because this language tells us per se which sentences are meaningless or grammatically misleading. This language gives us the logical form of sentences and therefore »sentences« which make sense and could be true.

Strawson (1950) has claimed to refute Russell's theory of denoting. For him the concept of presupposition has to explain the relation between a referential expression i.e. a definite referring nounphrase and its reference. His objection is as follows. The sentence
(1) The king of France is bald
has as its presupposition that there is a king of France and a speaker who presupposes that he is bald. To presuppose something means a speaker makes an assumption *without* saying it. He therefore makes a distinction between »the *asserted* and the *presupposed*.« (Strawson (1964) 1971: 80.) The relation between the two statements
(1) The king of France is bald and
(1') There is only one King of France
is one of *presupposing*. In this context the concept of presupposition is introduced in opposition to the entailment-relation. Presuppositions are parts of the beliefs and hypothetical assumptions of a speaker, if he makes an assertion, for example. Strawson therefore intends to refute the dogma: the meaning of logical proper names are the designed entities. He claims to change the view of philosophical analysis: properties of expressions do not have a reference, but speakers use linguistic expressions to refer to something. Logical proper names therefore are a fiction for him: if there is no property of expressions to designate something, then their meaning can not be the designated things. Yet, this is also valid in the case in which a speaker uses expressions about given (immediate) objects. From Strawson's point of view Russell's theory of meaning is wrong, because this account does not make a distinction between an unambiguous referential use of expressions and all other uses of expressions: reference of expressions is a matter of the use of expressions, and the meaning of expressions is to be distinguished from its use, because its meaning is dependent on conventions which make speaking about something possible. Therefore, for Strawson, demonstrative singular terms are autonomous. Their role is to identify a particular. But it will be shown in the following that it is wrong to argue that singular terms play a part in isolation.

The frame of Strawson's Russell-critique was 1. his logical-form analysis with reference to his epistemology, and 2. the asymmetry of the roles of the expressions in the subject and predicate positions or, as he puts it, an »asymmetry between particulars and general characters of particulars in respect of the possession of sufficient and/or necessary conditions«; there is a »non-relational tie« between them (Strawson (1970) 1971: 103.) The expressions identify »non-linguistic items« or »terms« (on Frege and Strawson see J. Searle 1969: 113-119). Strawson claims to show that the unambiguous *referential* use of expressions like demonstrative, proper names, definite and indefinite pronouns is not a result of logical analysis and cannot be found by any reduction of singular statements which consist only of so-called logical proper names. Russell's analysis has stated conditions for true assertions (statement) but not conditions for the referential use of expressions.

Strawson claims to show that the identifying role of a singular term is directed towards an audience and informs the addressee in the »context of utterance« about the reference to a particular to which the statemental act (predication) refers. The identifying role of a singular term is that of a criterion which makes a distinction between singular terms in a referential position and general terms in their predicative position. Strawson called this a criterion of type (Strawson (1964) 1971: 92-95).

But the main question is:

Why do we have to specify a *statemental act* to any hearer? Why is the *uniquely to refer* a matter of contexts of utterance?

For Strawson the identifying reference is to be explained by an *identifying knowledge* of particulars (Strawson (1964) 1971: 77-78.) If a speaker uses an expression *A*, such as the highest mountain, he has to presuppose on the part of his audience an identifying knowledge which enables them to pick out this entity. To talk of identifying reference (speaker reference) is therefore a relation to an identifying knowledge on the part of any hearer to whom the speech is directed. But Strawson's account is not an argument against the substitution of descriptions in a given context, because the so-called relation to an identifying knowledge is nothing more than a true belief about a correct description. If this is correct, the identifying knowledge does not have an explanatory content or force. It may be there is a context in which this knowledge has such «content«, but this is a question of individuation of beliefs and successful communication, and it is not the subject of logical-semantical form of descriptions.

Russell (1957) has refuted Strawson's objection. His response was: the use of expressions is not instructive and clarifying for an analysis of definite description. We have to distinguish the analysis of certain classes of expressions such as logical proper names from logical form that is to say, we have to find the logical structure of language. For Strawson the use of a sentence and its presupposition is not ruled by extensionality. In his proposal the statemental act is evidence for the beliefs of a speaker about the truth condition of the use of sentences. But this was *not* Russell's question. Strawson does not take into account the substitution of indexicals as a semantic feature of these classes of expressions like, for example, »here« and »there«, seen from the different points of view of speakers who do not perceive (directly) the same entity. This substitution make possible a reference to this entity without awareness of it (E. Tugendhat 1976). Russell's solution which is to interpret singular predicative statements as a statement of existence and to re-interpret such statements as general statements is the correct approach. Therefore the conclusion is: a predicate is a grammatical/syntactical concept, but this concept is not the same as the semantical concept of general terms. The sentence »the horse is tired« consists of one predicate but two general terms »horse« and »tired«. In a non-primary meaning of the word we speak of predicates in the case of general terms in order to use an adjective modification in a predicative sense, in other words we *classify* something with these terms.

Sellars (1954) has argued against Strawson and maintains that the difference between presupposing something and making an assertion/assumption without saying so is grounded in true beliefs and successful communication. His claim is: intentionality is expressed in a relationship between speakers and their utterances, but this is *not* a matter for the relationship between sentences and the analysis of them. For Sellars the relation between statements is extensional, so Russell's analysis has to be accepted. Yet we have to complete it with conventions concerning the ordinary uses of language. For the determination of truth-values the relation of intentionality is *not* significant, but it may be for the possibility of drawing correct inferences. Strawson (1954) has made some modifications in his reply to Sellars. He has explained that his interest was the question of the ascription of truth-values to grammatical expressions, and has conceded that the ascription of truth-values is also possible without satisfying presuppositions. But one has to bear in mind that the ascription of *false* must be interpreted against a background of context. And we have to wait with the ascription of any truth-value till we have clarified the background assumption, for example in the case of a liar. With his modifications Strawson's Russell-critique is a problematic alternative proposal. Among most philosophers there is a consensus that Strawson does not use the expression *assertions* in the Russellian sense. The question arose because the logical definition of a statement cannot be analyzed with an illocutionary act (R. M. Kempson 1975: 47-49, 51-52.). I call this *the fallacy of the analysis of illocutionary acts*. Without implications of sentences, for example, these would be meaningless. One of the main topics of the following controversy was the question of whether the logical definition of presuppositions as a relation between statements is to be expanded or limited from the point of view of speaker objects of beliefs, and these propositions would be objects of attitudes.

2.2. Donnellan, Stalnaker

It was *Donnellan's* claim (1966, 1974) that he was able to re-interpret the relationship between the denoting phrase and the condition of ascription of truth value (Strawson) semantically. He makes a distinction between two sorts of use of definite descriptions, and these two uses lead us to the speaker reference. A speaker uses a definite description in a statement:

1. *attributive*, if he expresses his knowledge about significant property: its use functions as a *property*-attributor, and
2. *referential* in all cases, if he presupposes an identifying knowledge: its use functions as a *demonstrative* attributor.

In the sentence, »Mary's friend is a poor chap«, we use the definite description *attributive*, if the speaker knows Mary as an attractive men killing blonde bombshell but does not know her boy friend. In this case we use the description in an essential way. He uses the description *referentially*, if he presupposes the acquaintance of the boy friend on the hearer side, and he speaks of Mary's behavior toward men. The description is a means of drawing the attention of the audience to Mary's behavior. Donnellan's distinction shows that the falsehood of the corresponding assumption of existence does not have a *unifying function* for the interpretation of the two descriptions: a speaker who uses a definite description referentially can make a true assertion also in the case where Mary has no boy friend or more than one. But if he uses the sentence »Mary's friend is a poor chap«, under this condition attributively, he makes no assertion, because there is no person who satisfies this description.

Donnellan's claim is that Russell und Strawson do not distinguish between these two cases. Referring is therefore not the same as denotation. Russell has not taken the referential use of definite descriptions into account; for Strawson the referential use in fact plays a role, but he does not give a correct analysis of the non-referential use of definite descriptions. Both share the two assumptions about the use of definite descriptions:

1. It makes sense to ask for the role of definite descriptions in sentences independent of their use in different situations.
2. A false presupposition or implication is a matter of the truth value of asserted sentences; for Russell these sentences are false, and

for Strawson the false presupposition is a matter of the ascription of the truth value.

If someone uses a definite description in a referential sense, he presupposes or makes the reasonable assumption that something satisfies the description, and also that the object which he talks about satisfies it. In the case of an attributive use we only presuppose that something satisfies the definite description.

Donnellan raises the objection toward Russell's and Strawsons' theories that the theory can not be applied to a *referential* use of definite descriptions. Both make the assumption that the truth and also the assumption of *existence* and *uniqueness* are to be presupposed, or an implication is given in all cases of the use of definite descriptions with a referential role. And this is a necessary condition for making a true assertion about the object of reference. From this account it can be concluded with respect to the concept of presuppositions (Frege, Russell, Strawson):

> If there is a principle behind our intuitions it cannot be the simple one that referential terms with no reference result in a truth-value gab when they are used. No other easy principle comes to mind. (Donnellan 1981: 141)

It follows that there is *no* general explanation of intuition, i.e. understanding in terms of assigning truth values by way of reference/denotation alone. Donnellan deals with Frege's introduction of linguistic presuppositions as a conclusion to his analysis of referential expressions, and with Strawson's concept of presupposition subsequent to Russell's theory. Frege and Strawson ask the same question: what is the situation if the reference is false? Strawson differs from Frege in that he defines presuppositions in this respect. Donnellan's proposal shows that the referential use of definite descriptions is not the same as its denotative use in the sense of Russell's theory but on the other hand, the attributive use is not the basis for the reduction of the semantical analysis of definite descriptions. Concerning a critique of Donnellan, see S.A. Kripke (1977), who has a preference for the semantical unambiguous theories which Russell put forward, but he also argues that Russell's analysis was not successful; on the refutation of Kripke's interpretation of Russell, see A. Kulenkampff (1984), on Kripke see also Schwartz (1977), on Donnellan see also H.K. Wettstein (1982), with reference to N. Salmon's critique, M. Platts (1979).

Stalnaker (1972, 1973, 1974) has modified the distinction between the attributive and the referential use of description. He interprets the utterance of sentences with respect to contexts and possible worlds which determinate the truth value. This procedure eliminates the distinction of ambiguous interpretation. He introduces pragmatic presuppositions as a variation of the Grice theory of meaning and conversational-postulates. Propositions are to be defined from this point of view as a model of possible worlds – not realistical – but including speaker beliefs: all (language) content is an object of attitudes that are »possible« or »probable« (Stalnaker 1976, 1978; on Stalnaker see D. Lewis 1980: 36-40, including a more specific question concerning an analysis of semantical values. But Stalnaker takes into account the distinction between the attributive and the referential use of description in the following three cases:

1. In contexts of *modality* the distinction between the two uses is significant for the difference of truth value of statements, e.g.:
(1) The woman (= Pia) with only one eye could be somebody and
(2) The woman (= Pia) with only one eye could be drunk.
Both sentences state that a certain proposition could be true. A speaker who utters both sentences can express two propositions. But the ascription of the truth value is different in the case of different readings.
(1') The woman could be somebody
could be false or inconsistent.
(1") Somebody has an eye
could be true in contrast to (1'). The sentences:
(2') Pia could have only one eye and
(2") Somebody with only one eye could be drunk.
are clear cases of different truth values.
2. The distinction of attributive and referential use of descriptions is valid in the case of *differences* of presuppositions as part of the context of a statement. The Donnellan principle means: 1. a referential reading of a definite description is also valid for the presupposition i.e. we presuppose the existence of an x, e.g. Pia; 2. in an attributive reading the presupposition is valid if there is only one x in a given context which satisfies the property state, e.g. to be drunk. If the attributive presupposition is not satisfied, the speaker utters neither a true nor a false statement.
3. If the reference of singular terms is fixed by parts of a *context*, so »saying that ...« is not a matter of ascription of truth value, but it is a matter of what was presupposed. For example in the sentence
(3) »The woman with the eye of glass was drunk«,
the speaker refers to a room R_1 were there is only one woman with an eye of glass and this woman is Pia. In such cases the referential reading designates a person P, and we presuppose of this person that there is only one woman who has an eye of glass within the room R_1. Yet, if the presupposition of existence is false, then the speaker reference is not successful even in the case that where is any person who satisfies the description. But if the presupposition of existence is satisfied,

then it is of no importance whether the presupposition is true or false. The presupposition is a contribution to the represented proposition: If the proposition is qualified, then it stands, sort of, on its own. In the case of an attributive reading the reference (denotation) fixes the definite description and is a part of the proposition: only the truth of the proposition is valid and *not* what was presupposed by the speaker. The proposition of uniqueness in question is specified by the entity which has satisfied the given description. If not, we cannot ascribe any truth value. The same is true for names. For Stalnaker propositions take communication into account because the assumption of a set of propositions defines the situation of human intercourse. Sets of propositions are classes of possible worlds.

Following Donnellan's strategy in semantics we find the question of identifying descriptions as intensionless names. Yet the result of this semantics is overstrained by the epistemological problem of a historical or causal mechanism of reference. From this point of view the question of speaker reference cannot be answered by semantical means but by causal chains.

3.3. Singular Terms

Following Quine, the canonic notation makes a distinction between singular terms in a *referential* position and general terms in a *predicative* position. An act of predication is a connection of both terms, but in the composed sentence the terms have different roles. The sentence is true if the general term is verified by the entity which is given by the singular term. The distinction of singular and general terms is a matter of their grammatical roles and not of grammatical forms. For logic the difference of roles is relevant and not the linguistic means which indicate them. Quine has argued that the difference in these two roles is shown in the case of faults of application of general and singular terms: If we have a correct application of a singular term to an entity, a fault of application of a general term leads to a false sentence, but contrary to this a fault of application of a singular term is not dependent on the application of a general term.

For Quine the identifying function of singular terms is *not* significant. Reference is inscrutable. Identity is therefore a matter of predication. The distinction between singular terms in a referential position and general terms in a predicative position and the test of quantification is dependent on the distinction between the role of both. The proposal is that the position of singular terms is open for quantifiers and variables or expressions of natural language which correspond to the language of logic. We distinguish between both roles if we grasp the role of quantifiers or other linguistic expressions which correspond to the use of quantification. The solution is that any singular term such as

> ›Boston‹ *designating* Boston, can be reconstrued as a predicate ›is Boston‹, *denoting* only Boston. Anything said about Boston can be paraphrased using ›is Boston‹. ›Poe was from Boston‹ becomes
>
> ∃x (x is Boston. Poe was from x)
>
> or, equally,
>
> ∃x (x is Boston . ⊃ . Poe was from x).
>
> We can settle for this as an economical foundation and still derive our usual and more convenient idiom of singular terms by singular description:
>
> Boston = ιx(x is Boston). (Quine 1995: 59-60)

Yet there is a reason why we do not replace singular terms in the case of context-reference of the part p_c in our ordered quadruple to ascribe the meaning of $u(x)$ in L. This can go hand in hand with the inscrutability of reference. To show this, Tugendhat's (1976) proposal is helpful. In a methodic sense it introduces the reference of singular terms with the following leading questions. How do we understand: a *singular term*, a *predicate*, the *composition* of a singular term with a predicate, and a predicative statement *as a whole*? The *second*, *third* and *fourth* questions present us problems of a *non*-entitative reference to something, and the first question is a matter of a verification of singular terms, such is their contextual instantiation. This does not contradict the inscrutability of reference, because the method of verification does not require a strong concept of reference. The *substitution* of singular terms is a function (role) of such expressions. A speaker who uses an indexical expression to identify an entity in a situation of awareness can identity the same entity with other indexical expressions or other singular terms from outside this situation. *This is a critique of Strawson's account.* The substitution of indexical expressions makes it possible to refer to the *same* entity without perceiving it. *Reference* of singular terms *to other singular terms* is a matter of its reference in given situation. These terms must to be *completed* with another expression. Indexical expressions need to be characterized in such a way that the statements on speaker reference, for example, »This table ...« is a matter of the respective use in given situations. For example »Peter refers in the uttered sentence: this table is burnt« to the »table« before him in his house in Frankfurt am Main, in contrast to the same sentence uttered by Peter in New York. Therefore the leading question concerning the reference of expressions is: which particular, person, or collective does the speaker refer to with his use of a singular term. This is the question of identifying reference in Strawson's proposal, and there is an analogy to the use of predicates in the context of the question of their function (role). The function of singular terms should be to stand for entities, yet, if we use these terms *in isolation*, it is not clear which is the function of the terms. We need *another* sign which can take this function. The use of a name, for example, only make sense, if it is completed with a predicate. Therefore, terms only make sense in the whole sentence.

Singular terms need to be completed. Only in a system in which positions are independent such as a system of space and time can they take a position. If this is the case, there is no rigid designation and direct reference as Kripke has argued. Therefore to understand the function of these terms we need a context-reference (indices) for their use. But the use, for example, of »yesterday«, »before three hours« etc. from the point of view of the o-coordinate of a speaker give us *no* criterium for identification/reidentification of entities of awareness. Space-temporal identifications are *only* possible in a system of objective localization. The connection between the function of predicates in assertions is that predicates are expressions of classification. We do *not* explain their function with reference to their use in situations. These expressions need to be completed with another expression which enables us to understand what the predicate was classified with. This is the answer to the question: *to what single item among a given plurality is the reference of the singular term to be assigned?*

Strawson has called this »to single out« (identifying reference), yet we can formulate an *extensionalistic* version of interpreting singular terms: a predicate classifies what is to be specified by singular terms. If it is the function of singular terms to indicate which entity is to be picked out, then we understand the word *all* in the same way as the use of singular terms. The function of singular terms is to be explained by their function in the context of the whole sentence. The specification is the context reference indicated by indices in a system of reference that is to say the context reference of p_c. This is the reason why we call the context-reference of *p indexicality*. It is the role and the meaning of singular terms that we can *substitute* these expressions from different points of view. Yet singular terms are not to be eliminated, because we use these expressions to recognize *our* position in an objective frame of localization, and this is only possible if we complete the objective localization with indexicals.

The given account follows Quine, because the understanding of singular and general terms is on the *sentential level*, singular terms can be *substituted*, and general statements *have been emphasized*. Contrary to Quine, there are two reasons why singular terms are not eliminable: identity is *not* a matter of predication and singular terms are to be *complete* by general terms; they cannot stand alone. So we conclude:

the interdependent reference is a substitution of singular terms under certain conditions (in a space-temporal system), and this is a semantic feature of the *class* of singular terms. For Quine, this contextualization is not significant, because meaning must be reduced to behavioral (holophrastic) stimuli. If predicates are expressions of classification and their function is to complete singular terms, then the «asymmetry between particulars and general characters of particulars« (Strawson) is *not* an argument against Russell and Quine, because reference is a successful classification under certain conditions. With the given account we have established an *analytical* understanding of the expressions *is the same as/is identical with* ... This will be shown in a further step.

There are four types of singular terms, apart from names, which have a meaning. These types are informative for the specification of the context reference of singular terms:

1. singular terms with a *demonstrative* pronoun, such as this mountain, this car etc., 2. singular terms with a *definite description* of space-temporal relations, such as the mountain at the point of intersection of the *y* degree of longitude and *x* degree of latitude, 3. singular terms which stand in a *definite relationship* to something that was identified like, for example, the murder of Henry, and 4. singular terms which specify a *unique property*, for example, the highest mountain.

For Strawson the first type is independent of the second, the second and the third types are *not* structurally different, and the third and the fourth types are to be distinguished sharply. Yet in *contrast* to Strawson, the principle question when talking of identification is:

how does function the space-temporal identification?

In other words,

how do we reach the individuation of the proposition? How important is the specification of context reference of p_c by giving the indices for this process?

It is necessary to distinguish between the use of the *demonstrative* and the *objective* terms (space-temporal) on the one hand and the *non-demonstrative* singular terms on the other. The specification of a singular term with a demonstrative pronoun in the one case and with a definite description of space-temporal relations in the other are connected and therefore they need to be sharply distinguished from the other two types. It follows that there is an *interdependence* of the first types of singular terms in their function of identifying entities of perception. In this sense the meaning of singular terms is dependent on their reference to situations, that is the reference of the proposition p_{sit}. Yet this does *not* annul the inscrutability of reference because the answer to the question »How do we state which entity a term refers to?« is a matter of an objectivity localized reference. This reference must not be unsuccessful. The system of space-temporal relations is a system of demonstrative specification. Speaker reference is made explicit, but we do not eliminate the inscrutability of reference.

For Strawson – and also Wittgenstein in his *Philosophical Investigations* – indexical expressions are no names. They make an objection to the function of logical proper names as singular terms. Yet we have refuted this critique; if we characterize singular terms semantically, then they are entities of a *class*. In this, our account differs from Russell's. For him, logical proper names refer directly. Definite descriptions and ordinary names could not be singular terms (logical atomism.) Strawson has no solution for this dilemma, because the problem of non-existent entities is also given in the case in which we do not confuse the meaning of a singular term with the entity which it designates. This question is independent of the role of indexical expressions as a specific problem. Strawson's distinction between identifying reference and identifying knowledge gives us therefore no answer to the problem that we can substitute indexical expressions by other singular terms in such situations in which we are not aware the entity we refer to. Russell has not dealt with this problem. The substitution of singular terms in these situations is a general condition for referring to the *same* entity (see Tugendhat (1976); on Russell and Strawson 374-389, 391-406). Yet this is not a falsification of the legacy of Russell's theory but a matter of expansion.

2. The Received View, Incommensurability and the Comparison of Theories – Beliefs as the Basis of Theorizing

For the so-called *received view,* the syntactic model in the theory of science – Carnap, C. Hempel, H. Reichenbach, E. Nagel – are theories are conceived of as partially interpreted calculi. But analyzing *the structure of experience* makes it necessary to renounce the nexus of significance and meaning. This is an offense against the semantical basic theory of the *received view*, that is, against its verificationist theory of meaning, its semantic empiricism. The semantical basic theory is focusing on the interpretation of syntactically reconstructed languages of science. The topic is:

How to fix the meaning of theoretical expressions in a thing-event-language by naming rules of *correspondence?*

Following Popper's *Logic of Scientific Discovery* and T. Kuhn's (P. Feyerabend's) thesis of *incommensurability*, today, we assume, there is no basic observational language functioning as a sort of *ordinary language of theorizing*. In objecting verificationist theory of meaning one should take into account that for instance Carnap's linguistic frameworks can be conceived of as independent of verificationism (see also G. Norton 1977). I will argue that while meaning is not synonymous with significance our use of language and our way of thinking is to be interpreted externalistically. Thereby analyzing scientific knowledge is exculpated from fundamentalism. So, validating scientifc knowledge is conditioned to the *structure of experience.* The *structure of experience* contains of *things, events, tests, logic and language (theory).* The conditions of theory comparison are among these components/aspects. Theories are thereby taken as translatable languages. We then frame the so-called *reduction statements* in the context of discovery, that is, not the explanation of meaning. That will make this version of reductionism (in philosophy of science) acceptable. This will be the case, even if we still want to distinguish meaning and significance in (our conception of meaning in) ordinary languages as opposed to scientific model-languages.

I want to show this by revisiting the debates on incommensurabilty and on comparison of theories (Kuhn, Feyerabend, I. Lakatos, the late Popper, Putnam's and Davidson's criticism of Kuhn's approach). The debate by now is historic. But for the last 15 years there is some latent Kuhnianism around, that is, a belief in paradigms as effectively structuring schemes, and there is consent with Kuhn's approach to history of science. Kuhn's approach so happens to restrain our making progress in analyzing scientific knowledge und in validating theories. Following Davidson's criticism of Kuhn's I assume that *holding-true* of sentences is the basis of constructing and comparing of theories. Beliefs *are* the basis of theorizing.

2.1. Meaning, Significance and the Validation of Theories

The *received view* was conceived to handle the following tasks: 1. describing the logical structure of theories, 2. explaining the semantics of scientific theories, 3. analyzing the validation of scientific theories. 4. Handling of these three tasks forms the basis of theorizing and comparing theories. The fifth task of interpreting the theories ontologically remains open-ended. Carnap refuses to interpret logic ontologically. As to him, linguistic framework can not be justified in terms of ontology (Carnap 1947).

In analyzing scientific knowledge we should distinguish scientific theories from scientific laws. Laws are established through enumerative induction, theories are not. Theories are complex hypotheses about unobservable entities. They relate unobservable theoretical entities to observable states. Whatever the meaning of theoretical terms may be, they are fixed by axioms of a theory. So, we may call them *implicitly defined*. We thereby refute instrumentalism conceiving of theories as black boxes and of theoretical terms as meaningless. In conclusion: enumerative induction itself does not have any relevance for their meaning.

The *received view* pictures theorizing as constructing a language by distinguishing two levels. It aims at a construction of a transparent language of science: 1. observational language (terms) and logical terms forming observational statements and 2. theoretical language (terms) and terms of, for example, subjective probabilities forming theoretical statements. Theoretical terms are not definable in terms of the observational language. They gain significance via rules of correspondence containing observational terms. These rules of correspondence only partially interpret theoretical terms. The concept of partial interpretation Carnap introduces 1939. New rules add new applications to the open realm of theorizing. Operationalizing theoretical terms is creative in this sense (Essler 1975). Theoretical statements do not require change while rules of correspondence care for not only empirical meaning but validating the theory, that is, verification or falsification in terms of the observational language. (For Reichenbach this equals complete empirical interpretation which Carnap refuses.)

Semantics of the *received view* is critical for the view on dispositional terms. Dispositional terms like »soluble«, »inflammable« or the like are to be correctly ascribed even if corresponding tests are not performed. Dispositional statements are to be interpreted in an extensionalist manner – either true or false in terms of the observational language. One can try to do that via material implication. »Inflammable« would be interpreted as *iff x is exposed to fire, x is burning* – $D(x) \leftrightarrow (T(x) \rightarrow R(x))$ –, the disposition of being inflammable. $D(x)$ is logically equivalent to the result R expected in case of the test performed. Carnap considers this material implication insufficient, because the second clause alone cares for the proposition's truth. Carnap himself suggests a definition via reduction (Reduktionssätze): The bilateral reduction sentence $T(x) \rightarrow (R(x) \leftrightarrow D(x))$, that is, in all instances of the test the result R is equivalent to the disposition $D(x)$.

But is this equivalence necessary, in fact?

For instance, x can be inflammable only in a certain range of temperature. There can be unknown circumstances – not yet included in the definition via reduction, which, for example, hinder x's burning here and now. In cases like this a reduction statement is not an appropriate reconstruction of dispositional concepts (or rather: qualities).

The only correct version of introducing dispositional terms by explicit definition seems the conditio irrealis: if x would be thrown to the fire it would burn. Hence, defining dispositional terms in an extensional language in effect is to try to translate conditio irrealis into extensional language. But as to my knowledge there is no consent on the – extensionalist – semantics of *conditio irrealis* itself (on the semantical analysis of conditio irrealis and the difference between subjunktiv conditionals and contrafactuals, with reference to Rescher, Mackie, Wilson, Bennett, Pollock, Stalnaker, in particular a critique on Lewis-account of contrafactual analysis of causality F. Siebelt 2003).

We have to keep in mind that reduction statements express creativity/openess of scientific concepts. Carnap in his *Testability and Meaning* initiates further analyzing the concepts of empirical sciences (1936). C.I. Lewis and Pap suggested introducing dispositional terms while giving up on an extensional language (1946, 1955). Lewis takes causal implications to make for a solution. Intensional languages do not use classical truth-tables but semantical notions of truth, that is, *true-in-L*. Contrary to material implications for causal implications it is not the case that ›$p \rightarrow q$‹ is true whenever ›p is false‹. So, causal implications are suitable for ascribing dispositional predicates. Therefore, Carnap introduced (bilateral) reduction statements in an extensional language. «Reality sentences« (*Wirklichkeitssätze*), for example, for example, »x is green«, Lewis reconstructs as a conjunction of causal implications (= →): $p = (z_1 \rightarrow \leq s_1)$ & $(z_2 \rightarrow \leq s_2)$ & … $(z_n \rightarrow \leq s_n)$. This should not be considered a Humean causality; z is a observation-sentence and s is a sense-datum-sentence, both sentences expressed in a phenomenalistic language. From reality sentences we can draw an infinite set of conclusions, Lewis argues. He calls them »terminating sentences«, if their vocabulary comes from an expressive language. Sentences from expressive language, contrary to reality sentences, are completely verifiable. Contrary to what is the case with material implications, *p* is considered not true, if no test is performed. We call these implications intensional, because the truth of molecular sentences does not depend on the atomic sentences forming it.

Inflammability now is the cause for something burning. One of the problems is that the (atomic) sentential elements are not enumerable. Hence, the conjunction is undecidable. Even more, it is factual testing of terminating sentences that is required. It remains unclear whether we deal with empirical hypotheses or logical consequences here. On the other hand, Carnap (F. P. Ramsay) showed convincingly that reduction can not be separated from context. Pap suggests to define by causal reduction in a way such that intensional language is tied to it. (1955: 111-54) Intensional language allows for reducing dispositions to causes, that is, the dispositional term »temperature« can be introduced reductively rather than deductively. »Temperature« appears in different kinds of laws, that is, Stephan-Boltzmann-Law etc.

> Trying to define *temperature* explicitly (either in an extensional language, or in a language conveying the causal implication) has to assume it is possible to (in the system of laws) generally distinguish a sentence in terms of meta-language which determines the meaning of the *Funktor* »temperature« from a set of synthetical sentences in terms of an object-language. There are many who are in favor of this method of reconstructing systems of scientific statements. But it does not describe the actual scientific way of proceeding. *Scientific concepts are »open« such that the rules of their use are incomplete. For some situations their are no criteria of application.* (Pap 1955: 144-45, my italics).

Pap considers reduction statements reciprocally correcting probability statements.

> So we end up with an unorthodox introduction of semantical rules in terms of probability implications. Usually its assumed that probability implications can only be formulated with respect to a concept having definite meaning independently. This assumption is an instance of the more general one that a concept has to have meaning independently from being used in a synthetic statement containing it. This general assumption relates to strictly distinguishing analytic from synthetic statements. We realize our analyzing the procedures in sciences invokes skepticism towards this strict distinction. (Pap 1955: 146)

A probability implication calls for specifying a set of statements and conditions for *p*'s being the case. Regularly a probability implication can only be used if the expressions employed have meaning. But introducing dispositional terms via causal implications of probability defines the terms by a set of probability implications without fixing a meaning independently.

In analyzing causal modalities Carnap provided us with a conceptual apparatus as well suitable for introducing dispositional predicates (1969). He considers possible worlds as state descriptions (contrary D. Lewis). He suggests to connect conditio irrealis with causal necessity. The connection is allowed only in case the general clause itself is a law. For instance, the gravitational law allows for: »Yesterday, I had a stone at my hand. If I had dropped it – opened my hand – it would have been falling to the ground.« The dispositional predicate »fallable« is introduced via the gravitational law such that gravitation would have been the cause for the stone falling, if… Then, mentioning a law is the reason for significantly using the condition irrealis (logical probability or subjective probability). Justifiying of the inherent convictions or attitudes does not rely on observation. But asserting the conditio irrealis is justified by the law. The dispositional predicate turns into an observational predicate which is part of a theoretical prognosis. It is justified whenever the theory and its special prognosis are justified. These laws have to be nomological in character. Prognostic relevance is criteriological for accepting a theoretical term. For borderline cases Carnap suggests to give up on the method of reduction sentences, that is, to introduce dispositional as theoretical predicates. On the contrary, W. Stegmüller argues that debating the ascription of dispositions deals with questions of something's being »*definable* in an observational language« rather than its being »*decidable* on an observational basis« (1970: 236 sqq, my italics).

One of the applications of the *received view* is to physical systems. The object language refers only to some parameters. They can be exemplified in single instances – some counterfactuals and assumptions of uniformity provided. Inbetween theoretical terms and observation language hard facts are introduced. It is with them theoretical statements are validated and the theory's prognostic value is confirmed. So, structurally speaking, hard facts take over for observation language.

Can explicating and testing theories and the role of theoretical terms itself be explicated in an operationalist manner?

Operationalistically defining theoretical terms introduced in terms of testing makes up for a problem: it results in laws not definitions. These laws are to be tested themselves. Classical operationalism – as a way of testing – itself is circular. There seems consensus in philosophy of science on the following: 1. The relation of theory and experience is probabilistic in nature and 2. the probabilistic relations are not correlations to be interpreted semantically, because they depend on an empirical theory which is subject to correction, eventually.

There are two ways of eliminating theoretical terms: 1. Substituting the axioms by an infinity of axioms in terms of the observational language, that is, a functional substitution of theoretical terms (W. Craig) and 2. the Ramsay-method (Carnap employs), which amounts to substituting theoretical terms by quantified variables. Both methods support us in systematically describing theorizing but do not supply us with an explication of theoretical terms. One of the problems from inductive logic is its being linguistically invariant (Carnap). Carnap suggests that for statements confirming a theory/language they should be defined in terms of the language's basic terms (predications).

But do the concepts of qualitative confirmation and of projectability of basic predications depend themselves on language?

1. The confirmation function is invariant to partial languages (conserving meaning) and to linguistic enrichment.

2. The theory on the scope of predication (Attributsräume) is designed to render logic more independent from language. 1. and 2. lead up to the problem on decompositional analysis and, hence, to the role of predicates themselves.

For Putnam identity of physical properties is not ruled by synonymy (1995). Putnam starts from the idea of ontology Quine introduced. It allows for material objects or, alternatively, for space-time-variables, for sets and sets of sets of material objects. It does not allow for properties, concepts or forms. Putnam argues against Quine:

> It should be noted that if we accept the strict extensionalism which is urged by Quine, then all questions of reduction of properties trivializes upon the passing-over to corresponding questions about sets. Temperature as a physical magnitude which is not intrinsically quantified has no place in Quine's scheme: instead, we are urged to take as ›primitive temperature-in-degrees-centigrade', or some such. And the statement that temperature is mean molecular kinetic energy passes over into the harmless statement that temperature in degrees centigrade is directly proportional to mean ›molecular kinetic energy in c.g.s. units‹. I have discussed this difficulty with Quine, and he has suggested meeting it by saying that ›temperature in degrees centigrade is a quantification of mean molecular kinetic energy‹. (This would indicate the question ›Why is temperature in degrees centigrage directly proportional to mean molecular kinetic energy in c.g.s. units?‹ is not a happy question.) Discussing this move would involve discussing: (a) whether it is really satisfactory to think of mean molecular kinetic energy as a class of equivalence-class as Quine also suggests; and (b) whether the relation, ›the function f is a quantifica-

> tion of S' does not, on the natural understanding of such phrases as ›a quantification of kinetic energy‹, turn out to be an intensional one. Of course, one can take the relation extensionally as meaning that temperature is a one-one function of the equivalence-classes, subject to a continuity condition; but then one will not have distinguished between the cases in which one magnitude is a function of another, of another, and the case in which one magnitude reduces to another, which is just our problem. (Putnam 1995: 314-15)

At first glance, Putnam's move looks very plausible. So we should have some reservations:
– Quantifying over events in an object language presupposes the events are entities. So quantification itself is bound to the conditions of identity and the singling out of particulars like things, events as elements of the *structure of experience.* Two expressions *refer to* the same event *iff* the event referred to by one designator has the same causal effects as the event referred to by the other designator. *Same* in this context can not mean less than *identical with* (instead of similar in quality). Identity of properties would then come up to mere triviality.

Carnap considers synonymous expressions or sentences ruled by conventions. Translating means adding to a list of meaning postulats. Putnam argues the criteria for identity of physical properties in a given situation (context) can not be interpreted extensionally (at time). I simply consider the problem with Carnap's view: predicating *is true* in a meta-language can not be substituted by partial interpretations of the expressions, because «truth« would be used as a primitive expression of a language itself not interpretable in terms of a metalanguage.

There are some objections made against the *received view*:

1. Is there an observational language generally accessible and basic for all theories? and

2. Do rules of correspondence allow for partially interpreting theoretical terms?

These objections essentially fit into the context of four questions:

1. Does explicating sentential meaning in principal depend on verifying observational statements?

Nowadays, there is a good deal of consensus that this is not the case.

2. Is it possible to strictly distinguish observational from theoretical terms? Do they refer to objects basically different in character?

Only if so, partial interpretation is rendered possible.

3. Do truth and falsity of the correspondence-rule for interpreting expressions depend on theoretical statements?

If this is the case the very meanings of theoretical terms themselves do not reduce to observational statements. And hence: theories have meaning independently of correspondence-rules. These rules relate theories – already significant – to the world. They supply theories with (new) testing instances.

4. What is the relevance of integrative concepts and of principles of invariance in modern science?

Concepts like *symmetry, feedback, entropy* are widely used. Conceptual analysis of these proceeds through holding some factors invariant. Explicating invariances distinguishes the entity invariant from fixing a range of potential variations.

Constructing a transparent language of science as pictured by the *received view* amounts to: constructing and interpreting a standard language distinguishing basically observational language (terms) from theoretical language (terms). The verificationist theory of sentential meaning – in this version – takes the meaning of predicative statements to be supplemented with a finite set of observations. Reductive and – later on decompositional – analysis refers this to terms/words (Carnap). This model only works if some terms are defined ostensively. For other theoretical terms meaning is transferred via *meaning postulates* partly interpreting them. Shifting to intensional semantics of metalanguage refers as back to the problematic of partly defining theoretical terms via their correspondence with observational language. This way of explication is essential to this model, that is, the *received view*. Intensional metalanguage can not take care of the (completely) empirical interpretation of theoretical terms needed, because it can not hinge on an interpreted language which as a *thing-event-language* is non-theoretical in an absolute sense (Carnap).

In contrast, Sellars points to:

> The framework of physical things is a candidate for replacement on the ground that it is actually a common sense theoretical framework, and qua theoretical framework may be replaced by another. For unless the conception of the framework of physical things as a replaceable explanatory framework goes hand in hand with an abandonment of the levels picture of explanation, it leads directly to the idea that below the level of physical-thing discourse is a levels of observation in a stricter sense of this term, and of confirmable inductive generalizations pertaining to the entities thus observed. [48.] The notion of such a levels is a myth. The idea that sense contents exhibit a lawfulness which can be characterized without placing them in a context either of persons and physical things or of microneurotical events is supported only by the conviction that it must be so if we are not to flaunt ›established truths‹ about meaning and explanation. Since my quarrel on this occasion is with these ›established truths‹, I shall not argue directly against the idea that there is an autonomous level of sense content with respect to which the framework of physi-

cal things plays a role analogous to that of a theory in the levels of explanations sense. (Sellars 1993: 124).

We should be careful with respect to Carnap's view on thing-language. Carnap thinks our choosing a linguistic framework is not determined by the range of objects. Our choice is justified by simplicity, instrumentality or productivity. Carnap's hint that our successfully using a language referring to physical entities results from »the content of our experiences«. This is a *grenzbegrifflicher Hinweis* owed to the fact that our knowledge is depending on empirical matters we intuitively align with such a language. But linguistic frameworks are underdetermined by the content of experience. So Carnap's epistemology may be called linguistic internalism (see Rogler, in this book).

To refrain from explicating theoretical terms in favor of reduction statements is due to not adequately distinguishing logical analysis from scientific theorizing. Analyzing the structure of experience has to distinguish explication from reduction, justification from discovery. Logical analysis is concerned with the context of justification. Theory development is referred to the context of discovery. The logical realm of justification is not empty. Hempel correctly distinguishes »why questions« searching for explanations from »epistemic questions« searching for justifying reasons. It is only in the context of discovery that we find explicitly defining reduction statements. Formulating these statements is in a pragmatic context. The problem of reference is solved by distinguishing »explanation from within« a theory from »explanation of« a theory. (Davidson 1984: 221-22) We have to substitute the networking of theory construction for the attempt to reductively relate the terms to the empirical basis. The theoretical network can substitute for inductive logic, reduction statements and – partly – for the criteria and procedures of understanding reality.

In the early seventies Stegmüller tried to solve the problems with the syntactic account by turning to structuralism, that is, J. D. Sneed's non-statement-view (1973). A theory is not considered a system of statements, that is, a set of sentences, but a property of objects like physical systems. Structuralism finishes up with neutral basic language and the rules of correspondence of logical empiricism. Being a theory, then, is a predicate applied more or less successfully. It is a *set-theoretical predicate*. Using it amounts to claiming that an, for example, physical system has a certain mathematical structure. For instance, the classical mechanics of particles is reconstructed in terms of the predicate »is a classical mechanics of particles«. This predicate is applied to entities like the solar system, bodies within the earth's gravitational field, pendulums etc.

Sneed and Stegmüller distinguish a theory's core C, that is, a fundamental like Newton's second law stable throughout different applications, from the its expansion (restrictions, intensifications) E. These restrictions forming additional laws are supposed to guarantee that the theory can be applied beyond the typical applications in C's range $I_{o.}$

In this view, normal science strives for progress in theory by deriving specific statements on intended applications ($I \subseteq I_0$). It, so, tries to maximize *E* for a given *I*. And normal science strives for empirical progress by successful applications. It, so, tries to maximize *I* for a given *E* Stegmüller takes this model of scientific research to explicate Kuhn's normal science. Kuhn's paradigm in this model equals the typical applications in I_0, that is, the set of intended applications *I* of a theory.

Stegmüller's (and Sneed's) structuralism, in consequence, has a problem in immunizing theories from recalcitrant experiences. In the non-statement-view a physical theory can be immune against falsification:

1. To determine empirical adequacy of a theory it is required to put the core C to test via a hypothetical expansion *E*. In case the resulting statements are falsified the expansion is considered failed. But on the non-statement-view these single instances can not be considered to refute the theory's core. This results in immunity of applications.

2. Things are different for applications not part of the paradigmatic set. It is even more problematic, when, for example, generations of researchers fail to apply a theory successfully. This might result in removing the range of applications from the set of intended applications. For instance, Newton hoped to explain light via classical mechanics of particles. This lead to not taking Newton's theory being falsified but considering it not being fulfilled. It was concluded: light does not consist in particles. So, this results in a rule of auto-determination, that is, a theory's determining its applications itself, that is, internally.

3. A further kind of immunity results from the fundamental law in the core of a theory. Stegmüller and Sneed take the non-falsifiability of Newton's second law to result from the fact that *mass* and *force* as theoretical quantities can not be measured independent from the theory itself. Anomalies concerning law and experience of measuring can not be ascribed to the law.

So falsification is considered possible for additional laws only, that is, not for intended applications *E* in general. Structuralism is confronted with the question: why do a good deal of failing expansions not count as a definit failure of the respective theory. In this context we are referred to Hempel's critique of structuralism. The problems arising call for clarification of the concepts »law of nature« or »law of physics« and their being related to *scientific knowledge*.

2.2. Incommensurability and Comparison of Theories

The debate on incommensurabilty and theory comparison (Kuhn, Feyerabend, Lakatos, Popper, Putnam, Davidson et al.) is devoted to philosophy of science not to epistemology. The debate on Kuhn focuses on two issues:

1. Is he adequately describing normal science? and

2. Is there a nexus between falsification of theories (which Kuhn rejects) and theory development?

For Popper the process of science itself is revolutionary. A single scientist nevertheless can follow a moderate strategy of theorizing. We take Popper's philosophy of science supervenient because he considers developing theories to have the following aspects:

1. The construction of an abstract system for describing a definite range of objects – the logical structure of scientific knowledge.

2. The exploration of a system's being applied.

3. The refutation of the system, if there are facts questioning it (Lakatos' methodological falsificationism) – the validation of scientific knowledge.

4. The substitution by an alternative system aligning with the facts.

Kuhn's focus is on the concept of paradigm. As the debate shows, his usages of the concept is not consistent. (M. Masterman 1970) The major difference between Kuhn and Popper is with respect to falsification of scientific theories. A *paradigm* can easily be conceived of as a scientific theory and its successful and consistent application. A paradigm is immune. It can not be falsified but only be turned over by another. Activities of *normal science* are what scientists do between changes of paradigms. They try to solve puzzles. Kuhn – and M. Polanyi as well – phrase change of paradigms in terms of scientist's personality and social circumstances. This one can consider a way of revitalizing psychologism. In sketching the history of science Kuhn employs concepts like *the hard-core of a theory, empirical incomensurability, puzzle solving, scientific reduction, Gestalt switch and conversion.* For Kuhn there are no such things as neutral historical and methodological rules and no common empirical basis for theory comparison to frame a paradigm change. This is considered to affect using *truth* and *meaning* as well. Kuhn doubts there can be an algorithm to decide our choice of theories. Feyerabend even argues for a dynamic incommensurability, e. g. between the theories of Ptolemaios and Copernicus. ›Natural interpretations‹ for him are not test hypotheses (Popper) but auxiliary statements. Both, Kuhn and Feyerabend, hereby following N. R. Hanson, are in favor of a Gestalt-psychological model of experience. But Feyerabend considers Kuhn's *normal science* a myth.

For Kuhn and Feyerabend incommensurability means *not intertrans-*

latable. This regards theories, paradigms and conceptual schemes as well. We can draw some conclusion from what this classical debate resulted in. These conclusions refer to the sense and handling of epistemological topics. Kuhn and Feyerabend – along the line of Popper's criticizing verificationism – argue that observational languages are laden with theory themselves. Following Popper or Quine there is an objection at hand. *Perceiving a Gestalt* can be framed as a hypothesis – notwithstanding the fact the Gestalt is experienced immediate.

The topic of the debate can be put like this:

Even if extensionality of explicating a theoretical framework is at stake, is there any reason to assume comparing theories is impossible?

Kuhn mentions the alternatives of phlogiston vs. oxygen. He considers them observations. Historically speaking one should consider these alternative explanations. Kuhn's arguments against Popper would strike, if the logic of scientific research would take falsifications to be ›final‹ and ›save‹. If there are no logical or methodological reasons for giving a falsified theory Kuhn's *normal scientist* is not dogmatic. It is this what Lakatos' *methology of scientific research* and Feyerabend's «Prinzip der Beharrlichkeit« (principle of resistance) call our attention to. Theories are overthrown by theories not by experiments and observations. Conceiving scientific practice as mere puzzle solving, I think, is underdetermined or even trivial, because scientific practice normally consists in searching for explanations and for productive systematization. Kuhn's idea of an unintelligible description of the world we could not argue against inductively to me seems very strange.

Putnam resumes Popper's *Logic of Scientific Discovery* as follows: A theory implies predications. If these basic statements are false, the theory is falsified. If an adequate set of basic statements is true and certain other constraints are met, the theory is well confirmed. With respect to Popper, he suggests that we distinguish two questions: 1. Does Popper catch what scientist actually say about a theory being acceptable? 2. Does methodology actually affect the status of a theory? (Putnam 1975: 250-59)

Popper substitutes the criterion of significance interpreted in an empirical manner by an Abgrenzungskriterium interpreted in a methodological manner. Putnam argues that disputing a theory's methodology may result very differently with respect to its being accepted or not accepted. Popper – as pictured by Putnam – focuses on the following assumption: Theories and laws in general can be falsified, because theories deductively imply basic statements. This focus on predications as basic statements is familiar to the inductive scheme of scientific procedure, as well. Putnam, now, follows a completely different line. Scientific theories do not imply basic statements as is shown in many cases. »Theory« Putnam uses for a set of laws, a set of sentences held true.

Putnam objects Popper's describing scientific theory and research. For instances, the law universal gravitation is not falsificable in any strict sense. About 200 years of scientific practice consisted in gaining basic statements from the law such to explain astronomical facts. For Putnam, interpreting a theory's methodology may turn out very differently. This strikes Popper's assumption that a theory's methodological status decides on its being accepted or not accepted.

One may concede that falsificationism is challenged by methodological problems (on meta-logical analyzing of logical relation between explanation, forecast, falsification, i.e. general relation of deducted prognoses and falsification G. Andersson 1988.). W. C. Salmon argues on Popper viewed from Bayes' theorem:

> The traditional objection against induction by elimination is that it is impotent in the face of an unlimited supply of possible hypotheses, for we never arrive at a unique hypothesis as a result. While this objection is valid against any form of induction by elimination that proceeds by trying to eliminate from the class of all possible hypotheses, it is not pertinent to the eliminative inference based upon Bayes' theorem. (Salmon 1979[5]: 129, 114-41)

But the problems mentioned by Putnam can be resolved if only *whole* theoretical systems are put to test by the logic of scientific discovery.

Hempel's objections against Popper are of a different kind (1965). He focuses on a scheme of general explanation. All of them are considered to refer to relevant laws. Hempel argues that Popper's scheme does not account for singular events or statements. Popper – hereby making a point against verificationism – takes basic statements to be theory-directed. Hempel, differing from Popper stresses: 1. Not all of our deductive nomological explanations are causal; causal explanations are just a kind of deductive nomological explanation. 2. We do not explain events but chains of them. 3. We realize this by focusing on the logical syntax of scientific language.

If we assume a theoretical system falsified we can go for modifications. Contrary to isolationism (Stegmüller) the claim for falsifiability is tied with holism (C.U. Moulines, P. Duhem, W. Quine). Whole theoretical systems are considered to be put to empirical testing. Standard critique of falsificationism, is now obsolete. Theoretical holism (partly) assumes theoretical systems are (sometimes) tested by auxiliary statements. In some important cases the Copernican system was supplemented by auxiliary statements to conclude empirical consequences (Feyerabend). Statements on the reliability of telescopes (Galilei) make for an example here. Allowing or not for auxiliary statements dramatizes theoretical holism.

Kuhn, Lakatos and Feyerabend consider using modifications and ad-hoc-hypotheses as immunizing. In the light of falsificationism this is the case with Galilei's auxiliary statements, Feyerabend argues. On contrary, Popper showed that Galilei's auxiliary statements are neither ad-hoc nor immunizing. They are parts of the *Problemsituation*. The auxiliary statement on telescope can be tested independently of Copernican or Ptolemean theories. Anderson (1988) showed that ad-hoc-statements immunizing against single falsifications are unproblematic in as much as they are supposed to be reproducible by observations or experiments. On the other hand, auxiliary statements are steps towards rebuilding the theoretical system.

Dealing with Lakatos' methodology the following objections is at hand: Methodology does not decide on modifications of a falsified theory. This is the job of empirically testing potential modifications. They are not necessarily ad-hoc or immunizing.

Popper might dispute Feyerabend by showing that we always rely on a plurality of *Prüfsätze*. Interpersonally verifying *Prüfsätze* demonstrates these are unproblematic at a certain stage. There is another fact questioning the myth of framework: even isolated hypotheses are suitable to conclude empirical prognoses from, for example, the Galilei's telescope again. But it is to mention that Popper introduce an *Ersatz* for the inductive (ampliative) inferences: the corroboration of theories. "Popper makes it clear that his conception of scientific method differs in important respects from the conceptions of many inductivists. I do not want to quibble over a word in claiming that Popper is, himself, a kind of inductivist. The point is not a trivial verbal one. Popper has claimed that scientific inference is exclusively deductive. We have seen, however, that demonstrative inference is not sufficient to the task of providing a reconstruction of the logic of the acceptance – albeit tentative a provisional – of hypotheses. Popper himself realizes this and introduces a mode of nondemonstrative inference. It does not matter whether we call this kind of inference »induction«; whatever we call it, it is ampliative and not necessarily truth preserving." (Salmon 1979[5]: 26-27, see also 114-115)

The status of modifications and ad-hoc-hypotheses show that falsificationism is not a revolutionary and radical research strategy in the sense of completely rejecting falsified theories. But there are no logical or methodological reasons for giving up a falsified theory. Traditions, paradigms and research programs (Kuhn, Lakatos) have an impact on recommending a research strategy only as much as they inform our analyzing the *Problemsituation*.

2.3. Beliefs as the Basis of Theorizing

Demonstrating the *third dogma of empiricism* Davidson claims to destruct and finishe up with the myth of framework. (1984: 184-98) Thereby backing Popper against his critics. Kuhn considers the scientist to remain in the prison built by the puzzles. Only proselytizing can free him. In Popper's analysis of *Problemsituationen* we are considered to have a supervenient conception of theory development. Scientific hypotheses are not framed in a *context empirically-zero*. But they are viewed against a background of beliefs.

> The point is rather that when we use the concepts of belief, desire, and the rest, we must stand prepared, as the evidence accumulates, to adjust our theory in the light of considerations of overall cogency: the constitutive ideal of rationality partly controls each phase in the evolution of what must be an evolving theory. An arbitrary choice of translation scheme would preclude such opportunistic tempering of theory: put differently, a right arbitrary choice of a translation manual would be of a manual acceptable in the light of all possible evidence, and this is a choice we cannot make. (Davidson 1980: 222-23).

The conceptual relativism revealed in Kuhn's and Feyerabend's incommensurability Davidson takes to rely on a distinction of scheme and content (1962). This distinction he considers the *third* dogma in the tradition of Quine's *two* dogmas of empiricism: 1. the distinction of analytic and synthetic truths and 2. the assumption of an equivalence of meaningful statements with immediate experience.

Davidson assumes criteria of translation to be identified via the criteria of identifying conceptual schemes (theories). Speaking different languages has a conceptual scheme in common. It is this scheme that makes them translatable. Belief and meaning are interdependent – such that ascribing a belief and interpreting sentences can not be separated. An interpreter's translating of beliefs and of (utterance- or sentence-) meanings shows that a dichotomy of scheme and content is *impossible*. Kuhn talks about a one-world universe potentially viewed from different points of view. Feyerabend considers conceptual schemes of ordinary languages false theories. Incommensurable is their term for »reciprocally intranslatable«. The neutral content waiting for its being systematized is provided by nature. Feyerabend – and to some extent Quine – suggests to compare controversial schemes by »choosing a point of view outside the system or the language«. He hopes for our being able to do so, because »there is still human experience as an actually existing process«. (Davidson 1984: 191)

Davidson argues along following lines.

How do we individuate conceptual schemes/theories? How do we know where it starts or ends?

The maximum sense we can make of another person's words or thoughts relies on talking about the same (same thing). We then use *one conceptual scheme* to talk about different beliefs (differences of beliefs):

1. Identification/re-identification of the same depends on language which refers us two 3. below.

2. Identification/re-identification using several languages brings up the question how language/scheme and mind/content relate. This turns out to be the relation of linguistic theory to linguistic description. Davidson considers the clue to be:

> The idea is then that something is a language, and associated with a conceptual scheme, whether we can translate it or not, if it stands in a certain relation (predicting, organizing, facing, or fitting) to experience (nature, reality, sensory promptings). The problem is to say what the relation is, and to be clearer about the entities related. (Davidson 1984: 191)

3. As language and theory are tied together content seems to be the entity opposed. Davidson considers ascribing knowledge itself independent of a linguistic theory considered plausible.

4. Individuation Davidson considers impossible without employing a concept of translation and truth relation (interpretation). Truth and translation can not be separated. Davidson uses Tarski's convention-*T* which does not rely on reference to facts, world, experience or the like. Tarski's convention-*T* itself is not independent of translation. So Davidson introduces *holding-a-sentence-true* for a basis of the theory of interpretation enabling us to ascribe propositional attitudes.

This view claims to make semantics of natural language a *theory* by explaining linguistic behavior in terms of truth conditions.

What are the consequences for the relativism on concepts and paradigms?

> The answer is, I think, that we must say much the same thing about differences in conceptual scheme as we say about differences in belief: we improve the clarity and bite of declarations of differences, whether of scheme or opinion, by enlarging the basis of shared (translatable) language or of shared opinion. Indeed, no clear line between the cases can be made out. If we choose to translate some alien sentence rejected by its speakers by a sentence to which we are strongly attached on a community basis, we may be tempted to call this a difference in schemes; if we decide to accommodate the

> evidence in other ways, it may be more natural to speak of a difference of opinion. But when others think differently from us, no general principle, or appeal to evidence, can force us to decide that the difference lies in our beliefs rather than in our concepts. (Davidson 1984: 197)

I agree with Davidson's arguments against Kuhn and Feyerabend: Complete have to be distinguished from partial mistakes in interpretation. If there would be complete mistakes in interpretation, there would be no significant strings of sentences in a language. Languages would be intranslatable. Talking about total mistakes does not make sense.

Davidsonian radical interpretation renders two views implausible: 1. Each foreign language/culture equals another conceptual scheme. 2. Each foreign language/culture equals another world. Davidson shows that talking about *another conceptual scheme* would assume an alternative referential scheme, for example, of a neutral (given) input in Quinean sense. If understanding of an (event of) utterance itself is *theoretical,* assuming a neutral (given) content turns out to be implausible. Davidson shows that talking about *another world* would assume a referential semantics pairing terms from different languages with different objects in a certain manner. For Davidson a relation between language and world is not conditional for understanding (linguistic) meaning.

An analysis of the *structure of experience* there has to be a *background* of beliefs not to be put at stake all the time. But it is owed to a natural epistemic justice. The scientific process aligns statements in a general system of implications. Without implications most of our sentences would be meaningless. The method of verification itself only applies to research and scientific discovery. It does not fit for fixing meanings in general. Fixing the meaning of theoretical terms refers to their role in explaining the world the theory itself is intended for. These terms contribute to make up *a whole theory.* In comparing theories, hence, differences of meaning and reference are not decisive (contra Kuhn). In linguistics nowadays *meaning* is more and more taken to be a technical term. We should not ask for the meaning of this technical term but what we presuppose when recognizing and understanding a language present.

How do we ascribe knowledge of truth conditions to a speaker?

Strict realism answers in terms of sentences referring (non-epistemically) to the world. Classical realism assumes a set of sentences to be basic. Moderate (Davidsonian) realism assumes ascription comes in terms of a basic behavior to sentences (holding true). But Davidson has made a turn to a stronger version of realism because the objective reality makes our attitudes true. The constraints of ascription attitudes are the ontological commitments. The theory of meaning is conceived as a theory of constraints on understanding meaning by background theories in a *Problemsituation*. These constraints go beyond the linguistic realm of reconstructing the sentential meaning's depending on the meaning of single expressions. The next step in the turn to a semantic theory of understanding is epistemic in character. It includes reference to propositional attitudes. The problem arising is on the accessibility of knowledge ascribed. There is a respective problem once we turn to the scientific constraints themselves.

3. Erkenntnistheorie, Semantik und Ontologie

Zu Rudolf Carnaps linguistischem Internalismus

Erwin Rogler

3.1. Fragestellung

Rudolf Carnap gehört zu den Hauptvertretern der modernen Sprachphilosophie und Wissenschaftstheorie. Die große Bedeutung und Fruchtbarkeit seiner Arbeiten in diesen Gebieten, insbesondere der deduktiven Argumentation in syntaktischer sowie semantischer Hinsicht, der induktiven Logik, Entscheidungstheorie und rationalen Rekonstruktion von Begriffs- und Theorienbildung stehen außer Frage. Umstritten ist dagegen Carnaps Kompetenz auf dem Feld der epistemischen Reflexion, der »transzendentalen Rechtfertigung bzw. Aufweisung von notwendigen Bedingungen des Erkennens und Handels« (H. Lenk 1986: 22). Für L. Krauth (1970: 208) ergibt sich am Ende seines Carnap-Buches

> ein recht zwiespältiger Gesamteindruck: Auf der einen Seite stehen die glanzvollen Leistungen auf logischem und methodologischem Gebiet. Andererseits aber, auf philosophischem Gebiet, werden wohl mehr Probleme aufgeworfen als geklärt.

Nach J. Habermas (1968: 13) fällt der »Positivismus«, unbeschadet seiner methodologischen Verdienste, hinter das von Kant erreichte Niveau der Erkenntnistheorie zurück. H. Schnädelbach (1971) hat versucht, diese Generalthese zu spezifizieren. Er sieht wohl im Einfließen konventionalistischer Motive in den Empirismus eine Art Selbstbesinnung, »dessen eigenes Selbstbewußtsein« (135). Diese führt aber bei Carnap und Popper aus den dogmatischen Beschränkungen szientistischer Methodologie nicht heraus. Insbesondere bleibt Carnap durch das Verifikationsprinzip und die Typenregel einer rein objektivistischen Einstellung verhaftet, die jede kritische Selbstreflexion, selbst das Verständnis der transzendentalen Problemstellung bei Kant durch deren Gleichsetzung mit vorkritischer Metaphysik unterbindet. Das Fazit ist ausgesprochen negativ. Die Arbeiten Carnaps, überhaupt des Wiener Kreises, manifestieren eine »reflexionslose Philosophie«. Ganz anders urteilt R. Creath (1990). Nach seiner Ansicht kommt gerade dem Problem der epistemischen Rechtfertigung in Carnaps Philosophie eine zentrale Bedeutung zu. Angesichts dieser verwirrenden Situation erscheint es nicht überflüssig, die Frage nach dem Stellenwert der Erkenntnistheorie bei Carnap nochmals aufzuwerfen. Diese Frage möchte ich anhand der semantischen Schriften Carnaps erörtern. Zu klären ist, ob und gegebenenfalls wie bei der Konstitution ontologischer Bestimmungen durch die Interpretation linguistischer Rahmenwerke (Semantik) erkenntnistheoretische Motive wirksam werden. Von hier aus fällt auch Licht auf das Verhältnis von Carnaps Philosophie zur Transzendentalphilosophie.

3.2. Wissenschaftstheorie und Erkenntnistheorie

Erforderlich ist zunächst eine Abgrenzung von Wissenschafts- und Erkenntnistheorie (Epistemologie). W. Stegmüller (1973: 22ff.) versteht erstere als rationale Rekonstruktion von nicht in Frage gestellten Theorien. In letzterer werden Geltungsansprüche mit positivem oder negativem Resultat problematisiert. Verschiedene Philosophen betrachten als zweites, mitunter zentrales Problem der Erkenntnistheorie die Bestimmung des Verhältnisses von Erkenntnis (Bewußtsein) und Gegenstand.

Die Abgrenzung von Erkenntnis- und Wissenschaftstheorie schließt wechselseitige Einflüsse nicht aus. In der Praxis erscheint die Trennung beider Gebiete oft künstlich. Carnap erörterte zum Beispiel das Basisproblem im Rahmen von Rekonstruktionsprojekten. Die wissenschaftstheoretische Charakterisierung der Basissätze kann durch Beschreibung ihrer syntaktischen Form und ihrer Funktion bei Testverfahren, auch mit Hilfe psychologischer Begriffe, zum Beispiel als »*quickly decidable* statements« erfolgen (so G. Maxwell 1962a: 135). Darüber hinaus stellt Carnap die erkenntnistheoretische Frage nach den geltungsbestimmenden Faktoren. Nach Carnap (1932a) sind es letztlich Beschlüsse. In einer weiteren Version wird dieser Basiskonventionalismus durch eine zusätzliche objektive Komponente abgeschwächt (1936: 426). Damit ist ein epistemologischer Wandel angezeigt.

Zum zweiten epistemologischen Problem hat sich Carnap zu verschiedenen Zeitpunkten unmißverständlich geäußert. Die Behauptungen des Idealismus und Realismus sind, weil empirisch nicht überprüfbar, Scheinthesen ohne kognitiven Gehalt (1966a[2]: 60ff.; 1963: 868ff.). Nichtsdestoweniger taucht diese Problematik in linguistischer Transformation wieder auf, ironischerweise bei Carnaps Versuch, seine Semantik gegen den Einwand des Platonismus zu verteidigen.

3.3. Grundprinzipien

Kritiker wie Schnädelbach können sich am ehesten auf Carnaps Schriften aus den ersten Jahren des Wiener Kreises berufen, in denen das uneingeschränkte Verifikationsprinzip als empiristisches Sinnkriterium eine bedeutende Rolle spielt, zum Beispiel in Carnap (1932). Aber schon in Carnap (1936: 5-6, 33) wird der Verifikationismus in mehrfacher Weise abgeschwächt. Carnap versteht ihn nicht mehr als eine Behauptung, sondern nur noch als »proposal« oder als metatheoretisches Postulat der indirekten und unvollständigen Bestätigungsfähigkeit und schränkt ihn auf eine Objektsprache *L* ein. Damit erübrigt sich der häufige Einwand der Selbstwiderlegung. Schon vorher wurde die Funktion der Philosophie als Metatheorie von Objektsprachen bestimmt. Sie ist vorerst, in Carnap (1934), auf die Syntax künstlicher Sprachen eingeschränkt. Später bezieht Carnap, unter dem Einfluß Tarskis, die semantische und schließlich ansatzweise auch die pragmatische Dimension der Sprache ein. In Carnap (1934: 44-45) findet sich als dritter Grundsatz das Toleranzprinzip – später »principle of the conventionality of language forms« genannt (Carnap 1963: 55) –, welches im Gegensatz zur Einheitssprache Wittgensteins im *Tractatus* die Gleichberechtigung verschiedener Sprachen postuliert.

Der Verifikationismus, die metatheoretische Auffassung der Philosophie und das Toleranzprinzip lassen sich natürlich nicht deduktiv beweisen, werden aber auch nicht dogmatisch behauptet. Ihre Rechtfertigung erfolgt vorwiegend pragmatisch.

Philosophie als Metatheorie ist Carnaps Antwort auf die Frage:

Wie ist Philosophie möglich?

Sie versteht sich aus der Gesamtsituation der modernen Philosophie – sie soll sich in die Wissenschaften nicht einmischen – und ihrer bloß erläuternden Funktion in Wittgensteins *Tractatus*. Da diese Carnap nicht befriedigte, suchte er sie durch eine wissenschaftliche Konzeption zu ersetzen (1934: 208 ff.). Besonders klar zeigt sich die pragmatische Rechtfertigung des empiristischen Sinnkriteriums in einer späteren Version im Rahmen einer zweistufigen Wissenschaftssprache. Sie beruht auf dem Gedanken, daß ein wesentlicher Zweck realwissenschaftlicher Theorien in der Erklärung und Prognose empirischer Tatsachen besteht. Theoretische Terme, welche die prognostischen Ressourcen einer Theorie nicht erhöhen, sind, da als Mittel ungeeignet, ohne empirische Signifikanz (Carnap 1960: 220 ff.). Diese Version ermöglicht aber wie frühere Fassungen generell keine intuitiv befriedigende Trennung von Wissenschaft und »Metaphysik«. Man begnügt sich seither gewöhnlich mit methodologischen Regeln, die nur eine graduelle Abgrenzung erlauben (Stegmüller 1970: 329 ff.).

Welches Gewicht kommt diesen Prinzipien in Carnaps Philosophie zu?

Viele Interpreten erachten den Verifikationismus, also die empiristische Komponente, als fundamental für Carnaps Philosophie. Dieser »Standardinterpretation« stellt B. G. Norton den Primat der metatheoretischen Auffassung der Philosophie und des Toleranzprinzips entgegen. Der Verifikationismus wird auf die Objektsprache eingeschränkt (Norton 1977: 28 ff.). Beide Interpretationen lassen sich an Carnaps Texten belegen, wenn auch nicht immer gleich gut in verschiedenen Schriften. Norton bezieht sich meistens auf *Logische Syntax der Sprache* und *Empirismus, Semantik und Ontologie*. Für seine Interpretation spricht, daß die Einwände gegen den Verifikationismus die Grundlagen des Systems nicht mehr betreffen. Die metatheoretische Auffassung der Philosophie ermöglicht die vom Verifikationismus unabhängige Metaphysikkritik in Carnap (1934: 225 ff.). Metaphysische Behauptungen lassen sich manchmal als in »inhaltlicher Redeweise« verkleidete syntaktische Aussagen umdeuten. Gegenüber solchen quasi-syntaktischen Sätzen bestehen, solange man sich ihres eigentlichen Charakters bewußt bleibt, keine Bedenken. Über die Attraktivität dieser »Rettungsaktion« für Metaphysiker machte sich Carnap freilich keine Illusionen (Carnap 1963: 942).

Die Beschränkung des Verifikationismus auf die objektsprachlichen Aussagen schlösse einen viel weiter gehenden Schritt nicht aus. Nach Stegmüller (1970a: 35) lassen sich Kants synthetisch-apriorische Grundsätze am besten »als *metatheoretische* Prinzipien über die möglichen Strukturen von Hypothesen« verstehen. Ihnen entsprechen in der Objektsprache Aussagen über die Strukturen transzendental möglicher Welten. Unterliegen metatheoretische Grundsätze nicht dem Verifikationismus, dann muß das natürlich auch für ihre objektsprachlichen Derivate gelten. Dieser Möglichkeit steht aber bei Carnap die Analytizität der Metatheorie entgegen. Offensichtlich ist der analytische Charakter der reinen Syntax, das heißt der Syntax künstlicher Sprachen. In ihr

> werden nur Definitionen und Konsequenzen aus ihnen entwickelt; sie ist daher durchweg analytisch. Sie ist nichts anderes als *Kombinatorik* ... endlicher diskreter Reihenstrukturen bestimmter Art (Carnap 1934: 7).

In gleicher Weise wird auch die reine Semantik charakterisiert.

> The rules of a semantical system S constitute ... nothing else than a definition of certain semantical concepts with respect to S, e.g. ›designation in S‹ or ›true in S‹. Pure semantics consists of definitions of this kind and their consequences ... it is entirely analytic and without factual content. (Carnap 1942: 12)

Zu den semantischen Regeln für eine Sprache *S* wurden später noch Bedeutungs- oder Analytizitäts (*A*)-Postulate hinzugenommen (Carnap 1972b; 1969: 225 ff.). Sie legen Bedeutungsrelationen zwischen Prädikaten fest; zum Beispiel: »$\bigwedge x$ (Junggeselle $x \rightarrow \neg$ verheiratet x)«.

Der Begriff der Analytizität wird von Carnap nur für formalisierte Sprachen exakt definiert (zum Beispiel in Carnap 1963: 901). Seine Anwendung in natürlichen Sprachen und damit auch der jeweils letzten Metasprache kann bloß nach einem intuitiven Vorverständnis erfolgen, das allerdings auch der Leitfaden für exakte Definitionen ist (a.a.O.: 919). Auf diesem beruht die Qualifikation der Metatheorie als analytisch. Da das empiristische Sinnkriterium zur Metatheorie gehört, müßte es, entgegen einer viel verbreiteten Auffassung, ebenfalls analytisch sein, was Carnap auch behauptet (a.a.O.: 917). Damit ist es faktisch zu einem *Abgrenzungskriterium* oder einer Abgrenzungsnorm geworden.

Carnaps Ausführungen über die Bestimmung von Objektbereichen für linguistische Rahmenwerke werfen die Frage auf, ob zu den *A*-Postulaten – wenn an der vollständige Disjunktion »analytisch-synthetisch a posteriori« festgehalten werden soll – nicht auch Aussagen gehören müßten, denen neben ihrer semantischen eine gegenstandskonstitutive Funktion zukommt.

3.4. Kritik abstrakter Entitäten

Dieses Problem ist im Zusammenhang mit Einwänden gegen die Einführung abstrakter Entitäten als Designata in Carnaps Semantik zu sehen. Sie stieß von Anfang an auf die Kritik empiristischer Gesinnungsfreunde. O. Neurath verstand *Introduction to Semantics* (1942) als Abweichung vom Empirismus und Erneuerung der Aristotelischen Metaphysik. Er schrieb in einem Brief an Carnap vom 1.4.1944:

> I have the feeling to continue your Logical Syntax period, before you became Tarskisized with Aristotelian flavour (which I detest). (R. Hegselmann 1985: 283)

Im Gegensatz dazu deutet G. Bar-Elli (1986: 315) Carnaps Semantik als »disontologised«. Die Referenzrelation »should not be taken too seriously«. Sie besagt: Ein Ausdruck hat eine Extension oder Intension, »which really means that the designator in question is equivalent, or L-equivalent, to some other designator« (317). Diese Begriffe werden auf die der Wahrheit und *L*-Wahrheit zurückgeführt. »Wahrheit« wird als undefinierter Grundbegriff unterstellt. Dies scheint darauf hinauszulaufen, daß der wissenschaftliche Kern von Carnaps Semantik nicht denotationell ist. Dann wären die meisten Kapitel in Carnap (1972) unwissenschaftliches Beiwerk. In Wahrheit ist diese Schrift wie Carnap (1942) interpretationssemantisch konzipiert. Bar-Elli zum Beispiel ignoriert die Voraussetzung der Bereiche von Entitäten und Bezeichnungsregeln der Wahrheitsregeln für Atomsätze und quantifizierte Sätze (Carnap 1972: 6; 1942: 24, 32, 46 ff.).

Zum Verständnis von Ausdrücken wie »Begriff« oder »Proposition« genügen nach Carnap streng genommen die Regeln, mit denen sie in eine bestimmte Sprache eingeführt werden. Trotzdem gibt er einige »formlose« Erklärungen (Carnap 1972: 25 ff., 35 ff.), in denen u.a. betont wird, daß jene Entitäten nicht als psychologische Zustände, sondern etwas Objektives zu verstehen sind. Carnap wendet sich einerseits gegen die Hypostasierung von Wesenheiten (Extensionen und Intensionen) zu etwas Sprachunabhängigem (28, 56). Wenn er sagt, daß es sich bei der Unterscheidung von Klassen und Eigenschaften nur um »die Einführung von zwei Sprechweisen« handelt (22), so wird damit andererseits nicht etwa die Referenzrelation auf abstrakte Entitäten in Frage gestellt, sondern auf die Möglichkeit der Reduktion von Extensionen auf Intensionen hingewiesen (181 ff.).

Carnaps Kritiker waren mit der Zurückweisung von Hypostasierungen nicht zufrieden zu stellen. Denn sie störte insbesondere die Annahme von Intensionen. Nach G. Ryle (1949) manifestiert sich in Carnaps Ansatz eine antiquierte Semantik, die nach dem »Fido«-Fido-Prinzip sinnhafte Ausdrücke mit Namen gleichsetzt. Als Erwiderung veröffentlichte Carnap 1950 den für seine Position aufschlußreichen Artikel »Empiricism, Semantics, and Ontology« (deutsch 1972 a).

3.5. Linguistische Rahmenwerke

Die Argumentation in dieser Arbeit kann im Sinne der Interpretation Nortons ohne wesentlichen Bezug zum Verifikationismus verstanden werden. Ausgangspunkt ist der Unterschied zwischen externen und internen Existenzfragen und -aussagen. Letztere werden innerhalb einer akzeptierten Sprachform gestellt und lassen sich mit Hilfe von Kriterien, die in ihr festgelegt sind, entscheiden; zum Beispiel: »Gibt es Primzahlen?«, »Gibt es Elektronen?«. Mit externen Existenzfragen beschäftigen sich in der Regel nur Philosophen. Denn sie beziehen sich auf Systeme von Entitäten, die mit Hilfe von Begriffen, die man gewöhnlich Kategorien nennt, gekennzeichnet sind, zum Beispiel »Gibt es Zahlen?«, »Gibt es Dinge?«. Theoretisch verstanden handelt es sich um falsch gestellte Fragen. Richtig formuliert haben sie einen praktischen Sinn, da sie dann das Problem stellen, ob zur verwendeten Sprache ein neues Sprachfragment oder Rahmenwerk hinzukommen soll, mit dem ein neuer Typus von Variablen, die über einen Bereich von Entitäten laufen und eine neue Satzform, zum Beispiel »... ist eine Proposition«, eingeführt werden. Als weitere Komponenten werden genannt »Regeln für die Bildung von Aussagen und für deren Prüfen, Annehmen oder Verwerfen« (Carnap 1972a: 260/261); von Maxwell (1962a) eine deduktive Logik und *A*-Postulate.

Dieses Verständnis der externen Fragen erinnert an die Umdeutung metaphysischer in quasi-syntaktische Sätze in Carnap (1934). Zu diesen gehören auch Sätze mit »Allwörtern« (Ding, Eigenschaft, Zahl u.a.); zum Beispiel: »Der Mond ist ein Ding«. Den akzeptablen Gehalt dieses Satzes drückt unverhüllt sein Korrelat in formaler Redeweise aus: »›Mond‹ ist ein Dingwort«.

3.6. Semantik und Erkenntnistheorie

Trotz dieser Parallele besteht zwischen den Transformationen ontologischer in linguistische Aussagen in Carnap (1934) und (1972a) ein wesentlicher Unterschied, der durch die Einbeziehung der Semantik in die Sprachanalyse bedingt ist. Carnap rechnet sich offenbar nicht selbst zu den in (1972a: 257) erwähnten Empiristen, die, um abstrakte Entitäten zu vermeiden, zu einer streng formalistischen Auffassung der Mathematik gelangt sind, obwohl er in (1934) dieser Ansicht sehr nahe gestanden hat (V. Kraft 1950: 76-7). Denn

> wenn jemand ein Rahmenwerk für eine gewisse Art von Wesenheiten akzeptiert, dann ist er gebunden, die Entitäten als mögliche Designata zuzulassen. So wird die Frage der Zulässigkeit von Wesenheiten eines gewissen Typs oder abstrakter Entitäten im allgemeinen als Designata auf die Frage der Annehmbarkeit des sprachlichen Rahmenwerks für jene Entitäten reduziert (1972a: 273).

Die nichtlinguistischen Korrelate der Rahmenwerke werden betont durch die Aufgabe der substitutionellen zugunsten der objektuellen Quantifikation und der analogen Ersetzung der Zustandsbeschreibungen durch Modelle (mögliche Welten) (Carnap 1963: 891). Die Akzeptanz von Rahmenwerken richtet sich aber nicht nach Gegenstandsbereichen, die unabhängig von ihnen existieren und von uns entdeckt werden, sondern ist zu einem erheblichen Teil durch die pragmatischen Gründe der Einfachheit, Brauchbarkeit und Fruchtbarkeit hinsichtlich der Realisierung von Zwecken bestimmt. Rahmenwerke sind Mittel. Ihre Rechtfertigung gehört in das Gebiet der instrumentellen Rationalität. Soll ein Realismus sprachunabhängiger Entitäten vermieden und sollen gleichzeitig Bereiche nichtlinguistischer Wesenheiten von Rahmenwerken angenommen werden, dann müssen beide in einer notwendigen Beziehung zueinander stehen. Mit der Annahme von Rahmenwerken werden *auch* die korrespondierenden Objektbereiche gesetzt. Es geht hier nicht um die öfter erörterte Frage, ob das Referieren auf Gegenstände nur mit sprachlichen Mitteln oder auch außersprachlich erfolgen kann, sondern um die Voraussetzungen solchen Bezugs und damit um eine erkenntnistheoretische Fundierung der Semantik. Denn diese nimmt vorgegebene Objektbereiche an und ist epistemisch neutral, das heißt bezüglich der Auffassung dieser Bereiche im Sinne von Realismen, Idealismen oder der Verwerfung dieser Standpunkte als Scheinthesen im logischen Positivismus (Stegmüller 1957: 235-36). Ob letztere auch von Carnap vertretene Auffassung mit seinen Ausführungen über Rahmenwerke verträglich ist, erscheint fraglich, jedenfalls wenn man die vorgeschlagene Interpretation akzeptiert. Diese ist jedoch mit der Restriktion des Verifikationismus auf objektsprachliche Theorien vereinbar. In ihrer Sicht enthält Carnap (1972a) einen erkenntnistheoretischen Ansatz, den man *linguistischen Internalismus* nennen könnte. Er kommt in Esslers Klassifikation möglicher Standpunkte zum Universalienproblem dem hypothetischen Platonismus nahe. In diesem wird nicht eine vorgegebene ontologische Struktur durch eine Sprache repräsentiert, sondern »durch die Schaffung der Sprache überhaupt erst *angenommen*« (Essler 1972: 202). Solche Annahmen können revidiert oder ganz preisgegeben werden, was ebenfalls den Ansichten Carnaps entspricht. Nach dem Toleranzprinzip darf auch ein konstruktivistischer Konzeptualismus, etwa in der Mathematik, nach dem die Entitäten nicht bereits mit der Sprachstruktur gesetzt sind, sondern von Ausdrücken und deren Gebrauchsregeln abhängen, ebenso eine nominalistische Sprache/Ontologie nicht ausgeschlossen werden. Im Zweistufensystem der Wissenschaftssprache ist zum Beispiel die Beobachtungssprache nominalistisch konzipiert.

Weder die Verwendung nicht nominalistischer Designatoren noch die Quantifikation über Bereiche abstrakter Gegenstände rechtfertigen nach Carnap den Einwand einer absolutistischen Metaphysik. Sie beruht vielmehr auf der Überzeugung, wir könnten Entitäten, gleich welcher Art, die unabhängig von Rahmenwerken existieren, sprachlich erfassen und erkennen. Denkt man abstrakte Gegenstände auf diese Weise, dann ist es naheliegend, eine Kausalbeziehung zwischen ihnen und Personen anzunehmen, um die Möglichkeit ihrer kognitiven Erfassung verständlich zu machen. Das meint Carnap vornehmlich mit »Hypostasierung« (abstrakter Wesenheiten), nach ihm ein typisches Merkmal des Platonismus. So hat zum Beispiel Frege eine einseitige Einwirkung von Gedanken auf den Erkennenden angenommen oder wenigstens erwogen (Frege 1966: 53; W. Künne 1983: 141 ff.). Andererseits glaubt Carnap (1963: 924-5), daß man bestimmte psychologische Begriffe als nicht kausale Relationen zwischen Personen und abstrakten Entitäten angemessen rekonstruieren kann.

3.7. Gegenstandsbereiche

Die Beschreibung der Rahmenwerke in Carnap (1972a) ist im wesentlichen programmatisch. Er begnügt sich oft mit kurzen Hinweisen und Andeutungen, die einen erheblichen Spielraum von Spezifizierungsmöglichkeiten offen lassen. Die obige Charakterisierung von Objektbereichen durch Kategorien hätte deren Funktion näher bestimmen. Der Hinweis, daß Kategorien sehr allgemeine Begriffe sind, genügt sicher nicht. Ebenfalls wäre ihre Gleichsetzung mit Satzformen der Art »... ist Element der n-ten Stufe« (n≥0) im Sinne der einfachen Typentheorie wenig hilfreich. Denn einmal dürften wegen des Toleranzprinzips typenfreie Sprachen nicht ausgeschlossen werden. Zum anderen kann man sich leicht eine Sprache vorstellen, bei der die Gegenstände einer bestimmten Stufe kategorial gegliedert sind, zum Beispiel auf der Stufe 0: natürliche Zahlen (in formalistischem Sinne), physische Gegenstände und psychische Ereignisse. Am überzeugendsten scheint die Auffassung von W. Carl (1974: § 5-7) zu sein, nach der die primäre Funktion der hier interessierenden Kategorien in der Individuation von Gegenständen besteht. Objekte verschiedener Bereiche unterliegen verschiedenen Individuationsprinzipien. Sie sind bereichsspezifische Identitätsbedingungen im Gegensatz zum Leibnizprinzip, das für beliebige Entitäten gilt. Klassen weden zum Beispiel durch ihre Extensionen individuiert bzw. identifiziert. Die Peano-Axiome legen strukturelle Individuations- bzw. Identitätsbedingungen für die natürlichen Zahlen fest, indem sie eine Vielheit isomorpher Modelle bestimmen. Sie sind alle Progressionen, das heißt diskrete lineare Ordnungen, die eine Anfangsposition, aber kein Ende haben. In einer entsprechenden Sprache (zum Beispiel S_3 in Carnap 1972: 94ff.) gilt das Unendlichkeitsaxiom als *L*-wahr.

Bei manchen Entitäten führt die Diskussion um Individuationsbedingungen zu kontroversen Ansichten. Die Ablehnung intensionaler Objekte wird meistens damit begründet, daß wir hier über keine klaren Individuationsbedingungen verfügen. Hält man die »Deduktion« von Kategorien aus einem übergeordneten Prinzip für unmöglich, dann muß sich die Festlegung von Individuationsbedingungen am faktischen Sprachgebrauch im Alltag und in der Wissenschaft orientieren. Sie wäre dann als Explikation im Sinne Carnaps zu verstehen. Da ein Explikandum vielfach mehrere Explikata haben kann, ist damit auch bei den Individuationsbedingungen zu rechnen. Besonders offenkundig zeigt sich dies bei verschiedenen Definitionen der Kategorie »Ereignis«. Sie können durch verschiedene Zwecke motiviert sein. So konstruierten R. Brandt und J. Kim (1967) ursprünglich eine feinkörnige Ereignisdefinition, um mit ihr den Begriff »Identität« in psycho-physischen Identitätstheorien zu präzisieren .

Die rekonstruktive Klärung von Individuationsbedingungen fügt sich gut in das Rekonstruktionsprogramm der Carnapschen Wissenschaftstheorie und Semantik ein. Da er für neue Entitätenbereiche neue Arten von Variablen einführt, kann man annehmen, daß er eine mehrsortige Sprache für das geeignetste Darstellungsmittel hält. Sie ist aber keine notwendige Bedingung der Formalisierung von Rahmenwerken, da eine mehrsortige Logik bei der Wahl geeigneter Prädikate durch eine ausdrucksmäßig und deduktiv gleichwertige einsortige Logik ersetzt werden kann (A. Schmidt 1951).

3.8. Ontologische Existenzaussagen

Carnap erwähnt auch empirische Rahmenwerke und korrespondierende Systeme von Entitäten: der räumlich-zeitlichen Dinge, der Raum-Zeitpunkte der Physik, der Dingeigenschaften und der phänomenalistischen Daten. Hier ergeben sich besondere Probleme bei Existenzaussagen mit kategorialen Prädikaten, die ich mit Norton ontologische Existenzaussagen nennen möchte. Intern verstanden sind sie nach Camap objektsprachliche, analytische Sätze, zumindest innerhalb nicht empirischer Rahmenwerke (zum Beispiel: »Es gibt Zahlen«). Über den logischen Charakter entsprechender Existenzaussagen in empirischen Sprachen (zum Beispiel: »Es gibt Dinge«, »Es gibt Sinnesdaten«) hat er sich in einem Gespräch mit Norton (a.a.O.: 82) nicht eindeutig festgelegt. Nach S. Haack sind solche Aussagen nach denselben Akzeptanz- und Verwerfungsregeln zu beurteilen wie andere empirische Existenzsätze. Daher müsse sie Carnap nicht als analytisch ansehen. »This ... would apparently allow greater freedom of postulation of abstract than of concrete entities.« (Haack 1976: 462) Dabei wird jedoch die Auswertung von Beobachtungsdaten nach jenen Regeln empirische Dinge, zum Beispiel den Organismus des Beobachters mit normal funktionierenden Sinnesorganen schon voraussetzen, übersehen. Sie eignen sich deshalb nicht zur Anwendung auf die Aussage »Es gibt Dinge«.

Die Frage, was ein Ding ist, läßt sich nur mit einer Menge von Aussagen beantworten, in denen das Prädikat »Ding« implizit definiert wird. Dazu gehören in erster Linie Sätze über Individuations- bzw. Identitätsbedingungen: Jedes Ding befindet sich zu einem bestimmten Zeitpunkt an einem bestimmten Ort, zwei Dinge können zur gleichen Zeit nicht am selben Ort sein, Dinge sind genidentisch, ferner Sätze über Raum- und Zeitbeziehungen und ggf. weitere Sätze, zum Beispiel Uniformitätsannahmen. Die in Carnap (1966^3: 166ff.) angeführten Konstitutionsprinzipien sind implizite Definitionen der Begriffe »Sehding«, »Tast-Sehding«, »Wahrnehmungsding«.

Verwendet man eine mehrsortige Sprache mit klassischer Quantorenlogik, dann sind alle ontologischen Existenzbehauptungen *L*-wahr. Denn leere Objektbereiche sind a priori ausgeschlossen. Wie Haack akzeptiert auch Norton (a.a.O.: 80ff.) dieses Ergebnis nur bei nicht empirischen Bereichen, da ihre Entitäten durch ein »linguistisches fiat« existieren. Er wählt deshalb für empirische Rahmenwerke die freie Logik, in der leere Objektbereiche nicht ausgeschlossen sind und es deshalb keine *L*-wahren Existenzaussagen gibt. Die ontologischen Existenzsätze haben dann einen faktischen Gehalt. Nach Carnaps Ansicht in (1963: 868ff.) hingegen beruhen diese Sätze ausschließlich auf linguistischen Festsetzungen.

> We ... replace the ontological theses about the reality or irreality of certain entities, theses which we regard as pseudo-theses, by proposals or decisions concerning the use of certain languages. Thus realism is replaced by the practical decision to use the reistic language, phenomenalism by the decision to use only the phenomenal language, and traditional psycho-physical dualism by the decision to use a dualistic language; and so on« (869).

Deshalb sind interne ontologische Existenzaussagen »usually analytic and trivial« (871). Norton versucht einen Ausweg mit einem doppelten Existenzbegriff. Externe (nicht metaphysische) Existenzaussagen besagen nur, es stehen entsprechende Rahmenwerke zur Verfügung und sind daher immer analytisch. Interne ontologische Existenzbehauptungen sind in empirischen Rahmenwerken empirisch, folglich bei leeren Objektbereichen falsch.

> In the case of higher-order entities, like classes, numbers, etc., the adoption of a framework will imply the existence of the elements... In the case of first-order domains, however, the question of existence is *separable,* though not necessarily *separeted in practice* from the decision to adopt the framework for the entities. (Norton 1977: 87)

Nortons externer Existenzbegriff ist aber mit dem üblichen Sprachgebrauch nicht vereinbar und erinnert an den ontologischen Gottesbeweis. Das bloße Ausdenken eines Rahmenwerkes, zum Beispiel für Astralgeister, würde schon genügen, ihnen im externen Sinne Existenz zuzuschreiben.

Der Begriff der internen ontologischen Existenzaussage in empirischen Sprachen, zum Beispiel »$\bigvee x$ *Dingx*« (Abk.: $\bigvee$xPx) kann in zweifacher Weise verstanden werden:

1. Es gibt mindestens ein Ding unabhängig von der Dingsprache,
2. der ihr korrelierte Gegenstandsbereich ist nicht leer.

Dies ist genau dann der Fall, wenn die Dingsprache gut funktioniert. Auch die erste Lesart kann sich darauf stützen. Anders als 2., worauf ich später zurückkomme, ist 1. keine Interpretation, sondern eine realistische Kritik an Carnap, wie sie E.D. Klemke geübt hat.

> The fact that the thing language works better than an alternative is a fact which can be explained only by the further fact that the thing world is real (Klemke 1970: 292).

Daß Carnap diese These als kognitiv gehaltlos betrachtet, ist nur Ausdruck einer Reflexionsverweigerung. »It is merely a means of refusing to deal with the problem« (295).

Carnaps Position läßt sich jedoch auch unabhängig vom Verifikationismus verstehen. Er bestreitet nicht die hohe Leistungsfähigkeit der »Dingsprache in der üblichen Form« für die meisten Zwecke des täglichen Lebens. Sie gründet »auf dem Inhalt unserer Erfahrungen« (1972a: 261).

Aber was heißt »Inhalt unserer Erfahrungen«?

Sicher nicht »Realität der Dingwelt« in einem prälinguistischen Sinn. Ich verstehe deshalb diese Redewendung als grenzbegrifflichen Hinweis auf etwas, das wir nur mit Hilfe formaler Bestimmungen, insbesondere empirischer Dinge, die der Dingsprache korrelieren, erkennen können. Wesentlich für Carnaps Konventionalismus ist die Annahme der Unbestimmtheit der Rahmenwerke durch jenen Inhalt.

> Wir sind frei in der Wahl, den Gebrauch der Dingsprache fortzusetzen oder nicht; im letzteren Falle könnten wir uns auf eine Sprache von Sinnesdaten und anderer »phänomenaler« Wesenheiten beschränken, oder eine Alternative zu der gewöhnlichen Dingsprache mit einer anderen Struktur konstruieren, oder schließlich könnten wir uns des Sprechens enthalten (260).

Diese Alternativen ist für bestimmte Zwecke, zum Beispiel der einfachen Darstellung von regelhaften Zusammenhängen oder der Erklärung von Tatsachen, in gleichem Maße geeignet wie die geläufige Dingsprache. Problematisch ist die Behauptung unserer Freiheit im Gebrauch der Dingsprache, wenn man sie wörtlich und nicht bloß als Hinweis auf andere linguistische Möglichkeiten versteht. Denn offenbar sind gewisse korrespondierende Strukturen der Wahrnehmungswelt und der Dingsprache physiologisch bedingt. Die Wahrnehmung eines in der Zeit identischen Gegenstandes ändert sich ja nicht, wenn ich ihn als Abfolge von Perzeptionskomplexen von sehr kurzer Dauer beschreibe. Abgesehen von Aussagen über psychische Erlebnisse sind phänomenalistische Sprachen nur von erkenntnistheoretischem Interesse. In der Umgangssprache ist von roten Gegenständen, nicht von Rot-Perzeptionen die Rede.

Nach der zweiten Lesart besagt der Satz »⋁xPx« die der Dingsprache korrelierte Objektbereich ist nicht leer. Eine notwendige Bedingung hierfür und damit das Funktionieren der Dingsprache ist nach der zitierten Stelle (a.a.O.: 261) der »Inhalt unserer Erfahrungen«. Obwohl der »Inhalt« die Rahmenwerke unterbestimmt läßt, könnte er offenbar so beschaffen sein, daß die Dingsprache nicht mehr brauchbar und zugunsten einer anderen Sprachform aufzugeben wäre. Damit wäre auch »⋁xPx« widerlegt. Aber das hätte mit der Falsifikation eines nicht ontologischen Existenzsatzes (zum Beispiel: »es gibt gelbe Katzen«) in einem endlichen und überschaubaren Objektbereich nichts zu tun. Deshalb kann der interne ontologische Existenzsatz »⋁xPx« als a priori, allerdings nur bei Akzeptanz der Dingsprache, betrachtet werden. Diese Auffassung empfiehlt sich, weil sie Nortons künstliche Annahme eines doppelten ontologischen Existenzbegriffs und damit den bei Carnap gar nicht vorkommenden Begriff der externen (nicht metaphysischen) Existenzaussage überflüssig macht sowie den Unterschied ontologischer und nicht ontologischer interner Existenzsätze nicht verwischt, ohne die Rolle des Inhalts der Erfahrung zu übersehen.

Mit der Wahl der Dingsprache ist auch die apriorische Gültigkeit einer Menge von Aussagen über die Struktur der korrespondierenden Dingwelt festgesetzt. Sie müßten nach dem empiristischen Klassifikationsschema für kognitiv gehaltvolle Aussagen als *A*-Postulate eingestuft werden. Da sie sich aber von anderen *A*-Postulaten durch ihre gegenstandskonstitutive Funktion wesentlich unterscheiden, mag es angebracht sein, sie als synthetisch-apriori zu betrachten, obwohl ihre Geltung auf einer Festsetzung, der Wahl der Dingsprache bis auf Widerruf, beruht. An die Tabuisierung des synthetischen Apriori hat sich Carnap später – wie in seinen vorempiristischen Schriften – nicht mehr streng gehalten, da er die »phänomenologischen Grundpostulate«, zum Beispiel »ein und dieselbe Fläche kann zur selben Zeit nicht mehrfarbig sein«, nicht mehr als *A*-Postulate, sondern als synthetische Aussagen apriori ansah (Stegmüller 1973: 456ff.). Auch das λ-Kontinuum induktiver Methoden verweist auf das synthetische Apriori, da die Wahl einer Methode auf eine Uniformitätsannahme hinausläuft.

3.9. Rahmenwerke, Paradigmen, Theorien

Zur Rekonstruktion wissenschaftlicher Theorien wurde in den fünfziger Jahren von Carnap ein zweistufiges Sprachsystem entworfen, das aus einer reistischen Beobachtungssprache und einer theoretischen Sprache besteht. In der letzteren treten an die Stelle räumlich-zeitlich bestimmter Dinge Raum-Zeitpunkte, die als geordnete Quadrupeln reeller Zahlen verstanden werden. Ihnen bzw. Raum-Zeit-Gebieten können qualitative

Eigenschaften oder Werte theoretischer Funktionen zugeschrieben werden, zum Beispiel Temperatur, elektrische Ladung. Über die Existenz von Raum-Zeitpunkten äußert sich Carnap unmißverständlich. Sie sind gesetzt mit der Wahl der theoretischen Sprache. Die interne Aussage »Es gibt Raum-Zeitpunkte« ist daher analytisch (Carnap 1972a: 267). In der Beobachtungssprache werden die *A*-Postulate extensional, das heißt durch Anführung in einer Liste, eingeführt. Theoretische Terme haben für sich betrachtet keine Bedeutung. Sie wird ihnen durch eine Menge von Sätzen, in denen sie vorkommen, also implizit, verliehen. Wegen dieses semantischen Holismus und aus anderen Gründen haben manche Theoretiker, wie C.G. Hempel, darauf verzichtet, innerhalb der theoretischen Sprache die Bereiche des Synthetischen und Analytischen scharf abzugrenzen. Andere Autoren halten dagegen bei der Rekonstruktion von Theorien die Aussonderung von *A*-Postulaten für wünschenswert, da ihnen die wichtige Funktion der semantischen Stabilisierung theoretischer Terme zukommt. Ist ihre Bedeutung durch *A*-Postulate, das heißt eine echte Teilmenge der gesamten Satzmenge einer Theorie implizit festgelegt, dann ist sie damit auch gegenüber Änderungen im Restbereich immunisiert. Auf diese Weise verfährt zum Beispiel Maxwell (1962). Er legt einige formale und pragmatische Kriterien für die Auswahl von *A*-Postulaten fest; vor allem dürfen aus ihnen keine Beobachtungsaussagen ableitbar sein. Ein und dieselbe Theorie gestattet in der Regel mehrere Rekonstruktionen. Es ist möglich, daß ein und derselbe Satz in einer Rekonstruktion als *A*-Postulat, aber in einer anderen als synthetischen Aussage auftritt. Unter den *A*-Postulaten können sich nach Maxwell neben rein theoretischen Aussagen auch Zuordnungsregeln (mit theoretischen und Beobachtungstermen) befinden. Der problematische Punkt einer solchen Festlegung liegt in der generellen Unentscheidbarkeit der Quantorenlogik. Man kann im allgemeinen nicht mit Sicherheit sagen, ob aus einer Menge von theoretischen Sätzen und Zuordnungspostulaten keine Beobachtungsaussagen ableitbar sind.

Dieses Bedenken erübrigt sich gegenüber dem von Carnap (1969: 262 ff.) angegebenen *A*-Postulat einer Theorie *T*. Der Ramsey-Satz von *T*, *TR*, hat denselben empirischen Gehalt wie *T* und kann deshalb als die faktische Komponente von *T* angesehen werden. *T* ist *L*-äquivalent mit dem Ausdruck $TR \wedge (TR \rightarrow T)$. Deshalb liegt es nahe, das zweite Konjunktionsglied, den Carnap-Satz (*TC*), als Bedeutungskomponente oder *A*-Postulat von *T* zu bestimmen. Aus *TC* lassen sich keine Sätze der Beobachtungssprache, abgesehen von *L*-wahren Aussagen, ableiten. Die Bedeutungsfestlegung der theoretischen Terme von *T* erfolgt jetzt aber durch die ganze Theorie *T*. Jede Veränderung von *T* verändert auch *TC*, also die Bedeutung aller theoretischen Terme. Obwohl ein theoretisches Rahmenwerk keine Sache für die Ewigkeit ist, wird man von ihm eine gewisse Stabilität erwarten. Seine Akzeptanz sollte von Modifikationen und Entwicklungen einzelner Theorien nicht abhängen. Insofern eignet sich der jeweils auf eine momentanen Zustand einer Theorie bezogene Carnap-Satz dieser Theorie nicht als Bestandteil eines Rahmenwerkes.

Es ist nicht unplausibel, die theoretischen Rahmenwerke mit den Paradigmen im Sinne von T. Kuhn zu parallelisieren, wie es Norton (1977: 132 ff.) und G. A. Reisch (1991) getan haben. Carnap selbst sah Kuhns *Die Struktur wissenschaftlicher Revolutionen* nicht im Gegensatz zu seinen eigenen Ansichten und äußert sich in zwei Briefen an Kuhn anerkennend über dieses Werk (ebd.). Nach jener Parallelisierung würde sich die normale Wissenschaftsentwicklung an den Rationalitätsstandards, die in Rahmenwerken festgelegt sind, orientieren. Tiefer greifende Veränderungen oder gar wissenschaftliche Revolutionen wären in kleinerem oder größerem Umfang als Ersetzung von Rahmenwerken durch neue Wissenschaftssprachen zu rekonstruieren. Hier entsteht das Problem der externen Rationalität, das im nächsten Abschnitt zur Sprache kommt.

Wie ändert sich unser Wissen bei internen und externen Wandlungen?

Zu dieser Frage gibt Carnap nur spärliche Hinweise. Konflikte mit neuen Erfahrungen erfordern vielfach bloß Änderungen des Wahrheitswertes von Aussagen, die durch eine empirische Theorie indeterminiert sind. Solche Änderungen sind sicher intern. Andererseits können bestimmte Divergenzen mit der Empirie zu Modifikationen einer Theorie selber, unter Umständen auch zur Einführung neuer theoretischer Grundterme und neuer Postulate für sie, führen. Aber es bleibt unklar, ob bzw. inwiefern diese Umgestaltungen bereits im externen Sinn verstanden werden sollen. Reisch (1991: 271) spricht von der internen »evaluation or re-evaluation of individual statements, or sub-theories perhaps«, Carnap (1963: 921) von »certain synthetic sentences, e.g. physical postulates«, die als wahr gelten, solange eine bestimmte Sprache akzeptiert wird. Dies ließe sich so verstehen, daß man in der Rekonstruktion einer Theorie *T* gewisse zentrale Sätze, von denen man annimmt sie sind gegen empirische Widerlegungen weitgehend immun, dem entsprechenden Rahmenwerk zurechnet. Von diesem zentralen Teil von *T* könnte wieder ein Carnap-Satz gebildet werden, der eine Art Kernbedeutung der in ihm enthaltenen theoretischen Termen fixierte. Sie wäre invariant gegenüber internen Veränderungen von *T*.

In ähnlicher Weise hat schon Carnap (1923) fundamentale physikalische Theorien gedeutet. Ihre Axiome (als Festsetzungen eines Raum-Zeit- und Wirkungsgesetzes) versteht er hier als synthetische Aussagen a priori, nicht im Kantischen, sondern im konventionalistischen Sinne. Eindringend wird der Zusammenhang von Theoriekern und Spezialgesetzen im strukturalistischen Theorienmodell analysiert.

Carnap stimmt insbesondere mit Kuhn darin überein »that the development of theories is not directed toward a perfect true theory, but is a process of improvement of an instrument« (Brief vom 28.4.1962; zit. nach Reisch 1991: 267). Diese Absage an die Korrespondenztheorie der Wahrheit bzw. Verisimilitude dürfte nach dem bisher Gesagten nicht überraschen. Die instrumentelle Auffassung der Rahmenwerke darf jedoch nicht als Instrumentalismus im üblichen Sinne verstanden werden. Der theoretische Teil einer Theorie ist kein bloß syntaktischer Überbau ohne Wahrheitsbedingungen. Die theoretischen Terme haben Extensionen (Mengen von Raum-Zeit-Punkten) und eine globale Intension (*Carnap-Satz*). (Zu explizit-funktionalen Definitionen theoretischer Terme mit Hilfe von Ramsey-Sätzen siehe N. Block 1992: 169-70, D. Lewis 1983). Carnaps linguistischer Internalismus schließt die Möglichkeit eines internen Realismus bei Verwendung einer reistisch-physikalischen Sprache und eines internen Phänomenalismus, etwa als Neufassung der Konstitutionstheorie in *Der Logischen Aufbau der Welt* ein (1966[3] : XIII).

3.10. Externe Rationalität, Rationalitätsgrenzen

In bestimmten Redewendungen Carnaps, wenn er externe Fragen als nicht-kognitiv charakterisiert und sagt, »daß die Einführung der neuen Redeweisen keinerlei theoretischer Rechtfertigung bedarf, weil sie keinerlei Behauptung der Realität einschließt« (1972a: 269), sahen Kritiker eine irrationale Verkürzung philosophischer Problemstellungen. Hier müssen aber verschiedene Bedeutungen des Begriffs »irrational« auseinander gehalten werden.

Die im Abschnitt 8. erwähnte Kritik Klemkes unterstellt Carnap *Irrationalität* (1) im Sinne eines *dogmatischen Reflexionsabbruchs*. Es genügt nicht, die Dingsprache durch ihren Erfolg zu rechtfertigen. Er muß durch den Rekurs auf eine vorsprachliche Dingwelt erklärt werden. Die nicht verifikationistische Zurückweisung dieses Einwandes vom Standpunkt Carnaps aus würde darauf hinweisen, daß man eine absolute Position jenseits aller sprachlichen Perspektiven *nicht* einnehmen kann. Diese Möglichkeit wird aber von Klemke implizit unterstellt, wenn eine bestimmte empirische Sprache durch eine vorgegebene Weltstruktur ausgezeichnet werden soll. Hält man auch eine transzendentale Deduktion nicht für erfolgsversprechend, dann erscheint ihre instrumentelle Rechtfertigung geradezu unausweichlich.

In welchem Sinne kann sie, wenn überhaupt, als rational aufgefaßt werden?

Carnap versteht die Frage »Sollen wir die und die Formen in unsere Sprache einführen?« als praktisch, weil sie auf eine *Entscheidung* abzielt. Man wird aber diese von einer Antwort auf die weitere Frage »Sind unsere Erfahrungen so, daß der Gebrauch der fraglichen sprachlichen Formen zweckdienlich und fruchtbar sein wird?« abhängig machen (Carnap 1972a: 267). Diese Frage ist theoretisch aber nur graduell zu beantworten. Nach D. Goldstick (1971: 255) besagt das Toleranzprinzip »that there is a plurality of languages which are equally appriopriate theoretically for all cognitive tasks, there being absolutely nothing to choose between any two of them theoretically«. Die *Wahl einer Sprache* – nach Goldstick zugleich einer »philosophy of life« – ist *irrational* (2), da »in the end be *wholly* grounded on a free choice, a non-rational leap of faith« (1971: 254). Allenfalls kann sie in bestimmten Situationen durch pragmatische Kriterien wie Einfachheit, Fruchtbarkeit etc. beeinflußt sein.

Maxwell schränkt deren Anwendungsbreich ein. Bevor sie ins Spiel kommen, muß man erst sicherstellen, ob ein empirisches Rahmenwerk für die üblichen Zwecke der Darstellung, Erklärung und Vorhersage von Fakten »adäquat« ist. Zur Erläuterung dieses Begriffs wird nur gesagt: Eine adäquate empirische Sprache muß über Ausdrucksmittel verfügen, welche die Formulierung einer größeren Zahl von Basissätzen und die Erklärung der in ihnen ausgedrückten Fakten ermöglicht (Maxwell 1962a: 135-6). Damit soll der von Goldstick völlig vernachlässigten empirischen Komponente bei der Auswahl einer Sprachform ein gewisses Gewicht verliehen werden; was den früher erwähnten Formulierungen Carnaps eher entspricht. Unterstellt man die intersubjektive Anerkennung des Adaquatheitskriteriums und der pragmatischen Maßstäbe, so kann man beide unter dem Begriff der externen Rationalität zusammenfassen. Ihre Anwendung könnte bei einem vorgegebenen Zweck mehrere Sprachformen als gleichwertig auszeichnen. Die *Wahl einer Sprache* wäre dann *irrational* (3), da zum Beispiel durch Geschmack und Neigungen einzelner Personen bedingt.

Schließlich kann man die für die Installierung von Sprachformen vorausgesetzten *Zwecke* als *irrational* (4) ansehen. Carnaps Nonkognitivismus schließt insofern jede Art von rationaler Rechtfertigung aus. Sie ist innerhalb deskriptiver Rahmenwerke schon deswegen nicht möglich, weil nach dem Humeschen Gesetz aus einer Menge deskriptiver Aussagen keine rein normativen Sätze mit den Mitteln der deontischen Logik folgen, außer solchen, die *L*-wahr sind. Die Zwecke, um die es hier geht, sind nicht persönlicher Art, sondern biologisch vorgegeben oder durch kulturelle und wissenschaftliche Traditionen vermittelt. Deshalb besteht kein großer Spielraum für eine relativistische Aufsplitterung. Diese läßt sich aber grundsätzlich in der Epistemologie Carnaps nicht ausschließen. Denn die heterogenen Wertvorstellungen zweier völlig verschiedener Kulturen könnten auf die Wahl der Sprachformen und damit auf die internen Rationalitätsstandards durchschlagen. Die Instrumentalisierung des sprachlichen Denkens stellt also die These von der prinzipiellen Einheit der Vernunft in Frage.

Maxwell (1962: 136-7) weist auf die Beurteilung oder Modifikation eines Rahmenwerks, die nur innerhalb einer bereits akzeptierten Sprache erfolgen kann. Damit ist wieder die Unmöglichkeit eines absoluten Standpunktes angezeigt. Den Unterschied zwischen interner und externer Rationalität bringt Norton (1977: 159) auf die Fomel »... *using* a criterion and *choosing* a criterion...«. Die von ihm geforderte Reglementierung der letzteren durch präzisierte Begriffe und Entscheidungsverfahren – »the criterion used in choosing criteria, or conceptual frameworks« – ist eine Internalisierung der Metaebene. Sie erfolgt auf der Metametaebene. Wie weit man auch in dieser Weise aufsteigen mag, es muß immer eine nichtreglementierte jeweils letzte Metasprache vorausgesetzt werden. Sie in Frage zu stellen, wäre zirkulär.

Eine analoge Zirkularität impliziert der Begriff der bewußten oder unbewußten Wahl einer Sprachform. Einerseits wird sie gedacht als eine Voraussetzung dieser Form. Andererseits gehört sie, als Forschungsobjekt der Psychologie oder Neurobiologie, zum Gegenstandsbereich des Rahmenwerks, in dem diese Wissenschaften formuliert sind. Da Objektbereiche in einer notwendigen Beziehung zu linguistischen Formen stehen, kann ein und derselbe Wahlakt als Bedingung eines Rahmenwerks und zugleich durch dieses bedingt angesehen werden. Es gibt drei Möglichkeiten auf diesen Zirkel zu reagieren: Er wird beseitigt entweder durch Akzeptierung des erkenntnistheoretischen Realismus oder indem man sich auf in gewissem Sinne dasselbe Ereignis mit zwei verschiedenen Sprechweisen, einer grenzbegrifflich-epistemischen und einer objektivierend-einzelwissenschaftlichen, bezieht. Schließlich kann man den Zirkel als ein unvermeidliches Übel akzeptieren.

3.11. Verhältnis zur Transzendentalphilosophie

Nortons Monographie kommt zweifellos der Verdienst zu, auf die dominierende Rolle des konventionalistischen und metatheoretischen Motivs in Carnaps Philosophie eindringlich hingewiesen zu haben. Sie verbinden sich in Carnap (1972a) zu einem erkenntnistheoretischen Ansatz, der trotz vieler Berührungspunkte eine Alternative zum Quineschen Naturalismus und den materialistischen Richtungen der Gegenwartsphilosophie darstellt. Weiter entwickelt wurde dieser Ansatz von Essler (1972, 2001) und H. Lauener (1978, 1987, 1990, 1990a). Eine methodische Nähe besteht zur regressiven Variante der Transzendentalphilosophie, zum Beispiel in Kants *Prolegomena.* Hier wird vom faktisch vorliegenden Wissen ausgegangen und seine apriorische Struktur extrapoliert sowie in einem zweiten Schritt deren Möglichkeit durch die philosophische Hypothese des transzendentalen Idealismus verständlich gemacht. Dem entspricht bei Carnap die Artikulierung von Rahmenwerken und ihre Einführung durch *Entscheidungsakte*. Freilich steht die kontingente Vielheit der Carnapschen Sprachformen dem einen System der apriorischen Faktoren bei Kant gegenüber. Aber dieser Unterschied ist nicht von zentraler Bedeutung, solange man seine Transzendentalphilosophie regressiv versteht.

Jede Ähnlichkeit schwindet, sobald sie oder bestimmte Teile von ihr als progressive Theorie gedeutet werden, was Kants Anspruch in der *Kritik der reinen Vernunft* vielleicht eher entspricht. Carnap klammert das epistemologisch zentrale Problem der Rechtfertigung keineswegs aus und löst es hinsichtlich der Rahmenwerke durch Anwendung instrumenteller Kriterien. Das Programm der progressiven Transzendentalphilosophie hingegen verlangt, bei einem skepsisresistenten Prinzip anzusetzen und ein geschlossenes, invariantes System synthetischer Bestimmungen a priori als dessen notwendige Bedingungen »abzuleiten«. Wie diese »Ableitung«, die ja offenbar ein inhaltserweiterndes Verfahren sein müßte, auszusehen hat, scheint selbst unter Anhängern eines solchen Ansatzes unklar zu sein. Sichtlich verfügt man bisher über keine verbindlichen Regeln oder Maßstäbe. Es ist sogar umstritten, ob es überhaupt schon Realisierungen gibt. Ein wohlmeinender Kommentator räumt deshalb ein, das schöne Programm könnte ein »bloßer Traum« bleiben (R. Aschenberg 1990: 452). Solange nicht das Gegenteil überzeugend gezeigt ist, wird man im Verzicht auf Transzendentalphilosophie dieser Art kein Reflexionsdefizit sehen können.

4. Verstehen – Referenz – Wahrheit
Über Hilary Putnams Philosophie

It is my view that reviving and revitalizing the realistic spirit is the important task for a philosopher at this time.
H. Putnam

Die Philosophie der Gegenwart kennt nur wenige Philosophen, dessen Werk sich auf alle philosophischen Themen unserer Zeit erstrecken und die zugleich diskussionsbestimmend wirken. Hilary Putnam gehört zu ihnen. Seine Arbeiten beschäftigen sich sowohl mit der Sprachphilosophie, der Philosophie des Geistes und der praktische Philosophie. Zugleich legte er Untersuchungen zu besonderen Themen, wie zum Beispiel der philosophische Deutung der Quantenphysik, der Wahrscheinlichkeitstheorie, der Logik und der Philosophiegeschichte vor. Putnam ist der Urheber der beiden vorherrschenden, wenn auch nicht zu vereinbarenden, Theorien des Geistes, der des Funktionalismus und des Externalismus. Unabhängig von Kripke hat er eine neue Referenztheorie eingeführt, die kausale Theorie der Referenz. Putnam gehört neben Quine, Davidson und D. Lewis zu den Philosophen, die in der Philosophie der Gegenwart wirkungsgeschichtlich geworden sind. Im Unterschied aber zu zum Beispiel Davidson ist in der Vielfalt seiner Untersuchungen der harte Kern seiner Philosophie weniger leicht klargeschnitten erkennbar, obwohl sein philosophisches Motiv, das Problem des Realismus, durchaus deutlich hervortritt. Er hat es mittlerweile als »a long journay from realism back to realism« erläutert (Putnam 1994).

Hilfreich ist es deshalb, den Bezugsrahmen seiner Philosophie herauszufinden. Damit kann ein orientierender Beitrag für die weitere Diskussion von Putnam erbracht werden. In diesem Rahmen läßt sich Putnams Lösung der skeptischen Probleme und die Zuspitzung des Realismusproblems im Kontext einer »second naiveté« verorten. Es betrifft dies die nichtumgehbare Unterstellung der Denkunabhängigkeit und Erkennbarkeit der Welt im Bezugsrahmen der Vielfältigkeit unserer Alltagspraxis (458). Insofern ist der Bezugsrahmen seiner Philosophie auf die empirische Pragmatik des erfolgreichen Sprachverhaltens zu spezifizieren. Der Erfolg des sprachlichen und nicht-sprachlichen Verhaltens ist realistisch zu interpretieren.

Putnam hat seit den 1970er Jahren seine Philosophie fortentwickelt und modifiziert, es ist aber ein Bezugsrahmen in seiner Sprach-, Wissenschafts- und Erkenntnistheorie identifizierbar. Sie ist in dem Kontext seiner Skepsis gegenüber einer geschlossenen (analytischen) Bedeutungstheorie in der Folge von Quine belegbar. Den Bezugsrahmen seiner Philosophie finden wir durch die Entgegensetzung: – *theoretische Namen*

(Ausdrucksanalyse, epistemische Semantik): Theorie des Verstehens im Sinne des referenzfestlegenden Wissens von Sprechern, das durch die sprachliche Arbeitsteilung differenziert ist, versus *empirische Pragmatik* (Wahrheit, Referenz im Sinne eines erfolgreichen Sprachverhalten).

Den Bezugsrahmen ziehe ich dazu heran, um Putnams Analyse von kognitiven Repräsentationssystemen zu besprechen. Diese Systeme bestehen aus einer *internen* und eine *externen* Komponente. Die externe Komponente der Bestimmung des Repräsentationssystems (Wissen), betrifft die »unterliegende gemeinsame Natur« im Unterschied zu der internen Komponente, der Bezeichnung von Gegenständen, den Repräsentationsmitteln, der Begriffsschemata, der Innenperspektive der Teilnahme an einer gemeinsamen Praxis. Vorgreifend gesagt betrifft die Entgegensetzung *Verstehen* versus *Wahrheit, Referenz* eine falsche Gewichtung der Verstehenstheorie auf die referentielle Erklärung. Als Testfall seines Ansatzes eignet sich deshalb seine Analyse von Einstellungssätzen. Dies liegt nahe, da die Stereotypen die Überzeugungen des Sprechers ausgedrückt in Wörtern sind. Ich gewichte den Bezugsrahmen auf drei Punkte:

1. seine Position in der Debatte über *natürliche Arten*; sie betrifft auch seine wissenschaftstheoretische Position, da sie sich auf die Problematik der Merkmale des Ausdrucksgebrauchs bezieht, die sogenannte moderne Erklärung der Referenz sprachlicher Ausdrücke (Quine, Donnellan, Kripke),
2. seine Kritik an der *empiristischen Semantik* des logischen Empirismus des Wiener Kreises, der probabilistischen Bedeutungstheorie; sie läuft auf eine Kritik an einem Junktim zwischen Bedeutung und Überprüfung hinaus, sowie
3. seine Kritik an Tarskis *Semantik* als einer Erkenntnistheorie.

4.1. Putnams Position in der Debatte über natürliche Arten

Die traditionalen Bedeutungstheorien unterscheiden zwischen Intension und Extension. Bedeutungen oder Begriffe sind mit allgemeinen Termini und Namen assoziiert. Sie designieren oder referieren auf die Menge der Dinge, auf die sie Sprecher anwenden. Nach Donnellan, S. Kripke und Putnam haben Namen in diesem Sinn keine Bedeutung, daß sich die Extension der Merkmale von natürlichen Arten (natural kind nouns) nicht mit der Designation durch Begriffe festlegen läßt. Die Referenz von Ausdrücken wird eher durch eine kausale Referenzkette als durch Beschreibungen festgelegt. Nach Donnellan und Kripke referieren Eigennamen unabhängig von identifizierenden Beschreibungen. Referenz auf etwas ist nicht nur unabhängig von identifizierenden Beschreibungen, sondern auch Beschreibungen, die für sich stehen, sichern keine Referenz. Die Unterscheidung zwischen dem referentiellen und dem attributiven Gebrauch von bestimmten Beschreibungen (Donnellan) deckt sich auch nicht mit dem denotativen Gebrauch von Ausdrücken. Kripke spricht von starrer Bezeichnung bei dem referentiellen Gebrauch von Namen, für den eine kontrafaktische Situation in Anspruch genommen wird. Das Bestehen wesentlicher Eigenschaften, das heißt, der referentielle Gebrauch von Beschreibungen, ist durch die metaphysische Notwendigkeit der Referenz in unserem Reden über die Welt begründet. Für die Annahme einer kontrafaktischen Situation reichen die festgestellten wesentlichen Eigenschaften des Individuums aus. Alle anderen Eigenschaften können zufällig sein. Ein Name referiert demnach auf dasselbe Individuum, gleichgültig ob es die Liste der beizufügenden Beschreibungen erfüllt oder nicht. Kripke besteht auf dem Millianischen Charakter von Eigennamen als ein paradigmatisches Beispiel von rigider Designation. C. Peacocke hat von Kripkes Ansatz folgende Definition gegeben:

> (*R*) *t* is a rigid designator (in a language *L* free of both ambiguity and indexicals) if and only if: there is an object *x* such that for any sentence *G(t)* in which *t* occurs, the truth (falsity) condition for *G(t)* is that <*x*> satisfy (respectively, fail to satisfy) *G* ( ). (1975: 110)

Damit wird nach Kripke das Geist-Körper Problem gelöst. Zusammenfassend läßt sich festhalten:

1. Eigennamen sind starre Bezeichnungen und *natural kind words* referieren in derselben Weise wie Eigennamen und
2. Referenz ist abhängig von einer kausalen Referenzkette.

Hieraus folgt ein wissenschaftlicher Realismus über natürliche Arten (Quine, Kripke), das heißt, die wissenschaftliche Forschung führt zu keinem Bedeutungswandel und Forschung ist eine originäre Aktivität. Dem kann entgegengehalten werden, daß die Referenz auf Weltdinge und Weltereignisse im Rahmen fortschreitender wissenschaftlicher Forschung nicht nur die Funktion immer genauerer Beschreibungen ist. Aus dieser wissenschaftstheoretischen Überlegung folgt eine Stützung der Unterscheidung: Sinn/Bedeutung versus Referenz (-funktion) von Ausdrücken.

Putnams Begründung der Universalität der linguistischen Arbeitsteilung (soziolinguistischen Hypothesenbildung), der sogenannten »verschränkten Praktiken«, wird von ihm in einer Kritik an der Standarderklärung der Extensions-Intensionsunterscheidung eingeführt. Die Standardbedeutung von Extension (Sinn) besagt: Die Extension eines Ausdrucks (Term) ist die Menge der Dinge, auf die er zutrifft. Putnam verfeinert diese Fassung:

> strictly speaking, it is not a term, but an ordered pair consisting of a term and a ›sense‹ (or an occasion of use, or something else that distinguishes a term in one sense form the same term used in a different sense) that has an extension. (Putnam 1975, Vol. II: 217-18)

Die Standarderklärung von Extension wird von ihm in seiner allgemeinen Anwendung auf die Wörter in einer natürlichen Sprache bestritten, da sie s.E. eine zu weitgehende Idealisierungen in Anspruch nimmt (Putnam 1975: 217).

Hiervon unterscheidet sich der Fall, bei der Bedeutung eines Ausdrucks nicht seine Extension ist, sondern der mit dem Ausdruck verbundene Begriff (Intension des Ausdrucks), zum Beispiel der Begriff »Lebewesen mit Herz« ist ein anderer als der Begriff »Lebewesen mit Nieren«. Die Ausdrücke haben nicht dieselbe Intension. Sprechen wir von der unterschiedliche Bedeutung der beiden Ausdrücke, so folgt daraus die Gleichsetzung von Bedeutung und Intension: Aus der Intensionsgleichheit folgt eine Extensionsgleichheit.

> The canonical explanation of the notions ›intension‹ and ›extension‹ is very much like in one sense »meaning« means extension and in the other sense »meaning« means meaning. (Putnam 1978: 218)

Das Verstehen eines Wortes, somit die Kenntnis seiner Intension, heißt, der Sprecher befindet sich in einem bestimmten psychischen Zustand. Nach Putnam wurde das von (Sprach-)Philosophen *nicht* bezweifelt. Das führt nach ihm zu einer psychologischen Bedeutungstheorie.

Die beiden Annahmen (Bedeutungsbegriffe):

1. Ein Sprecher kennt die Bedeutung eines Ausdrucks, wenn er sich in einem bestimmten psychischen Zustand befindet und

2. die Bedeutung (Intension) eines Ausdrucks legt seine Extension fest, das heißt Gleichheit der Intension ist äquivalent der Gleichheit der Extension, sind nach Putnam das Ergebnis einer falschen Theorie, der Extensions-Intensions-Unterscheidung der überkommenen Bedeutungstheorie:

> these two assumptions are not jointly satisfied by *any* notion, let alone any notion of meaning. The traditional concept of meaning is a concept which rests on a false theory. (Putnam 1975 Vol. II: 219)

Er geht bei der Widerlegung dieser Theorie von der Konstruktion von drei Fällen aus; daraus folgert er die Hypothese der Universalität der sprachliche Arbeitsteilung:

Fall 1: Unterstellen wir, außer der uns bekannten Welt W_1 gibt es noch eine Welt W_2, die sich von W_1 dadurch unterscheidet: Die Flüssigkeit, die in der Welt W_1 und der Welt W_2 »Wasser« genannt wird, hat zwei Strukturbeschreibungen, zum Beispiel in der Welt W_1 die Strukturbescheibung H_2O und in der Welt W_2 *xy*. Unterstellt wird weiter die deskriptive Nichtunterscheidbarkeit der beide Flüssigkeiten unter Standardbedingungen. Unterschieden werden kann hierbei zum Beispiel zwischen den beiden Welten zu dem gegenwärtigen Zeitpunkt und den beiden Welten im Jahre 1220 unserer Zeitrechnung.

Fall 2: Nehmen wir an: Zwischen der Welt W_1 und der Welt W_2 besteht der Unterschied besteht, daß unsere Kennzeichnung für die beiden Metalle Aluminium und Molybdenum, die sich nur von Experten unterscheiden lassen, in der Welt W_2 vertauscht sind.

Der Unterschied zwischen beiden Fällen besteht darin: In dem *Fall 2* kann der Unterschied zwischen »Aluminium« und dem in der Welt W_2 »Aluminium« genannten Metall »Molybdenum« von einem Experten festgestellt werden. In den beiden *Fällen 1* und 2 gilt dies aus empirischen Gründen nicht. Die Chemie verfügt zum Beispiel nicht über ein entsprechendes Wissen.

Worin besteht die fabula docet?

Die Extension der beiden Ausdrücke »Wasser« und »Aluminium« sind in der Welt W_1 und der Welt W_2 different. Sie bleiben aber aufgrund unseres empirischen Wissens in ein und derselben Sprache gleich, das heißt, die Extension von Wasser war 1220 dieselbe wie im Jahre 2002. Auch dann, wenn Sprecher der Welt W_1 um 1220 über die Eigenschaft der Flüssigkeit Wasser dieselbe Annahmen unterstellen wie zum Beispiel ein zeitgenössischer Sprecher aus der Welt W_2 über die von ihm als Wasser beschriebene Flüssigkeit, so läßt sich daraus nicht dieselbe Extension des Ausdrucks »Wasser« in beiden Fällen folgern: Extensionen sind keine Funktionen von psychologischen Zuständen, das heißt aber nach Putnam: *»Meanings« just ain't in the head.*

Fall 3: Ein Sprecher *S* kann nicht zwischen einer Eiche und einer Ulme unterscheiden. In diesem Fall gilt auch die Extension von »Eiche« in dem Ideolekt des Sprechers *S* ist dieselbe wie im normalen Fall. Das gilt auch dann, wenn der Sprecher denselben Begriff von einer Eiche wie von einer Ulme hat. Wenn wir annehmen Bedeutungen seien Begriffe seien, dann legen sie nicht die Extension des Ausdrucks fest.

Nach Putnam sind die *Fälle* 2 und *3* Beispiele für die Arbeitsteilung der Sprache, das heißt, in jeder Sprachgemeinschaft sind einige Ausdrücke, deren Kriterien nur von einer echten Teilmenge der Sprecher, die sie verwenden können, überprüfbar, das heißt, die Referenzen werden von Experten festgelegt. Ein Sprecher kann zwar das Wort »Gold« kompetent gebrauchen, es folgt daraus aber nicht, daß er über das Wissen der unter Standardbedingungen festgelegten Merkmale und ihrer Überprüfung zu verfügen hat. Hierzu genügen wenige Experten. Für eine Theorie der Referenz ergibt sich nach Putnam daraus: Für den *Fall 1* lassen sich die beiden Annahmen aufstellen:

1. Die Bedeutung von Wasser ist zwar Welt-relativ aber konstant und
2. Wasser ist immer H_2O und nicht wie der Fall 1 annimmt auch *xy*.

»Wasser« hat daher in beiden Welten eine unterschiedliche Bedeutung. Für Putnam ist die zweite Annahme richtig.

Putnams Theorie der Referenz stimmt mit der Auffassung von Kripke über starre Bezeichnungen (Designatoren) und kausale Erklärung in wesentlichen Punkten überein. Er bezeichnet sein Position als einen metaphysischen Externalismus, das heißt, die Bedeutung von *natural kind words* (Begriffen) ist partiell durch die Welt selbst (Essenz/Substanzen der paradigmatischen Samples, die zugrundeliegende allgemeinen Natur) festgelegt und Referenz betrifft sozusagen die Metaphysik – *natural kind words* sind Namen, die starr designieren. Nach dem *metaphysischer Externalismus* gibt es deshalb keinen engen Inhalt (narrow content): Jeder Inhalt ist weit (*wide content*).

Putnam hat seine realistische Interpretation des Sprachgebrauchs und seinen metaphysischen Realismus einer Revision unterzogen. Unter metaphysischem Realismus sind die beiden Annahmen zu verstehen:

1. Die Welt besteht aus einer Gesamtheit von repräsentationsunabhängigen Objekten,

2. Es gibt genau eine vollständige und wahre Beschreibung der Welt,

3. Wahrheit ist Korrespondenz mit der Welt.

Die Gegenpositionen sind

zu 1.: Welche Gegenstände es in der Welt gibt, ist zum Teil von der Wahl unserer Repräsentationsmittel abhängig,

zu 2.: Es kann mehrere vollständige und wahre Beschreibungen der Welt geben,

zu 3.: Wahrheit ist zum Teil von der Wahl eines Begriffsschemas abhängig.

Sein Ansatz ist durch eine Gradwanderung ausgezeichnet, da seine Philosophie im Fortgang nach 1975 beides zusammenbringen möchte: »One can be both a realist and a conceptual relativist.« (Putnam 1990: 17) Erhalten bleibt aber der Ansatz, daß, obwohl Interpretation immer nur partiell sein kann, unter dem Gesichtspunkt des Erfolges für hervorgehobene Ausdrucksklassen, den natural kind terms, die mit Stereotypen korreliert sind, sozusagen *natürlich-determinierende Relationen* bestehen. Die Hypothese der linguistischen Arbeitsteilung ist von seiner Kritik an einem metaphysischen Realismus nicht betroffen. Putnams Skepsis gegen eine semantische Theorie der kausalen Kette des Wissens für die Erklärung der Referenz von Ausdrücken verbindet sich mit einer Unterscheidung zwischen *Verstehen* und der *Referenz* von Ausdrücken bzw. Verifikation (Verstehens- versus Referenztheorie):

– *Verstehen* betrifft das referenzfestlegende Wissen der sprachlichen Autoritäten, somit die sprachliche Arbeitsteilung, *Referenz* dagegen den Erfolg des Sprachverhaltens, das heißt aber, Erfolg ist nur realistisch bzw. externalistisch zu erklären.

Nicht aufgegeben wird von Putnam ein gemäßigter wissenschaftlicher Realismus und Referenz wird bei ihm durchgängig relational bestimmt. Dies betrifft die externe Komponente der Bestimmung von Wissen durch eine unterliegende gemeinsame Natur. Bedeutung ist nur noch ein technischer Begriff. Die natürlichen Arten von Wörtern der Umgangssprache sind ein Anwendungsfall der Verstehenstheorie, und das sprachtheoretische Reden von ihrer Bedeutung ist keine Ermittlung ihrer Extensionen.

Die Untersuchung von Bedeutungen bezieht sich auf das logische Verhalten von Ausdrucksklassen. Dieses Problem läßt sich deshalb mit der Problematik der theoretischen Termini (Ausdrücken) in der modernen Wissenschaftstheorie reinterpretieren. Der Gebrauch von *natural kind words* ist nach Maßgabe der linguistischen Arbeitsteilung mit Stereotypen assoziiert. Stereotypen sind »beliefs expressed in words« bzw. vereinfachte Theorien, die nach Putnam einen linguistisch verpflichtenden Status haben. Das für den Ausdrucksgebrauch relevante Wissen stellt sich somit in der Form idealisierter Überzeugungen dar. Aus der Rahmentheorie »Verstehen versus Referenz« folgt Putnams Einführung seiner übergreifenden wahrheits- und geltungstheoretischen Orientierung an dem Begriff der rationalen Akzeptierbarkeit, dem *Realism with a Human Face*, da Verstehen nach seiner Konzeption mit Interessen verbunden ist. Das muß man nicht generell bestreiten, auch die radikale Interpretation setzt ein Interesse an dem Verstehen eines Sprechers voraus. Es ist dies ein alter hermeneutischer Grundsatz.

Offen bleibt bei Putnam die Frage nach der Auffassung von propositionalen Einstellungen. Das verwundet um so mehr, da es sich bei Stereotypen um solche Einstellungen handelt. Als Kriterium des umgangssprachlichen Gebrauchs der Ausdrücke bzw. Sätze über propositionale Einstellungen wird die Theoriekonstruktion herangezogen und zwar analog zu dem Problem der theoretischen Termini. Die Verstehenstheorie betrifft dann nach Putnam die Bildung von empirischen Hypothesen über das Sprachverhalten. Dagegen ist einwenden, wenn das Ausdrucksverstehen *ohne* die Festlegung der Extension der Ausdrucksklassen auskommt (erfolgreicher Gebrauch), dann *verliert* Referenz damit die Funktion als semantische Basis. Es gibt dann *keinen* systematischen Übergang *von* dem Verstehen von Ausdrücken *zu* dem erfolgreichem Sprachverhalten, das auf Wahrheit als einem pragmatischen und nicht als einem semantischen Begriff basiert.

Entscheidend ist für Putnams Position die Beschränkung bei der Analyse von Einstellungen (Stereotypen) auf Sätze, die natural kinds words enthalten. Sein Ausgangspunkt unterscheidet sich darin von der radikalen Interpretation und ihrer wahrheitszentrierten Sprachtheorie. Diese Einstellungen sind trivialer Weise immer *de re*. Die Grenzen von Putnams Ansatz werden an der Opposition »Verstehen versus Referenz

(Wahrheit)« deutlich, da er die Verstehenstheorie auf eine referentielle Erklärung gewichtet. Putnam untersucht nicht die Zuschreibung von propositionalen Einstellungen bzw. die Semantik der Sätze dieser Zuschreibung. Es ist somit nicht geklärt, *wie sich grundsätzlich der Bezug von Sprechern auf Sprache – als eine Einstellung de dicto – im Rahmen seiner Rahmentheorie »Verstehen versus Referenz (Wahrheit)« erklären läßt*. Bei Einstellungssätzen, die *natural kind words* enthalten, ist zum Beispiel bei Putnam der Bezug auf die sprachliche Bindung ausdrücklich ausgeschaltet. Dies hängt mit seiner problematischen Konzeption von Referenz als einer Relation zusammen, das heißt aber, die Einstellungszuschreibung kann nicht (generell) als Zuschreibung eines individuellen mentalen bzw. epistemischen Zustandes im Rahmen einer referentiellen Erklärung erfolgen.

4.2. Putnams Kritik an der empiristischen Semantik des logischen Empirismus des Wiener Kreises

In der Entwicklung der sprachanalytischen Philosophie lassen sich rückblickend drei Momente nicht immer genau trennen: allgemein *wissenschaftstheoretische* Überlegungen, *methodologische* Argumente zugunsten bestimmter sprachtheoretischer Begriffe und Auffassungen und Ausführungen zu einer *Theorie* der Umgangssprache. Im Rahmen der empiristischen Semantik des logischen Empirismus wurde zumindest unter den folgenden Gesichtspunkten *Verstehen* in Termini von Bedeutung sprachlicher Ausdrücke zugeordnet:

1. abhängig von der wahrheitsfunktionalen Verknüpfung von Sätzen,
2. beschränkt durch die Restriktion auf ein Vokabular, das heißt den Prädikationen in einer bestimmten Sprache und
3. ausgewiesen durch eine semantische Technik (Extension und Intension).

Ausgehend von der Signifikanz von Ausdrucksklassen für den Bezugrahmen einer Theorie des Sprachverstehens stellte sich in der Problemsituation der analytischen Philosophie die wissenschaftstheoretisch motivierte Frage nach dem Bedeutungswandel der empirischen Wissenschaften. Referenz wird als notwendig Bezugnahme verstanden und ein semantischer Weg der Referenz von den Intensionen zu den Extensionen entfällt. Dafür lassen sich nur bestimmte Ausdrucksklassen auszeichnen. Der Bezugsrahmen für eine solche Auszeichnung ist eine kausale Kette des Wissens. Die probabilistische Theorie der Bedeutung des logischen Empirismus (Carnap, Reichenbach), die Wahrscheinlichkeit auf eine Elementarsprache bezieht, geht nach Putnam von zwei unhaltbaren Grundsätzen aus: Jeder bedeutungsvolle Satz hat seine

Geltung durch seine Bestätigung in Beobachtungssituationen und jeder Bedeutungsunterschied eines Satzes ist durch einen Unterschied der Geltung in Beobachtungssituationen zu erklären (Geltung=Verifikation).

Nach Putnam leisten die verifikationistischen und probablistischen Auffassungen nur einen Beitrag zur Verstehenstheorie (vgl. dazu »The ›Corroboration‹ of Theories« 1974, »Probability and Confirmation« 1963, »What Theories are not« 1962, »Degree of Confirmation and Inductive Logic« 1962, in: Putnam 1975, Vol. I).

Aus seiner Rahmentheorie – theoretische Namen (Ausdrucksanalyse, epistemische Semantik) versus empirische Pragmatik (Wahrheit, Referenz, erfolgreiches Sprachverhalten) folgert Putnam das Scheitern der traditionellen Bedeutungstheorie, welche die Bestimmung der Extension durch die Intension eines Ausdrucks folgendermaßen rekonstruiert: Die Analyse der Bedeutung des Ausdrucks schließt die Angabe der Kriterien der Extensionsfeststellung ein. Für Putnam ist Bedeutung nur noch ein technischer Begriff der Sprachphilosophen. Die Theorie des Verstehens als eine verifikationistische Semantik bezieht sich auf die methodische Funktion von umgangssprachlichen Ausdrücken bzw. Begriffen analog zu der Behandlung theoretischer Termini in der modernen Wissenschaftstheorie. Die linguistische Arbeitsteilung manifestiert sich in der inhomogenen Zuordnung von Stereotypen und Tests zum Ausdrucksverstehen. Das Kennen der Normalform-Beschreibung deckt sich dann mit der wissenschaftlich relevanten Bedeutung des Ausdrucks. Die Theorie des Gebrauchs beschreibt das erfolgreiche Verhalten der Sprachbenutzer. *Die Begriffe Wahrheit, Referenz und Korrespondenz erklären, das heißt, machen den Beitrag der Sprache zu dem Erfolg des Gesamtverhaltens verständlich.* Darin besteht das Neue von Putnams Ansatz. Die Unterscheidung zwischen der Theorie des Verstehens und der Theorie des Sprachgebrauchs folgert Putnam aus dem Scheitern der kausalen Referenztheorie: Kritik an einem metaphysischen Realismus. Die Berufung auf Ursachen scheint ihm das eindeutige Beziehen durch die Sprache auf etwas nicht mehr zu erklären.

Wie wird die Frage nach dem *Sinn* (Bedeutung) theoretischer Termini als *Namen* beantwortet?

Ihr Sinn besteht nicht mehr darin, ihren Anteil an explanatorisch starken Theorien zu rekonstruieren, sondern ihr Verstehen wird durch die linguistische Arbeitsteilung auf die Beschreibung des Verhaltens, einschließlich des Sprachverhaltens, projiziert. Nach Carnap besteht die Bedeutung theoretischer Ausdrücke in der Menge von Sätzen, in denen sie auftreten, sie sind implizit definiert und die Bedeutungsfestlegung erfolgt durch die ganze Theorie. Diese Ausdrücke haben deshalb, da sie die Prognosevalidität nicht erhöhen, keine empirische Signifikanz. *Linguistische Arbeitsteilung ist dagegen ein semantischer Begriff.* Er erläutert die Beziehung zwischen Ausdrücken und den verschiedenen Techniken der Verifikation. Diese – Stereotypen und Tests – sind Methoden und keine Wahrheitsbedingungen. Der erfolgreiche Gebrauch, das heißt, die gelingende Referenz von Sprechern, hat keine wahrheitsfunktionale Beziehung zu der Theorie, die sie den verwendeten Ausdrücken Methoden zuordnet. Referenz läßt sich deshalb nach Putnam nicht auf Prädikation zurückführen. Nach Putnam hat somit Verstehen weniger mit Wahrheit zu tun, als es in der Sprachphilosophie normalerweise angenommen wurde. Deshalb sind Verstehen und Referenz (Wahrheit) als Teiltheorien der Bedeutungstheorie nach ihren begrifflichen Brennpunkten zu unterscheiden. Für die Verstehenstheorie ist die linguistische Arbeitsteilung heranzuziehen, welche als eine Art von Verweisungszusammenhang für ein referenzfestlegendes Wissen von Sprechern in einer gegebenen Sprachgemeinschaft einzustufen ist. Die Feststellung dieses Wissens hat sozusagen einen sozialwissenschaftlichen Charakter. Die Theorie der Referenz (Wahrheit) betrifft dagegen den Anteil des Gebrauchs einer natürlichen Sprache am Erfolg des (Sprach-) Verhaltens.

Putnams Kritik an dem logischen Empirismus, insbesondere an Carnap, bringt jedoch den überlieferten Problembestand durch die Gewichtung auf eine Kritik an der empiristische Semantik zu einseitig ins Spiel. Carnaps Konzeption der Rahmenwerke könnte man als einen linguistischen Internalismus (Rogler, in diesem Buch) oder als hypothetischen Platonismus (Suppositionalismus) (Essler) interpretieren. Diese Reinterpretationen besagen vereinfacht: Die Rahmenwerke repräsentieren nicht eine gegebene ontologische Struktur, sondern sie wird durch die Interpretation des linguistischen Rahmenwerks angenommen. Wir sind nicht auf eine einzige Ontologie festgelegt. Diese Annahmen können ihrerseits wieder korrigiert werden (Toleranzprinzip). Ziehen wir diesen Ansatz heran, dann ergibt sich eine überraschende Konsequenz für die Semantik von *natural kind words*: Die naturals kind terms sind leer, da die Designata dieser Ausdrücke, die zugrundeliegende Natur, erst durch die in dem Rahmenwerk eingeführten und interpretierten Ausdrücke zu erfassen und zu erkennen ist.

4.3. Putnams Kritik der semantischen Wahrheitstheorie als einer Erkenntnistheorie

Eine semantische Wahrheitstheorie verfügt nach Putnam nur über einen technischen Begriff von Wahrheit (Putnam 1978: 9-80). Dies erörterte Putnam an dem Verhältnis von Bedeutung und Überprüfung im logischen Empirismus als eines semantischen Empirismus. Wenn ein Beutungstheoretiker der Auffassung das Bedeutungsverstehen besteht in der Fähigkeit, die Extension von Ausdrücken festzulegen, dann bedarf es eines stärkeren Wahrheitsbegriffs. Diese Sachverhalt betrifft die logische Beziehung zwischen Intension und Extension im Sinne einer schließenden Beziehung.

Aus der Problemsituation der Bedeutungstheorie in der analytischen Philosophie ergibt sich für Putnam das Folgeproblem Wahrheit als eine Eigenschaft von Aussagen (Sätzen) und die Kriterien der rationalen Akzeptierbarkeit als ein zeitlicher und personaler Parameter, als zwei getrennte Begriffe aufeinander zu beziehen. Er unternimmt die rationale Akzeptierbarkeit als das einzige Kriterium für das ist, was als eine Tatsache gilt, nachzuweisen. Dabei berücksichtigt er dem Umstand der rationalen Akzeptanz eine Aussage zu einem gegebenen Zeitpunkt, obwohl sie nicht »wahr« ist. Rationalität gilt ihm als eine Fähigkeit – ein System von Fähigkeiten –, die Personen, die über sie verfügen, in die Lage zu versetzen, auszumachen, welche Fragen relevant und welche Antworten akzeptabel zu begründen (zu rechtfertigten) sind. Der Anspruch seiner Argumentation ist es, eine verständliche und menschliche Beschreibung von Vernunft zu geben. Sie geht von einem Rationalitätsbegriff aus, zu dem unsere Idee des Guten und damit der Entwurf einer »höchsten Entfaltung des Menschen« gehört. Aus seiner Sicht geht das Erkennen über die Beschreibung durch eine wahre Theorie hinaus und die Maßstäbe von rationaler Akzeptierbarkeit sind über die wissenschaftlichen Standards hinaus zu erweitern. Mit der Rede von verschiedenen Auffassungen von Rationalität wird somit der Grenzbegriff einer idealen Wahrheit gesetzt. Das ist seine Auffassung in *Reason, Truth and History* (1981, zu Putnams Philosophie und ihren Veränderungen Schantz 1996: 287-375).

Putnam wendet sich gegen die Sinnesdatentheorie, den metaphysischen Realismus, die Dichotomie zwischen Tatsachen- versus Werturteilen als eine kulturelle Institution, die Dichotomie Kulturrelativismus (Historismus) versus unveränderliche Rationalitätsgrundsätze und gegen einen sich-selbst-widerlegenden Relativismus. Lehrreich ist Putnams Argumentation deshalb, da er das Rationalitätsproblem als ein Problem des Zeichenverstehens stellt. Dabei geht er von dem sprachphilosophischen Befund aus, daß ein einheitlicher Begriff der Bedeutung zerbrochen ist.

Putnams Kritik an der anerkannten Auffassung der Festlegung der Intension und Extension von einzelnen Ausdrücken durch die Bestimmung der Wahrheitsbedingungen für ganze Sätze besagt: Die Festlegung der Wahrheitswerte ganzer Sätze bestimmt nicht den Bezug und zwar auch dann nicht, wenn Wahrheitswerte für Sätze in möglichen Welten angegeben werden. Die traditionale Bedeutungstheorie ging von der Bestimmung der notationale Welt einer Person durch die Intension ihrer Termini aus. Dies legt, zusammen mit dem Umstand des tatsächlichen Bestehens einer bestimmten mögliche Welt *W*, die Extension der Termini und den Wahrheitswert festlegt. Putnam führt demgegenüber einen Beweis, daß gleichgültig, wie die richtigen Wahrheitswerte herausgegriffen werden, sich in jedem Fall eine nicht festgelegte Interpretation von Prädikaten einer Sprache geben läßt, durch die den Sätzen in möglichen Welten die richtigen Wahrheitswerte zugeschrieben werden (Putnam 1981, dt. 1982: 286-287). Putnams Kritik an einem »›radically non-epistemic‹ view of truth« setzt sich aus Lewis (D.) Sicht dem Einwand aus:

> Internal realism, I take it, is realism feigned. The plan is to speak exactly as the realists do (except in the philosophy room – I have no idea how that lapse can be justified); and to do so in good conscience, in the hope that one's words are destined to join the ideal theory, and so are ›epistemically true'; but to do so without any intention of describing the world by saying something that will be true only if the world is one way rather than the other. (But of course the Internalist will *say* that he intends to ›describing the world ...‹. His plan is to speak exactly as the realists do!). (D. Lewis 1984: S. 231).

Das Verstehensproblem wird von Putnam an der Frage orientiert:

Wie ist Intentionalität (Referenz) im Zusammenhang mit Repräsentation möglich, sofern die Annahme eines Vermögens der Intentionalität (F. Brentano) nicht mehr überzeugend ist?

Zurückgewiesen wird eine magische Theorie der Referenz (Intentionalität), zum Beispiel zwischen Namen und Namensträger: Die physischen Bilder und die geistigen Repräsentationen (notationale Welten), auch Wörter, stehen in keinem notwendigen Zusammenhang (intrinsische Beziehung) zu dem Repräsentierten unabhängig von ihrer Verursachung und den Sprecherdispositionen. Putnam geht von der Prämisse aus, daß die Beschreibung von Referenz (Intentionalität) von einer kausalen Wechselbeziehung mit einer gegebenen Umwelt abhängt. Daran hat sich das erfolgreiche Gesamtverhalten zu bestätigen (Referenz, Wahrheit). Im Anschluß an die Geist-Körper Debatte in der analytischen Philosophie wird die Identitätsthese zwischen dem Physischen und dem Mentalen, zum Beispiel von J. J. C. Smart, und die Annahme, wir seien Gehirne in einem Gefäß, als selbstwiderlegend behauptet. Dieses Argument gilt s. E. auch dann, wenn unser Gehirn-im-Gefäß-Sein nicht gegen physikalische Gesetze verstößt und mit unseren Erfahrungen übereinstimmen würde.

Putnam teilt die Auffassungen von Wittgenstein, Ryle, Sellars, Rorty, daß weder *Sehen* noch die physiologische Beschreibung eines *Gehirnvorgangs*, einen *direkten* Zugang zur Wirklichkeit (Welt) darstellt, sondern eine Beschreibung von Gegenständen ist. Gegenüber Kuhn und dem Relativismus teilt er Quines Auffassung der Korrigierbarkeit der Verbindung von Theorie und Erfahrung. Dabei wird aus Putnams

Sicht aber keine Bedeutungsänderung angezeigt. Gegenüber einem metaphysischen Realismus vertritt er einen *internen* Realismus. Er besagt: Die Frage, aus welchen Gegenstände die Welt besteht, zum Beispiel aus materiellen Einzeldingen, Entitäten oder Relationen, kann nur im Rahmen einer Theorie bzw. einer Beschreibung gestellt werden, das heißt, es kann mehrere vollständige und wahre Beschreibungen der Welt geben. Der interne Realismus ist in dieser Hinsicht mit N. Goodmans *Ways of Worldmaking* vergleichbar. Putnam spricht im Fortgang auch von einem *pragmatic* oder *natural realism*, um seinen Ansatz terminologisch von einem direkten Realismus zu unterscheiden. Wahrheit ist demnach so etwas wie idealisierte rationale Akzeptierbarkeit (Kohärenz unserer Überzeugungen, idealisierte Überzeugungen) und keine Korrespondenz mit überzeugungsunabhängigen Sachverhalten. Ein Internalismus darf nach Putnam aber nicht als Relativismus mißdeutet werden. Die Begriffe sind Zeichen, die auf bestimmte Weise verwendet werden und keine Vorstellungsbilder. Das Kriterium der Zuschreibung eines Begriffs ist, im Anschluß an Wittgenstein, für Putnam auf der Satzebene vorzunehmen, und jede phänomenologische Untersuchung von Begriffen ist aus dieser Sicht verfehlt. Darin besteht seine Kritik an den geistigen Darbietungen.

Putnam hat im Fortgang seinen internen Realismus, der Rechtfertigung von Wahrheit unter epistemisch idealen Bedingungen, abgeschwächt. Es betrifft dies den Umstand der grundsätzlichen Unabhängigkeit der Wahrheit von unser epistemischen Kapazität. Sie kann diese sozusagen auch übersteigen. Sein pragmatischer oder natürlicher Realismus ist aber nicht mit einem metaphysischen Realismus zu verwechseln, da es keine vollständige Disjunktion zwischen Wahrheit und gerechtfertigter Behauptbarkeit geben kann. Insofern wird ein epistemologischer Skeptizismus zurückgewiesen (Schantz hat diesen Zusammenhang erhellend herausgearbeitet, 1996: 359-62). Putnam spricht nicht von einem *direkten*, sondern von einem *natürlichen* Realismus. Damit wendet er sich gegen eine *zwei* Komponententheorie bzw. gegen eine kausale Theorie der Wahrnehmung, die zwischen einen inneren Teil, den sinnlichen Erfahrungen (Sinnesdaten) in uns und einem äußeren Teil, den Gegenständen, die sie verursachen, unterscheidet. Wenn man diese epistemologische Basistheorie akzeptiert, dann stellt sich die nicht mehr lösbare Aufgabe, Intentionalität mit der kausalen Wirkung von äußeren Gegenständen und Ereignissen in Einklang zu bringen. Putnam spricht deshalb von einer magischen Theorie der Intentionalität. Unter den Sinnesdaten versteht er sowohl die Objekte der Intentionalität als auch die subjektiven (sinnlichen) Zustände (Erlebnisse). Zwar bestreitet er nicht ein phänomenales Bewußtsein, aber es hat keinen eigenständigen epistemischen Status. Es ist durch seine Intentionalität ausgezeichnet, das heißt, es besteht in der intentionalen Erfahrungen von Gesichtspunkten unserer physischen Umgebung. Deshalb nennt er seinen Ansatz *natürlichen Realismus*. Putnams natürlicher Realismus stimmt deshalb mit der Externalisierung des Geistes überein. Mit McDowell stimmt er darin überein:

> ... that is not to think of the mind as an organ at all, but as a structured system of object-involving abilities (1992b: 356).

Die Funktionsweise unseres Gehirns ist zwar eine notwendige Bedingung des Mentalen, Putnam gibt aber das funktionalistische Bild des Geistes auf, da ein Computer nicht das richtige Modell des Geistes ist. Diese Auffassung ist mit Davidsons Philosophie des Mentalen vergleichbar.

Eine Gegenposition zu Putnam, im Anschluß an Quine, liegt in der Sprachtheorie von Davidson vor, der sich gegen die Spielarten einer unreinen Sprachtheorie wendet (Rorty 1981). Nach Davidson kann Referenz nicht in Ausdrücken eines basalen Verhaltensmechanismus, seien es semantisch interpretierte Grice-Intentionen, direkte Referenz, nicht durch die Spezifikation linguistischer Begriff zu Sätzen und Wörtern einer Sprache und nicht durch die semantische Merkmale eines Basisvokabulars erklärt werden. Eine Wahrheitstheorie hat Tarskis Wahrheitskonvention zu erfüllen, das heißt, sie enthält eine rekursive Charakterisierung des Wahrheitsprädikats. Davidsons Argumente sind deshalb relevant, weil er die Anwendung der Wahrheitskonvention auf propositionale Einstellungen, kommunikative Äußerungen und Ereignisse zu spezifizieren beansprucht. Er bezieht sich dabei auf die Satzebene und schließt sich damit dem semantischen Aufstieg an (Quine). Die Anwendung des Wahrheitsbegriffs auf Sprachen ist von seinem Standpunkt aus vom Übersetzungsbegriff abhängig. Die Wahrheitskonvention ist aber nicht als ein Automatismus auf die Bedeutungsmerkmale des Sprachverhaltens anzuwenden. Nach Davidson kann man auch ohne einen generalisierten Begriff von Referenz als einer Bedingung einer adäquaten linguistischen Theorie gut leben. Es gibt keine Gründe für eine semantische Referenzrelation von Ausdrücken. Die Wortbedeutung, die Referenz und die Erfüllung benötigen wir zur Implementierung der Wahrheitstheorie. Das Referenzproblem wird durch die Unterscheidung von Erklärungen *in* einer Theorie und Erklärungen *von* einer Theorie gelöst. Kripke und Putnams kausale Theorien der Eigennamen als auch die empiristischen Bedeutungstheorien charakterisiert Davidson als eine *Bausteinetheorie* (building block theory). Er würde seine Kritik, von der Position einer holistischen Auffassung der Tarski-Konvention aus, auch auf Putnams linguistische Arbeitsteilung anwenden, da bei ihr das Problem der nicht-semantischen Evidenzen offen bleibt. Eine Bausteintheorie vergleicht er mit Quines Nichtübersetzbarkeitsthese im Hinblick auf die Zulassung verschiedener Wahrheitstheorien, die demselben Satz verschiedenen Wahrheitsbedingungen zuordnen. Insofern ist nach Davidson die Darstellung der Eliminierung der singulären Termini von Quine in *Word and Object* (1960) grundsätzlich richtig. Die Referenzausdrücke sind keine privilegierten Ausdrucksklassen, die eine Beziehung zwischen Sprache und Welt herstellen: Referenz ist verhaltensmäßig unerforschbar. Das Referenzproblem von Ausdrücken ist die Frage der Zulassung der Variabeln in einer Theorie. Für Davidson ist es aber nicht klar, ob Quine eine Theorie der Interpretation intendierte.

Bei Quine ist im Unterschied zu Davidson der Wahrheitsbegriff nicht der semantische Explikationsrahmen. Beide Ansätze gehen davon aus, dass das Bedeutungsverstehen und die Rede von Bedeutung immer in einer Relation zu (empirischen) Theorien über den Satzgebrauch untersuchen. Aus Sätzen und dem Satzgebrauch ist ihre Bedeutung nicht herausschälbar und zwar im Hinblick auf die Spezifikation eines gegenständlichen Gehalts eines Ausdrucks (*Ausdrucks-Gegenstand-Relation*) (Quine). Referenz ist als eine Beziehung von Ausdrücken und Gegenständen unerforschbar oder unbestimmt. Das würde auch für das erfolgreiche Sprachverhalten gelten. Die Rede von Bedeutung ist an die Satzbedeutung gebunden und Satzbedeutung ist mit der Überzeugung, das heißt der propositionalen Einstellung des Sprechers, untrennbar verknüpft. Der Basisausdruck für das Bedeutungsverstehen ist die Reizbedeutung (stimulus meaning, holophrastic meaning als nichtsegmentierter Stimulus). Quines Pessimismus bezieht sich auf die Möglichkeit einer geschlossenen Bedeutungstheorie. Er unterscheidet zwischen definiten und indefiniten Termini. Die fundamentale Kombination, in die singuläre und generelle Termini eintreten, findet sich in der Kontrastierung ihrer Rolle in der Prädikation. Singuläre Termini können an die Stelle der quantifizierenden Variablen treten. Definite singuläre Termini werden in der kanonischen Notation eliminiert. Die Quantifikation und das Verständnis der kanonischen Notation basiert auf den ontologischen Voraussetzungen (Commitments), das heißt letztlich den ontischen Entscheidungen. In diesem Punkt besteht zwischen Carnap und Quine kein Unterschied und zwar trotz Quines Aufgabe von Carnaps Unterscheidung zwischen *internen* und *externen* Fragen bei der Festlegung von Rahmenwerken.

Die Gegenposition zu Putnam ist für die Kritik an den Referenzmechanismus der starren Bezeichnung dahingehend informativ, da sich die Behauptung der Bestimmung des kausalen Ursprungs der Referenz und der Festlegung des Wahrheitswerts eines Satzes durch eine Überzeugung, daß … *nicht* verallgemeinern läßt (G. Evans, M. Platts).

4.4. Zu Kripkes kausaler Theorie der Referenz

Das Verständnis der Funktionsweise von Namen, sollte einfach sein. Darin ist mit Searle übereinstimmen. Sie dienen dazu, etwas bei Abwesenheit zu bezeichnen. Insofern übernehmen sie auch eine bestimmte Rolle in der Kommunikation. Die traditionelle Theorie geht davon aus, dass Eigennamen, wie z.B. »GP« äquivalent mit einer Menge von richtig interpretierten eindeutigen Prädikaten sind, die sie erfüllen. Namen sind insofern *austere predicates*. Die Beziehung zwischen Namen und die Art und Weise wie sie Entitäten bezeichnen, ist jedoch rätselhaft. Kripke und Donnellan referieren Eigennamen unabhängig von identifizierenden Beschreibungen. Puntam hat sich dem zunächst angeschlossen. Nach Donnellan geht von einer äußeren Kausalkette und einem »allwissenden Beobachter« aus, der die Sprecherreferenz desjenigen kennt, der den Namen äußert, ohne dass wir diese Referenz zu kennen brauchen. Kripke bezieht dagegen die Berücksichtigung der Sprecherintention (-referenz) ein. Die Kette ist somit unrein. Um sich Kripkes Erkenntnisinteresse bei seinem Ansatz der starren Bezeichnung zu verdeutlichen, empfiehlt es sich, ihn angemessen genug zu erfassen: »Kripke himself does not see his causal account as a *theory* given necessary and sufficient conditions for a name to refer to an object; rather, it is a *picture*. If this is designed merely to insulate the account from counter-examples, one would want to know why description accounts cannot be insulated in a similar way. A jousting contest between an unfalsifiable picture and a falsifiable theory seem a little unfair. But Kripke might have a deeper point in mind as to why his *picture* is preferable to a description picture: The causal picture achieves a greater divorce between reference and speakers' propositional attitudes than does a description picture: this not only introduces acknowledgment of the possibility of error, and of correction of error, in speakers' propositional attitudes, it also makes the act of referring to an object by using a name comparatively unreflective. To introduce in the causal picture the requirement that the speaker knows or believes the causal ancestry of the name would b e wildly implausible and would also reintroduce the problems of erroneous beliefs. It is we, as semantic theorists reflecting upon the speaker's language use, who form the appropriate beliefs about the causal ancestry; thus the way is lest open for the speaker *just* to refer to an object in the same way he *just* says things. If this is correct, Kripke's causal picture of the route to the reference appears inherently ill-suited to play the role of the Fregean notion of the route to the reference, the *sense* of the expression: for it is *knowledge* of the sense that, for the Fregean, grounds the competent speaker's understanding.« (Platts 1979: 142-43)

Dies betrifft die Geltung der beiden Grundsätze einer kausalen Stufung am Beispiel eines Referenzmechanismus für singuläre Termini als starre Bezeichnungen:

1. die Zuschreibung einer propositionalen Einstellung erfordert generell, daß der Sprecher die entsprechende Überzeugung hat, das heißt er befindet sich in einem bestimmten Zustand; somit sind diese Einstellungen etwas Wirkliches.

2. Die objektivierende Zuschreibung (Attribution) einer propositionalen Einstellung in vergleichbaren Situationen erfordert die Identifikation vergleichbarer Wirkverhältnisse.

Problematisch ist der erste Punkt, da Äußerungen sarkastisch und ironisch ausfallen können. Das kausale Modell ist nur sinnvoll, wenn aufgrund seiner *Plausibilität* propositionale Einstellungen zugeschrieben werden können, das heißt, wenn es den Status einer Rahmentheorie hat. Die Zuschreibung propositionaler Einstellungen ist nach diesem Ansatz von dem Bestehen eines kausalen Mechanismus abhängig. Prominent wurde G. Evens Madagascar-Beispiel, das die kausale Referenz in Frage stellte. Die Deskriptivisten würden das bejahen, und die Kausalisten würden das verneinen (vgl. dazu Searle 1987: 289-291). Zu den Deskriptivisten gehören z.B. Frege, Russell, Strawson und Searle. Das Problem besteht darin, ob Eigennamen ein Frege-Sinn zukommt. Nach Frege bestimmt der Sinn eines Eigennamens die Referenz. Eigennamen haben einen Sinn und eine Referenz. Der Sinn ist das, was der Sprecher weiß, wenn er die Referenz verstehen möchte.

Burge unterscheidet eine *referenzielle*, der unmittelbaren Beziehung auf die Welt, z.B. ich nehme das Buch auf dem Tisch in die Hand und sage »Das ist mein Buch« (direkte Referenz), von einer *pronominalen* Referenz, der mediatisierten Referenz durch einen linguistischen Kontext, z. B. mein Freund sagte zu mir »Gestern war der Zeitungsverkäufer betrunken« im Hinblick auf die Erinnerung derselben Erfahrung von mir und meiner Frage »Hatte der Zeitungsverkäufer eine blaue Mütze auf«. Vorausgesetzt wird dabei es handelt sich um eine wahre Geschichte. Insofern referiert meine demonstrative Referenz auf die entsprechende Person, sie ist aber durch die Äußerung des Freundes vermittelt. (Dazu Platts 1979: 155-157) Die Unterscheidung ist zwar nach Platts im Hinblick auf den linguistischen Kontext vage, aber sie ist intuitiv ausreichend. Im Falle der Rolle des referenziellen demonstrativen Konstruktion spielt die Sprecherreferenz eine Rolle. Platts notiert das Problem, inwiefern sich der Wahrheitswert des Satzes mit bei der referenziellen demonstrativen Konstruktion ändert, wenn die Referenz fehlschlägt und ob die pronominale Referenz mit Quantoren und gebundenen Variablen zu untersuchen ist? Unabhängig davon, wie Burges Ansatz mit einem wahrheitstheoretischen Ansatz in Übereinstimmung zu bringen ist, geht er von der Vereinbarkeit zwischen dem wahrheitstheoretischen Ansatz und der Einbeziehung der Analyse von Existenzsätzen mit Eigennamen aus. (vgl. dazu M. Platt 1979: 133-160, über Namen als austere predicates im Anschluß an Burge 1973: 150-57).

Tugendhat und Wolf heben hervor, dass der Irrtum der starren Bezeichnung von Namen dadurch zu erklären ist, da Kripke unter Bedeutung nur die deskriptive Bedeutung versteht. (E. Tugendhat, U. Wolf 1983: 163). Die Kennzeichnungen (bestimmte Beschreibungen) werden nach Kripke nur dazu gebraucht, die Referenz (Bezeichnung) von Namen festzulegen, sie bestimmen aber gerade nicht ihre Bedeutung. Unter Bedeutung wird von ihm *nur* die deskriptive Bedeutung verstanden. Er ist an der traditionellen Namenstheorie (Mill) orientiert, die von der unmittelbaren Zuordnung der Namen als Ausdrücke zu Gegenständen in der Taufsituation ausgeht.

Ist dieser Ansatz wirklich überzeugend? Eine Alternative zu Kripke ist Tugendhat/Wolfs Ansatz, der besagt:

> Wenn wir hingegen unter der Bedeutung der singulären Termini weiterhin ihre Verwendungsweise in singulären prädikativen Aussagen verstehen, ergibt sich (im Unterschied zu Kripke, d.V.) eine andere Konsequenz: Um die Bedeutung eines Eigenamens zu verstehen, muß man dann zwar nicht über identifizierende Kennzeichnung desjenigen Gegenstandes verfügen, für den dieser bestimmte Eigenname steht; aber man muß allgemein wissen, wie Eigennamen dazu verwendet werden, den Gegenstand, über den etwas ausgesagt werden soll, zu identifizieren (Tugendhat, Wolf 1983: 163).

Die Identifikation ist von identifizierenden Kennzeichnungen abhängig. Die Eigennamen sind gerade nicht die einfachsten identifizierenden Ausdrücke, die wir Gegenständen *unmittelbar* (direkt) zuordnen (vgl. dazu Tugendhat, Wolf 1983: 161-66, zur Kritik an der kausalen Theorie der Referenz von Namen und der Verteidigung der Beschreibungstheorie. (Searle 1987: 288-327) Nach Searle liefert die kausale Kette keine hinreichenden und notwendigen Bedingungen für die Referenzfestlegung. (Searle 1977: 295-296) Tugendhat und Wolfs Ansatz hat eine Nähe zu Burges Ansatz (1973). Um mit einem Eigennamen eine Gegenstand zu identifizieren, verwenden wir deiktische, objektiv lokalisierende Kennzeichnungen und sortale Prädikate, das heißt, die Taufe eines Gegenstands setzt bereits die Identifikation bzw. das Herausgreifen des Gegenstand durch Demonstrativa (Ostention) und lokalisierende Kennzeichnungen voraus. Das erlaubt es erst, mit dem Namen über den Gegenstand *ohne* seine Anwesenheit zu sprechen und ihn an andere Sprecher weiterzugeben.

Wie erklären wir uns, wie ein Name einen Gegenstand identifiziert?

Die Identifikation eines Gegenstandes durch einen Namen nehmen wir in der Weise vor, indem wir ihn unter allen anderen Gegenständen raum-zeitlich lokalisieren und sein Weg durch Raum und Zeit mit einem sortalen Prädikat festgehalten (Tugendhat, Wolf: 165-66, zu einer Kritik an der Rolle sortaler Prädikate im Hinblick auf Quine vgl. Burge 2010: 235-38, 249-50).

Die Beziehung zwischen der *Sprecherreferenz* (Intentionalität), der *Referenz (Bezeichnung) von Ausdrücken* und der *Zuschreibung* von propositionalen Einstellungen durch einen Interpreten hat einen erweiterten Bezugsrahmen zu berücksichtigen. Dazu gehört das Erfordernis der verständlichen Wiedergabe des Sprachverhaltens durch Plausibilitätskriterien für die Zuschreibung für propositionale Einstellungen. Aus Searles und Evans Sicht betrifft das den Hintergrund des Sprechers. Diese Strategie der Plausibilisierung kann nicht rein grammatisch oder logisch sein, sondern sie erfolgt auf der Basis der jeweiligen der Erfüllungsbedingungen der *Sätze* (Kontexte), welche die Einstellungssätze implizieren und der Berücksichtigung des Sprecherwissen (epistemische Beschränkungen/Kapazität).

Die Zuschreibung auf der Basis von Stereotypen und *natural kind words* scheitert aus der Sicht von Davidsons Sprachtheorie daran, da die Redeskription des Sprachverhaltens in der Situation der radikalen Interpretation durch die propositionalen Einstellungen unbestimmt ist. Davon ist jede Variante eines Realismus betroffen. Ein Interpret verwendet *Sätze* für die Zuschreibung von Einstellungen, mit denen er den Inhalt von beliebigen Einstellungen angibt und thematisiert. Die Einstellungen haben eine rationale Struktur und eine Beziehung zur Welt. Fragt man nach den Entitäten für die Zuschreibung der in Einstellungssätzen, so kommen dafür nur die Sprecher in Frage, die von etwas überzeugt sind bzw. sich in einem bestimmten Zustand befinden. Die Wahrheitsbedingung für die Zuschreibung besteht nach Davidson allein in dem Zutreffen des Satz und der Prädikation auf die Person mit der jeweiligen Einstellung. Die Wahrheitsbedingung reicht für die Zuschreibung aber nicht aus. Dabei stellt sich das Folgeproblem ein, dass die wahrheitszentrierte Theorie der radikalen Interpretation keine epistemischen Qualifikationen vornimmt. Das führt uns zu dem Problem der *epistemischen Beschränkungen* des Verstehens und der Einstellungszuschreibung. Es bedarf für jede Zuschreibung *einschränkende spezifierende Kontexte*, zum Beispiel, derselbe Satz könnte in verschiedenen Ideolekten gehört oder und geäußert werden. Bei der Kontextlastigkeit der Zuschreibung spielt ihre semantische Analyse auf der Basis der Sätze, die der zuschreibenden Satz impliziert, eine entscheidende Rolle. In diesem Zusammenhang ist das Kontextproblem der geteilten Interpretation (Cappelen, Lepore) zu untersuchen. Davidson umgeht dieses Problem durch seine parataktische Fassung der indirekten Rede, wobei er die Komponente des Kontextes als geklärt (verstanden) voraussetzt. Der von mir bevorzugte Ansatz verfährt umgekehrt. Der demonstrative

Gehalt des »daß« in Sätzen der Zuschreibung von propositionalen Einstellungen wie zum Beispiel »John glaubt, daß...« betrifft nicht (nur) die nachfolgende Äußerung, sondern die Erfüllungsbedingungen der diese Satzäußerung implizierenden Sätze als Kontexte der Entscheidung über die Zuschreibung. Dieser Anschnitt ist von Davidson parataktischer Analyse des Dasselbe-Sagen (same saying) zu unterscheiden. Er ist eine Alternative zum Realismus und Antirealismus: Überzeugungen sind subjektiv, sie unterliegen einem Bildungsprozeß bzw. stellen sich ein, und sie haben eine Beziehung zur Welt, das heißt, die Überzeugung, daß Gras grün ist, ist genau dann wahr, wenn Gras grün ist. Der Weltbezug von Überzeugungen ist aber nur über die implizierenden Sätze (Kontexte) der Einstellungsungssätze analysierbar.

Lehrreich ist Putnams Ansatz dahingehend, da er einschränkende Kontextgesichtspunkte der Einstellungszuschreibung, somit epistemische Beschränkungen (Sprecherwissen), berücksichtigt. Das heißt, die Zuschreibung erfolgt – auch innerhalb einer Sprachgemeinschaft – unter den Einschränkungen des linguistisch relevanten Sprecherwissens. Der linguistische Kontext einer kompositionellen Analyse von Satzverstehen (-bedeutung) wird nicht ausschließlich auf das Vorkommen von Ausdrücken (Ausdrucksbedeutung) begrenzt, sondern sie betrifft auch den Kontext der Teilnahme von Sprechern an »verschränkten Praktiken« (Putnam), die zur Selektion von Überzeugungen betragen. Damit ist Bedeutungsverstehen nichtabschälbar verbunden und somit auch begrenzt.

5. K.R. Poppers Kritik am Historizismus

5.1. Die Logik der Sozialwissenschaft

Mit der Kritik an dem dritten Dogma des Empirismus, insbesondere an Kuhn, unterstützt Davidson – rückblickend gesprochen – Popper gegenüber seinen Kritikern in den 1960er Jahren. Beide vertreten eine wissenschaftstheoretische Position, die, im Unterschied zu Kuhn, für eine Theorieentwicklung in den modernen Wissenschaften argumentiert. Eine solche Entwicklung könnte es nicht geben, wenn wir uns willkürlich für ein Übersetzungsmanual von Theorien und Sprachverhalten entscheiden würden. Die Unbestimmtheit der Übersetzung wird davon nicht betroffen. Dies ist deshalb herauszustellen, da sich Kuhns Popperkritik auch auf Quines Unbestimmtheit der Übersetzung stützte.

Popper (1957) formuliert die Kritik am Historizismus und am Marxismus als eine Kritik an der historischen Methode dieser Lehren. Die Rede von Historizismus wird von ihm als ein Klassifikationsausdruck gebraucht. Poppers Kritik ist unter Sozialwissenschaftlern allgemein anerkannt. Die Doktrin, die Aufgabe der Sozialwissenschaft bestünde darin, Aussagen über historische Entwicklungen aufzustellen, ist aufgegeben worden. Popper stellt die Logik der Sozialwissenschaft in einer Kritik an der traditionellen Geschichtsphilosophie, des sogenannten Historizismus, dar. Theorien, die an historische Gesetzmäßigkeiten glauben, heißen für ihn Prophetien. Er lehnt den Historizismus aus methodologischen Erwägungen ab. Der geschichtliche Prozeß ist durch das Wachstum des Wissens gekennzeichnet, dessen Weiterentwicklung nicht vorausgesagt werden kann. Sozialwissenschaftliche Großprognosen sind nicht möglich. Großprognosen sind unbedingt, Prognosen dagegen bedingt. Voraussagen sind in den Naturwissenschaften aufstellbar, zum Beispiel über das Sonnensystem, da die Randbedingungen stationär und zyklisch sind, Aussagen über Gesellschaft können dagegen nicht unter diesen Bedingungen gefällt werden, da die Randbedingungen als kontingent einzustufen sind. Methodologisch ist zwischen Gesetzen und Trends zu unterscheiden. Die Historiker verwechseln Trendaussagen (Es-gibt-Sätze) mit Gesetzen.

Die Logik der Erklärung von Popper ist ein Vorläufer des Hempel-Oppenheimer Schemas. Im 3. Kapitel seiner *Logik der Forschung* stellt Popper 1934/35 kausales Erklären als ein deduktives Ableiten dar, das heißt als einen deduktiven Schluß aus Gesetzesaussagen und bestimmten Randbedingungen. Erklären und Vorhersagen unterscheiden sich nicht logisch (Symmetriebehauptung), sondern der Unterschied ist praktischer Art (Zur Kritik an Poppers Zurückweisung der induktiven

Logik W.S. Salmon 1979[5]: 21-27, 114-115) Popper formuliert für die historische Erklärung eine einheitswissenschaftliche Position. Nach seinem Ansatz läßt sich kein grundsätzlicher Unterschied zwischen den sozial- und naturwissenschaftlichen Methoden nachweisen. Der Unterschied zwischen der Geschichts- und der Sozialwissenschaft besteht in ihrem Interesse. Die Geschichtswissenschaft ist an singulären Tatbeständen interessiert, das heißt nicht, daß sie keine allgemeinen Sätze verwendet. Die Sozialwissenschaft ist dagegen an allgemeinen Gesetzesaussagen interessiert. Damit stellt sich das Problem der Datenselektion, aber auch das Problem der historischen Interpretation.

Poppers Kritik ist eine Kritik an einem historischen Objektivismus, da der Historizismus historische Sukzessionsgesetze annimmt. Er geht davon aus, daß es Geschichte gibt. Geschichte ist nach Popper weder *statisch*, noch *zyklisch* oder *stationär*. Die sozialwissenschaftliche Praxis besteht in der Anwendung sozialwissenschaftlichen Wissens zum Zweck der Konfliktlösung im Sinne von technischen Problemlösungen.

5.2. Die Kritik am Historizismus

Die Kritik am Historizismus ist dahingehend zu charakterisieren:

1. Sie ist eine typologische Kritik, das heißt, sie wendet sich gegen die Annahme von globalen Entwicklungsgesetzen und gegen die Propheten. Der Szientismusvorwurf ist seinerseits eine Projektion, das heißt, die kausale Analyse ist mit historischen Gesetzen identisch, da singuläre Aussagen durch allgemeine Aussagen bestimmt sind.

2. Sie betrifft weiter den inhaltlichen Vorgriff auf die soziale Welt – methodologisch und erkenntnistheoretisch. Hieraus folgt die Nicht-Prognostizierbarkeit des Wissensfortschritts.

Die Praxis der Sozialwissenschaften als eine Anwendung von nomologischem Wissen bedeutet demzufolge ihre Überführung in eine Sozialtechnologie. Popper empfiehlt einen methodologischen Individualismus, aber keinen Psychologismus. Das kausale Erklären heißt nach Popper deduktives Ableiten. Das deduktive Erklärungsschema ist in seinem systematisierenden Status allgemein anerkannt. Ungelöst ist in dem Erklärungsschema das Verhältnis zwischen post hoc und propter hoc. Gesetze beziehen sich in diesem Erklärungsschema nicht beschreibend auf Ereignisse, sondern nur Hypothesen.

Hat das Erklärungsschema aber einen Monopolstatus?

Die Antwort darauf war von Anfang an umstritten.

3. Das Erklärungsschema kann bei der historischen Erklärung nicht naiv auf die Geschichte angewandt werden, da für die Datenselektion bestimmte *Vor*interpretationen erforderlich sind. Allgemeine Hypothesen sind auch nach Popper zirkulär. Die historische Erklärung folgt

positiv aus dem allgemeinen Erklärungsschema, dem sogenannten Hempel-Oppenheimer Schema, sie macht von ihm aber einen anderen Gebrauch. Die historischen Erklärungen sind eine Erklärung von singulären Ereignissen, deshalb ist für Popper die Annahme von historischen Gesetzen unsinnig.

Inwieweit ist aber in dem allgemeinen Erklärungsschema eine unzureichende Einteilung enthalten?

Die historischen Erklärungen fragen nach Konzeptualisierungen, zum Beispiel danach, welche Rolle spielen Personen und ihre Handlungspläne, Institutionen, Situationslogiken bei diesen Erklärungen? Dies betrifft auch unser jeweiliges von unserer eigenen Zeit geprägtes Vorverständnis, dem wir uns in dem Verständnis von Geschichte nicht entziehen können. Eine Unklarheit besteht auch hinsichtlich der Unterscheidung zwischen Gesetzen und Trends, das heißt:

Wie lassen sich zum Beispiel quasi Gesetze und Trends unterscheiden?

Zwischen Hempel und Popper liegen bei der Interpretation des Erklärungsschemas die folgenden Unterschiede vor: 1. Nach Hempel sind nicht alle deduktiven nomologischen Erklärungen al kausal Erklärungen einzustufen; kausale Erklärungen sind ein besonderer Typ der deduktiven nomologischen Erklärung, 2. wir erklären nicht Ereignisse, sondern Ereignisketten, und 3. Hempel argumentiert vom Standpunkt der logischen Syntax der Wissenschaftssprache aus.

Popper geht in *Logik der Forschung* von der Annahme aus: Da Theorien Basissätze (Prüfsätze) implizieren, das heißt, diese Sätze sind aus der Theorie abgeleitet, so lassen sich Theorien und allgemeine Gesetze durch Basissätze falsifizieren. Dieses Argument steht aber auch im Zentrum des induktiven Schemas. Beide Positionen beziehen sich auf die Prädikate einer Theorie. Poppers Interpretation des allgemeinen wissenschaftlichen Erklärungsschemas berücksichtigt keine singulären Aussagen. Die Basissätze einer Disziplin sind Popper zufolge theoriegeleitet. Dies besagt seine Kritik am Verifikationismus: Es-gibt-Sätze sind nicht falsifizierbar und All-Sätze sind nicht verifizierbar. Gehen wir aber davon aus, daß in den Sozialwissenschaften die für sie signifikanten Ereignisse nur durch bestimmte Interpretationen zugänglich sind, so kann sich dieser Zugang nur auf die Verständlichkeit von Aussagen und nicht auf ihren Wahrheitswert beziehen.

IV
Zur analytischen Sozialphilosophie

1. What is wrong with Rejectionists?

One of the leading questions in contemporary philosophy of social science is:

How do we analyze ascriptions to groups or group-predicates (G-predicates)? Is our talk of such attitudes only metaphorical or do these attributions have a literal meaning? If our talk is literal, in what respect is it so?

Examples are utterances like »The editorial board believes that blind reviewing improves the quality of the journal«, »Microsoft believes that it should settle the antitrust case«, »The cabinet believes that genetically modified food is safe and should not be forbidden« and so on. The analysis of group belief is of particular significance for locating the social in the natural world, but also for the explanation of collective behaviour (on an overview of the forms of methodological individualism see also R. Bhargava 1992: 33, 19-52). I have become acquainted with his book in 2002 only. I agree with his critique on methodological individualism and his characterization of the social. Many sociologists share his non-individualistic concept of the social in principle. Yet I do not go along with him in this particular version of contextualism and his conceptualizing of the role of praxis as the foundation of social phenomena. But on these differences I could communicate with him. Margaret Gilbert (2002) has recently challenged what she calls the rejectionists' position. The rejectionists, of whom Anthonie Meijers is an example, claim to show that collective beliefs are not purely epistemic in nature and involve practical considerations in principle. The distinction between believing and accepting is fundamental for Meijers »agreement-based account«of collective beliefs (2002). There are different proposals on beliefs and acceptance like, for example those of K. Lehrer, Stalnaker, M. Bratman, P. Engel. I will discuss only Meijers' analysis here, he follows Bartman and Engel in particular. Acceptance means having a certain policy and we evaluate the policy by its coherence. He refers also to R. Tuomela's account of acceptance (Tuomela defends the view that collective beliefs are not to reduce to individual beliefs; but Meijers' and Tuomela's account are not the same). According to the rejectionists beliefs are not voluntary, but acceptance is. Meijers claims to answer the question of what collective beliefs are by telling us that they are a function of each individual of a group accepting a certain proposition. But for him there is nothing like a group mind or consciousness. His agreement-based account is a version of methodological individualism in social science. He does not hesitate to extend the individual agreement-based account (acceptance) to the social in principle. Yet, for characterizing social groups he takes into account also procures, regulations and so on. Gilbert offers an alternative proposal, the *plural subject account* of collective beliefs. I will call this view the Gilbert-account.

In the following I will focus on several questions that are central to the debate between the rejectionists and Gilbert; in doing this, I slightly modify the Gilbert-account: 1. What theory of propositional attitudes do we apply to the analysis of collective *belief* statements? 2. Are individuals the ultimate components (*Letztelemente*) of groups or social systems in general? 3. Are groups themselves believers? Or, in other words: are individuals the natural instances of beliefs? From that the fundamental problems follow: 4. What are the components of the universe (*U*) that we presuppose when we ascribe *G*-predicates? 5. What is the role of commitments in an analysis of *G*-predicates? That is, what is the function of commitments in social systems? 6. This leads me to discussing the problem: is there something like a group mind (collectives mental states)?

1.1. The Gilbert-account

*(a) Collective Belief**

It is obvious that the fundamental issue in analyzing collective beliefs and the ascription of *G*-predicates is the theory of propositional attitudes. Rejectionists make a basic distinction between beliefs and acceptance. For them, collective beliefs are characterized by an individual decision to agree with others. We evaluate beliefs – all propositional attitudes – by their logical consistence. In contrast to that, collective beliefs are context bound and voluntary. Ordinary beliefs are not a matter of any decision or control we have. But collective beliefs are necessarily willed, therefore they are no beliefs per se, they are just collective acceptance. Gilbert calls this *involuntarism*. The rejectionists also point to the fact that beliefs are based on evidence and in contrast to that acceptance is guided by prudence. However, rejectionists are in agreement with the Gilbert-account in so far as the acceptance of collective attitudes is caused by a »collectivity involving.« The property of a group is given by both the collective involving and the collective attitudes. In sum, for the Gilbert-account group belief is a real belief whereas the rejectionist thinks that group belief is merely a form of acceptance, that is, individuals accept a certain proposition *p* as the view of the group.

The Gilbert-account (plural subject account of collective belief) is:

– The members of population *P* collectively believe that *p* if and only if they are jointly committed to believe that *p* as a body.

The general form of joint commitment is:

– Persons x_1 , x_2 ... x_n are jointly committed to @ as a body (@ = collective belief*).

@ indicates that the account has already been stated. The key element of the Gilbert-account is that collective statements refer to joint commitments.

For @ we can substitute »belief that *p*«, »feel grief over *x*«, »accept goal *G*« and so on. We are free to use expressions like »person«, »a body«, »entity« for »body«. These are the technical meanings of talking on a collective subject, but Gilbert thinks that we intuitively know what it means to believe as a body. Therefore a speaker who utters a collective belief-statement, for example, »the campus team believes that a café will be highly beneficial for the campus«, refers to belief of a plural subject. This account claims to explain how plural subjects are formed in terms of joint commitments. With respect to her concept of joint commitment, the Gilbert-account is familiar to R. Tuomela's proposal. For him only acceptance *beliefs* can be attributed to groups. What he calls »acceptance« beliefs is not different to joint commitments as jointly committed to believe that *p* as a body @. For him there is no complete disjunction between beliefs and acceptance because in real life beliefs both the acceptance and experiential aspects are present so we have always mixed, non-pure cases. R. Tuomela, M. Tuomela (2002) argue that the beliefs of groups are constituted by their members and call the beliefs of the »operative« members »we-beliefs«. They make a distinction between two different cases in principle: in the case of normatively binding group beliefs the we-beliefs must be acceptance beliefs, that is, acceptance as true of the content *p*, but there may be experiential elements present (although that is not required), and group beliefs as shared we-beliefs (non-normative case). This last case is different from the first because we-beliefs need not be acceptance beliefs but may well be merely experiential beliefs. This leads us to the holism of propositional attitudes.

(b) Aggregate of Individuals versus social Groups

In contrast to ascriptions like »We will both go to the cinema tonight« we refer in collective statements like, for example, »the union believes that *p*« with the grammatical subject »the union« to a collective and we ascribe with the predicate »believes that *p*« a belief to this entity. In the first case, say »John and Fred will go ...«, we re-interpret »we« with reference to the two individuals. Therefore there is no further believer. In the case of »The union believes ...« it is neither necessary nor sufficient that all or most members have the belief in question. In other words, the distributive condition of ascription is neither sufficient nor necessary.

On that I see no difference to the agreement-based account (there may be cases where a belief is ascribed to a group where no member actually has the belief ascribed to the group.)

Meijers makes the distinction between a *weak* and a *stronger* conception of collective beliefs. The *weak* conception is »we belief that *p*« = »we, the individuals in the group *as individuals* believe that *p*«. This so-called »opinion-poll conception« claims that the distribution of the beliefs of the individuals in the group may be different, for example, »80 % of the British people believe that the Euro will eventually be introduced in Great Britain«. Yet in some cases the opinion-poll conception must be expanded by adding common knowledge (belief) in a group (every member of the group knows that every other member has the belief in question). Both the opinion-poll conception and the common knowledge clause are, for Meijers, successful in many cases to ascribe collective beliefs.

What account explains the ascription of collective belief statements without presupposing the distributive condition?

Meijers makes the distinction between an aggregate of individuals and a social group. The decision of some people, for example, to travel to Rome, changes any aggregate of individuals into a group. They have a collective intention to reach a particular goal. Meijers has made a distinction between the »opinion-poll conception« and the »agreement-based conception« of collective beliefs. The first is summative, like the reference of the statement »The British believe that the Euro will eventually be introduced in Great Britain«, the second refers to a majority. He reasons the difference between both conceptions thereby: 1. collective beliefs create a commitment, 2. such commitments are conditional, and 3. we ascribe collective beliefs to groups also in case that no individual member believes them Therefore, for the agreement-based conception the difference between belief and acceptance claims to show that collective beliefs are not epistemical in nature.

(c) Joint-commitments

The Gilbert-account does not introduce the joint-commitment as a personal commitment, like »John is committed because he has decide to do *x*« or »I am committed to my friend Paul because he has helped me«. A joint-commitment is, in fact, a matter between persons or parties but *both* of them (or the group) are committed and the participants are not *free* to annul it in a *uniliteral* way. Individuals (members) are jointly committed to @ as a body or plural subject, that is, they »believe that *p*«, »feel grief over *x*«, »accept goal *G*«. The mutual commitment to a single body of belief fixes what they are committed to doing as individuals (members) as a belief, that is, the joint commitment is proposional. Rejectionists argue that we ascribe beliefs only to individuals and collective *belief* statements themselves are only a metaphorical speech. The literal meaning of collective belief statements is, for rejectionists, bound up with the notion of accepting a proposition and agreeing with a certain policy.

How can we take collective belief statements serious?

For the rejectionists, collective beliefs principally depend *on* contexts (context simply means: under given circumstances). Slightly misleading, Meijers calls that a pragmatic view. Gilbert rejects that. The Campus promotion team, for example, believes* that the Campus will benefit from a cafè. We would simply say: the »team« believes* that *p*, and nothing else. Therefore it is unproblematic to assume that the team believes* explicitly or implicitly that *p* in a given situation. In contrast to that, Meijers thinks that collective beliefs are non-epistemic and hence no beliefs at all.

The joint-commitment of the team is to believe that *p* as a body. Gilbert starts out from a parallel between the situation of the team that believes* that *p* and an individual belief. The beliefs of the members may change in a later situation, but the belief that *p* as a body is parallel to individual beliefs. Therefore, from the Gilbert-account is to conclude that a collective belief* is not always dependent on a particular situation like Meijers has argued. Collective belief* have as extension a group whose members act in different situations. Yet this is not contradictory to the assumption that the particular *content* of collective beliefs (local content) is dependent on a particular situation; for example, we believe that John, the member of the campus promotion team, has insulted the team leader.

(d) Mouth Piece of Belief as a Body

I think that many philosophers of social science have problems understanding the idea that *we*, as individuals, are sometimes a *mouth piece* of a body of beliefs. Gilbert introduces the instantiation of such a body to populations in general and to social groups. It seems reasonable to read this notion of belief as a body *not* atomistical, but in such a way that individuals are members of a social group.

How can we handle this problem?

I assume that we do not ascribe *G*-predicates to individuals, but to membership conditions. Groups have individuals and their particular properties as fulfillment conditions, but we instantiate *G*-predicates not to *P*-predicates (person-predicates), for example, »he is a member of the football team Frankfurter Eintracht« is not semantically equivalent to any *P*-predicate. It is not possible to give a reduction by definition of such predicates to individual persons and their attitudes (on the *mixed extension* of the ascription of *P*- and *G*-predicates, see IV 2 (a), in this book). Entities like social systems and organizations do not have the status of individualistic entities to which we attribute certain properties or deny them. Therefore no social group is an aggregate of individuals. But we can describe them this way from the particular point of view of an observer. In other words, social groups as aggregates are a projection of the observer. D. Tollefsen argues in his comment, and I agree, that the individuals themselves are a projection of the observer as well. For example, our personal identity also is not to be explained by reference to some feature of the individual but is a function of the way observers perceive us. In general it is to mention that in contemporary sociology the concept of the individual and the concept on individualization is not as clear as it seems. Humans as individuals are black boxes and not a part of social systems. But communications require ascriptions of attitudes to continue with their operations. The unit of individual and person is an evolutionary achievement as instances of ascription, for example, to ascribe responsibility. It is a fiction for ascriptions and the continuing of communicative operations. This unit has no foundation. Personality is a symbol of the capacity to participate in communications or to be a possible member of a social system; that is, someone has an address whereby we can ascribe something to him.

From my point of view, the mouth piece of belief as a body is forced by membership and membership conditions are the extension of such bodies. Therefore we make the distinctions among individuals as fulfillment conditions of membership, members, and positions of membership. Membership conditions as extensions of belief as a body are the ultimate component of the social universe, collective statements refer to membership conditions and therefore to beliefs the members have. Groups are believers, not in the sense that individuals are believers, but as members they take part in a body of belief: collective beliefs are logically independent of individual beliefs (Gilbert's neo-Durkheim view). Or in other words: if we ascribe a collective belief to »John«, for example, »John believes (as a member of the campus promotion team) that the campus café is highly beneficial« the ascription of the belief is logically or conceptually determinated by the collective belief*. Therefore the distinction between believing and accepting as a group, as Meijers argues against the Gilbert-account, is not right. Yet we need further considerations that this distinction is principally not necessary.

1.2. Propositional attitudes

(a) A Rejectionists' Theory of propositional Attitudes

Contemporary philosophy is somewhat dominated by the problem of ascription of propositional attitudes. There is no doubt that such attitudes play a role in epistemology, the theory of language, and the philosophy of mental. Philosophers of the theory of action, theorists of language, and social scientists are interested in a general solution of the ascription of attitudes because a solution of the ascription from one case to the next is not successful. We need a solution of ascribing attitudes to all possible utterances of natural speakers.

Rejectionists argue that beliefs have the following distinctive features:

1. Beliefs are *not* voluntary, acceptance *is*.

2. Beliefs are *true* or *false*, acceptance is a matter of *benefit* and *success*.

K. Brad Wray has commented on this point: first, the rejectionist denies that empistemic factors are the only facts that determine what a collective believes. Second, the rejectionist grants that if you acquire evidence that makes a collective belief look bad, then the belief is apt to be relinquished or given up. However, the relevant sort of evidence would not show that the belief is false, but that the belief is not an effective means to realize the goals of the group. There is something else that Brad brings into play: if we discover that some view we are holding and that we thought was prudent does not advance our goals, then learning this will cause us to give up that view. In this sense, collective «beliefs« are responsive to evidential as well as prudential concerns. This is in harmony with the Gilbert-account.

3. Beliefs are reasoned by *evidence* (epistemic view), acceptance is *not* of this nature (pragmatic view).

For rejectionists, collective beliefs are best analyzed by a pragmatic view, that is, we as a group believe that *p*, for example in particular situations, for playing roles or for considerations to decide on goals.

4. Beliefs are *ideally* integrated by *consistency*, acceptance is to be evaluated by the *coherence* of a policy.

5. Beliefs are not context *dependent*, acceptance *is*.

6. Beliefs are *gradual* (quantitative) and have subjective probabilities, acceptance is a matter of *quality*, that is, there is an agreement of beliefs in a given community. They have a feature of »all or nothing«.

Rejectionists like, for example, Meijers, have an individualistic account of propositional attitudes and expand attitude individualism to an agreement-based account of collective beliefs that consequently are no belief then (we can also call such an account semantic individualism, it is not an ontological individualism in principle). What Meijers calls the strong conception of collective beliefs »›we believe that *p*‹ = ›*we*, the group as a whole, believe that *p*‹« is found from an agreement among members of the group as individuals formed by practical considerations. For them, the policy of the members of groups is ultimately one of individuals, not of members themselves, they participate in the social intercourse of a particular social unit (this is my interpretation of Meijers' account). Rejectionists must furthermore assume that differences in the social universe take effect in the mental content of attitudes. As a consequence, in their presupposed theory of meaning they have to assume that word meaning is not socially distributed. I will make some considerations of the strategical route of a theory and methodology of propositional attitudes to examine the rejectionists' account. But I will not carry out a theoretical analysis in detail.

(b) The Holism of Attitudes

From the Davidson-view we saddle up the methodology of the theory of propositional attitudes from their holistic feature. We do not ascribe attitudes step by step and all attitudes are connected in nature, that is, «no beliefs without many related beliefs, no belief without desires, no desires without beliefs, no intentions without both beliefs and desires.« (Davidson 2001: 126, on the relations on beliefs and evaluative attitudes see also: 125), that is, propositional attitudes conspire in general. A holism of attitudes implies that there are no purely single attitudes. Following the Davidson-view, the theories of interpretation, communication and decision work together to solve the task of interpretation; and we systemize the relation among beliefs, desires and action by a total theory, that is, a composite theory of linguistic and other behavior (Davidson 1984: 163). By attitude-theorists it is not disputed that attitudes may change by the time, but they are dispositions that cause judgements and actions under certain conditions.

The feature of attitude-connections implies that we apply generalized fulfillment conditions to utterances if we ascribe single attitudes. There are certain connections between attitudes and truth and other fulfillment conditions if we relate these conditions to the world we share or to the social universe in which we participate in particular positions (social status). An interpreter can only cope with the interdependence between propositional attitudes and meaning if he has independent evidence not bound by individual cases to the ascription of attitudes and he does not research what is happening empirically in the mind of the speaker. For the Davidson-view the interpreter assumes a degree of rationality (coherence and truth) to assign propositional contents of speech, beliefs, desires, or intentions. The leading problem that emerged from the theory of language and action is that the ascription of attitudes has to take the social frame of reference into account, and social concepts are not to reduce to mental concepts: the social frame of reference of speakers also partly individuates the content of attitudes and not only the physical surroundings we are aware of. Collective belief* is a social concept that is in harmony with social externalism. Therefore doubts emerge whether the ascription of individual attitudes and collective attitudes (beliefs) are parallel in principle. This is concluded from Burge's thought-experiments, that is, from the counterfactual situation of the ascription of attitudes. For the method of analyzing propositional attitudes it is useful to make this distinction, but the individuation of the attitudinal content is partly governed by the social frame of reference. This may be called the semantical re-interpretation of the ascription of attitudes. From the Gilbert-account the ascription of attitudes is social because the ascription is not to explain by individual decisions or agreements. Therefore they cannot be merely mental states of an individual and therefore collective belief* as a social concept is a form of belief. The fundamental question is whether we accept a social frame of attitude ascription or if we do not. If we accept such frames, we also accept that collective belief* is a belief as well.

(c) The Individuation of Attitudes

It is essential for the ascription of attitudes and for learning to ascribe them (also for the learning of word meaning) that a re-interpretation of linguistic behavior links the attitudes we have to the linguistic community and that means being a member of it. Meaning may differ from individual attitudes but the successful use of terms is bound by the fact that the speaker is a member of a linguistic and social community or, from the Gilbert-account, that he takes part in a body of belief as a non-individualistic entity that defines the property of group or a particular social system.

It is often argued that fixing the content of attitudes is partly determinined by the participation in a particular praxis of a linguistic community and we interpret the success of our praxis realistically (externalistically) (Burge, Putnam and others). To share a certain praxis as member of a group or of a social system is a skill and not a mental state. Mental state is to understand in the sense of Putnam. For him, mental states presuppose only the subject to whom the states are attributed (see also on the analysis of skills and communication of D. Simpson 1998). Yet many philosophers of social science also agree on this: making behavior intelligible presupposes a background (-knowledge, -theory) of the agent or the group under study. Propositional attitudes cannot be ascribed case by case from one individual speaker to another and we do not pick out what a speaker means without interpreting his verbal behavior. An independent evidence is required for interpretation of linguistic behavior and the ascription of attitudes. If attitudes conspire we break into the circle of belief and meaning by the ascription of a fulfillment condition to utterances as independent evidence. This »condition« is not to fix individually but by ordinary causal relations and, moreover, to the extension of the components of the social universe (their relations and the epistemic differentiation within this universe). This shows that the ascription of attitudes results in a total theory. We interpret sentences, assign the network of attitudes to a speaker and to groups and thereby explain behavior from a linguistic perspective.

To sum up, attitudes are to individuate partly by their linguistic content within the social frame of reference. Such linguistic content is fixed by a relationship to the social and the procedure of individuation. I do not argue that attitudes do not exist. They are propositional in nature, and we ascribe and individuate them. Attitudes are no fictions. The conditions of individuation explain to us their occurrence in behavior and the social frame makes the meaning of the utterance content that we ascribe intelligible. If we deleted one part of that, the meaning of linguistic behavior and the redescriptions of it would not be intelligible. Therefore propositional attitudes are to redescribe as intelligible. From there it follows that there is no principal distinction between believing and accepting of a propositional like content *p*. The qualification of such beliefs by acceptance is redundant. Furthermore, the social frame of reference as a background is not anything like acceptance or what we accept or do not accept in general. This is, from my point of view; what Gilbert calls a body of belief which the individual members of any group could not dispose of or members are committed to the body of belief. We can also call that »the social frame of reference«. We participate in fixing and interpreting words and attitudes of the members of the social units. This is the task of a semantical re-interpretation of behavior of members of groups, not of individual utterances of propositional attitudes. The body of belief can also be called social belief; that is a verbal difference only.

1.3. Gilbert's Objection

(a) Epistemic and practical Considerations

Rejectionists argue that beliefs are epistemic, that is, their qualification is given by evidence and subjective probability, but collective beliefs are a matter of prudence. Yet what Gilbert calls collective belief* can also be changed by true beliefs and our practical thinking is supported by epistemical knowledge, for example, the allied forces give up the belief that by the Christmas bombing the intended goal will be reached. Therefore it is a matter of truth whether certain means are successful to reach their goals. Meijers might reply that epistemic and practical reasons play together for the choice of means for goals and interests gains the upper hand against epistemic belief in many cases. But other cases may also occur, for example, I immunize myself by prudential reasons against evidence; I know my wife is unfaithful, but this would confuse me and therefore I ignore the facts. Here we can see that the parallel between individual and collective beliefs does not show that collective beliefs cannot be modified. They do not lose their status *as* collective beliefs by falsification.

(b) Collective Belief and Truth*

Meijers has argued: if collective beliefs are true or not true, then it is incomprehensible *why* a joint commitment is included in such beliefs. Gilbert answers that it is an open question whether individual motivation plays a role in collective belief* at all. It is not disputed that joint commitments are in fact »commitments«. Essentially such beliefs are epistemical and are not caused by individual motives. But she does not exclude that not only truth but also individual goals play a role in the body of beliefs. The goal orientation is a standard of evaluation to select collective beliefs.

Another argument against the truth-feature of collective beliefs of Meijers is that a group may have a collective belief without the individuals in the group sharing it. The campus-team, for example, changes its belief about the benefit of the campus-café during a discussion. But the members knows that the dean wants to have it and their goal is to avoid a conflict with him. Therefore they opt in favor of the café. The answer to the question

How do we see that the situation is of no benefit? gives us a hint to object individualism in social science. If the theory of propositional attitudes is individualistic, we come to the result that the belief about this benefit is not true. But this is not at all significant for the attitude of the group, that is, for the team itself. It is therefore a fault to argue with a theory of attitudes having individuals as ultimate instances. For the Gilbert-account it is to take into play that the utterances of the member are to interpret in respect to a joint-commitment. Such commitments have as extension to believe that *x as* a body. From the inside of the group the members act as a mouth piece of these beliefs as far as possible. The same is valid for individual beliefs.

1.4. Involuntarism

Rejectionists argue that beliefs are not caused by will. And since collective beliefs are necessarily voluntary they are *not* beliefs. Gilbert calls that *involuntarism*. From the Gilbert-account it follows that a collectivity may be constituted by a collective will, but one must be distinguished from the other. The same is valid for a joint-commitment. It is possible that this commitment is constituted by a collective will, but *how* a collective belief* includes a collective will does not mean that a collective belief* necessarily exists from the will of the relevant collectivity.

For Meijers, collective beliefs are formed by a voluntary assent, that is, an agreement and a decision of individuals about the beliefs in question: thereby they express their commitment about beliefs as an orientation of their doings (praxis): collective beliefs as an agreement of *individuals* who build a group as individuals, not as members. The ascription of collective beliefs is instantiated by the acceptance of beliefs. For rejectionists that is the instance to ascribe collective beliefs with a literal meaning and not with a metaphorical one. Yet this is a wrong location of the social.

Let us return to our campus promotion team. Tom, a member of the team, agrees with the others that the campus café is of no benefit. But he was academically trained by the dean and has a friendly relationship to him. Tom knows that the dean wants to have the café, and he feels from communication with him that the dean likes the idea of a café on the campus. Tom is unhappy about this situation. On the other hand, Tom agrees with the other members that the café is not beneficial, that is, he is jointly committed to them (belief as a body). If we ascribe the belief* to the team that the café is of no benefit, we make the assumption that the team has a common knowledge about that (every member knows from the others that they know that the café has no benefit). Following the Gilbert-account, the will or decision of the members of the group as individuals participates in the fabrication of the collective belief*. But in contrast to involuntarism it is *not* shown that the collective belief* is willed by the group in question or even that the collective belief* is supported by any decision.

The difference of the Gilbert-account to the rejectionists' point of view is as follows:

1. Decisions are not necessary to fabricate collective belief*,

2. the Gilbert-account agrees with the rejectionists that acceptance in difference to belief is voluntary, that is to say, I accept that *p* is a decision that this «*p*« is a premise of my reasoning,

3. but a collective belief* is *no* case of acceptance built this way.

To sum up, decisions of individuals are not necessary for the fabrication of collective belief*. Coping with the functional imperatives of situations causes us to correct the beliefs of a particular body. I mention here that it is not fruitful for social science to assume that agreements among members form the basic process of a social system. All processes of this kind are coupled with organizational structures that we cannot dispose of in general. Social systems are furthermore structured by exclusion. This is valid in particular for formal organizations. I characterize such organizations by formal determinations (regulations) of membership. Membership itself is to interpret as a decision. In general social systems are closed by the decision on membership and can only be continued and stabilized thereby. In this respect social systems are autopoietic systems. Therefore it is not the case that a collective belief* is established by acceptance in essential. Within a differentiated societal system we are members in different social systems, like the family, associations, ethnic groups and so on. Yet in all social systems there are performances and actions which we do not decompose and communicate as decisions because it is not worthwhile doing so.

1.5. The Membership-Account

(a) Membership as Collective Subject

Membership conditions, their variation and modification are the ultimate component of social systems (on an outline of a sociology of membership Preyer 2002a). My re-interpretation of the Gilbert-account is: membership conditions constitute social groups, and in respect to these conditions we presuppose that the members participate in a body of belief. We ascribe collective beliefs to such conditions and not to individuals themselves. Members are believers and as members we are a mouth piece of belief as far as possible. A distinction between individuals and members must be made. Membership conditions are the frame of reference that we apply if we ascribe an interlocking set of attitudes to several individuals as members of a group and organizations, they are collectively involved by communications, tasks, procedures, meetings, celebrations and so on. Therefore we make the following presupposition for redescribing their behavior in the social frame of reference: the propositional attitudes we ascribe to a single member presuppose that such attitudes or such a contrast set of attitudes are also held (more or less) by other members. The property *to be a member* entails, as instances, a set of individuals in social positions. Membership conditions constitute social facts, and they do not refer to propositional attitudes as such. Therefore social states are not physical or mental and they cannot be characterized by a consequentialist definition as Popperians argue. Yet the membership account does not dispute that members have a first person authority and apply charity for interpretation.

It is a well-known way to argue that, if beliefs about the social are not to reduce to individual beliefs, it is *not* shown that the social is objective. The agreement-based account is a version of that. We can challenge this because individual beliefs may be idiosyncratic, but they have a relation with the beliefs and actions of others that form the body of belief. The interlocking system of attitudes itself is not to reduce to individuals, but it is to specify by members who participate in the social intercourse of social units on different levels. I will call this the *social frame of reference of the body of belief*.

It is common among sociologists that the term *social* refers to two distinct entities and both the entities are related in some intercourse which is also not specified. Property relations of one entity itself cannot determine the social. Yet a relation is not enough to qualify as a social intercourse. The social is established by purposive behavior that both sides perceive. Therefore the intercourse is guided by beliefs and desire and the social exists only by communication and communicative involving structured by conditions of participation (membership); and being a member means participating in the body of belief. If we re-interpret the ascription of attitudes within this social frame, we can also explain the role of (individual) attitudes and decisions in social groups and their communication. The decision of the allied forces to continue with the bombing, for example, is a collective act but the decision of the members of the allied forces to assent is an individual realization of a (social) co-operation. And this realization is the limit that constitutes whether the collective exists, but the body of belief of the allied forces is logically independent from such individual decisions and attitudes as such.

The body of belief* is a set of attitudes and the extension of such a body is to specify to the members of a group. They participate in a particular body of belief*. Yet it is not to presuppose that the members have a perfect knowledge about the body. If we assume that the extension of the body of beliefs is fixed by membership conditions of social units, the members themselves dispose of skills, procedure and so on as a background to determine their content. The body of belief* is not a mental state of individuals: to share a body of belief* does not mean having a certain mental state but acting and reacting which is caused by common situations and being involved in communicative situations. It is obvious that an agreement-based account of collective belief* and involuntarism is not the right account.

(b) The Role of Commitments in Social Systems

What follows from the membership account for the analysis of joint commitments?

Rejectionists and the Gilbert-account agree about the following: collective belief* commits the members to certain decisions and to a behavioral conformity to such beliefs, that is, collective belief* leads to reciprocal commitments. Both agree also that such a belief* can change. The difference between both accounts in principle is Gilbert's Durkheimian point of view, that is, the objectivity and the coercive power and authority of the body of belief* as a social fact. Therefore both *differ* in the status of the joint commitment of members to believe that *p* as a body. Meijers characterizes collective beliefs as conditional, that is, they are dependent on the willingness to concur with these beliefs. Therefore they are not objective and have no authority. It is not a problem that we ascribe such beliefs to a group also in case that their individual members have given up the beliefs in question. Propositional attitudes are to redescribe as objective because they have a content that is to individuate objectively. This is also valid for conative attitudes (J. Nida-Rümelin 2002:16-20). The utterance of a commitment or being committed is also to re-interpret as a belief and not only as a subjective preference or affection; and we do not make demands on any reasoning of such beliefs. This is the feature that explains why commitments take effect. It is possible that beliefs are shattered, but it is an essential feature of them that we have no doubts about them. Yet beliefs and commitments have fulfillment conditions and as such do not stand alone. With moral utterances I do not express a (subjective) attitude, for example, that I detest something (emotivistic interpretation). Such utterances are not expressions of passion (expressionistic interpretation) and I give no advice with the utterances (recommondation) (prescriptionistic interpretation) (see Nida-Rühmelin 2002: 17). If I believe that it is immoral to murder Turkey women and girls in Solingen (Germany) this is an objective belief. Yet without emotions such believes cannot take effect. There is no contradiction between the emotiveness of the utterance and its objectivity. From experience we know that expectations are disappointed, but there are no commitments without which we project them into the future of the social intercourse. There are no expectations without anticipation of beliefs, beliefs about actions and expectations, and also preferences of members of groups. This is common among sociologists. Beliefs and commitments are not to distinguish in principle, they are connected in the network (system) of propositional attitudes.

Gilbert argues that collective belief requires a joint commitment to believe that *p* as a body.

But what is the function of commitments in social systems?

To be jointly committed to a body of belief as members restricts our options and eliminates contingency in social systems and thereby establishes a social structure with a higher complexity. Essentially such commitments are neither a good or a bad thing. They may be useful or may bring harm. From a sociological point of view commitments are restrictions that form a social structure by borderlines of membership. Every communication which is an event has a selective effect that reduces possibilities and reveals something. Therefore commitments are a medium that selects the chances of continuation of communication. It is not an essential feature that commitments are reasonable, but their function is to stabilize expectation. Yet, a reasonable evaluation can be handed in later and we explain this by selective formed commitments that are not disputed. It is often the case that from our free choice we conclude the strength of a commitment we have; for example, I have signed a working contract and I am bound to go conform with the commitments and the corporate culture in the company where I work now. Therefore commitments can also couple members with dissent and in spite of intended differences among them. Yet, the communicative medium of commitment can be coupled, to a stronger or a weaker degree, to the conditions of membership, for example, in ethnic groups, in the kinship system, in some subculture group they are coupled in a stronger way than in formal organizations. In the same way the commitments are not at all to identify with acceptance or consent. Commitments are media of membership.

(c) The Group Mind or Feeling

For the Gilbert-account, groups can have beliefs that are logically independent of individual beliefs. It is an interpretative question whether Gilbert also assumes that a group has a mind of itself. For Meijers, there is no group mind or feeling. And yet, is this really the case? I will give a hint why a group mind (feeling) is not only a fiction, but a real problem that is to discuss. But if I bring group mind into play, I do not assert that groups themselves have a single mind that has experiential beliefs.

An example of a study of group mind and feeling is, from psychoanalytical research, the group pattern of the *Balintgroup*, that is, the group (the analyst) and the supervisor as a reporter re-direct an unconscious pattern that is a result achieved between the supervisor and the clients (E. Balint 1989). Beside the psychoanalytic redescription this is a piece of evidence that we ascribe to a *group* also a mind or a feeling, and not only to individuals. The collective involving of the members of a group transfers mind and feeling among them by communication and by transference and counter-transference. Such mechanisms are, from my point of view, not of a Freudian unconsciousness, but a social mind emerges from the communication of the members of the group. Such mind is reflected in unconscious feelings of »blame«, »delight«, »sorrow« and unconscious motives. This is evident because the members, for example, of the Balint group, do not only understand the cognitive content but also the emotive content of utterances. Collective involving means: all members act and react to one another. If, for example, a member utters that it is *sad*, then the pattern of *sadness* is the pattern that is set by the group. All this is a part of the body of belief* the group has. Within this frame the members of the group can also learn and modify their attitudes by social exchange.

Critiques on Durkheim's concept of the social are well-known. But if the membership condition is the ultimate component of the social universe, the social (social systems) is outside of individuals and our consciousnesses. This is true for all social systems, that is, the social is a reality sui generis. It is not the social praxis which has any priority, but membership regulates social praxis. From that it is to conclude that a purely intentional explanation of collective behavior or an essential connection between intentional explanation and methodological individualism must be given up. I will mention here that this has nothing to do with collectivism. *Both* atomism and collectivism are wrong conceptions of the social. To me, it is not difficult to agree with Gilbert that being a member means being a member of a collective subject as a social entity. Such a subject is not the »ego cogito« of Cartesian epistemology, the »Vernunft« (a Kantian general human rationality) or a Husserlian pure ego, but as a collective subject it is a social system of which we participate as members whatever its structure or organization may be. In this sense and as members of this kind we are a mouth piece of the body of belief, but as individuals we are not identical with that. The social universe is determined thereby. We make up the following picture for ourselves: if we refer to the outside of the individuals and members, then they share a physical world that causes parts of their attitudes, but in order to ascribe attitudes we need an adequate conception of the social. In social science, individualism is an intellectual conception of the social and a residual Cartesianism. It is a projection of an observer. We have grounds to understand individualism, but this conception is not useful when explaining meaning and the necessary relationship between the (linguistic) content of attitudes, their individuation and the social that we share.*

* I am indebted to Raimo Tuomela, Deborah Tollefsen and K. Brad Wray for their useful comment on an earlier draft of this paper and for their discussion of this topic.

2. The Extension of *G*-Predicates

In the following of Popper's critique on the historicism there have been extensive writings about the conceptualization of social science (J. W. Watkins 1959, 1973, J. Agassi 1960, S. Lukes 1960, M. Brodbeck 1966, M. Mandelbaum 1959, 1966 and others, on further research looking back to the new debate on collective agents beginning with Gilbert 1989 see P. Pettit 2001). From our contemporary point of view the controversy has led to clarifications on conceptualizations and explanations of social science, and in the end a unified theory of thought, meaning and action establishes a conceptual and explanatory dualism and therefore a methodological separatism between (human) social and natural science because all intelligible redescription is founded by coherence, consistency and true-beliefs (yet this is not to be misunderstood because semantics works within both). Individualism in social sciences goes back to Schumpeter, Popper and Hayek. I am recalling an interesting question for us today: »What is the universe of discourse we presuppose, if we ascribe *G*-predicates (group-predicates)?« The result is that the opposition between individualism and holism (collectivism) has to be given up and this is a well-understood consequence of the controversy.

2.1. The Meaning of *G*-Predicates

We can conclude from the restrictions of *RI* that the ascription of attitudes requires a social frame of reference. This leads us back to the debate between methodological individualism versus holism; and to the problem of the ontology we presuppose for the ascription of group-predicates (*G*-predicates). I will show that the social frame of reference, the universe we presuppose, explain us the ascription of *G*-predicates. This universe is the membership condition in social systems. No *P*-predicate (predicates of individuals) can instantiate that.

> Now methodological individualism certainly does not prohibit attempts to explain the formation of psychological characteristics; it only requires that such explanations should in turn be individualistic, explaining the formation as a result of a series of conscious or unconscious responses by an individual to his changing situation. (J. W. Watkins 1959: 508)

Social situations and events are, for this account, particular configurations of individuals, their dispositions, beliefs, situations of acting, and physical resources. Such individualism is committed to a theory of meaning that makes the following assumption: every statement about the social is a statement about individuals; if this is not the case, the statement would not be meaningful. All social predicates refer to individuals, that is, all statements on social states of affairs are to translate, without any loss, to statements about individuals. For example, an army would be nothing more than the number of its soldiers, and the truth condition of all statements on an army were to reduce to statements on particular soldiers that are members of the respective army. Yet it should be emphasized that there are two versions of methodological individualism: 1. There are no undefined *G*-predicates; this is the conceptual theory of methodological individualism, and 2. the explained laws of group-behavior are to reduce to individuals in principle (M. Brodbeck 1966: 325 shows that the first assumption does not imply the second).

Firstly I will recall the difference between individualism and holism by the following comparison (Agassi 1960: 244 see also 246):

(a) Holism	(b) Individualism
1. Society is the whole which is more than its parts (holism).	Only individuals have aims and interests (individualism).
2. ›Society‹ affects the individuals' aims (collectivism).	The individual behaves in a way adequate to his aim, given his circumstances (rationality principle).
3. The social set-up influences and constrains the individuals' behavior (institutional analysis).	The social set-up is changeable as a result of individuals' action (institutional reform).

To analyze social systems as an organism goes back to the 19th century's antiquated concept. Mandelbaum argues, for example, that social concepts, such as »contract«, »marriage«, »company« and so on, are not defined by psychological concepts, therefore by predicates we apply to persons (*P*-predicates) (M. Mandelbaum 1966: 483). The meaning of expressions like »the President of the United States of America« or »an unmarried man« are determined by the constitution of a state or the structure of the kinship system (Mandelbaum 1959: 461). Therefore we have evidence against the assertion that all social phenomena have to be explained by attitudes, decisions and actions of individuals. The truth condition of, for example, »Peter signs the contract« is true if there is a certain event that makes happen the personal signature of the contract is done and presupposes a social frame of reference and a particular knowledge to identify one's signature to agree with a contract. Therefore such identification is a matter of specific conditions of fulfilment like the person who signs the contract is of age, he/she is able to keep the contractual duties, the contract does not offend common decency and so on. This argument against methodological individualism does not mean that social concepts do not have individuals as conditions of fulfilment. Normally we have no doubts that groups and organizations with their regularities, social norms, procedures and traditions face us from outside (on the theory of institutions see S. Lukes 1973). Yet the ontology of such entities is not obvious (on this problem E. Gellner 1959). This is also the case if the entities exist in a temporal continuation. We describe such entities as expectations, norms, regulations, procedures to coordinate actions and co-operation that are valid in groups, and the members of groups are more or less willingly to agree with these restrictions of their behavior. Yet such restrictions are also changeable. The framework to cope social change are «institutional reforms« as a result of actions from individual actors. It is not to be disputed that social change may be a result of individual actors; the reality of an institutional analysis, however, I will not discuss here.

2.2. The Universe of *G*-Predicates

What are the elements of the universe of discourse which we presuppose for the ascription of *G*-predicates? Are we forced to assume that the elements of the universe of the social are individuals?

The use of descriptions of groups respectively, the extension of *G*-predicates, is not to explain by *P*-predicates, for example,»he is a member of the football team Frankfurter Eintracht« is not semantically equivalent to any *P*-predicate. It is not possible to give a reduction by definition of such predicates to individual persons. Entities like social systems and organizations do not have the status of individualistic entities to which we attribute certain properties or deny them. Nevertheless, such entities have a temporal continuation, and we would not say that such entities do not exist.

A part of the set of predicates which we ascribe to groups can be ascribed to individuals, for example the utterance »The football team shoots a goal« and its specification to the scorer, to »Peter Miller«, that is, the predicates have individuals and their status-positions as their conditions of fulfilment. For other predicates this is not the case, for example, 1. »has members«, the predicates that 2. state a relationship between a group and their members, for example, »is superior of…« but also with the predicates that 3. state a particular feature of the group, for example, »the organization has existed for 100 years« (MacDonald and Pettit 1981: 118-19).

Social systems consist of members. With respect to this, it seems to be a truism that the application of *G*-predicates refers to the members of such systems. The specification of *P*-predicates therefore have *G*-predicates and their specification to positions of membership (roles) as their counterparts, such as »ordinary member«, »chairman«, »employee«, and so on (the social positions are instances of information for the ascription of attitudes). The individualistic understanding of the social has asserted that we have to instantiate all group-predicates to individual members of the given group, or respectively to the relationship of such individuals. Popper argues that institutions or associations are to be described as models of abstract relationships between individuals. Yet, against this proposal it is to argue that there is a *mixed extension* of the ascription of *P*- and *G*-predicates, for example; »Peter Miller, the dangerous forward of the Eintracht Frankfurt...«. Such extension has a divided reference. Yet the mixed extension does not decide on the ontological status of such predicates in principle (that is, the elements of the presupposed universe). A methodological individualist would not contest such mixed extension either. The so-called mix means: if, in one case, we apply *G*-predicates like, for example, »...forward of the Eintracht Frankfurt«, but not in another case, some predicates are associated with the reference to *P*-predicates, therefore in the first case we could instantiate *G*-predicates but not in the second—»dangerous« is a *P*-predicate—and quite on the contrary.

Social systems are determinated by their conditions of membership and the positions of their members. The decision on membership is a *Letztelement* (ultimate element) of social systems. Such decisions are to be made not only in continuation in social systems, but social systems are emerged by decision-making on membership (on the primitive level of social evolution as structural selections of kinship systems). This is valid for social systems in general. This distinction is especially suitable to grasp the ontological commitments of *G*-predicates, that is, the universe of discourse that is presupposed. *We find the presupposed universe by answering the question »How do we specify P- to G-predicates?«*, for example, »Peter Miller, the gifted football player and forward of the Frankfurter Eintracht«. The extension of the predicates is fixed thereby if we determine the application of *G*-predicate with the distinction like, e.g., member versus non-member, superior versus subordinate and so on. The membership conditions are the elements of the presupposed universe of discourse for our instantiation of *G*-predicates:

> An institution cannot be identical with an individualistic entity because it is considered as remaining one and the same through a turnover of membership and such an assumption cannot be maintained of any individualistic entity. (MacDonald and Pettit 1981: 122)

The membership condition is the framework within which we ascribe group-attitudes (intentionality).

The mixed-extension between the two sorts of predicates can also apply in other cases, such is, we use *G*-predicates on the basis of an incomplete list of *P*-predicates and we cannot fix definitely the disjunction between the application of both sorts of predicates. We fix the mixed extension between the both sorts of predicates if we make the assumption that there are expectations in social systems or applications of procedures, for example, the regulation of the admission of new members, orders of the day and so on. The fulfilment of conditions of membership, expectations, or the conformity to regulations enable us to determine the mixed extension between *G*- and *P*-predicates, for example, »Peter Miller, the dean of the faculty, correctly opened the session«. The application is also successful in the case, if the list of *G*- and *P*-predicates is incomplete, for example, »Peter Miller, the chairman of the football association, opens the meeting, ...« and the associated list of *P*-predicates like »he makes no fault in the procedure«, »he is not drunk«, »he is happy« and so on is not finished (MacDonald and Pettit 1981: 119). *G*-predicates are therefore applicable without a particular specification of the *P*-predicates because such predicates are instantiated to membership positions. The significance of *P*-predicates, we associate in particular circumstances, are secondary extensions of the *G*-predicates. If we use pure *P*-predicates, like, for example, »Peter Miller, the dangerous forward ...«, then we change our universe of discourse. Such predicates may associate with *G*-predicates as in case of a »forward«, but »dangerous« is not an intrinsic property of any football player.

MacDonald and Pettit reconstruct the meaning of *G*-predicates with their supervenience over *P*-predicates:

> Supervenience means that if the group predicate applies in one case but not in another, there must be some associated individualistic predicates that apply in the first case but not in the second, or vice versa. In other words, it means that there is no group difference without a distinction in individuals: specifically, a difference capable of being marked with individualistic predicates. That there is no group difference without a difference in individuals is guaranteed by the fact that a group is a whole of which individuals are the parts, for it is scarcely conceivable that a whole should change without any alteration in its parts. (MacDonald and Pettit 1981: 119)

I agree with MacDonald and Pettit with their objection to methodological individualism and that the extension of *G*-predicates is to fix by membership. Yet I think the supervenience of *G*-predicates over individualistic predicates needs a modification.

Let us begin with the presupposed universe to determine the extension of *G*-predicates. The membership condition of a social unit is not primary defined by individualistic predicates, but by social status, origin, and also by functional imperatives with which the social unit has to cope. Therefore there is no ontological reduction of *G*-predicates to *P*-predicates, and we do not fix the basic concepts of our theory of interpretation by *P*-predicates to understand, for example, sentences like «the dean opens the meeting«. For the extensional interpretation of such sentences we presuppose a universe of membership conditions (as a class of entities).

Yet, what are the instances over which such extensions are supervenient?

The link between *RI*, language and communication are regularities of shared reference caused in the triangle. Parallel to that, the same behavior is redescribed within the procedures in a social frame of reference. In other words, the use of *G*-predicates is supervenient over such behavioral items that have fulfilled the procedures (call this procedural sociology). The »dean« makes a fault in the procedure to open the meeting, for example, not all members are present; it is a mistaken opening and the colleagues disagree to continue with the meeting. This is not supervenient on an individualistic predicate, although in this case we give an individualistic explanation of the fault. If the »dean« makes the fault when he opens the meeting and the »dean« is »Peter Miller«, then we can apply the principle of extensionality. Therefore we see not only how the divided reference of the use of mixed descriptions of *P*- and *G*-predicates works but also that the individuation of the content of the description fits in the framework of the individuation of the content of the predicates. It is the same response, the same action, and the same event under a certain description that makes communication possible in the social intercourse, and this works only by the principle of the shared reference of reaction, be it verbal or not. The supervenience of *G*-predicates over procedures and regularities of behavior furthermore explains why *RI* is to expand for different observers by a social frame of reference within which we individuate behavior. But this is *not* a turn to social externalism in general.

Yet, one other problem is worthwhile to mention.

What is the link between attitudes of agents and the characterization of social units?

If we characterize social units by agent attitudes, »we are not referring in the strict sense to those institutions themselves, but rather to the attitudes« (MacDonald and Pettit 1981: 128). We are always participants in social units by status positions and *we* as human beings are not a part of social systems. It is one of the merits of N. Luhmann to reformulate modern individualism (Luhmann 1993: 149-258). In premodern societies individuals are determinated by inclusion and internal differentiation of such social systems works by exclusion, that is, the membership condition is restricted to exclusive social units, for example the household. The individuality of the members of a social system is founded by social status in principle. In the modern social system individuality is exterritorial (exclusive), and it is a functional imperative of the differentiation of the societal system (*Gesellschaftssystem*) to develop forms of inclusion (Luhmann 1993: 160). The fundamental problem under such conditions is that the differentiated systems have their own conditions of membership. There is no social system without inclusion, but there restrictions are determinated by the evolution of the societal system. I have reconstructed Luhmann's theory of inclusion and the classic theory of integration as a sociology of membership.

Our attitudes come in our mind, change in time, are not present for us in every situation, and we are black boxes for observers. Communication does not reach the mental (consciousness) of participants. I think we can bridge the gap between attitudes and social units in the context of their ascription not only by behavioral regularities of shared reference (the identity of reference of caused reactions) but also by the principle of continence. Prima facie judgments are reasons for actions, but our intentional actions are born by stronger judgments. With such judgments we redescribe the functional imperatives of social units. They are parts of the social framework and not of the action. We bridge the gap between attitudes and the social unites therefore without any research of attitudes itself. The divided reference of the mixed extension of the ascription of *P*- and *G*-predicates works in such cases. If communication is successful, then there are desirable features from our unrestricted judgments like »this action is desirable« that are desirable in our social intercourse.

It was my intention in »From an Externalistic Point of View: Understanding the Social« (IV 1., in this book) to show how we link the mental (attitudes), language and the social has to rebuild the procedure of *RI* by the social frame of reference. Now we see why the theories of interpretation, communication and epistemology work together.

Is that a social epistemology?

There are different versions of social epistemology. But from my point of view the *social* is connected elementarily with epistemology, if we explain the ascription of thoughts by the social frame of reference because the intelligible redescription exemplifies the elementary social relationship. Introducing the social frame of reference shows us that we border on the epistemic differentiation making behavior intelligible. If this is right, we are motivated to recall the Burge-problem because we re-interpret behavior also with respect to the frame of reference in a linguistic (social) community. The ultimate element of this social frame is the membership condition as we presupposed for the ascription of *G*-predicates, that are not to reduce to individualistic entities. My analysis procedures from the constraints of *RI* at first to the epistemic restrictions of intelligible redescription and then from the specification of *P*- to *G*-predicates. In sum, it is right to say:

Some social phenomena simply can be observed (as both trees and forests can): and indeed, many features of social phenomena are observable (e.g. the procedure of a court) while many features of individuals are not (e.g. intentions). Both individual and social phenomena have observable and non-observable features. If it means that individual phenomena are easy to understand, while social phenomena are not (which is Hayek's view), this is highly implausible: compare the procedure of the court with the motives of the criminal. (S. Lukes 1973: 123)

APPENDIX

Steven Miller
Gerhard Preyer's View of the Social: An Ontological Note

1. I will be attempting to comment on some selected aspects of Gerhard Preyer's ideas, »From an externalistic point of view: Understanding the Social«, »What is wrong with Rejectionist?« and »The Extension of G-Predicates« (in this book). While not intimately acquainted with all his work, I believe this selection is fairly representative of his unique ideas on this central focus of the philosophy of the social science. What is at stake, at least from the time of Durkheim, is what exactly constitutes the nature of the »social.« More specifically, given the obvious that the social »is« (a feature I wish to return to shortly), the point is one of best characterizing it at some level or the other. Usually, this level is somewhat ambiguously stated as a »group«, but because of its ubiquitous usage, I shall continue with the accepted practice.

Gerhard, as I understand his view, is trying to analyze (and then critique) the views of Gilbert (2002) and Meijers (2002). For Gilbert, her opposition lies with the »rejectionists« who claim (e.g., Meijers) that the very form of »collective belief«, by definition, have to be exactly that: they carry with them a type of epistemic weight (or as I shall say, a »density«) which uniquely characterize them *as* collective, in some form or another. Roughly, rejectionists favor the view that whatever collective beliefs appear to be, they are basically constituted of individual actor decisions to *agree* with others. Conversely, »involunteerism« (Gilbert) shares a more Durkheimian view whereby there is a type of collective acceptance of beliefs based on joint commitment. Gerhard's own view, if I understand him correctly, is to locate what is ascribed to a group (*G*-predicates), although not necessarily uniformly distributed, as a function of what he calls »membership conditions«. He states, »Membership conditions as extensions of a belief as a body are the ultimate components of the social universe, collective statements refer to membership conditions and therefore to beliefs the members have.« And later on, »... membership conditions constitute social groups, and in respect to these conditions we presuppose that the members participate in a body of belief«. Toward the end of this particular article, Gerhard again makes an interesting statement, that while on the surface of it seems rather innocuous, actually (in my view) touches on another aspect of the »social« that perhaps ought to be viewed in an alternative way for the philosophy of »social (social systems) is outside of individuals and social consciousness. This is true for all social systems, that is, the social is a reality *sui generis* (my emphasis).« (277, in this book)

2. In all of this debate on how the »social« should be understood philosophically, we lose the fundamental point described by Quine (1969) that there *is*, but really there is *not*, a true »fact of the matter« here. That the social is (or can be) is really the ontological issue of importance. *How* it comes about (with all the attendant debate here) has more or less been reasonably laid out I believe by Searle (1995). If »membership conditions« constitute the boundaries of the epistemic *for* the social (for example, »I belong to the aggregate called the ›university‹ and within it another one called a ›department‹, and we ›believe‹ (in some narrow or extended sense X, etc.)«, then there is some form of ontological »entity« (call it a social system) that indeed *is*. It is at best, as Moser (1993) would put it partially independently conceived of us – as opposed to (in the Aristotelian sense, or the modern scientific realist sense) wholly mind-independent of us. What I am driving at is that in our discussions of the »social«, in all our attempts to »understand« its so-called propositional content(s), we are missing a series of ironical points that when recognized (even in a non-post modernist, deconstructionist way) show Quine's injunction as basically correct. For example, when social scientists »construct« a particular context (for example, a social structure), or a state-of-affairs (for example, an anomic society), or some sort of psychological disposition (for example, ›anxiety‹ or ›ability‹), they are in the process of creating an ontological entity that, in a sense, cannot help but exist. The psychometric dynamics of then ›testing‹ for its ›existence‹ is paradoxical in the double sense of it already having to exist because we have assumed there *is* a fact of the matter about it, and the possibility that it does not exist if our best psychometric methods fail to detect its existence. (As J.D. Trout [1998] argues, our very *methods* for testing theories in social science, even our »weak« theories, must be thought to be »real«; his idea of «measured realism.«)

But what if, indeed, our theories of the social are either weakly or strongly supported? Or more accurately, what if *different* social theories are differently supported in terms of their »strength«?

Well, first we must concede then that trying to discover the real meaning of the »social« must ultimately be an empirical issue. However, how »severely« such theories of the social ought to be tested raises a series of other issues that are beyond our analysis here. The general issue is: if our theories of the social are admittedly weak, severe (statistical) testing will most likely reject them, while less severe testing might be more prudently applied to at least indicate some »truth« about them (see Trout [1988] on these points).The basic failure in all of the analyses of the social, nevertheless, I believe is the failure to see that they are (and must be) primarily ontological in character. However, since the »reality« we are trying to understand is in most cases »weakly conceiver independent« (by either Moser's or Searle's standards), there is no fact of the matter involved and so even our strongly supported theories of the social are ways of attributing a reality to them which, by definition, must already *be* there (begging-the-question of where that »there« »is«!).

The irony being the creation of a state-of-affairs, once conceived, is exactly the way it is – what else could it be?

The empirical verification ought to be there of course, but it is verifying only the previously constructed partially mind independent ›reality.‹ This is not to say that our conceptions of the »social« do not carry normative implications: they do and should be evaluated accordingly. My own inclination, then, is from both a logical and (in the above sense) ontological perspective to support Gerhard's notion of the social as being sufficiently arguable in terms of a »membership« explanation: how we come to understand (or others coming to understand for us) the formation of propositional attitudes and assignment of *G*-predicates can theoretically depend on what membership criteria there are and in what form(s) they are expressed. But having said this, my central point remains that the ›solving‹ of the problem of the social is a problem of its »ontological commitment« but that such commitment cannot be a fact of the matter, but, of course, we must treat it as being exactly such. (on Preyer's critique on rejectionists, see also S. Chant 2012)

3. Ein Meister aus dem Norden

3.1. Philosophie der sozialen Praxen

Raimo Tuomela gehört zu den Altmeistern der analytischen Handlungs- und Entscheidungstheorie. Er hat den *Acceptance View* als ein neues Paradigma in der Sozialphilosophie eingeführt. In ihm hat er die Analyse der kollektiven Intentionalität eingeordnet. Den Paradigmawechsel von der individualistischen Intentionalitäts- zur kollektiven Intentionalitätsanalyse hat er von Anfang an befördert. In den letzten zwei Jahrzehnten hat er nicht nur zu philosophischen Fragestellungen, sondern vor allem auch über kollektive Intentionalität, Kooperationen und damit zusammenhängenden Themen geforscht, zum Beispiel zur analytischen Handlungstheorie, der Gruppenverantwortung, der kollektiven Handlungen und der sozialen Bindungen (Commitments). Mittlerweile liegt von ihm ein umfangreiches theoretisches Werk vor, mit dem er sich unter die Meister aus dem Norden einreiht (G.H. von Wright, J. Hintikka). Wir können diese Untersuchungen als einen Beitrag zu einer analytischen Sozialphilosophie einstufen, die sowohl theoretisch als auch substantiell ausgerichtet ist. Zu erwähnen sind in diesem Zusammenhang auch die Forschungen und Ansätze zum Beispiel von Gilbert, P. Pettit und P. Gärdenfors. Tuomela hat seine Untersuchungen in *The Philosophy of Social Practices. A Collective Acceptance View* (2002) systematisiert und ihnen eine paradigmatische Ausrichtung gegeben.

Aus der Sicht der Philosophie der sozialen Praxen sind soziale Praxen gerade nicht etwas erkenntnistheoretisch und ontologisch Unhintergehbares, sondern für sie ist die kollektive Intentionalität als eine Art von gemeinsamen Wir-Einstellungen grundlegend. Darin besteht das Neue dieses Ansatzes. Er versteht sich als ein »weites Programm des sozialen Konstruktivismus«, da ein zentraler Bereich von Kommunikationssystemen in Begriffen der kollektiven Akzeptanz *kollektiv* konstruiert wird. Das betrifft die soziale Ontologie, das heißt, die grundlegenden Bestandteile des Sozialen als vorausgesetztem Universum der konstruktivistischen Analyse. Es wird aber auch das »enge Programm des sozialen Konstruktivismus« verteidigt. Aus seiner Sicht ist die kollektive Intentionalität als gemeinsame Wir-Einstellung für die begriffliche Konstruktion und die Erhaltung von sozialen Institutionen grundlegend.

Nach einer Einführung in seine Problemstellung (Kap. I) entwickelt Tuomela in einem Hintergrundkapitel seinen Ansatz der gemeinsamen Wir-Einstellungen. Von besonderer Relevanz sind dafür die Begriffe der kollektiven Intention und der gemeinsam geteilten Überzeugung. Damit soll auch die Zuschreibung von Einstellungen zu Gruppen (Kollektiven), im Unterschied zu Einzelpersonen, beantwortet werden. Von besonderem Interesse sind dabei aus soziologischer Sicht die gemeinsamen Wir-Einstellungen der Entscheidungsträger von Gruppen, ihrer operativen Mitglieder, da sie für die (Selbst-) Bindungen der Gruppe als ganze signifikant sind (Kap. II). Daran schließt sich folgerichtig die Analyse von begrifflichen Aktivitäten und der Regelbefolgung als Verhaltensmuster an (*pattern-governed behavior*). Hierbei stützt er sich auf Sellars und Wittgenstein. Der Leitbegriff ist dabei das kollektive Verhaltensmuster, das zum Beispiel von Sellars nicht untersucht wurde. Nach Tuomela sind das Denken und die Sprache, im Unterscheid zu einer holistischen und kommunitaristischen Interpretation von Regelbefolgung, auch solitär möglich. Dies hebt Tuomela deshalb hervor, da die voll entwickelte konzeptuelle Aktivitäten, zum Beispiel solche, die Sprechakte erfordern, von Hause aus sozial sind (Kap. III). Nachdem Tuomela so viel vorbereitet hat, kann er die sozialen Praxen im einzelnen analysieren. Dabei geht er von einer Menge von wiederholbaren kollektiven Verhaltensmuster aus. Die soziale Praxen sind von unterschiedlicher Art, wie zum Beispiel die Beschäftigung in Wirtschaftsunternehmen, die Teilnahme am Straßenverkehr, Gerichtsverhandlungen, Meetings und Weihnachtsfeiern. Sie sind aber alle mit dem vereinheitlichenden Begriff der kollektiven Einstellungen verbunden, der als gemeinsame Wir-Einstellung analytisch expliziert wird, das heißt als kollektive Intentionalität. Der Inhalt solcher Einstellungen ist ein gemeinsamer sozialer Grund für die in Frage stehenden kollektiven sozialen Handlungen.

Tuomela hat die Unterscheidung zwischen der Wir- und Ich-Einstellung(-sweisen) bereits in früheren Arbeiten untersucht. Der Unterschied zwischen beiden Einstellungen betrifft die kollektive Akzeptanz und die Bindung des Einstellungsinhalts in Hinblick auf die Gruppe im Unterschied zu einer persönlichen (privaten) Bindung. Diesbezüglich werden wir immer auch mit Asymmetrien rechnen: Ich kann persönlich an eine entsprechende Einstellung gebunden sein, ohne daß das kollektiv der Fall ist und umgekehrt. Tuomela unterscheidet zwischen »collective sociality« oder den kollektiven sozialen Gesichtspunkten von Aktivitäten und der bloßen »collectivity«, da es eine Vielzahl von sozialen Dingen gibt, die nicht kollektiv sind, zum Beispiel wie man über andere denkt. Weiter sind davon kollektive Aktivitäten zu unterscheiden, die wir selbst nicht als sozial einstufen, zum Beispiel Max Webers bekanntes Beispiel des Öffnens von Regenschirmen. Insofern wenden wir das Prädikat »kollektiv« auf eine Menge von Populationen an, das Prädikat »sozial« dagegen auf Einstellungen, welche die Einstellungen anderer berücksichtigen (Kap. IV).

Das weite Programm des sozialen Konstruktivismus hat nach Tuomela das kollektive Akzeptanz-Modell zu verteidigen. Es ist somit zu zeigen, wie durch die kollektive Akzeptanz der Mitglieder sozialer Systeme – analysiert als die jeweils relevante Wir-Einstellung – das Soziale als ein ontologisch nicht weiter reduzierbarer Bereich emergiert. Die psychologischen und biologischen Prozesse sind dazu nicht vorrangig informativ. Zwei Merkmale des sozialen Universums wurden in der vorliegenden Literatur herausgestellt, zum Beispiel von Barnes, Bloor, Kusch und Searle:

1. Die *performative Konstruktion* von sozialen Entitäten durch die Mitglieder von Gruppen und

2. Institutionen sind als *selbstreferentiell (reflexiv)* zu charakterisieren, zum Beispiel der Euro ist nur dann Geld, sofern er auch als Geld akzeptiert wird.

3. Tuomela fügt den beiden Merkmalen ein weiteres hinzu, den *Wir-Modus* im Unterschied zum Ich-Modus, das heißt, das Denken und das Handeln als Mitglied einer Gruppe.

Die performative Konstruktion und das selbstreferentielle Merkmal des sozialen Universums werden von ihm in die Analyse *Wir-Modus* eingefügt. Die Mitglieder von sozialen Systemen sind bei der performativen Konstruktion ihrerseits kollektiv an den Inhalt ihrer Einstellungen gebunden. (Kap. V). Die kollektive Intentionalität genügt aber nicht, um die institutionalisierten soziale Praxen zu erfassen. Hierzu gehören weiter soziale Normen, Sanktionen und Autorität. Insofern ist zu zeigen, inwiefern die kollektive Akzeptanz auch eine Analyse von sozialen Institutionen erbringen kann. Zu den sozialen Institutionen werden Sprache und entsprechende Fertigkeiten, Geld, Ehe, Eigentum sowie Organisationen gerechnet.

Die unterschiedlichen sozialen Normen, die soziale Institutionen bestimmen, nennt Tuomela »Regelnormen«, welche die soziale Funktion von autoritätsregelnden Normen haben. Sie können sowohl formal, zum Beispiel die staatlichen Gesetze, oder die informalen, Regeln, zum Beispiel Höflichkeitsregeln, sein (Kap. VI). Die Dynamik von sozialen Praxen und der sozialen Institutionen bedarf aber einer besonderen Analyse. Sie wird in einem allgemeinen mathematischen Modell, das Tuomela gemeinsam mit W. Balzer entwickelt hat, analysiert. Dabei stützt er sich teilweise auf A. Giddens Strukturationstheorie. Tuomela und Balzer analysieren aber, im Unterschied zu diesem Ansatz, wiederkehrende soziale Aktivitäten und die Erhaltung von relevanten Sozialstrukturen mit den gemeinsamen Wir-Einstellungen. Von der Modelltheorie kollektiver Akzeptanz aus ergeben sich auch Anschlüsse für die (distributive) künstliche Intelligenzforschung und die Computersimulation von sozialen Systemen (Kap. 7).

Das Modell der kollektiven Akzeptanz instanziiert die Wir-Einstellungen und die kollektiven Bindungen der jeweiligen Einstellungen auf die *Mitglieder* einer Gruppe. Aus meiner Sicht ist diesbezüglich eine Respezifikation vorzunehmen. Die Mitglieder einer Gruppe sind wir nur dann, wenn wir bestimmte Mitgliedschaftsbedingungen erfüllen. Normalerweise schreiben wir Aktoren (Individuen oder Gruppen) Einstellungen zu. Schreiben wir den sozialen Gruppen Einstellungen zu, zum Beispiel das Kabinett ist von der Unschädlichkeit von genetisch manipulierte Nahrungsmittel überzeugt, so werden wir die Zuschreibung auch in dem Fall vornehmen, wenn kein Mitglied mehr persönlich davon überzeugt ist. Dieses Beispiel ist insofern exemplarisch, da es zeigt, die Zuschreibung von Gruppenprädikaten erfolgt im Hinblick auf bestimmte Mitgliedschaftsbedingungen. Das gilt auch von Personenprädikaten, sofern wir sie auf Personen in ihrer Rolle als Mitglieder zuschreiben. Sofern jemand ein Mitglied irgendeiner Gruppe ist, somit bestimmte Bedingungen für diesen Status erfüllt, so können wir dieser Gruppe (den Gruppenmitgliedern) auch bestimmte Einstellungen zuschreiben. Insofern ist daraus zu folgern: Die Letztelemente der sozialen Systeme sind keine Individuen, sondern Mitgliedschaftsbedingungen, die soziale Gruppen konstituieren. Die Entscheidungen in der Gruppe wären dann als Kommunikationen von Mitgliedern zu analysieren. Der Mitgliedschaftsstatus hat seinerseits die Eigenschaften und Fertigkeiten von Individuen zu seinen Erfüllungsbedingungen. Wir sind und waren aber niemals nur als Menschen Mitglieder sozialer Systeme. Als Menschen gehören wir zur Umwelt sozialer Systeme. Der Kollektiv-Akzeptanz Ansatz ist im Hinblick darauf zu reinterpretieren.

In der deutschen Soziologie hat sich seit Mitte der 1980er Jahre die Auffassung verbreitet, die gegenwärtige Gesellschaftsentwicklung sei vor allem durch einen Schub der Individualisierung zu charakterisieren. Es ist dabei nicht nur ein Rätsel geblieben, was in diesem Zusammenhang unter Individuum zu verstehen ist, sondern es ging damit auch eine soziologische Blindheit einher. Wir als »Individuen« sind immer Mitglieder in unterschiedlichen sozialen Gruppen, die uns gerade als das bestimmen, als *was* wir wahrgenommen und angesprochen werden. Das hat Simmel bereits erkannt. Was wir dagegen in unserer Einzigartigkeit selbst sind, bleibt transsozial. In einem gewissem Sinne trifft das auch für persönliche Beziehungen zwischen nur zwei Personen zu: Gesellschaft beginnt mit dem Dritten als Beobachter.

Nach dem Kollektiven-Akzeptanz-Ansatz besteht zwischen den Mitglieder einer Gruppe ein kollektive Bindung über dasjenige, was kollektiv zu akzeptieren ist oder nicht. Sie schließt in einem strengen Sinn »soziale Bindungen« ein. Tuomela unterscheidet dabei zwischen »subjektiven Bindungen«, die nur personenbezogene normative Gedanken und Überzeugungen über andere einschließen, »intersubjektive Bindungen«, die sich auf Interaktionsnormen oder normative Gedanken beziehen, »objektive Bindungen«, die objektive Normen der Öffentlichkeit betreffen, zu denen ihrerseits die sozialen Bindungen gehören und möglicherweise auch die »absolute Bindungen«, die moralische Überlegungen betreffen. Die kollektive Akzeptanz von Bindungen durch die Mitglieder von sozialen Systemen betrifft ihre soziale Funktion. Tuomelas Ansatz gehört im Hinblick auf eine analytische Aufbereitung des Begriffs der Bindungen, neben der klassischen Systemtheorie Parsons, mit zu den differenziertesten Untersuchungen. Er ist aus meiner Sicht aber um einen substantiell soziologischen Gesichtspunkt zu erweitern.

In der Einsicht in die soziale Funktion von Bindungen sind wir immer noch blockiert, da Philosophen, aber auch Soziologen meistens dazu neigen, die Wirkungsweise von Bindungen substantiell in Geltungs-, und Gültigkeitsbedingungen (Begründungen) zu analysieren. Es ist in soziologischer Hinsicht für sie gerade nicht wesentlich, ob sie gut oder schlecht sind, ob sie uns glücklich oder unglücklich machen, ob sie begründbar sind oder nicht. Soziologisch gesehen handelt es sich bei Bindungen um Beschränkungen, wodurch die Sozialstrukturen und die Kommunikationssysteme durch Mengen von Mitgliedschaftsbedingungen festgelegt sind. Sie haben die Funktion, die Erwartungen zu stabilisieren und die Mitglieder von sozialen Systemen gerade unter der Voraussetzung von Dissens, weitgehenden Differenzen und bei Indifferenz stärker oder schwächer zu koppeln. Sie sind aber auch immer, wie soziale Normen generell, einer Aushöhlung durch eine opportunistische Modifikation und auch ihrer Disfunktionalitäten ausgesetzt. Das gilt vor allem für das funktional differenzierte (moderne) Gesellschaftssystem und seine Evolution.

3.2. Eine *neue* Theorie der Kooperation

Zu den Teilnahmebedingungen von sozialen Systemen gehört die Ausübung von Kooperationen in den unterschiedlichen sozialen Positionen ihrer Mitglieder. Dies trägt zu ihrem Reproduktionserfolg bei. Die Mitglieder sozialer Systeme bekämpfen sich aber auch (Ausscheidungskämpfe), konkurrieren auf den Märkten der Teilsysteme der Wirtschaft, Politik und Wissenschaft oder verhalten sich selbstsüchtig und ehrgeizig, ohne das Wohlergehen von anderen zu berücksichtigen. Die Analyse von Kooperationen ist deshalb auch für eine Soziologie der Mitgliedschaft von Interesse. Zu den Mitgliedschaftsbedingungen von sozialen Systemen gehört die Bereitschaft ihrer Mitglieder zur Erreichung von gemeinsamen kollektiven Zielen zu kooperieren und in unterschiedlichen sozialen Positionen dazu beizutragen.

In der Kooperationsforschung liegen philosophische, zum Beispiel moralphilosophische, mathematische, vor allem spieltheoretische und experimentelle Forschungen vor, die sich mit der Situation des kollektiven Handlungsdilemmas beschäftigen. Zu erwähnen sind auch die biologischen (ethologischen) Untersuchungen der Kooperation unter Tieren. Die wirtschaftswissenschaftlichen und spieltheoretischen Ansätze der Analyse von Kooperation sind individualistisch angelegt. Die Letztelemente von Kooperation sind nach ihrem Ansatz die individuell rationalen Entscheider. Daran nimmt Tuomelas (2000) Theorie der Kooperation eine Korrektur vor: Die Gruppengründe sind für die Erklärung von Kooperation in vielen Fällen erforderlich. Die meisten Kooperationen finden in einem institutionellen Bezugsrahmen statt. Das wurde von der Spieltheorie oft nicht hinreichend genug in Betracht gezogen. Oder anders ausgedrückt, die Kooperationen finden immer in sozialen Systemen statt und betreffen ihre kollektive Handlungsfähigkeit. Die Systemreferenz ist somit für die Angabe der Funktion von Kooperationen relevant, von dort ist dann ihre Funktion zu respezifizieren, zum Beispiel im Wirtschafts-, politischen, Wissenschafts- oder Erziehungssystem. Damit sind die strukturellen Anforderungen an Kooperationen angesprochen, die je nach Systemreferenz unterschiedlich ausfallen können. Für Tuomela betrifft dies den institutionellen Kontext, wobei beides nicht ganz dasselbe ist, aber die institutionelle Kooperationen sind im Hinblick auf die jeweilige Systemreferenz reinterpretierbar.

Tuomela analysiert in seiner systematischen Untersuchung die grundlegenden Gesichtspunkte von Kooperation und welche Arten von Kooperationen zu unterscheiden sind. Im Bezugsrahmen seines Ansatzes geht er den wichtigsten Problemen der vorliegenden Forschungen nachgeht: Unter welchen Bedingungen ist es rational zu kooperieren oder auch sich der Kooperation zu verweigern (Kap. 11-12). Die Kerntheorie seines Ansatzes entwickelt Tuomela in Kap. 1-4. Seinen Kooperationsbegriff und die Basiselemente von Kooperation stellt er im 1. Kap. vor (vgl. dazu 4-10, 11-17). Er besagt: Das kooperative zusammen Handeln ist in seinem Kern eine voll entfaltete Kooperation (full-blown cooperation). Dies betrifft die Kooperationen, welche auf einem gemeinsamen kollektiven Ziel in einem strengen Sinn beruhen (g-cooperation, group-mode oder we-mode, eine we-ness perspective, gemeinsame soziale Gründe). Im Unterschied zu der traditionellen Spieltheorie sind nach Tuomelas Ansatz die Gruppenkooperationen für das Verständnis von Kooperationen gegenüber dem individualistischen Ansatz, der das Gefangenendilemma als paradigmatischen Fall behandelt, zentral. Das ist der entscheidende Punkt, der Tuomelas Zugangsweise von den vorliegenden Ansätzen unterscheidet. Die Mitgliedschaft in sozialen Systemen hat zu ihrer allgemeinen Bedingung eine Bereitschaft (Disposition) der Mitglieder, miteinander zur Erreichung von gemeinsamen kollektiven Zielen zu kooperieren. Mit diesem Anschnitt nimmt er eine nicht-individualistische Analyse von Gruppenprädikaten vor. Für Tuomelas Ansatz spielen die Präferenzkorrelationen bei Kooperationen eine führende Rolle, vor allem bei voll entfalteten Kooperationen. Solche Korrelationen stabilisieren Kooperationen, sie tragen aber auch zu ihrer Flexibilität bei und spielen eine motivierende Rolle für das sich Einlassen und die Fortführung der jeweiligen Kooperation. Das schließt einen Präferenzwandel nicht aus, der einer besonderen Analyse bedarf (dazu Kap. 10, 1).

Die Erhaltung sozialer Systeme benötigt sowohl die Gruppenkooperationen als auch Kooperationen des Zusammenwirkens *(coaction cooperation),* da sie ihre Bestandserhaltung in den Dimensionen zeitlich, sachlich und sozial nur über die kooperierenden Mitglieder gewährleisten können. Die System- und die Gruppenmitgliedschaft bringt sozusagen autokatalytisch die Teilnahme an Kooperationen hervor, die wiederum je nach Differenzierungsform (segmentäre, stratifikatorische, funktionale Differenzierung) in ihren Teilnahmebedingungen durch die Selektion der Mitglieder begrenzt sind. Es sind aus meiner Sicht jedoch nicht vorrangig die Koordinationserfordernisse sind, die zu den Gruppenkooperation führen, sondern die Positionsvorteile in Umweltbeziehungen sozialer Systeme, durch die eine Ausbildung von Einrichtungen kollektiven Handelns herbeigeführt werden. Die kollektive Handlungsfähigkeit ist eine sehr frühe evolutionäre Errungenschaft, da sie durch die internen Beschränkungen und der Selektion von Zielen, Mitteln und Teilnehmern die Außenbeziehung sozialer Systeme verbesserte. Man denke zum Beispiel dabei an die Kooperationen bei der Jagd, dem Ackerbau, der Kriegsführung und den religiöse Ritualen. Das kollektive Handeln in sozialen Systemen ist jedoch nicht immer gewährleistet und kann auch schnell zerfallen kann. Sofern soziale Systeme sich aber elementar über die Entscheidung über Mitgliedschaft reproduzieren, gehört dazu die Aufrechterhaltung von Kooperationen als ihr Reproduktionsimperativ. Eine Theorie der Kooperation geht aber nicht davon aus, das Gesellschaftssystem sei zu steuern. So sollte man sie nicht interpretieren. Es betrifft dies die Nichtabstimmbarkeit der Kooperationen als Ereignisse des Gesellschaftssystems, die sich immer gleichzeitig ereignen und sich einer Steuerung und Planung entziehen.

Die idealtypische Beschreibung der Wir-Einstellung einer Person bezogen auf eine Gruppe besagt, 1. Sie besteht dann und nur dann, wenn die Gruppe diese Einstellung hat, 2. sie unterstellt, die Gruppenmitglieder teilen diese Einstellung und 3. es wird eine gemeinsame geteilte Einstellung der Mitglieder derart angenommen, daß sie diese tatsächlich Einstellung teilen. Das schließt Ausgrenzungen wiederum nicht aus. Diese gemeinsame Wir-Einstellung ist ein sozialer Grund für ein Gruppenmitglied für die entsprechende (intentionale) kollektive Handlung. In diesem Fall sind die Teilnehmer an Kooperationen an das entsprechende Ziel kollektiv gebunden. Sie gehen ein Commitment ein, daß ihnen nicht mehr ohne weiteres frei zur Disposition steht. Diesen Ansatz nennt Tuomela die *Theorie der kollektiven Ziele von Kooperation* (collective goal theory of cooperation). Im Unterschied dazu sind die Kooperationen mit einem kollektiven Handlungsdilemma, zum Beispiel dem Gefangenendilemma, Kooperationen in einem schwachen Sinn. Es handelt sich dabei um Ich-Kooperationen, bei denen die Teilnehmer ein gemeinsames privates Ziel, aber kein gemeinsames kollektives Ziel verfolgen. Ich-Kooperationen werden auch in Kap. 10-12 analysiert. Ziel wird dabei in einem weiten Sinn verstanden, da auch geteilte Handlungen, die ein Mittel zu etwas sind, als Ziele zählen können.

Für eine Theorie der Kooperation sind nicht kollektive Handlungen als solche interessant, bei denen mehrere Teilnehmer beteiligt sind, sondern nur solche, die auf sozialen Gründen beruhen. Die kollektiven sozialen Handlungen können in einem strengen, vollentfalteten Sinne im Hinblick auf ein geeignetes Ziel kooperativ sein. Sie brauchen nicht auf einem gemeinsamen Plan oder einem Einverständnis beruhen. Die Verfolgung kollektiver Ziele setzt eine Wir-Einstellung (we-mode) voraus, die nicht auf Ich-Einstellungen (I-mode) oder ihre Aggregationen zurückführbar sind. Ein Wir-Einstellungsziel ist gerade *nicht* als eine private Absicht oder eine nichtprivate personale Absicht mit einen kollektiven Inhalt, zum Beispiel als ein Zusammenhandeln, zu analysieren.

Die Wir-Einstellungen setzen eine Gruppe in einem strengen Sinn voraus. Sie setzen insofern Mitgliedschaft voraus. Dies schließt die kollektiven Commitments und ihre öffentliche Zugänglichkeit durch die Gruppenmitglieder voraus. Das ist in der Basisthese der Kooperation, die Tuomela aufstellt, enthalten (12). Wir erkennen daran, daß seine Theorie der Kooperation auf eine Soziologie der Mitgliedschaft verweist. Insofern nehme ich eine mitgliedschaftstheoretische Lesart seiner Theorie der Kooperation vor.

Das 1. Kapitel enthält einen Anhang zu den Forschungen zu Kooperationen. Mit den Ansätzen von Williams, Bratman, Regan, Hollis setzt er sich weiter auch im Fortgang seiner Theorie auseinander; zum Gefangenendilemma diskutiert er Bicchieri, Moulin, dazu auch Kapitel 7, 12 und ingesamt 7-12; erörtert werden Axelrods Simulationsforschungen über Kooperation, Argyles' und Fegers sozialpsychologische Analysen, die biologischen und ethologischen Ansätze von Harcort, de Waal, Hinde, Groble, Kitcher und utilitaristische Ansätze von Boyd und Richerson.

Das relevante begriffliche Element seines Ansatzes, den Begriff der kollektiven und gemeinsamen Ziele, analysiert Tuomela im 2. Kap. Dabei unterscheidet er idealtypisch: 1. den *kollektiven Zielen*, die auf einem *gemeinsamen Wir-Ziel* (we-goal, we-want) beruhen, 2. den *beabsichtigten kollektiven Zielen*, 3. den *beabsichtigten gemeinsamen Zielen* und 4. *ein kollektives Ziel*. Der *erste* Typus ist der schwächste, und der *zweite* Typus ist ein strengere Begriff, da er ein beabsichtigtes kollektives Ziel einschließt, aber nicht eine zugrundeliegende gemeinsam geplante Absicht (plan-based joint intention). Der *dritte* Typus bedeutet die gemeinsame Ausführung der grundlegenden gemeinsamen Absicht der Teilnehmer in einem voll entfaltenden Sinn. In diesem Fall beabsichtigt jeder Teilnehmer zu der gemeinsamen Handlung seinen Beitrag zu gewährleisten. Die Handlungsintention erfordert somit von den Teilnehmern eine *Wir*-Intention (Gruppenintention) für die Zielerreichung. Diese Intentionen schreiben wir *Mitgliedern* im Unterschied zu *Nicht-Mitgliedern* zu. In diesem Fall besteht ein gemeinsames Commitment zur Zielerreichung. Es ist in seiner strengen Version ein kollektives Commitment. Wir-Intentionen und soziale Commitments als Bindungen an die Teilnehmer der Kooperation und der Gruppenziele basieren somit auf einem Differenzschema der Mitgliedschaft-Nichtmitgliedschaft und der Differenzierung im Mitgliedschaftsstatus. Durch diese Differenz sind soziale Systeme selbstkonstituiert. Ihre Grenzen sind durch die Entscheidung über Mitgliedschaft bestimmt und sie regeln die Teilnahme an Kooperationen strukturell vor. Der *vierte* Typus betrifft die Ziele, die wir den Handlungen eines sozialen Kollektivs zuschreiben, zum Beispiel das Ziel eines Staates, der ein bestimmtes Territorium erobert. An diesem Fall wird die Mitgliedschaft als Grundlage der Zuschreibung der Ziele besonders deutlich, da wir sie auf die Mitgliedschaft in einem Kollektivs instanziieren. Sofern jemand ein Mitglied in einem bestimmten Kollektiv ist, so erfüllt er auch bestimmte Bedingungen, die zu seiner Mitgliedschaft führen. Zu den Strukturen eines Kollektivs gehört: 1. Es gibt ein Entscheidungssystem, durch das die Ziele für die Mitglieder der Gruppe festgelegt werden. Nicht alle Mitglieder haben jedoch die festgelegten kollektiven Ziele, sie werden aber durch das Entscheidungssystem dazu verpflichtet. 2. Das Kollektiv kann ein beabsichtigtes Ziel verfolgen, sofern ihre Mitglieder eine schwache Wir-Absicht teilen. Das betrifft die statistische Bedeutung des Begriffs der kollektiven Ziele.

Der Schlüsselbegriff der Analyse von Gruppenzielen im Unterschied zu Ich-Zielen ist die *kollektive Akzeptanz*. Sie betrifft das Einverständnis gegenüber bestimmten Wir-Überzeugungen (54). Insofern betrifft sie bestimmte Einstellungen von Mitgliedern gegenüber einem Einstellungsinhalt *p*. Sie sind somit kollektiv (als Gruppe) in einer Wir-Einstellung daran gebunden sind, ein bestimmtes Ziel herbeizuführen. Ihr Handeln hängt somit von der entsprechenden Einstellung ab. Dabei kann die kollektive Akzeptanz eine unterschiedliche Strenge haben, aber sie hat eine kollektive Aktivität in einer Wir-Einstellung zu enthalten, das heißt, eine bestimmte Art des Zusammenwirkens, die darauf abgestellt ist, den Zielinhalt *p* herbeizuführen. Das betrifft das kollektive Commitment der Teilnehmer, das sie eingegangen sind. Insofern enthält die kollektive Akzeptanz ein kollektives Commitment gegenüber in der jeweiligen Gruppe. Die leitende Fragestellung ist dabei, ob eine Kommunikation zur Erreichung eines gemeinsamen kollektive Ziels erforderlich ist. Dieses Kapitel bedürfte einer besonderen Analyse, da es über die vorliegende Literatur des praktischen Begründens hinausgeht.

Die verschiedenen Arten von sozialen Normen werden in Kap. 6 analysiert und erörtert, die relevanten Bestandteile von sozialen Institutionen im Kontext von Kooperation sind. Auch bei institutionellen Kooperationen sind nach Tuomela die Gruppenkooperationen grundlegend. Die normativen Begründungen haben nach diesem Ansatz eine Auswirkung auf die erzeugten zugeordneten institutionellen Präferenzen, die zu den jeweilig erforderlichen Kooperationen beitragen. Dabei sind auch normative Autoritäten zu berücksichtigen, die für die erforderlichen Kooperationen relevant sind. Nach dem Collectiven Acceptance Ansatz reicht auch eine relativ schwache Art von Kooperation bei einer kollektiven Akzeptanz aus, um die kollektiv sozialen Vorkommnisse und die sozialen Institutionen hervorzubringen und zu erhalten. Die sozialen Normen und Einverständnis werden als kooperative Aktivitäten gefasst. Die Rituale und die Zeremonien gelten als extreme Fälle solcher Aktivitäten (zu sozialen Normen 190-94). In allen institutionellen Bereichen und auch anderen normativen Beispielen liegen nach Tuomela teilweise normativ zu charakterisierende Ziele oder Handlungen vor, die grundlegend durch eine kooperative Aktivität zu erreichen sind.

Die Analyse von Kooperationen wird in einem weiteren Schritt in den Bezugsrahmen der Spieltheorie gestellt (Kap. 7). Von Interesse ist dabei der Teil der Spieltheorie, die sich mit den bindenden Vereinbarungen und Koalitionen beschäftigt, die sogenannte kooperative Spieltheorie. Da sich dieser Ansatz nicht mit normativen Begriffen, wie den kollektiven Commitments und den Handlungsgründen beschäftigt, wird gezeigt, wie er zu der Theorie der Gruppenkooperation abzustimmen ist. Nach der Standardannahme der kooperativen Spieltheorie gehen die individuelle Mitglieder einer Koalition bei der Koordination ihrer Handlungen eine bindende Übereinkunft ein. Diese Übereinkünfte betreffen eine Strategie derart: »Ich tue *x* und du *y*«. Der Ansatz bezieht somit nicht die Ziele der Teilnehmer ein, insbesondere keine beabsichtigten Ziele. Das einzige Ziel ist die Optimierung des zu erwartenden Nutzens. Sofern der Nutzen in Geld oder mit Geld vergleichbaren Gütern dargestellt wird, macht es sicherlich Sinn von Zielen zu sprechen, zum Beispiel, wenn ein Unternehmen seinen Gewinn optimiert. Dieser Ansatz kann nach Tuomela, das ist hervorzuheben, nicht ohne Künstlichkeiten konkrete Ziele, wie zum Beispiel der gemeinsame Bau eine Brücke und die gemeinsame Herausgabe eine Buches, und die dabei eingegangenen Commitments erfassen. Gerade diese Gesichtspunkte sind aber bei einer triftigen Analyse von kooperativem Verhalten zu berücksichtigen (dazu Kap. 2 und 3). Das ist ein wichtiger Punkt, der zu einer erheblichen Einschränkung der Leistungsfähigkeit dieses Ansatzes führt.

Die Unterscheidung zwischen den Gruppen- und den Ich-Zielen betrifft die Strategie der Teilnehmer, da die Gemeinsamkeit die kollektive Absicht der Teilnehmer im Hinblick auf das angenommene Einverständnis betrifft. Eine auf Einverständnis beruhende gemeinsame Handlung brauch aber keine Übereinstimmung über weitere kollektive Ziele zu beinhalten. Das ist hervorzuheben. Sie mag nur bestimmte Handlungen als ein Mittel zur Erreichung eines privaten Ziels der Teilnehmer einschließen. Aber die kollektiven (weiteren) Ziele setzten eine kollektive Kooperation und eine Abstimmung von Handlungen als Mittel voraus (Kap. 4.I). Tuomela begründet dies mit einem *konzeptuellen* Argument: Sofern ein kollektives Ziel gegeben ist, so existiert in der Sicht der Teilnehmer eine kollektive Handlung als mögliches Mittel. In der (kooperativen) Spieltheorie liegt zwar ein mächtiges mathematischen Instrument vor, sie ist aber in konzeptueller und theoretischer Hinsicht zu dürftig. Insofern bedarf sie – auch durch weitere Forschung – einer Korrektur. Die mathematischen Resultate der kooperativen Spieltheorie können aber, bei allen Vorbehalten, dazu beitragen können, eine analytisch klare Darstellungen von Gesichtspunkten der Verfolgung von kollektiven Ziele zu geben.

Die kooperativen Präferenzen sind zergliederbar in ihre zugrundeliegenden soziale Bestandteile der sozialen Abhängigkeit (Steuerung, controll). Die Faktoren der sozialen Steuerung sind zum Beispiel von Thibaut und Kelley, Wilson und Bixenstine erörtert worden. Ziel ist es, die »semi-motivationalen« Bestandteile der sozialen Steuerung bzw. Typen der Steuerung zu beschreiben, die den sozialen Interaktions*situationen* zugrunde liegen. Diese Bestandteile betreffen die strukturellen oder die situationellen Determinanten (multi-agent action in einem technischen Sinn). Vorgenommen wird eine technische Analyse des Bestandteils der sozialen Steuerung, die in allen Interaktionssituationen vorhanden ist, in denen ein gemeinsam geteiltes Wissen über kollektive Aktivitäten vorliegt (Kap. 8). Der Ansatz wird an der Interaktion einer endlichen Anzahl von Aktoren exemplifiziert. In der Anwendung auf eine einfache Zwei-Personen-Interaktion besagt sie: Die Teilnehmer können den Nutzen ihres gemeinsamen Ergebnis in die Bestandteile des Nutzens zerlegen, den sie in 1. der absoluten Steuerung ihrer eigenen Handlungen, 2. im Hinblick auf die Handlungen der anderen Teilnehmer und 3. in ihrer konditionalen oder interaktiven Steuerung ausgedrückt. Die relevanten Korrelationen zwischen den Präferenzen der Teilnehmer für ihre Kooperation kann dabei gemessen werden und sie zeigt sich als von den Bestandteilen der sozialen Steuerung in einer besonderen Weise abhängig. Die Gruppen- und die Ich-Kooperationen unterstellen entsprechende Präferenzen bei ihren Teilnehmern, vor allem finale Präferenzen. Auf diesen Zusammenhang geht das Kap. 9 ein und führt ihn einer technischen Analyse zu, die mit Hilfe variierter spieltheoretischer Strukturen illustriert wird. Die Kooperation und der Konflikt im Kontext der Dilemmas der kollektiven Handlung, des Konflikts zwischen der individuellen und der kollektiven Rationalität, wie zum Beispiel das Gefangenendilemma, wird in Kap. 10 erörtert. Tuomelas Ansatz besagt: Wenn die Bereitstellung von öffentlichen Gütern auf dem Spiel steht, dann ist dieses kollektive Ziel im Sinne der *Collectivity Condition* zu interpretieren (Kap. 4). Sie besagt: Die intendierte kollektive Zielen sind durch gemeinsame Ziele der Teilnehmer und deshalb durch kollektive Commitments bestimmt (27).

Tuomela illustriert die rationale Kooperation mit spieltheoretischen Mitteln und argumentiert in diesem Zusammenhang für die Zentralität der kollektiven Gründe für Kooperationen (Kap. 11). Er ist dabei an einer umfassenden Rationalität orientiert, die auch die Ziel-, die Wert- und die expressive Rationalität umfasst, wobei sich in den Überzeugungen, den Absichten und den Zielen immer auch die Gesellschaft und die Kultur der Akteure wiederfindet. Vergleichbare Überlegungen findet man bei N. Rescher und dem deutschen Soziologen R. Münch.

Nach Tuomela sind Kooperationen unter verschiedenen Gesichtspunkten – auch sich überschneidenden – zu klassifizieren. Das hebt er hervor. Der *erste* Klassifikationsfaktor ist die Unterscheidung zwischen den Gruppenkooperationen und den Ich-Kooperationen, die sich dazu eignet, die grundlegenden Kooperationen zu unterscheiden (Kap. 4). Der *zweite* Klassifikationsfaktor betrifft die Gemeinsamkeit der Präferenzen, das heißt, der Grad der Korrespondenz (Kap. 9) misst das Ergebnis der grundsätzlich geplanten gemeinsamen Handlungen (Kap. 3). Das betrifft die kollektiven Ergebnisse, welche aus den jeweiligen Beiträgen der Teilnehmer resultieren. Der *dritte* Klassifikationsfaktor betrifft die Strategie. Die parametrische Unterscheidung wird dabei auf die jeweilige Kooperationssituation angewandt (Kap. 10). Das Gefangenendilemma ist dafür ein gutes Beispiel. Der *vierte* Klassifikationsfaktor betrifft die Schnittstelle zwischen den Bestandteilen der sozialen Steuerung in der jeweils gegebenen Kooperationssituation (Kap. 8-9, 10, Teil V). Der *fünfte* Klassifikationsfaktor ist der institutionelle bzw. der nicht-institutionelle Charakter der Kooperation. Er betrifft die jeweiligen Teilsysteme, zum Beispiel im Wirtschaftssystem die Anweisungen innerhalb eines Unternehmens, die monetären Operationen oder die institutionellen (organisationellen) Kooperationen im politischen - und im Wissenschaftssystem (Kap. 6).

Für die Analyse der Abstimmbarkeit von Präferenzen sind aus soziologischer Sicht die von den Mitgliedern sozialer Systeme jeweils vermutete Übereinstimmungen zwischen den Erwartungsstrukturen relevant. Das betrifft ihre Bestimmtheit, aber auch ihre Vieldeutigkeit und die Orientierung an den kognitiven und den normativen Erwartungen. Damit sind weniger die in Frage kommenden Teilnehmer bei der Lösung von kooperativen Aufgabenstellungen angesprochen, sondern es betrifft dies strukturell erzwungene Variationen des Handelns, um besondere und höhere Ansprüche an Kooperationen zu stellen. Damit hängen dann auch die Konsequenzen für die Betroffenen und die sozialen Systeme ab, die aus dem Erfolg und dem Misserfolg der Lösung der kooperativen Aufgabenstellung resultieren.

3.3. Gemeinsam geteilte Wir-Einstellungen

Ziel des Akzeptanz-View ist es, die begrifflichen Ressourcen und philosophischen Voraussetzung der Auszeichnung des sozialen Bereichs (universe of discourse) zu untersuchen. Seine substanzielle Charakterisierung besagt, dass der soziale Bereich auf dem Gruppenstandpunkt beruht, der gemeinsam geteilten Wir-Perspektive (Einstellung) von Gruppenmitglieder. In *Philosophy of Sociality* erweitert Tuomela seine früheren Untersuchungen zu einem integrierten Paradigma, welche die Analyse der kollektiven Intentionalität, der Gruppe, der Kooperation, der sozialen Institutionen, der kollektiven Verantwortung, des sozialen Vertrags und der sozio-kulturellen Evolution zusammenfügt (Tuomela 2007). Die Analyse der Wir-Einstellung ist nicht nur für die Sozialphilosophie, die Philosophie der Sozialwissenschaften, die politische - und die Moralphilosophie, sondern auch für die unterschiedlichen Sozialwissenschaften und für die Cognitive Science von Relevanz.

Tuomela stellt die Basistheorie des Acceptance View in den Kapitel 1 bis 6 dar. Grundlegend für die gesamte Untersuchung ist die Analyse der Wir-Einstellung. Sie schließen bei den Mitgliedern von Gruppen *Gruppenbegriffe* ein. Die sprachlichen Äquivalente dafür sind die kollektivreferenziellen Ausdrücke »wir«, »uns« oder »er ist einer von uns«. Das ist deshalb nicht trivial, da die Gruppenperspektive zugleich mit der Akzeptanz von Gruppenzielen, Werten, Überzeugungen und Normen einhergeht, an welche die Mitglieder gebunden sind (Commitment als Selbstbindung des Mitglieds einer Gruppe). Insofern ist das kollektive Commitment für die Gruppenperspektive grundlegend. Das ist nach Tuomela eine *Wir-Modus* Einstellung. Durch sie wird das Denken und Handeln als Mitglied einer Gruppe ausgedrückt. Die Ich-Einstellung ist dagegen die »Einstellung« von Privatpersonen. Diese Einstellung kann auch an die Wir-Einstellung angeschlossen sein, sofern von diesem Standpunkt aus Überlegungen gegenüber Gruppen vorgenommen werden, mit denen man kooperieren möchte, z.B. »Ich möchte mit euch nach London fahren, wie denkt ihr darüber… «. Der entscheidende

Punkt ist aber, dass nach Tuomela die Wir-Einstellung nicht auf die Ich-Einstellung zurückführbar ist.

Das Handeln in der Wir-Einstellung ist gleichzeitig an das Ethos einer Gruppe gebunden, die dem einzelnen Gruppenmitglied nicht zur Disposition steht. Gruppenhandlungen sind in der Wir- und der Ich-Einstellung ausführbar. Der soziale Bereich ist nur durch die Wir-Einstellung der kollektiven Intentionalität zu erklären, die von den Mitgliedern von Gruppen in ihrem Denken und Handeln internalisiert wurde. In der Ich-Einstellung übernimmt der Teilnehmer an dem Gruppenhandeln das Ethos der Gruppe in einem privaten Sinn. Der Unterschied zwischen beiden Einstellungen besteht darin, dass der Wir-Einstellungsgrund und der mentale Zustande der Gruppenmitglieder durch die Gruppe selbst bestimmt und kollektiv konstruiert sind, die Ich-Einstellung ist dagegen durch einen private Grunde motiviert. Insofern entsprechen die Handlungen in der Wir-Einstellung dem Standardfall und die Ich-Einstellung ist ein schwächere Grunde des Gruppenmitglieds in der vorgegebenen Statusposition der Gruppe zu handeln. Tuomela führt an dieser Stelle den Begriff des Commitments als begriffliche Beinhaltung (conceptual entailment) der kollektiven Akzeptanz der Wir-Einstellung ein. (Kap. 1)

Den Begriff der Ich-Einstellung und der Wir-Einstellung der mentalen Zustände sowie verschiedene Versionen dieser Einstellung analysiert Tuomela in Kapitel 2. Die Wir-Einstellungs-Überzeugung besagt »Wir, die Mitglieder der Gruppe g, sind davon überzeug, dass p«. Diese Überzeugung wird von den Mitgliedern der Gruppe als Gruppenüberzeugung akzeptiert. Die Überzeugung hat einen typischen Nutzen für die Gruppe und an sie sind die Mitglieder ideal gebunden (Commitment der Gruppe). Eine Wir-Modus Einstellung oder Handlung setzt die Erfüllung der Kollektivbedingung voraus. (Zu dieser Bedingung vgl. Tuomela 2002: 29-33) Sie ist eine Version der Goldenen Regel angewandt auf Gruppen. In der Ich-Modus Einstellung ist das Gruppenmitglied dagegen seinen privaten Zielen und Überzeugungen verpflichtet. Der Collectivity-Condition liegt die eigentliche Wir-Einstellung zugrunde (the full shared point of view).

Der Ich-Modus der geteilten Wir-Einstellung tritt in unterschiedliche Versionen auf. Eine Person, die in einem Gruppenzusammenhang steht, verfolgt ein bestimmtes Ziel p in der Situation, in der er darum weiß, dass andere auch dieses Ziel verfolgen (Mutual Belief). Das ist ein einfaches Beispiel für eine konforme Einstellung, die in diesem Fall von der Gruppe geteilt wird. Der Wir-Modus ist im Ich-Modus abgeschwächt. In diesem Fall stellt der Wir-Modus eine Ich-Gruppe dar. Dieser Fall ist deshalb relevant, da jedes beliebige Kollektiv, dass einige intersubjektive Identitätsmerkmals aufweist, die auf dem gemeinsam geteilten Wissen um Überzeugungen beruhen, eine Wir-Einstellung haben kann, z.B. diejenigen, die am Bahnhof auf einen Zug warten, teilen die Überzeugung im Wir-Modus, warum sich der erwartete Zug verspätet. Bei eigentlichen Wir-Modus/Wir-Absichten sind die Gruppengründe notwendig (internal), im Unterschied dazu sind sie in dem entsprechenden Ich-Modus kontingent (external). Im Ich-Modus kann das Zirkularitätsproblem auftreten, z.B. »Ich möchte, wenn Du möchtest ... «. In diesen Fällen kann das typische Koordinationsdilemma auftreten, ich möchte x tun (eine meiner Handlungsalternativen) genau dann wenn du x tun möchtest, aber du möchtest x genau dann tun, wenn ich x tun möchte usw. Insofern entsteht ein Regress. Das Kapitel gibt und diskutiert Lösungen dieses Problems (73-79). (Kap. 3)

Die geteilten Intentionen im Wir-Modus sind nicht auf den Ich-Modus zurückzuführen. Der Basisinhalt einer geteilten Intention besagt: Die Teilnehmer teilen als Gruppe den Inhalt der Absicht x. x kann dabei eine Überzeugung oder eine geteilte Handlung, im Unterschied zur Handlungsabsicht, sein. Geteilte Intention drücken wir oft in der Form aus »Wir werden x tun«. Tuomela führt den *Bulletin Board View* der kollektiven Akzeptanz ein, um die allgemeinen begrifflichen Gesichtspunkte der Formierung von geteilten Intentionen und Überzeugungen zu beschreiben, z.B. ein Organisationsausschuss eines Vereins hängt an dem Schwarzen Brett die Mitteilung aus »Die Mitglieder des Vereins reinigen den Park am kommenden Samstag. Wer sich daran beteiligen möchte, der trage sich bitte in die Liste ein.« Der Ansatz hat die Vorteile:

1. Er expliziert die kollektive und geteilte Akzeptanz von Einstellungen (Absichten, Überzeugungen und andere willentliche Einstellungen) und exemplifiziert sie an der Präsupposition der gemeinsamen Aufgabenstellung. Sofern sich genug Teilnehmer für die Reinigung des Parkes finden, so liegt eine kategoriale, nicht-konditionale Intention und eine geteilte Intention bei ihnen vor.

2. Die Teilnehmer haben sich durch ihre Unterschrift zu etwas selbstverpflichtet.

3. Es ist keine vorgängige geteilte Intention anzunehmen, welche die geteilte Intention den Park zu reinigen bildet.

4. Die Teilnehmer können symmetrische und asymmetrische soziale Rollen bei der Durchführung der Aufgabe einnehmen.

5. Es liegt eine epistemische strenge geteilte Intention vor, da alle Teilnehmer den Inhalt der Absicht überprüfen können.

6. Der Ansatz kann auch auf den Fall des Ich-Modus angewandt werden. (Kap. 4, Das Kapitel sollte zusammen mit Tuomela 2002, Capt. 4 A Collecitve Acceptance account of collecitve-social notions, 122-55 gelesen werden.)

Das leitet zu der Beantwortung der Frage über, was ist eine absichtlich geteilte Handlung? Eine geteilte Handlung ist die Handlung, durch welche die daran Beteiligten als *eine Gruppe* bestimmt sind. Tuomela gebraucht die Ausdrücke »joint action« und »acting together« in dem Kapitel 5 als miteinander austauschbar. Der intentionale Wir-Modus ist für geteilte Handlungen grundlegend, da die geteilte Intention und die relevant Überzeugung die Garantie dafür sind, dass eine geteilte Handlung vorliegt. Für geteilte Handlungen gilt, dass sie von Mitglieder *als* Mitglieder von Gruppen, somit im Wir-Modus, vollzogen werden. (Kap. 5, Zu der Endfassung der geteilten Handlung 108-112, Zu S. Miller 118-9, zu F. Schmitt 119-21, zu Gilbert 121-22.)

Die kollektive Akzeptanz unter den Mitgliedern von Gruppen und die Gruppeneinstellung sind nach Tuomela der begriffliche und harte Kern der Sozialphilosophie. Die Analyse wird derart durchgeführt, dass sie zu der Autorisierung und den autorisierten Gruppenmitgliedern hinführt. Autorität wird auf die operativen Gruppenmitgliedern instanziiert. Der Begriff der Gruppeneinstellung ist für diese Analyse zentral. Die Gruppeneinstellung hat zugleich ein autoritative Funktion für die praktisch relevanten Begründungen in der Gruppe. Dadurch wird der ontologische Status von Gruppen und der Gruppenmitgliedschaft bestimmt. Die autorisierten Mitglieder teilen bestimmte Einstellungen im Wir-Modus als Gruppenmitglieder. Gruppen sind keine Handelnde und keine Personen im wörtlichen Sinn des Wortes, sondern der soziale Bereich setzt sich ontologisch aus Gruppenmitgliedschaften als seinen Bestandteilen zusammen. Die Mitgliedschaft ist durch bestimmte Positionen (Rollen) festgelegt und die Gruppenmitglieder gehen ein Commitment zu dem Ethos der Gruppe ein. Tuomela charakterisiert seinen Ansatz ontologisch als einen Positional Account of Group Attitudes. (Zu entitativen (singular entity view) und nicht-entitativen ontologischen Charakerisierungen von Gruppen 145-48.) Das ist in Übereinstimmung mit unserem Alltagsverständnis, in dem wir davon ausgehen, dass Gruppen von etwas überzeugt sind, etwas beabsichtigen, wünschen und tun. Darunter verstehen wir, dass wir den Status eines Gruppenmitglieds haben, das entsprechende Einstellungen mit anderen Gruppenmitgliedern teilt. Gruppeneinstellungen werden somit von Tuomela mit dem Begriff der kollektiven Akzeptanz analysiert. An der Verbindung zwischen der Gruppenautorität, der durch sie bewirkten Formung der Einstellungen und dem Handeln der Gruppe, wird der grundlegende Begriff des Habens einer Einstellung als Gruppenmitglied eingeführt. Sie beruht auf den Gruppengründen. (Kap. 6)

Tuomela wendet seinen Ansatz auf Kooperationen, soziale Institutionen, die Evolution von Gruppen und die Gruppenverantwortung in den Kapitel 7 bis 10 an. Er untersucht Kooperationen bei dem die Teilnehmer einen Ich-Modus einnehmen und im Wir-Modus. Für die Lösung kooperativer Aufgabenstellungen ist das praktische Begründen grundlegend. Es ist aber eine weitere Einstellung erforderlich, die Wollens-Einstellung gegenüber der anstehenden Handlung. Insofern ist kein weiterer Zwang für die Gruppenkonformität erforderlich. Aus Tuomelas Ansatz folgt, dass die Wir-Begründungen zwanglos zu Kooperationen führen, da sie durch den Wir-Modus und nicht durch den Ich-Modus bestimmt sind. Der Ich-Modus und der Wir-Modus werden miteinander verglichen und am Beispiel eines spieltheoretischen Modells der öffentlicher Güter illustriert. Das Ergebnis der Analyse ist, dass unter einem funktionalen Gesichtspunkt der Wir-Modus gegenüber dem Ich-Modus vorzuziehen ist. Das gilt auch für die Verfolgung von instrumentell-rationalen Zielsetzungen. (Kap. 7) Soziale Institutionen sind eine besondere kollektiv konstruierte soziale Praxis, die durch Normen geregelt sind. Auf der untersten Ebene sind Institutionen durch die Wir-Einstellung von Gruppen bestimmt, sie lassen aber einen Spielraum für Ich-Modus Kooperationen. Sie schließen es zudem nicht aus, dass sich ihre Mitglieder opportunistisch gegenüber dem Wir-Modus institutioneller Handlungen verhalten. Es ist ein funktionaler Imperativ, dass die Mitglieder von Institutionen mehr oder weniger zutreffende Überzeugungen über die Institution haben, z.B. Wissen, was eine Schule und ein Finanzamt. (Kap. 8)

Im nächsten Schritt analysiert er den Ansatz, dass die Disposition zur kollektiven Intentionalität, die Reziprozität der Perspektiven und die Auslösung von Kooperationen koevolutiv als eine Adaptation emergierte. (Tuomela bezieht auf M. Tomasello und seine Mitarbeiter; in diesem Kontext ist auch P. Gärtenfors: 2003 zu erwähnen.) Tuomela nimmt Darwins Ansatz auf. Koevolution beruht auf dem genetischen Mechanismus der Vererbung und der kulturellen Faktoren der Reproduktion von sozialen Systemen. Das dynamische Zentrum der Evolution sind sozial Aktivitäten in einer konformen Einstellung. Sein Ansatz verlässt sich darauf, dass einige konforme Einstellungen die Wahrscheinlichkeit der geteilte Wir-Einstellung begünstigen und auch einen Wandel dieser Einstellung hervorrufen. Er untersucht die Fälle 1. den Wandel auf der individuellen (aggregierten) Ebene im Hinblick auf die statistische Verteilung von Eigenschaften von Individuen in einer Population, unabhängig davon, ob es sich um soziale Gruppen handelt, 2. die Formation von sozialen Gruppen auf der Basis ihrer Kultur (Ethos), die sich gegenüber anderen durchsetzten und 3. den Wandel von Gruppen und die Evolution im Vergleich zu anderen sozialen Gruppen. (Kap. 9)

Da Gruppen keine Handelnde (Personen) im strengen ontologischen Sinn sind, können sie als Gruppe nicht für etwas verantwortlich gemacht werden. Tuomela charakterisiert mit der Unterscheidung zwischen dem Wir-Modus und dem Ich-Modus die Gruppenverantwortung. Im Falle des Wir-Modus sind einige Mitglieder einer Gruppe für die Gruppenhandlungen direkt verantwortlich. Sofern die Gruppenmitglieder zu den Gruppenhandlungen ein Commitment eingehen, wird ihnen auch eine Verantwortung zugeschrieben. Die Wir-Modus

Gruppe ist somit im Hinblick auf ihr Ethos für ihre Handlungen und die Handlungen ihrer Mitglieder normativ verantwortlich. Im Falle des Ich-Modus ist die Verantwortung dagegen privat. Das gilt auch dann, wenn ihre Mitglieder etwas gemeinsam verursachen, da sie es in diesem Fall nicht als Gruppe etwas hervorrufen. Der Ich-Gruppe kann allerdings in einen aggregativen Sinne Verantwortung zugeschrieben werden. Paradigmatisches Beispiel der Analyse der Gruppenverantwortung ist die Wir-Modus Gruppe, bei der eine Steuerung der Gruppenverantwortung vorliegt. Tuomelas Analyse des Wir-Modus ist keinem besonderen Programm in der Sozial- und der politischen Philosophie verpflichtet, aber er stellt einen Zusammenhang zum Republikanismus und Kommunitarismus her. (Kap. 10)

3.4. Zu Raimo Tuomelas Ansatz

In der sozialphilosophischen und den sozialtheoretischen Untersuchungen zur kollektiven Intentionalität war das Thema der Sozialontologie deshalb relevant, da mit der Fragestellung einherging, den ontologischen Status des sozialen Universums zu klären. Gilbert *plural subject account* of collective beliefs argumentierte für eine Durkheimianisches Verständnis des Sozialen als etwas Objektives, das sich gegenüber den Mitgliedern Zwang ausübt. Insgesamt sind die Ansätze von Gilbert, aber auch von Tuomela antiindividualistisch angelegt. Eine Soziologie der Mitgliedschaft geht zwar davon aus, dass das soziale Universum operativ und relational zu fassen ist, das heißt aber nicht, dass es nicht objektiv ist. Kommunikationen und soziale Systeme unterliegen Beschränkungen, die ihren Mitgliedern nicht frei zur Disposition stehen. Das mag trivial sein. Es geht aber darum, dieser trivialen Einsicht eine nichttriviale Interpretation zu geben. Nur durch die Begrenzung von Willkür können sich soziale Systeme reproduzieren und dadurch für ihre Teilnehmer und ihre Mitglieder systemtypische Freiheitsspielräume eröffnen. Im Hinblick auf die Individualismus-Holismusdebatte seit den 1950er Jahren ist hervorzuheben, dass die Gegenposition des Individualismus in der Sozialtheorie ein Durkheimianischer Ansatz ist. Die kollektiven Einstellungen und die kollektive Akzeptanz bleiben unverständlich, wenn wir sie mit einer individualistischen Sozialtheorie interpretieren.

In der Durkheim-Parsons-Tradition der Soziologie hat man sozialen Normen oder der normativen Kultur ein grundlegende Bedeutung für die gesellschaftliche Kommunikation zugesprochen. Die Annahme von einem Basiskonsens, verhaltenssteuernden Normen und der Reduktion von Sozialem auf Normen ist darüber hinaus bei Sozialphilosophen unterschiedlicher Herkunft weit verbreitet. Auch Tuomela geht davon aus, daß für das soziale Universum die sozialen Regeln (Regelnormen) und die geeigneten (angemessenen) sozialen Normen grundlegend sind (vgl. dazu 190-94). Diesen grundlegende Gesichtspunkt von Sozialem hält er mit seinem Modell der kollektiven Akzeptanz vereinbar. Der Punkt ist nicht, dieses einfach zu bestreiten. Soziales gibt es nicht ohne Normen, sondern es ist die Frage zu stellen, an welcher Stelle sie in der Theorie sozialer Systeme oder auch der Sozialtheorie anzuordnen sind. Luhmann hat dieses Problem vom Grundsätzlichen her gesehen aus meiner Sicht richtig erkannt. Er führt den Begriff der sozialen Norm »an theoretisch sekundärer, abgeleiteter Stelle« in der soziologischen Theorie ein (Luhmann 1984, 444, vgl. 444-47. Zu kognitivem und normativem Erwarten 437-40). Er verlagert die normative Strukturerhaltung bzw. die durchaus weit verbreitete Auffassung der normative Reduktion des Sozialen in den Begriff der Generalisierung von Erwartungen (Luhmann 1984, Systeme, 445-47). Dadurch wird das, was erwartet wird, in einem gewissen Ausmaß unbestimmt. Wir sollten das Problem ernst nehmen, das bei diesem Anschnitt erkennbar ist. Bei theoretischen Problemen und der Aufbereitung der fruchtbaren Fragestellungen geht es normalerweise nicht darum, ob man dafür ist oder dagegen, sondern der Anschnitt sollte dahingehen, sich zu fragen, wie man das Problem erörtert, um zu weiteren Einsichten zu gelangen. Ich möchte in diesem Zusammenhang eine mitgliedschaftstheoretische Analyse von Normen andeuten. Sie gibt der Trivialität Soziales ist nicht ohne Normen möglich eine nicht-triviale Reinterpretation gibt.

Soziale Systeme sind aus meiner Sicht in ihrer Operations- bzw. Verfahrensart durch Mitgliedschaftsbedingungen und der Entscheidung über Mitgliedschaft selbstkonstituiert. Das betrifft auch ihre Strukturbildung. Jede Operation in der Zeit setzt ihre Anschlussfähigkeit voraus. Damit verändern oder bestätigen sie ihre Teilnahmebedingungen bzw. die in ihnen vorliegenden grundsätzlichen Beschränkungen. Im Hinblick auf die Mitgliedschaftsbedingungen sind die Operationen die Entscheidungen über Mitgliedschaft, somit einmalige zeitliche Ereignisse, die aber als Ereignistyp wiederholbar sind. In der Systemtheorie wird mittlerweile die Künstlichkeit der sozialen Systeme und ihre systemtypischen Operationen hervorgehoben. Damit soll ihre Leistungsfähigkeit, aber auch ihre Gefährdetheit verdeutlicht werden. Durch die Entscheidung über Mitgliedschaft gewinnen soziale Systeme ihre Steigerungs- und Selektionsleistungen bei der Lösung von kooperativen Aufgabenstellungen. Wir können aber noch einen Schritt weiter gehen, sie stellen sich damit selbst zur Disposition, indem sie beschränkte Negationen praktizieren und sich dadurch lernfähig halten. Dadurch irritieren sich soziale Systeme selbst und bilden durch diese Negationen ein Immunsystem aus (zu dem Begriff des Immunsystems sozialer Systeme Luhmann 1984: 504-09).

Welche Funktion nehmen in sozialen System die sozialen Normen ein, sofern sie durch Mitgliedschaft selbst konstituiert sind und an welcher theoretischen Stelle sind sie einzuführen?

Die sozialen Normen und die Rechtsnormen gebieten, verbieten oder erlauben bestimmte Handlungen und Verhaltensweisen. Normen sind oft Normensysteme und greifen ineinander. Die sozialen Normen wirken aber nicht durch sich selbst, sondern es bedarf immer einer Instanz (Autorität), die sie setzt und durchsetzt. Sie gelten immer für die Mitglieder einer bestimmten Gruppe bzw. eines sozialen Systems. Normen können aber auch sinnlos und dysfunktional sein als auch unterhöhlt werden. Wir sprechen meistens dann von Normativität, wenn an Erwartungen und Erwartungserwartungen auch in der Situation festgehalten wird, in denen sie enttäuscht werden. Die kognitiven und normativen Erwartungen sind zwar grundsätzlich zu unterscheiden, sie sind aber im Alltag nicht streng voneinander getrennt. Um einen kommunikativen Anschluß zu gestalten, hat man sich immer zu überlegen, was man kognitiv und was man normativ erwarten kann. Die Stabilisierung von normativem Erwarten betrifft die evolutionäre Rolle des Rechts (Rechtsystem), wenn diese Erwartungen, die entsprechende Unterstützung finden und auch entsprechend durchgesetzt werden können. Das normative Erwarten ist aber auch lernfähig zu halten. Insofern geht es nicht nur um das Problem der Stabilität von Normen, sondern um ihrer Aufrechterhaltung im Enttäuschungsfall. Das heißt aus meiner Sicht, die Normprojektion wird durch die Mitgliedschaft gewährleistet, die Enttäuschungsfestigkeit gewährleistet und gleichzeitig durch die Entscheidung über die Teilnahmebedingungen die Erwartung kondensiert. Die Stabilität der Erwartungen wird somit durch die fortlaufende Entscheidung hergestellt, die ihrerseits wiederum Spielräume für die Erwartungsänderung ermöglicht. Die Stabilitätsbedingung und das Festhalten im eingetretenen Enttäuschungsfall besteht aus meiner Sicht in den Commitments zu der bestimmten Zielverfolgung, welche die Mitglieder sozialer Systeme eingehen und durch Mitgliedschaft gewährleistet werden. Diese Commitments sind nicht vorrangig moralisch zu verstehen. Sie sind aber einer Moralisierung zugänglich, die je nach Ausmaß auch verfehlt sein kann. Die Mitgliedschaft in sozialen Systemen bringt soziale Bindungen in einem unterschiedlichen Ausmaß sozusagen autokatalytisch hervor. Sie mag schwach sein, aber wir können uns, solange wir an sozialen Systemen teilnehmen, nicht selbst als Mitglied in Frage stellen. Das kann man nur in einem absurden Theaterstück. Das wird von Tuomela durch die *Collectivity Condition* angesprochen.

Die Mitglieder von sozialen Systeme bilden Verhaltenserwartungen aus, die von ihnen ihrerseits erwartbar sind. Die sozialen Normen sind deshalb gegenüber der Annahme von Basisnormen oder normativen

Reduktionen an einer sekundären theoretischen Stelle einzuführen: Die Mitgliedschaft und die Anforderungen an Statuspositionen in sozialen Systemen werden erst sekundär durch ihre Erwartung von Erwartungen gewährleistet, wobei sie fortlaufend durch die Entscheidung über die Mitgliedschaft und die Teilnahme an den systemtypischen Kommunikationen anschlussfähig zu halten ist. Das Problem wird von Tuomela mit der »Long-Term Cooperation« angesprochen (evolutionäre Spieltheorie, Skyrms). Das ist aber wiederum nicht den Normen anheimzustellen, sondern der fortlaufenden Entscheidung über Mitgliedschaft als ein Strukturerhaltungsmittel sozialer Systeme, letztlich ist es der Evolution zu überlassen. Das Problem der Rolle von sozialen Normen habe ich angesprochen, nicht nur weil es soziologisch zentral ist, sondern es erneut erörtert werden sollte. Dabei brauchen wir nicht bei Null anzufangen. Das gilt auch für die Strukturanalyse von Kooperationen, da die Durchführung ihrer Aufgabenstellung zwangsläufig zu besonderen Anforderungsprofilen an ihre Teilnehmer führt. Hinzuweisen ist in diesem Zusammenhang, daß funktionale Differenzierung ohne reflexive Erwartungen nicht möglich wäre.

Aus Tuomelas Sicht ist sein Ansatz für unterschiedliche ontologische Interpretationen offen. Aus meiner Sicht führt uns seine Theorie zu einem Differenzschema der Unterscheidung zwischen Mitglied und Nichtmitglied der Teilnahme an den Kooperationen, da die Wir-Intentionen und die *Collectivity Condition* auf die Mitgliedschaft in sozialen Systemen zu instanziieren ist. Gruppen sind als ein Typ von sozialen Systemen zu untersuchen (Preyer 2012). Angesprochen ist damit die Sozialontologie, da mit der Instanz der Mitgliedschaft von Wir-Intentionen Soziales einen nicht-individualistischen zu charakterisierenden Gegenstandbereich hat. Die Letztelemente von Sozialem als ihre Einheit sind Mitgliedschaften und Teilnehmerpositionen. Soziale System haben sich ko-evolutiv ergeben und weisen emergente Eigenschaften aus. Mit der Mitgliedschaft geht zugleich konzeptuell ein Autoritätssystem einher, das über Mitgliedschaften und kollektive Ziele entscheidet. Tuomelas Ansatz kann in eine allgemeine Theorie sozialer Systeme eingearbeitet werden und weist in seiner Analyse der sozialen Steuerung auf eine systemtheoretische Reinterpretation hin. Die System- und die Handlungstheorie sind gegenüber landläufigen Meinungen, keine sich ausschließenden Ansätze. Das können mittlerweile Wissen. Ich habe seinen Ansatz in einem ersten Durchgang skizziert, ohne eine Einzelerörterung durchzuführen. Das wird die Aufgabe weiterer Forschung sein. Tuomelas Ansatz hat die Beschränkungen der individualistischen Konzeptionen der Analyse von Kooperationen überwunden und er wird im Fortgang zu Recht als eine *neue* Theorie erörtert werden. Sie hat die uns geläufigen atomistischen Ansätze hinter sich gelassen.

Bei der Analyse der kollektiven Intentionalität sollte man die Gruppenintention und die Orientierung unterscheiden. Das gilt unabhängig davon, ob sie im Ich- oder Wir-Modus vorliegt. Die Orientierung ist im Unterschied dazu, die Herbeiführung eines bestimmten Zieles. Sie kann eine Wir-Orientierung oder eine Ich-Orientierung sein. Nach Tuomela ist der Wir-Modus für den sozialen Bereich grundlegend. Wenn wir davon ausgehen, dass die Analyse der kollektive Akzeptanz unter den Mitgliedern von Gruppen und die Gruppeneinstellungen der begriffliche und harte Kern der Sozialphilosophie sind, dann liegt eine noch schärfer geschnittene Fassung von Tuomelas Mitgliedschaftssoziologie derart nahe, dass soziale Systeme durch die Entscheidung über Mitgliedschaft selbstkonstituiert sind. Sie bestehen nicht aus Menschen, sondern Menschen als psycho-physische Systeme gehören zu ihrer Umwelt. Die Unterscheidung zwischen Mitglied und Nicht-Mitglied zieht die Grenze zwischen sozialen Systemen und ihrer Umwelt. Sie kann nicht in eine äußere Natur hineinverlängert, noch kann sie aus ihr entnommen werden. Mitgliedschaftsbedingungen konstituieren demnach die Objektivität, den Zwang und die Autorität des sozialen Bereichs. Das ist durchaus in Harmonie mit Tuomelas Positional Account of Group Attitudes und dem *Bulletin Board View* der kollektiven Akzeptanz.

Die Unterscheidung zwischen Individuum und Mitglied ist für die Individuierung der Inhalte der Einstellungen relevant, da wir sie nicht (nur) individualistisch, sondern sozial-externalistisch zuschreiben und individuieren (T. Burges Arthritis-Gedankenexperiment). Insofern lässt sich exemplifizieren, dass Mitgliedern *als* Mitgliedern Einstellungen zugeschrieben werden. Mitglieder sind deshalb auch die Instanz der Zuschreibung von Gruppenprädikaten wie zum Beispiel, »Die Herausgeber der Zeitschrift gehen davon aus, dass blinde Begutachtungen die Reputation der Zeitschrift vermehren«. Informelle und formelle Mitgliedschaftsbedingungen, darin besteht die Verschärfung von Tuomelas Ansatz, bestimmen die Objektivität des sozialen Bereichs. Sie beziehen sich nicht auf propositionale Einstellungen von Einzelpersonen als solche. Das schließt eine operative Fassung der Ontologie sozialer Systeme nicht aus, da sie sich nur als Ereignisse reproduzieren können. Diese Systemereignisse sind objekttheoretisch (-sprachlich) immer exemplarisch und historisch.

Ein anderer und damit zusammenhängender Punkt ist die Analyse von Commitments. Mit ihnen hat es eine kaum herausgestellte Bewandtnis. Sie schränken die Optionen der Mitglieder sozialer Systeme ein, da sie ihnen nicht absolut frei zur Disposition stehen. Die Gruppenperspektive betrifft nach Tuomela zugleich die kollektive Akzeptanz unter den Mitgliedern einer Gruppe und die Gruppengründe. Das leitet zu dem Problem über, wie wir Konsens soziologisch interpretieren. Tuomela neigt diesbezüglich zu einer eher traditional soziologischen Antwort: Commitment und Konsens sind durch gemeinsam akzeptierte Überzeugungen, Werte, Absichten und Policies bestimmt. Die Ausübung von Mitgliedschaftspositionen und Kommunikationen sind bestimmte Ereignisse, die eine selektive Wirkung in der Geschichte sozialer Systeme haben, da sie Handlungsalternativen eröffnen, verhindern, erweitern und begrenzen können. Die Commitments sind ein Medium, das die Chancen des Verbleibens sozialer Systeme und den Fortgang von Kommunikationen selektiert. Es ist kein wesentlicher Gesichtspunkt, dass Commitments mehr oder weniger überzeugend begründbar und rechtfertigbar sind. Wir mögen z.B. von der Freiheit unserer Wahl auf die Strenge eines Commitments schließen und dadurch an die Firmenkultur eines Unternehmens gebunden sein. Die individuelle Selbstbeschreibung erklärt uns aber nicht die Funktion von Commitments. Sie besteht darin, dass sie eine Stabilisierung von Erwartungen herbeiführt. Insofern binden Commitments die Mitglieder sozialer Systeme gerade unter der Voraussetzung weitgehender Differenzen und Indifferenzen unter ihnen. Sie kompensieren Konsens, da Konsens nur für ein sehr begrenztes Handeln und Erleben herstellbar und verfügbar ist. Konsens ist eine Motivkonstruktion, die aber auch für Dissens anfällig ist. Er kennzeichnet Systemgrenzen, aber er kann Gesellschaft nicht integrieren. Konsens ist in Kommunikationssystemen eine unterstellte Annahme für die Fortführung der Kommunikation, das hat aber nichts mit sozialer Integration zu tun.

Wenn wir die Analyse des Wir-Modus mitgliedschaftstheoretisch fortführen, dann erkennen wir, dass der *Shared Point of View* sich durch Entscheidungen prozessualisiert, die kontingent sind. Akzeptanz ist immer eine »Akzeptanz« von Mitgliedern von sozialen Systemen. Das gilt unabhängig davon, wie stark die Akzeptanz und die damit einhergenden Commitments die einzelnen Mitglieder binden. Die Commitments als Bindungen der Systemmitglieder konditionieren die psychischen Systeme und koppeln sie an Systemprozesse. Das ist wiederum von Strukturen abhängig, die gegenüber den vergehenden Ereignissen reversibel sind. Insofern sind Commitments auch durch die Zeitbindung sozialer Systeme zu erklären. Commitments kommen ihrerseits durch Selektionen zustande. Das überführt die Analyse der Wir-Einstellung in die Evolutionstheorie. Die Commitments und die zeitliche Bindung von Erwartungen – Erwartungen werden erwartbar – sind eine Primitivtechnik, die eine interne Anpassung von Mitgliedschaftsbedingungen herstellt. Dadurch werden die soziale Systeme erst evolutionsfähig. Das gilt auch bei Erwartungsenttäuschungen. Gehen wir davon aus, dass soziale Systeme durch die Entscheidung über Mitgliedschaft selbstbestimmt sind, dann ist die Evolutionstheorie von der Außenbindung sozialer Systeme auf ihre Innenbindung umzustellen. Damit geht einher, dass die evolutionären Mechanismen *in* Systemen zu lokalisieren sind. Sie passen sich nicht an eine Umwelt an, sondern es besteht eine vorgängige Angepasstheit durch die System-Umwelt Differenz und Relation.

Tuomelas Ansatz ist nicht nur für Philosophen, Soziologen und Sozialwissenschafter von Interesse. Es ist ein Beitrag zur transdisziplinären Forschung dieser Fachrichtungen, der sich aber auch mit Problemstellungen der Philosophie des Geistes, der Psychologie und der künstlichen Intelligenz überschneidet. Aus philosophischer Sicht erweitert er den Begriff der praktischen Philosophie und der Handlungstheorie, da zwar eine umfangreiche Literatur über Intention, Überzeugung, Intentionalität im Hinblick auf individuelle Aktoren vorliegt, nicht aber über kollektive Intentionalität, obwohl sich dies in den letzten Jahren zu ändern beginnt. Soziologisch ist sein Ansatz von Bedeutung, da er mit der Systemtheorie in einen Kooperationsprozeß eintreten kann und auch dem Begriff der kollektiven Identität einen theoretischen Bezugsrahmen geben könnte. Hervorzuheben ist, daß Tuomela seine begrifflichen Analysen auch mit formalen Mitteln durchführt, die seinen substantiellen Unterscheidungen und ihren Zusammenhängen einen analytischen Zuschnitt geben. Tuomela hat mit *Philosophy of Sociality* sein Hauptwerk vorgelegt. Als Wissenschaftsphilosoph legt er nicht nur eine Analyse der theoretischen Begriffe der Sozialphilosophie vor, sondern er hat ein neues Paradigma begründet, das eine Mitgliedschaftssoziologie und eine soziologisch reinterpretierte Entscheidungstheorie zu ihrem harten Kern hat. Es ist hervorzuheben, dass seine Entscheidungstheorie noch keine Wirkungsgeschichte nach sich gezogen hat. Seine Analyse von Kooperationen ist ein Erkenntnisfortschritt in der Entscheidungstheorie, die sie im Fortgang neu resystematisieren wird. (Zu Tomelas Ansatz vgl. auch Preyer 2012: III 5.)

Literatur

Agassi, J. 1960. Methodological Individualism. *British Journal of Sociology.*

Amoretti, M.C., G. Preyer Eds. 2011. *Triangulation. From an Epistemological Point of View.* Heusenstamm bei Frankfurt am Main.

Andersson, G. 1988. *Kritik und Wissenschaftsgeschichte.* Tübingen.

Armstrong, D.M. 1973. *Belief, Truth, and Knowledge.* Cambridge.

– 1977. Naturalism, Materialism and First Philosophy. In *Stuttgarter Hegel-Kongress* 1975. Hrsg. von D. Henrich, Beiheft 17. Bonn.

– 1997. *The World of States of Affairs.* Cambridge.

Aschenberg. R. 1990. *Kategoriale Transzendentalphilosophie. Kategorie und Kategorialität. Festschrift für K. Hartmann.* Hrsg. von D. Koch und K. Borst.

Austin, J.L. 1962. *How to do Things with Words* . Oxford, GB.

Avramides, A. 1999. *Davidson and the New Sceptical Problem.* In Zeglen ed. 1999.

Bhargava, R. 1992. *Individualism in Social Science. Forms and Limits of a Methodology.* Oxford.

Baker, G. 1974. Criteria: A new Foundation for Semantik. *Ratio* 16.

– and P.M.S. Hacker. 1980. *Essays on the Philosophical Investigations* 1, *Wittgenstein, Meaning and Understanding.* Oxford.

Baker, G.P. and P.M.S. Hacker. 1984. *Scepticism, Rules and Language.* Oxford.

Baling, E. 1989. Psychotherapeutische Fortbildung des Praktischen Arztes (1954). *Die Methode der Balint-Gruppe.* Hrsg. von C. Medelmann, H. Ferstle. Stuttgart.

Bar-Elli, G. 1986. Identity, Semantics and Ontology in Carnap. *Philosophia.* Philosophical Quarterly of Israel 16.

Beckermann, A. 2001. *Analytische Einführung in die Philosophie des Geistes.* 2. Aufl. Berlin.

Bellah, R. N. 1973. Introduction to *Emil Durkheim on Morality and Society*«, Heritage of Sociology Series. Chicago.

Bennett, J. 1982. *Sprachverhalten* (1976). Frankfurt am Main.

Bilgrami, A. 1992. *Belief and Meaning. The Unity and Locality of Mental Content.* Oxford.

Block, N. 1992. Schwierigkeiten mit dem Funktionalismus (1978). In *Kognitionswissenschaft.* Hrsg. von D. Münch. Frankfurt am Main.

Borg, E. 2004. *Minimal Semantics.* Oxford, GB.

– 2007. Minimalism versus Contextualism in Semantics. In G. Preyer, G. Peter eds. *Context-Sensitivity and Semantic Minimalism. New Essays on Semantics and Pragmatics*, Oxford, GP.

Brandt, R. and J. Kim 1967. The Logic of Identity Theory. *The Jorunal of Philosophy* 64.

Brodbeck, M. 1966. Methodological Individualism: Definition and Reduction. In *Philosophical Analysis and History.* Edited by H. Dray. London.

Burge, T. 1973. Reference and Proper Names. *Journal of Philosophy* LXX.

– 1979. Individuation and the Mental. In *Midwest Studies in Philosophy* Vol. V. Studies. In Metaphysics, Minneapolis.

– 1993. Mind-Body Causation and Explanation. In Heil and Mele 1993.
– 2005. *Truth Thought Reason. Essays on Frege*. Oxford GB.
– 2010. *Origins of Objectivity*. Oxford GB.

Cappelen, H., E. Lepore. 1999. *Semantics for Quotation*. In Zeglen ed. 1999.
Cappelen, H., E. Lepore 2005. *Insensitive Semantics. A Defense of Semantic Minimalism and Speech Act Pluralism,* Malden, MA.
Cappelen, H. 2007. Semantics and Pragmatics: Some Central Issues. In Preyer, Peter eds. *Context-Sensitivity and Semantic Minimalism. New Essays on Semantics and Pragmatics*. Oxford, GP.
Carl, W. 1974. *Existenz und Prädikation*. München.
Carnap, R. 1923. Über die Aufgaben der Physik und die Anwendung des Grundsatzes der Einfachheit. *Kant-Studien*.
– 1932. Die Überwindung der Metaphysik durch die logische Analyse der Sprache. *Erkenntnis* 2.
– 1932a. Über Protokollsätze. *Erkenntnis* 3.
– 1934. *Logische Syntax der Sprache*. Wien.
– 1936/7. Testability and Meaning. Philosophy of Science 3, 4.
– 1942. *Introduction to Semantics*. Cambridge. Mass.
– 1960. Theoretische Begriffe der Wissenschaft (1956). *Zeitschrift für philosophische Forschung* 14.
– 1963. Replies and Systematic Expositions. The Philosophy of Rudolf Carnap. Edited by P.A. Schilpp. La Salle.
– 1966[3]. *Der logische Aufbau der Welt* (1928). Hamburg.
– 1966[2]a. *Scheinprobleme in der Philosophie* (1928). Frankfurt am Main.
– 1969. *Einführung in die Philosophie der Naturwissenschaften* (1966). München.
– 1972. *Bedeutung und Notwendigkeit* (1947). Wien.
– 1972a. Empirismus, Semantik und Ontologie (1950). Carnap 1972.
– 1972b. Bedeutungspostulate (1952). Carnap 1972.
Carston, R. 1988. Implicature, Explicature, and Truth-Theorietic Semantics, 155-181. In R. Kempson ed., *Mental Representations: The Interface between Language and Reality*. Cambridge.
Chant, S., F.A. Hindriks, G. Preyer 2012. *From Individual to Collective Intentionality*, New York 2012.
Chant, S. 2012. A Dilemma for Non-Reductionists Accounts of Group Belief. In G. Peter, R.-M. Krauße Hrsg., *Neue Grenzen des Sozialen. Zwischen Globalisierung, Erkenntnis und Ästhetik*. Wiesbaden 2012.
Comte, A. 1830-42. *Cours de philosophie positive,* 6 Vols. Paris.
Creath, R. 1990. Carnap, Quine and the Rejection of Intuition. In *Perspectives on Quine*. Edited by R. B. Barrett and R. F. Gibson. Cambridge, Mass.

Donnellan, K.S. 1966. Reference and Definite Descriptions. *Philosophical Review* 75.
– 1974. Speaking on Nothing. *Philosophical Review* 83.
– 1981. Intuitions and Presuppositions. In *Radical Pragmatic*. Edited by P. Cole. New York.
Davidson, D. 1974. Paradoxes of Irrationality. In *Freud. A Collection of Critical Essays*. Edited by R. Wollheim and J. Hopkins. New York.
– 1980. *Essays on Actions and Events*. Oxford (dt. Ausgabe 1985).

– 1984. *Inquiries into Truth and Interpretation*. Oxford. (dt. Ausgabe 1986).
– 1985. *Handlung und Ereignis*. Frankfurt am Main (dt. Ausgabe von Davidson 1980).
– 1985 a. Reply to Quine on Events. In *Actions and Events: Perspectives on the Philosophy of Donald Davidson*. Edited by E. Lepore and B. McLaughlin. Oxford.
– 1986. *Wahrheit und Interpretation*. Frankfurt am Main (dt. Ausgabe von Davidson 1984).
– 1987. Seine eigenen Gedanken kennen. In *Analytische Theorien des Selbstbewußtseins*. Hrsg. von M. Frank (1994). Frankfurt am Main.
– 1987 a. Problems in the Explanation of Action. In Metaphysics and Morality. Essays in Honor of J.J.C. Smart. Edited by P. Pettit et al. Oxford.
– 1989. Was ist dem Bewußtsein gegenwärtig?. In Davidson 1993. *Der Mythos des Subjektiven*. Stuttgart.
– 1990. Representation and Interpretation. In *Modelling the Mind*. Edited by K.A. Mohyeldin et al. Oxford.
– 1990 a. The Structure and Content of Truth. *The Journal of Philosophy*, Vol. LXXXVII, No. 6.
– 1991. Three Varieties of Knowledge. In *A. J. Ayer Memorial Essays*. Edited by A.P. Griffiths. Cambridge.
– 1993. Thinking Causes. In Heil and Mele 1993.
– 1994. Davidson, Donald. In *A Companion to the Philosophy of Mind*. Edited by S. Guttenplan. Cambridge USA.
– 1997. Unbestimmtheit und Antirealismus. In *Davidsons Philosophie des Mentalen*. Hrsg. von W. Köhler. Paderborn.
– 1999. Is Truth a Goal of Inquiry? Discussion with Rorty. In Zeglen ed. 1999.
– 1999. The Centrality of Truth. In *Truth and its Nature*. Edited by J. Peregrin, Dordrecht.
– 2001. *Subjective, Intersubjective, Objective*. Oxford.
– 2004. *Problems of Rationality*. Oxford.
– 2005. *Truth, Language, and History*. Oxford.
– 2005. *Truth and Predication*. Cambridge Mass. 2005.
– 2005. Struktur und Gehalt des Wahrheitsbegriffs (1990a). In *Donald Davidson Richard Rorty. Wozu Wahrheit? Eine Debatte*. Hrsg. und mit einem Nachwort von Mike Sandbothe, Frankfurt a.M.
Dummett, M. 1982. Ist analytische Philosophy systematisch?. In *Wahrheit*. Stuttgart.
– 1982. Freges Unterscheidung zwischen Sinn und Bedeutung. In *Wahrheit*. Stuttgart.

Essler, W.K. 1972. *Analytische Philosophie 1*. Stuttgart.
– 1975. Die Kreativität der bilateralen Reduktionssätze. *Erkenntnis* 9.
– J. Labude, S. Uesnay 2000. *Theorie und Erfahrung. Eine Einführung in die Wissenschaftstheorie*. Freiburg i. Br.
– 2001. *Unser die Welt. Sprachphilosophische Grundlegungen der Erkenntnistheorie*. Ausgewählte Artikel. Hrsg. von G. Preyer. Frankfurt am Main.
– 2001. Selbst das Selbst ist nicht Selbst. In Essler 2001.
Elugardo, R. 1999. Samesaying. In Zeglen ed. 1999.

Evans, G. The Causal Theory of Name. *Proceedings of the Aristotelian Society*, Suppl. Bd. 47.
Evnine, S. 1991. *Donald Davidson*. Oxford.

Feyerabend, P. 1962. Explanation, Reduction, and Empirism. In *Scientific Explanation, Space and Time:* Minnesota Studies in the Philosophy of Science 3. Minneapolis.
Fodor, J. A., E. Lepore 1992. *Holism: A Shopper's. Cambridge*, Mass.
– 2002. *The Compositionality Papers*. Oxford.
Frank, M. 2012. Ansichten der Subjektivität, Berlin 2012.
Frege G. 1966. Der Gedanke (1918). *Logische Untersuchungen*. Göttingen.
– 1969. *Nachgelassene Schriften und wissenschaftlicher* Briefwechsel (2 Bd.) Bd. 1: *Nachgelassene Schriften*. Herausgebeben von H. Hermes, F. Kambartel und F. Kaulbach. Hamburg.
– 1990. Über Begriff und Gegenstand. In *Kleine Schriften*. Hrsg. und mit Nachbemerkungen zur Neuauflage versehen von I. Angelelli. Hildesheim.
French. P. A. 1996. Why did Wittgenstein read Tagore to the Vienna Circle? In Preyer et al. 1996.
Fodor, J. 1989. Making Mind Matter More. *Philosophical Topics* 17.
– E. Lepore 1992. *Holism: A Shopper's Guide*. Cambridge, Mass.
– Lepore. 2002. *The Compositionality Papers*. Oxford.
– Lepore 1993. Is Radical Interpretation possible. In R. Stoecker ed., *Reflecting Davidson. Donald Davidson Responding to an International Forum of Philosophers,* Berlin.
– Lepore 1996[3]. *Holism. A Shopper's Guide*. Cambridge, MS.
– Lepore 2002, *The Compositionality Papers,* Oxford.
Fodor 2008, *LOT II Language of Thoughts,* Oxford GB.

Gärtenfors, P. 2003. *How Homo became Sapiens. On the Evolution of Thinking,* Oxford.
Gibson, R. F. 1994. Quine and Davidson: Two Naturalized Epistemologies. In Preyer, Siebelt, Ulfig eds. 1994.
Gilbert, M. 1984. *On Social Facts*. Princeton, N. J.
– 2002. Belief and Acceptance as Features of Groups. *ProtoSociology* Vol. 16: Understanding the Social. New Perspectives from Epistemology.
Goldfarb, W. 1985. Kripke on Wittgenstein on Rules. *The Journal of Philosophy*, 82.
Goldstick, D. 1971. The Tolerance of Rudolf Carnap. *Australasian Journal of Philosophy* 49.
Grewendorf, G. 1995. *Sprache als Organ Sprache als Lebensform*, Frankfurt am Main.
Grice, H. P. 1989. Logic and conversation (1975). In *Studies in the Way of Words*. Cambridge, M. A.

Haack, S. 1976. Some Preleminaries to Ontology. *Jorunal of Philosophical Logic* 5.
Hacker, P. M. S. and J. Raz eds. 1977. *Law, Morality, and Society. Essays in Honour of H. L. A. Hart*. Oxford.
Hart, H. L. A. 1961. *The Concept of Law*. Oxford.
Heckmann, H.-D. 1994. *Mentales Leben und materielle Welt*. Berlin.

Hegselmann, R. 1985. Die Korrespondenz zwischen Otto Neurath und Rudolf Carnap aus den Jahren 1934-1945 – Ein vorläufiger Bericht. In *Philosophie, Wissenschaft, Aufklärung*. Hrsg. von H.J. Dahms. Berlin.

Heil, J., A. Mele eds. 1993. *Mental Causation*. Oxford.

Heil, J. 1998. Supervenience Deconstructed. *European Journal in Philosophy* 6.

Hempel, C.G. 1965. *Aspects of Scientific Explanation*. London.

Henrich, D. 1979. Identität – Begriffe, Probleme, Grenzen. In *Identität*, hg. von O. Marquard und K. Stierle (= Poetik & Hermeneutik VIII). München.

– 1989. Nocheinmal in Zirkeln. Eine Kritik von Ernst Tugendhats semantischer Erklärung von Selbstbewußtsein. In *Mensch und Moderne. Beiträge zur philosophischen Anthropologie und Gesellschaftskritik*. Hg. Von C. Bellut und U. Müller-Scholl. Würzburg.

Henderson, D.K. 1994. Conceptual Schemes after Davidson. In G. Preyer et al. 1994.

– 2000. Epistemic Rationality, Epistemic Motiviation, and Interpretive Charity. In *The Contextualization of Rationality. Problems, Concepts, Theory of Rationality*. Edited by G. Preyer and G. Peter. Paderborn.

Hindriks, F.A. 2002. Institutional Facts and the Naturalistic Fallacy. *Proto-Sociology* Vol. 16: Understanding the Social.

Hintikka, M.B., J. Hintikka 1990. *Untersuchungen zu Wittgenstein*. Frankfurt am Main.

Honderich, T. 1982. The Argument for Anomalous Monism. In *Analysis* 42.

Holdcroft, D. 1978. *Word and Deeds. Problems in the Theory of Speech Acts*. Oxford.

Hornsby, J. 1993. *Agency and Causal Explanation*. In Heil, Mele 1993.

Hunter, J.F.M. 1971. Forms of Life in the Later Wittgenstein's Philosophical Investigations. In *Essays on Wittgenstein*. Editeted by E. D. Klemke. Illinois. 1971.

– 1996. The Motley Forms of Life in the Later Wittgenstein. In Preyer et al. 1996.

Kaplan, D. 1989. Demonstratives. An Essay on the Semantics. Logic, Metaphysics, and Epistemology of Demonstratives and Other Indexicals. In J. Almong, J. Perry, H. Wettstein eds. *Themes from Kaplan*. New York.

Kelly, A. 1974. *Wittgenstein*. Frankfurt am Main.

Kempson, R. 1975. *Presupposition and the Delimination of Semantics*. London.

Kim, J. 1976. Events as Property Exemplifications. In Kim 1993.

– 1989. The Myth of Nonreductive Materialism. In Kim 1993.

– 1993. *Supervenience and Mind*. Cambridge.

– 1998. *Mind in the Physical World*. Cambridge Mass.

Klemke, E.D. 1970. Are »External Questions« Non-Cognitive? *Inquiry* 13.

Koepsell, D., L.S. Moss eds. 2003. *John Searle's Ideas about Social Reality. Extensions, Criticisms and Reconstructions*. Malden, MA USA.

Kornblith, H. ed. 2001. *Epistemology: Internalism and Externalism*. London 2001.

Kraft, V. 1950. *Der Wiener Kreis*. Wien.

Krauth, L. 1970. *Die Philosophie Carnaps*. Wien.

Kripke, S. 1977. Speaker's Reference and Definite Descriptions. *Midwest Studies in Philosophy* 2.

– 1982. *Wittgenstein on Rules and Private Language. An Elementary Exposition*, Cambridge Mass. Oxford.

Künne, L. 1983. *Abstrakte Gegenstände, Semantik und Ontologie*. Frankfurt am Main.

Kulenkampff, A. 1994. Eigennamen und Kennzeichnungen – Anmerkungen zur sogenannten Frege-Russell-Theorie. In Preyer u. a. 1994.

Kuhn, T. 1962. *The Structure of Scientific Revolution*. In *International Encyclopedia of Unified Science*. Chicago.

Lakatos, I., A. Musgrave eds. 1970. *Criticism and the Growth of Knowledge*, Cambridge.

Lauener, H. 1978. Probleme der Ontologie. *Zeitschrift für allgemeine Wissenschaftstheorie* 9.

– 1987. Philosophie als normative Tätigkeit (offener Transzendentalismus versus Naturalismus). *Dialectica* 41.

– 1990. Holismus and Naturaliszed Epistemology Confronted with the Problem of Truth. *Perspectives on Quine*. Edited by R. B. Brandt and R. F. Gibson.

– 1990a. Transzendentale Argumente pragmatische relativiert: Über Fundamentale Optionen in der Philosophie. *Erkenntnis* 33.

Lenk, H. 1986. Typen und Systematik der Rationalität. In *Zur Kritik der wissenschftlichen Rationalität*. Hrsg. H. Lenk. Freiburg.

Lepore, E., B. Loewer 1987. Mind Matters. *The Journal of Philosophy.*

Lepore, E. 1989. More on Making Mind Matters. *Philosophical Topics* Vol. 18.

Lepore, E., and K. Ludwig 2002. What is Logical Form. In Preyer and Peter eds. 2002.

– 2005. *Donald Davidson. Meaning, Truth, Language, and Reality*, Oxford UK.

– 2007, Donald Davidson. Truth-Theoretic Semantics, Oxford GB.

Lewis. C.I. 1946. *An Analysis of Knowledge and Valuation*. La Salle, Ill.

Lévi-Strauss, C. 1965. *Das Ende des Totemismus*, Frankfurt am Main.

Lewis, D. 1975. *Konventionen. Eine sprachphilosophische Abhandlung*. Berlin.

– 1983. How to Define Theoretical Termes (1970). *Philosophical Papers* 1. New York.

– 1984. Putnam's Paradox. *Australasien Journal of Philosophy* 62.

– 1998. Index, Context, and Content (1980). In *Papers in Philosophical Logic*. Cambridge.

Locke, J. 1993. *Über den menschlichen Verstand* (1689). 2. Bd. Berlin.

Lorenz. K. 1970. *Elemente der Sprachkritik*, Frankfurt am Main.

Ludwig, K. 1997. The Truth about Mood. *ProtoSociology*, Vol. 10: Cognitive Semantics I-Conceptions of Meaning. Rep. in Preyer, Peter, Ulkan eds. 2003.

– 1999. *Theories of Meaning, Truth and Interpretation*. In Zeglen 1999.

– ed. 2003. *Donald Davidson*. Cambridge GB.

– 2003. The Truth about Mood. In Preyer, G., G. Peter, M. Ulkan eds., *Concepts of Meaning. Framing an Integrated Theory of Linguistic Behavior*, Dordrecht (rep. Wien).

– 2011. Triangulation Triangulate. In C. M. Amoretti, Preyer eds., *Triangulation. From an Epistemical Point of View*, Heusenstamm b. Frankfurt am Main

Luhmann, N. 1984. *Soziale Systeme. Ein Grundriß einer allgemeinen Theorie*. Franfurt am Main.

– 1993. Individuum, Individualität, Individualismus. In *Gesellschaftsstruktur und Semantik. Studien zur Wissenssoziologie der modernen Gesellschaft* 2 (4 Bd.). Frankfurt am Main.

Lukes, S. 1973. Methodological Individualism Reconsidered. In *The Philosophy of Social Explanation*. Edited by R. Ryan. London.

Lyons, J. 1980. *Semantik*. Bd. 1 (1977). Berlin.

Macdonald, C. 1989. *Mind-Body Identity Theories*. London.

MacDonald, G. and Philip Pettit. 1981. *Semantics and Social Science*. London.

Malpas J. eds. *Dialogues with Davidson. Acting, Interpreting, Understanding*. Cambridge Mass. 2011.

Mandelbaum, M. 1966. Societal Law. In *Philosophical Analysis and History*. Edited by W.H. Dray. London.

– 1956. Societal Facts. In *Theories of History*. Edited by P.L. Gardinier. Glencoe.

Masterman, M. 1970. The Nature of Paradigma. In I. Lakatos, A. Musgrave 1970.

Maxwell, G. 1962. The Necessary and the Contingent. *Minnesota Studies in the Philosophy of Science* 3. Edited by H. Feigl, G. Maxwell.

– 1962a. *Frameworks and Ontology*. Philosophy of Science 29.

Mayer V. 1996. *Gottlob Frege*. München.

McDowell, J. 1984. Wittgenstein on Following a Rule. *Synthese* 58.

McGinn, C. 1984. *Wittgenstein on Meaning*. Oxford.

McLaughlin, B. 1983. Events Supervenience and Supervenient Causation. *Spindel Conference, Southern Journal of Philosophy* 22: 71-91.

– 1989. Type Epiphenomenalism, Type Dualism, and the Causal Priority of the Physical. In *Philosophical Perspectives* 3.

– 1993. On Davidson's Response to the Charge of Epiphenomenalism. In Heil and Mele 1993.

Meggle, G. 1981. *Grundbegriffe der Kommunikation*. Berlin.

– 2001. *Handlungstheoretische Semantik*. Manuskript.

– M. Ulkan 2003. Informatives and/Or Directives? A New Start in Speech Act Classification. In Preyer, G., G. Peter, M. Ulkan eds., *Concepts of Meaning. Framing an Integrated Theory of Linguistic Behavior*, Dordrecht (rep. Wien).

Meijers, A. 2002. Collective Agents and Cognitive Attitudes. *ProtoSociology* Vol. 16.

Mele, A.R. 1992. *Springs of Action. Understanding Intentional Behavior*. Oxford G.B.

Miguens, S., Preyer eds. 2012. *Consciousness and Subjectivity*. Heusenstamm b. Frankfurt am Main.

– 2012. Introduction: Are There Blindspots in Thinking about Consciousness and Subjectivity. In *Consciousness and Subjectivity*, Heusenstamm b. Frankfurt am Main

Moser, P.K. and D. Yandell. 2000. Against Naturalizing Rationality. In Preyer and Peter 2000.
Moser, P.K. 1993. *Philosophy after Objectivity: Making Sense in Perspective.* New York.
Münch, R. 1982. *Theorie des Handelns. Zur Rekonstruktion der Beiträge von Talcott Parson, Emil Durkheim und Max Weber.* Frankfurt am Main.
– 1991. *Dialektik der Kommunikationsgesellschaft.* Frankfurt am Main.
– 1993. *Das Projekt Europa. Zwischen Nationalstaat, regionaler Autonomie und Weltgesellschaft.* Frankfurt am Main.

Nagel, T. 1991. *Die Grenzen der Objektivität. Philosophische Vorlesungen.* Stuttgart.
Neale, S. 1990. *Descriptions.* Cambridge Mass.
– 1992. Paul Grice and the Philosophy of Language, *Linguistics and Philosophy* 15.
– 2001. *Facing Fact.* Oxford.
Neumann, U. 1992. Besprechung von R. Alexy, *Begriff und Geltung des Rechts. ProtoSociology* Vol. 6: Rationalität I.
Nida-Rümelin, J. 1995. *Kritik des Konsequentialismus.* München.
– 2002. *Ethische Essays.* Frankfurt am Main.
Niesen, P. 1998. Gemeinschaft, Normativität, Praxis: Zur Debatte über Wittgensteins Regelbegriff. In *Wittgensteins Spätphilosophie. Analysen und Probleme.* Würzburg.
Norton, G. 1977. *Linguistic Frameworks and Ontology. A Re-Examination of Carnap's Philosophy.* The Hague.

Pap, A. 1955. *Analytische Erkenntnistheorie*, Wien.
Peacocke, C. Proper Names, Reference, and Rigid Designation. In *Meaning, Reference and Necessity.* Edited by S. Blackburn. Cambridge.
Peter, G., R.-M. Krauße Hrsg. *Selbstbeobachtung der Modernen Gesellschaft und die neuen Grenzen des Sozialen,* Wiesbaden 2012.
Pettit, P. 2001. *A Theory of Freedom. From the Psychology to the Politics of Agency.* Cambridge.
Platts, M. 1979^2. *Ways of Meaning.* London.
Popper, K.R. 1965^5. *Das Elend des Historismus.* Tübingen.
– 1982^7. *Logik der Forschung.* Tübingen.
Preyer, G., F. Siebelt and A. Ulfig 1994. On Donald Davidson's Philosophy. In *Language, Mind and Epistemology. On Donald Davidson's Philosophy.* Edited by G. Preyer et al. Dordrecht. Rep. Wien (Springer).
– and M. Roth. 1998 a. On Donald Davidson's Philosophy: An Outline. *ProtoSociology* Vol. 11: Externalism in Debate.
– M. Ulkan, A. Ulfig eds. 1997. *Intention, Bedeutung und Kommunikation. Zu kognitiven und handlungstheoretischen Grundlagen der Sprachtheorie.* Wiesbaden. (Digitale Version: www.humanities-online.de).
– G. Peter, A. Ulfig Hrsg. 1996. *Protosociologie im Kontext. Lebenswelt und System in Philosophie und Soziologie.* Würzburg.
– 1997. Sprechaktsemantik: J.J. Austin, J.R. Searle, H.P. Grice, P.F. Strawson. In Preyer, Ulkan, Ulfig eds. 1997.
– 1998. Mitgliedschaftsbedingungen. Zur soziologischen Kerntheorie einer Protosociologie. In *Strukturelle Evolution und das Weltsystem. Theorien,*

Sozialstruktur und evolutionäre Entwicklungen. Hrsg. von G. Preyer. Frankfurt am Main.
– and G. Peter eds. 2000. *The Contextualization of Rationality. Problems, Concepts and Theories of Rationality*. Paderborn.
– 2000. Interpretation and Rationality: Steps from Radical Interpretation to the Externalism of Triangulation. In Preyer, Peter (eds.), *The Contextualization of Rationality. Problems, Concepts and Theories of Rationality*. Perspektiven der Analytischen Philosophy Neue Folge, hrsg. von Georg Meggle und Julian Nida-Rümelin, Mentis Verlag, Paderborn 2000.
– 2001. Zur Struktur von Erfahrung. In Essler 2001.
– G. Peter eds. 2002. *Logical Form and Language*. Oxford GB.
– G. Peter eds. 2002. *Logial Form and Language*. Oxford, GB.
– 2002a. Globalization and the Evolution of Membership. In *Borderlines in a Globalized World. New Perspectives in a Sociology of the World-System*. Edited by G. Preyer and M. Bös. Dordrecht. Rep. Wien (Springer).
– G. Peter, M. Ulkan eds. 2003. *Concepts of Meaning. Framing an Integrated Theory of Linguistic Behavior*. Dordrecht.
– G. Peter eds. 2005, *Contextualism in Philosophy. Knowledge, Meaning, and Truth*, Oxford, GB.
– G. Peter eds. 2007. *Context-Sensitivity and Semantic Minimalism. New Essays on Semantics and Pragmatics*, Oxford, GP.
– 2008. *Soziologische Theorie der Gegenwartsgesellschaft* (3 Bd.) *III. Mitgliedschaft und Evolution*. Wiesbaden.
– 2008 *Besprechung:* R. Tuomela, *Philosophy of Sociality. The Shared Point of View*, Oxford 2007. In *Philosophischer Literaturanzeiger* 2.
– 2009. Zur Neufassung des Problems der moralischen Kommunikation. In *Gesellschaft im Umbruch II* (2 Bd.). *Jenseits von National und Wohlfahrtsstaat*. Frankfurt am Main.
– 2011. The Externalism of Triangulation. In M. C. Amoretti, Preyer eds. *Triangulation. From an Epistemological Point of View*. Heusenstamm bei Frankfurt am Main.
– 2011. Evaluative Attitudes. In J. Malpas ed. *Dialogues with Davidson. Acting, Interpreting, Understanding*. Cambridge Mass.
– 2011. *Intention and Practical Thought*. Frankfurt am Main.
– 2011². *Davidsons Philosophy. From Radical Interpretation to Radical Contextualism*, Frankfurt am Main.
– 2012. *Rolle, Status, Erwartungen und soziale Gruppe. Mitgliedschaftstheoretische Interpretationen*. Wiesbaden.
– ed. 2012. *Donald Davidson on Truth, Meaning and the Mental*. Oxford, GB.

Protosociology 23 2006: Facts, Slingshots and Anti-Representationalism. On Stephen Neale's ›Facing Facts‹. Edited by Gerhard Preyer and Georg Peter.
Puhl, K. 1994. Die Grenzen der Sprache als Grenzen der Welt: Michael Dummetts anti-realistische Bedeutungstheorie. *ProtoSociology* Vol. 6: Rationality I.
Putnam, H. 1975. *Mind, Language and Reality. Philosophical Papers*, Vol. I, II. Cambridge.
– 1981. *Reason, Truth and History*. Cambridge.
– 1992a. Replies. *Philosophical Topics* 20. 1992.

– 1992b. *Renewing Philosophy*. Cambridge.

Quine, W.v.O. 1995. *From Stimulus to Science*. Cambridge.
– 1960. *Word and Object*. Cambridge Mass.
– 1969. Ontological Relativity. In *Ontological Relativity and other Essays*. New York.

Raz, J. 1975. *Practical Reason and Norms*. London.
Reisch, G.A. 1991. Did Kuhn Kill Logical Empiricism. *Philosophy of Science* 58.
Recanati, F. 2004. *Literal Meaning*. Cambridge.
Röska-Hardy, L. 1994. Internalismus, Externalismus, and Davidson's Conception of the Mental. In Preyer et al. 1994.
– 1997. Sprechen, Sprache, Handeln. In Preyer, Ulkan, Peter 1997.
– 2000. Self-Ascription and Simulation-Theory. *ProtoSociology*, Vol. 14. Folk Psychology, Mental Concepts and the Ascription of Attitudes.
Rogler, E., G. Preyer. 2000. *Materialismus, anomaler Monismus und mentale Kausalität. Zur gegenwärtigen Philosophie des Geistes bei D. Davidson und D. Lewis*. Frankfurt am Main.
Rorty, R. 1967. Metaphilosophical Difficulties of Linguistic Philosophy. In *The Linguistic Turn*. Edited by R. Rorty. Chicago.
– 1981. *Der Spiegel der Natur. Eine Kritik der Philosophie* (1979). Frankfurt am Main.
Roth, M. 1986. *Bedeutungsverstehen und Sozialwissenschaft. Zu einem sozialen Rahmen der Einstellungszuschreibung*. Frankfurt am Main.
Rothermel, P. 1985. *Grundzüge einer Texttheorie*. Dissertation J.W. Goethe-Universität, Fachbereich Gesellschaftswissenschaften. Frankfurt am Main.
– 1997. Semantische Implikaturen. In Preyer, Ulkan, Ulfig 1997.
Russell, B. 1905. On Denoting. *Mind* 14.
– 1956. The Philosophy of Logical Atomism. In *Logic and Knowledge. Essays 1901-1950*. London.
– 1957. Mr. Strawson On referring. *Mind* 66.
Ryle, R. 1949. Meaning and Necessity. *Philosophy. The Journal of the British Institute of Philosophy* 24.
– 1961. Use, Usage, and Meaning. *Proceeding of the Aristotelian Society*, 35.

Salmon, W.C. 1979^5. *The Foundations of Scientific Inference*. Pittsburgh.
Schantz, R. 1996. *Wahrheit, Referenz und Realismus. Eine Studie zur Sprachphilosophie und Metaphysik*. Berlin.
Schissler, J., G. Preyer. 2002. *Gesellschaft im Umbruch* (2 Bd.) *I. Politische Soziologie im Zeitalter der Globalisierung*. Frankfurt am Main.
Schmidt, A. 1951. Die Zulässigkeit der Behandlung mehrsortiger Theorien mittels der üblichen einsortigen Prädikatenlogik. *Mathematische Annalen* 123.
Schnädelbach, H. 1971. *Erfahrung, Begründung und Reflexion. Versuch über den Positivismus*. Frankfurt am Main.
– 1977. *Reflexion und Diskurs. Fragen einer Logik der Philosophie*. Frankfurt am Main.
– 1983. *Philosophie in Deutschland 1831-1933*. Frankfurt am Main.
Schwartz, S.P. 1977. Introduction. In *Naming, Necessity, and Natural Kinds*. Edited by S.P. Schwarz. New York.

Scruton, R. 1984. Critical Notice. *Mind*, Vol. XCIII.
Searle, J.R. 2001. *Geist, Sprache und Gesellschaft. Philosophie in der wirklichen Welt* (1998). Frankfurt am Main.
– 1995. *The Construction of Social Reality.* New York.
– 1987. *Intentionalität. Eine Abhandlung zur Philosophie des Geistes.* Frankfurt am Main.
– 1969. *Speech Acts. An Essay in the Philosophy of Language.* London.
Sellars, W. 1954. Presupposing. *Philosophical Review* 66.
– 1983. Some Reflections on Language Games. In *Science, Perception and Reality.* New York,
Shwayder, D.S. 1964. Use of Language and Use of Words. *Theoria*, 26.
Siebelt, F. 2003, *Ursachen und Wirkungen. Eine philosophische Untersuchung zum Problem der Kausalität.* Unveröffentlicht.
Simpson, D. 1998. Interpretation and Skill. On Passing Theory. *ProtoSociology* Vol. 11: Cognitive Semantics II - Externalism in Debate. Rep. in Preyer and Peter 2003.
Sellars, W. 1993. The Language of Theories. In *Science, Perception and Reality.* London.
Skillen. A. 1984. Mind and Matter: A Problem that Refuses Dissolution. *Mind* 93.
Soames, S. 1999. *Understanding Truth.* Oxford, GB.
Sosa, E. 1984. Mind-Body Interaction and Supervenient Causation. In *Midwest Studies in Philosophy* 9.
Spencer, H. 1858-96. A System of Synthetic Philosophy, 10 Vols., London.
Stalnaker, R.C. 1972. Pragmatics. In *Semantic of Natural Language.* Edited by D. Davidson and G. Harman. Dordrecht.
– 1973. Presuppositions. *Journal of Philosophical Logic* 2.
– 1974. Pragmatic Presuppositions. In *Semantics and Philosophy of Language.* Edited by M.K. Munitz and U.P. Unger. New York.
– 1976. Propositions. In *Issues in the Philosophy of Language.* Edited by A.F. MacKay and D.D. Merrill. New York.
– 1978. Assertion. In *Syntax and Semantics* 9: Pragmatics. Edited by P. Cole. New York.
Stebbing, L. S. 1934/5. The Method of Analysis in Metaphysics. In Proceedings of the Aristotelian Society 33.
Stegmüller, W. 1957. *Das Wahrheitsproblem und die Idee der Semantik.* Wien.
– 1970. *Probleme und Resultate der Wissenschaftstheorie und Analytischen Philosophie*, Bd. 2. Berlin.
– 1970a. *Aufsätze zu Kant und Wittgenstein.* Darmstadt.
– 1973. *Probleme und Resultate der Wissenschaftstheorie und Analytischen Philosophie*, Band 4. Berlin.
Stephan. A. 1999. *Emergenz.* Dresden.
Stoecker, R. 1992. *Was sind Ereignisse?* Berlin.
Strawson, P.F. 1950: On Referring. *Mind* 59. Rep. P.F. Strawson 1971. *Logico-linguistic Papers.* London.
– 1961. Singular Terms and Predication. *The Journal of Philosophy*, vol. iviii. Rep. P. F. Strawson 1971.
– 1964. Identifying Reference and Truth Value. In Theoria xxx. Rep. P.F. Strawson 1971.
– 1970. The Asymmetrie of Subjects and Predicates. In *Language, Belief and*

Metaphysics (Vol. I of *Contemporary Philosophic Thought*, H. E. Kiefer, M. K. Munitz (eds.). Rep. P.F. Strawson 1971.
– 1954. A Reply to Mr. Sellars. In *Philosophical Review* 63.

Taylor, P. 1961. *Normative Discours*. Englewood Cliffs, N.J.
Trout, J.D. 1998. *Measuring the Intentional World: Realism, Naturalism, and Quantitative Methods in the Behavioral Sciences*. Oxford, New York.
Tugendhat, E. 1976. *Vorlesung zur Einführung in die sprachanalytische Philosophie*, Frankfurt am Main. English translation 1982. *Traditional and Analytical Philosophy*. Oxford.
Tugendhat, E., U. Wolf. 1983. *Logisch-semantische Propädeutik*. Stuttgart.
Tuomela, R. 2000. *Cooperation*. Dordrecht.
– 2002. *The Philosophy of Social Practices. A Collective Acceptance View*. Cambride UK.
– and M. Tuomela (2003). Acting as a Group Member and Collective Commitments. in *ProtoSociology* Vol. 18-19: Philosophy of Sociality. Edited by R. Tuomela, G. Preyer and G. Peter.

Ulfig, A. 1996. Lebensform und Reflexion. Anhang: Lebensform als Fundament der Wissenschaft. In Preyer, Peter, Ulfig 1996.
Ulkan, M. 1997. Kommunikative und illokutionäre Akte. In Preyer, Ulkan, Ulfig 1997. Engl. Version in Preyer, Peter eds. 2003.)

Watkins, J.W. 1973. »Ideal Types and Historical Explanation«. In *The Philosophy of Social Explanations*. Edited by A. Ryan. London.
– 1959. »Historical Explanation in the Social Science«. In *Theories of History*. Edited by P.L. Gardiner. Glancoe.
Wettstein, H.K. 1982. The Referential-Attributive Distinction. *Philosophical Studies* 44.
Winch, P. 1983. Fact and Super-Facts. *Philosophical Quarterly* 33 No. 133.
Wisdom, J. 1934. Is Analysis a Useful Method in Philosophy?. In Proc. of the Arist. Society, Suppl. 13.
Wittgenstein. L. 1969. *Tractatus logico-philosophicus, Tagebücher, Philosophische Untersuchungen*. In *Schriften* 2. Frankfurt am Main.
– 1970. *Philosophische Bemerkungen*. In *Schriften* 2, Frankfurt am Main.
Wright, C. 1984. Kripe's Account of the Argument against Private Language. *The Journal of Philosophy*. 81.
Wunderlich, D. 1976. *Studien zur Sprechakttheorie*, Frankfurt am Main.

Zeglen, U. M. (ed.). 1999. *Donald Davidson Truth, Meaning and Knowledge*. London.
Ziff, P. 1960. *Semantic Analysis*. Ithaca.

Nachweise und Anmerkungen zur zweiten Auflage

1. Vorwort »Features of Contemporary Philosophy«. Erstveröffentlichung.

2. »Die Problemsituation der analytischen Philosophie.« Neu bearbeitete Fassung. Erstveröffentlichung.

3. Der Abschnitt I 3.9. in der zweiten Auflage über T. Burges Darstellung der Philosophie des 20. Jahrhunderts ist der Besprechung von Burge, *Origin of Objectivity*, Oxford in *Zeitschrift für philosophische Forschung* Bd. 66 (2012) 1, 152-156 entnommen.

4. »Sprachbedeutung *ohne* Regelbefolgung«. Erschienen in *Wittgensteins Spätphilosophie. Analysen und Probleme*. Hrsg. von W. Kellerwessel und T. Peukert. Würzburg 1998. Dem Aufsatz wurde ein erster Abschnitt über den *Tractatus* hinzugefügt.

5. »The Externalism of Triangulation and the Social« ist eine für die zweite Auflage überarbeitete Fassung von »From an Externalistic Point of View: Understanding the Social«. Er ist in *ProtoSociology* 16, 2001 – Understanding the Social: New Perspectives from Epistemology erschienen. Die Bearbeitung ist dadurch motiviert, da ich mittlerweile auf eine grundsätzliche Distanz zu Davidsons Triangulationsexternalismus gehe, vgl. dazu Preyer »The Externalism of Triangulation«. In Preyer, C. Amoretti eds. Triangulation. From the Epistemological Point of View, Heusenstamm bei Frankfurt am Main 2011. Sie ist allerdings bereits in der ersten Fassung des Textes angelegt. Dem Artikel liegt eine deutsche Version zugrunde, »Von der radikalen Interpretation zum Triangulationsexternalismus«, erschienen in *Zeitschrift für philosophische Forschung* Bd. 56, 2, April-Juni-Heft 2002. Der zweite Teil des Artikels ist in diesem Buch als »12. The Extension of *G*-Predicates« veröffentlicht.

6. »Interpretation ohne epistemische Qualifikation?«. Besprechung von Donald Davidson: *Subjective, Intersubjective, Objective*, Vol. 3. Oxford 2001: Clarendon Press. Erschienen in *Philosophische Rundschau. Eine Zeitschrift für philosophische Kritik*. Band 49, 2, Juni 2002.

7. »Rationalität und Interpretation«. Besprechung von Donald Davidsons, *Problems of Rationality*, Vol. 4, Oxford 2004. Erschienen in *Philosophischer Literaturanzeiger* 3, 2004.

8. »Die wahrheitheitszentrierte Bedeutungstheorie, Ontologie und das Mentale«. Besprechung von Donald Davidsons, *Truth, Language, and History*, Vol. 5, Oxford 2004. Erschienen in *Philosophischer Literaturanzeiger* 3, 2005. Das Kapitel ist der zweiten Auflage hinzugefügt.

9. »Wahrheit, Wissen und Interpretation«. Besprechung von *Donald Davidson: Truth, Meaning and Knowledge*. Edited by Urszla M. Zeglen, Routledge, Studies in Twentieth Century Philosophy, London and New York 1999. Erschienen in *Zeitschrift für philosophische Forschung*. Band 55, 2, April-Juni 2001.

10. Erwin Rogler und Gerhard Preyer. »Physikalismus und die Autonomie des Mentalen. Ungelöste Probleme in Donald Davidsons Philosophie des Mentalen«. Erschienen in *Metaphysica* 2, 2003.

11. »Das Schleuderargument als Kritik am Repräsentationalismus des Mentalen und dem dritten Dogma des Empirismus«. Besprechung von Stephen Neale, *Facing Facts*, Oxford 2001. Besprechung erschienen in *Philosophischer Literaturanzeiger* 1, 2006. Das Kapitel ist der zweiten Auflage hinzugefügt.

12. »On the Legacy of Russell's Theory of Definite Description«. Erstveröffentlichung.

13. »The Received View, Incommensurability and the Comparison of Theories – Beliefs as the Basis of Theorizing.« Erschienen in *Proto-Sociology* 12, 1998., Special Edition. After the Received View. Developments in the Theory of Science.

14. Erwin Rogler. »Erkenntnistheorie, Semantik und Ontologie. Zu Rudolf Carnaps linguistischem Internalismus«. Bearbeitete Fassung von »Ist Carnaps Philosophie reflexionslos?«. Erschienen in *ProtoSociology* 6. 1994 Rationality I.

15. »Verstehen – Referenz – Wahrheit. Über Hilary Putnams Philosophie«. Erschienen in *ProtoSociology* 10. 1997 Cognitive Semantics I: Conceptions of Meaning.

16. K.R. Poppers Kritik am Historizismus. Erstveröffentlichung erste Aufl.

17. »What is wrong with Rejectionists?«. Erstveröffentlichung erste Aufl.

18. »The Extension of *G*-Predicates.« Erstveröffentlichung erste Aufl.

19. »Philosophie der sozialen Praxen«. Besprechung von R. Tuomela. *The Philosophy of Social Practices. A Collective Acceptance View*. Cambridge University Press. London 2002. Erschienen mit dem Titel »Ein Meister aus dem Norden« in *Philosophische Rundschau* 4, 2003.

20. »Eine *neue* Theorie der Kooperation«. Besprechung von R. Tuomela. *Cooperation*. Philosophical Studies. Kluwer Academic Publishers. Erschienen in *ProtoSociology* 20 204 World-Systems Analysis: Contemporary Directions and Research. Edited by R. E. Lee and G. Preyer. Eine gekürzte Fassung ist in *Philosophischer Literaturanzeiger* 4, 2003 erschienen.

21. Der Abschnitt Kapitel IV 3.3. »Gemeinsame Wir-Einstellungen« ist in die zweite Auflage aufgenommen. Besprechung von R. Tuomela *Philosophy of Sociality. The Shared Point of View*. Oxford University Press. Oxford GB 2007 in *Philosophischer Literaturanzeiger* 2 2008.

Folgende Kapitel wurden aus der zweiten Auflage herausgenommen:

1. »Entscheidung – Rechtsgeltung – Argumentation«. Erschienen in *Rechtstheorie*. Habermas-Sonderheft. System der Rechte, demokratischer Rechtstaat und Diskurstheorie des Rechts nach Jürgen Habermas. Hrsg. von W. Krawietz, G. Preyer. 27. Band 1996, Heft 3.

2. »Wahrheit und Diskurs«. Besprechung von Jürgen Habermas: *Wahrheit und Rechtfertigung. Philosophische Aufsätze*. Suhrkamp Verlag. Frankfurt am Main 1999. Erschienen in *Zeitschrift für philosophische Forschung*. Band 55, Heft 3, Juli-September 2001.

Eine bearbeitete Fassung der beiden Kapitel ist veröffentlicht in Preyer, *Soziologische Theorie der Gegenwartsgesellschaft* (3 Bd.) *II, Lebenswelt, System, Gesellschaft*, Wiesbaden 2006.

3. »Die Erwartungssicherheit des Rechts«. Besprechung von N. Luhmann. *Das Recht der Gesellschaft*. Suhrkamp Verlag. Frankfurt am Main 1993. Erschienen in *Kölner Zeitschrift für Soziologie und Sozialpsychologie*. Heft 1/1994. Zu Luhmanns Rechtstheorie und Rechtssoziologie vgl. Preyer, »Theorie und Soziologie des Rechts im Kontext Multipler Modernität«. In *Rechtstheorie* 4, 2010, »Recht ohne moralische Bindung. Entscheidung als Selbstreferenz des Rechtsystems«. In *Rechtstheorie* 3, 2011.

4. »Soziologisches Denken«. Eine gekürzte Fassung ist unter den Titeln »Skandale und das Schattenreich der Inoffizialität. Der Soziologe Hondrich zu Phänomen der Gegenwartsgesellschaft« und »Wie frei sind wir wirklich? Die Macht des Sozialen« erschienen in: *Das Wissenschaftsmagazin Forschung Frankfurt der J.W. Goethe-Universität* 3-4, 2003 und 4, 2004. Eine erweiterte Fassung dieses Kapitels ist veröffentlicht in Preyer (Hrsg.), *Neuer Mensch und kollektive Identität in der Kommunikationsgesellschaft*. Karl Otto Hondrich (1937-2007) zum Gedächtnis, Wiesbaden 2009.

5. Das Kapitel »Philosophie und Soziologie«, Vortrag im Forum für Philosophie, Frankfurt am Main am 26.6.2003 wurde nicht in die zweiten Auflage aufgenommen. Der Abschnitt über E. Durkheim ist für die Veröffentlichung in einem anderen Kontext vorgesehen.

Namenregister

Aggassi, J. 278-9
Amoretti, C. 23, 77
Anderson, G. 211-2
Anscombe, E. 148
Argyles, M. 295
Armstrong, D. 107, 163, 171
Aschenberg, R. 235
Austin, J.L. 12, 43, 46, 52, 63, 74, 180
Avramides, A. 114, 157
Axelrod, R. 295
Ayer, A.J. 75

Backer, G. 87, 89, 92, 95, 96
Baker, G.P. 32
Balint, E. 276
Balzer, W. 291
Bar-Elli, G. 220
Barnes, B. 291
Bar-On, D. 146
Barweis, J. 176
Bloor, D. 291
Beckermann, A. 159
Bennett, J. 48, 79, 201
Bicchieri, C. 295
Bilgrami, A. 86, 94-5, 112, 122
Bhargava, R. 261
Block, N.
Borge, E. 11, 13-4, 72
Boyd, R. 296
Bradley, F.M. 11
Brandt, R. 225
Bratman, M. 24, 295, 261
Broad, C.D. 75
Brodbeck, M. 278-9
Burge, T. 15, 22, 42, 46, 67-8, 75-77, 116, 120-22, 126, 148, 162, 169-70, 253, 210, 269

Chant, S. 288
Carl, W. 225
Castañeda. H.-N. 46, 131
Cappelen, H. 11, 58, 72-3, 111, 149, 154-5, 157-8, 254
Carnap, R. 21, 36, 46-8, 50, 58, 63, 70, 75, 138, 154, 178, 180, 199-207, 210, 217-33, 235, 244-5
Carston, R. 11-2, 72
Cavell, M. 143
Chant, S. 24
Chisholm. R. 143
Chomsky, N. 97, 134, 146
Church, A. 36, 176, 178, 179
Craig, W. 204
Creath, R. 217
Cummins, R.C. 148

Davidson, D. 11, 13-5, 17, 22, 37, 46-7, 50, 52, 55, 58-61, 63-66, 68, 74, 76, 84, 98-99, 103, 107-8, 110-11, 113-4, 116-21, 125-6, 129, 133-140, 143-4, 146-9, 152-8, 160-1, 164, 166-7, 170-4, 176-9, 181, 199-200, 207, 209, 212-5, 249, 268
Danto, A. 27
Descartes, R. 27, 159
de Waal, F. 296
Dennett, D.C. 116, 173
Dewey, J. 181
Donnellan, K. 23, 46, 51, 52, 64, 76, 237
Ducasse, C.J. 148
Duhem, P. 211
Dummett, M. 11, 35, 37, 44, 74, 78, 131-33, 146
Durkheim, E. 277, 286

Elugardo, R. 111, 156
Engel, P. 24, 261
Essler, W.K. 17, 20, 33, 69-70, 103, 200, 234, 224
Evans, G. 76, 116, 250

Feigle, H. 159
Feger, H. 295
Feyerabend, P. 199, 209-13
Fodor, J.A. 11, 14, 17, 23, 36, 48, 51, 58, 62, 69, 72, 120, 136, 160, 164, 167, 176

Foucault, M. 36
Frank, M. 67, 131, 170, 173
Frege, G. 17, 19, 32, 34-44, 52-3, 74, 78, 80, 89, 178, 180, 186, 192, 224, 252

Gärdenfors, P. 288, 305
Galilei, G. 211
Gass, A.T. 25
Gibson, R.F. 156, 157
Giddens, A. 291
Gilbert, M. 24-5, 204, 261-3, 265-6, 271-72, 275-8, 286, 288, 306
Gödel, K. 176, 178-9, 181
Goldfarb, W. 95
Goldstick, D. 233
Goodman, N. 148, 248
Grandy, R. 180
Grice, H. P. 16, 48, 73, 130, 192
Grewendorf, G. 95, 97
Groble, J. 296

Haack, S. 226-7
Hacker, P.M.S. 32, 87, 89, 95, 96
Hacking, I. 146
Habermas, J. 217
Hanson, N.R. 209-10
Harcort, A. 296
Hasenjäger, G. 70
Hayek, F.A. von 278
Heckmann, H.D. 170
Hegel, G.W.F. 19
Heidegger, M. 30, 181
Heil, J. 166
Hempel, C. 11, 17, 199, 208, 211, 230, 258
Hermes, H. 70
Henderson, D.K. 120-1
Henrich, D. 67
Hinde, R. 296
Hindriks. F.A 24
Hintikka, J. 84, 86, 88, 98
Hintikka, M.B. 84, 86, 88, 98
Holdcroft, D., 74, 75
Hollis, M. 295
Hondrich, T. 163
Hornsby, J. 164
Horwich, P. 145, 153, 151, 158
Hume, D. 95, 169
Husserl, E. 33, 36-7, 76

Jeffrey, R. 139

Kamp, H. 15
Kant, I. 17, 20, 31, 48, 235
Kaplan, D. 43, 116
Katz, J. 64, 74
Kempson, R.M. 185, 190
Kenny, A. 97
Kim, J. 143, 160, 163, 166-8, 225
Kitcher, P. 296
Klemke, E.D. 228, 232
Koepsell, D. 107
Kornblith, H. 107
Kraft, V. 223
Krauth, L. 217
Kripke, S.A. 28, 37, 42, 52-3, 64, 76, 95, 96, 120, 121, 121, 192, 196, 237-8, 249, 251, 253
Künne, W. 224
Kuhlenkampf, A. 192
Kuhn, T. 199-200, 209, 211, 213, 231
Kusch, M. 291

Labude, J. 70
Lakatos, I. 199, 209, 211-12
Lauener, H. 234
Lehrer, K. 291
Lenk, H. 217
Lepore, E. 11-15, 17, 23, 51-2, 58, 62, 69, 72-3, 111, 119, 120, 136, 149, 154-5, 155, 157-8, 164, 176, 180, 254
Lewis, C.I. 75, 200
Lewis, D. 63, 99, 131, 232, 247
Locke, J. 27-8, 30-2
Loewer, B. 164
Ludwig, K. 13-16, 23, 36, 52, 58, 62, 115, 119, 142-3, 149, 151-2, 180
Luhmann, N. 283-4
Lukes, S. 278, 280, 285
Lyons, J. 38

MacDonald, G. 25, 107, 167, 280-2
Mandelbaum, M. 278-9
Maxwell, G. 218, 223, 230, 233-4
Mayer, V. 89
McDowell, J. 74, 95, 148, 156-7, 249

McLaughlin, B. 164, 168, 171
MacTaggert, J.-M. E. 11
Mayer, V. 40
Mackie, J. L. 201
McGinn, C. 46, 95, 96
Meggle, G. 16, 49
Meijers, A. 24, 261, 264-5, 267-8, 272, 286
Mele, A. R. 138, 143, 149
Merleau-Ponty, M. 76
Miguens, S. 17
Mill, J. S. 71, 253
Miller, S. 25, 121, 204
Moore, G. E. 11, 81
Mooss, L. S. 107
Moser, P. 287-88
Moulines, C. U. 211, 295
Morris, C. W. 30
Münch, R. 300

Nagel, E. 199
Neale, S. 11, 42, 57, 62, 72, 149, 153, 170-1, 177, 179, 180-1
Neurath, O. 221
Newton, I. 208
Niesen, P. 84, 95
Neurath, O. 47-8
Nida-Rümelin, J. 140, 275
Nietzsche, F. 103
Norton, B. G. 199, 220, 222, 227, 229-30, 234

Ogden, C. K. 151

Quine, W. v. O. 11-13, 17, 21, 29, 37, 46-8, 50, 52, 54, 57-8, 60-1, 65-6, 76, 107, 108, 118-19, 121, 125, 127, 129, 131, 134-35, 137, 143, 1435, 147, 151, 153-4, 156, 161, 173, 176-9, 181, 185, 204 211, 213, 194-8, 204 236-50, 254

Pap, A. 48, 201-2
Pagin, P. 153, 158
Parsons, T. 28
Peacocke, C. 238
Perry, J. 176
Peter, G. 11, 13, 23-5
Pettit, P. 25, 107, 288, 278, 280-3
Pietroski, P. 143
Platts, M. 28, 74, 75, 192, 250-3
Polani, M. 209
Pollock, J. L. 201
Popper, K. R. 47, 199, 209-13, 217, 2568, 278, 278, 281
Preyer, G. 11, 13, 15, 17, 23-4, 75, 97, 100, 114, 111-2, 159, 169, 273, 286, 288, 312, 309
Price, H. H. 75
Puhl, K. 78
Putnam, H. 14, 24, 28,35, 45, 50, 60, 63-4, 67-8, 116, 120, 126, 132-4, 160, 162, 170, 199, 204-5, 209-11, 236-9, 240-9, 250-1, 255, 269

Ramsey, F. P. 139, 202
Recanati, F. 11-2, 15, 72
Regan, D. 295
Rescher, N. 201
Reisch, G. A. 231
Reichenbach, H. 199
Richards, I. A. 151
Richerson, P. 296
Risjord, M. 145
Rogler, E. 23-4, 25, 97, 159, 169, 207
Röska-Hardy, L. 68, 99, 100, 120
Rorty, R. 14, 46, 181, 249
Roth, M. 21, 25, 122
Rothermel, P. 101
Russell, B. 11, 23, 32, 34, 36, 46, 53, 55, 57, 69, 75, 82, 179-80, 185-7, 189-2, 197-8, 252
Ryle, G. 92, 222

Salmon, N. 192, 211-2
Savigny, E. von 32
Schantz, R. 42, 44, 63, 143, 180
Scheffler, I. 154
Scholz, H. 70
Schlick, M. 47-8
Schmidt, A. 226
Schnädelbach, H. 19, 25, 27-8, 31, 34-5, 81, 217
Schumpeter, J. 278
Scott, D. 180
Scruton, R. 95

Searle, J. R. 12, 30, 42, 46, 52-3, 74, 189, 252-4, 287-88, 291
Segal, G. 152
Sellars, W. 12, 23, 36, 63, 79, 93, 143, 181, 185, 190, 206, 290
Siebelt, F. 201
Skillen, A. 172
Smart, J.J.C. 159, 247
Sneed, J.D. 207-8
Soames, S. 11, 72
Sosa, E. 163
Spengler, O. 103
Sperber, D. 12, 15
Stalnaker, R.C. 23, 46, 185, 192, 193, 251
Stenius, E. 82
Stegmüller, W. 82, 218-9, 224, 229
Stepping, L.S. 46, 47
Stich, S. 116
Stoecker, R. 161
Strawson, P.F. 23, 46, 52, 53, 55, 57-9, 74, 76, 157, 180, 185, 188-93, 196, 198, 252

Taylor, P. 94
Taylor, B. 180
Tarski, A. 23, 56, 112, 138, 144, 153, 214, 219, 237
Tollefsen, D. 24-5, 277
Travis, C. 12, 15
Trout, J.D. 287
Tugendhat, E. 23, 30-1, 34, 41, 44-5, 50, 57, 65-7, 96-7, 147, 253
Tuomela, M. 263
Tuomela, R. 24-5, 261, 263, 277, 289-91, 294, 298-9, 301-5, 308-10, 312

Uesnay S. 70
Ulkan, M. 16, 49
Ulfig, A. 98

Watkins, J.W. 278
Watson, J.B. 30
Wettstein, H.K. 192
White, M.G. 48
Williams, B. 295
Wilson, D. 12, 15, 180, 201
Winch, P. 95
Wisdom, J. 47
Wittgenstein, L. 11-2, 19, 28, 32-5, 42, 46-7, 52, 63, 65, 78-92, 95, 96-9, 102-3, 180-1, 198, 219-20, 290
Whitehead, A.N. 81
Wolf, U. 41, 253
Wray, K.B. 267, 277
Wright, C. 95
Wright, G.H. von 288
Wunderlich, D. 100-1

Zeglen. U.M. 151
Ziff, P. 35, 78-9, 84

Sachregister

Abbildtheorie (*Tractatus*) 90
Acceptance View 289
  und Mitgliedschaft 291-2
Akademische Philosophie in Deutschland im 19. Jahrhundert 19

Analyse
  Formale 47
  Materiale 47
  Philosophische 47
Analytische (-n) Philosophie 21, 27, 34-5
  Abfolge von Problemsituationen 50-1
  Basistheorien der 28
  Drei Projekte der 27-8
  und logische Analyse 28
  Problemsituation der 21, 28, 46, 48, 54-5
  Zwei Tradition der 48-9
Analytizität 221
Antirepräsentationalismus 176
Anomaler Monismus 148, 161-2
Antimentalismus 36
Arbeitsteilung der Sprache 63, 239-40
Augustinische Bedeutungstheorie
  Fremdpsychisches 33
  Mentalismus 33
  Ontologie 32
Ausdruck und Inhalt 38
Autonomie der Bedeutung 78

Balintgroup 276-7
Bedeutung vs. Gebrauch 79
Bedeutungstheorie (Davidson) 151-2
Behaviorism
  Sophisticated 11
  Trivial 12
Bewusstseinsphilosophie 30
Britischer Neoidealismus 27
Bulletin Board View (Tuomela) 302
Burge-Problem 22, 121-22

Cartesianism
  Mentalismus des 30
  New turn to 17
Charity
  Resystematization of 112
Commitments 310-11
  Joint 262-3
Communication 114-5
Compositional semantics 12, 72

Davidson view of holism of attitudes 268
  see also Holism
Definite description
  Attributive 191, 193
  Referential 191, 193
Divided Interpretation 16, 74
Dispositional statements 201
Dummetts-Fregeianism 11

Einstellungen
  Ich- 290
  Wir- 290
Epistemic justice 111, 119
Ereignisbegriffe 160-1
Erklärung (Forschung) (Popper)
  Logik der 256-8
Erwarten
  Kognitives 307
  Normatives 307
Evaluative Überzeugungen 141

Frege-Begriff 39
  Begriff zweiter Stufe 39
  Sättigung von Begriffen 40
Frege-Gedanke (-n) 40, 89
  Öffentlichkeit von 44
  Erreichbarkeit von 44
Frege-Gegenstand 39-40
Frege-Grundsatz 35
Freges Sprachphilosophie 35
Fulfillment
  Approach 62
  Condition 16
Funktion und Argument 38

Gedankenexperiment
Twin Earth 67
Arthritis 67, 121
Gemischte Zitierung 153
Gruppenprädikate 25, 280, 282

Historismus 19
Historizismus
Kritik am 257-8
Holism
epistemic 11
extra Einstellungsholismus 137-8
intra Einstellungsholismus 137-8
of radical interpretation 11
semantic 11
social 279

Incommensurability 199, 209
Individualism
Methodological 278, 9
Individualrepräsentationalismus 75
Inferenzialismus 62

Kausale Referenzkette 64
und propositionale Einstellungen 239-40
Kausalgesetzhypothese 149
Konstruktivismus (sozialer) 290
Kooperation 294
und kollektive Akzeptanz 297
und soziale Gründe 296
Theorie kollektiver Ziele von 296-7
Konditionalismus (in der Erkenntnistheorie) 71
Kraft
Behauptende 43
Fragende 43

Objektivität
Der Einstellungszuschreibung 62
Frege-Problem der 45
Offenes Philosophieren 71
Omniscent interpreter 13
and the distal theory of meaning 118

Lebensform 85
Linguistischer Internalismus 224
Locke-Semantik 30-1
Logische form of sentences 186
Logisch-semantische Form der Satzbedeutung 98
Lokaler Reduktionismus (Kim) 168

Mentale Kausalität 148
Membership as collective subject (membership account) 273
Metaphysik 20
Museumsmythos 21
Mythos vom Subjektiven 137

Non-statement-view 207
Normale(-n) Sprache
Philosophie der 52

Objective irrationality 113

Paradox der Analyse 81, 83
Pattern government behaviour 291-2
siehe auch Regelbefolgung
Philosophiebegriff (Wittgenstein) 102
Philosophische Erläuterung 81
Platonismus
Hypothetischer 224
Plural subject account of collective belief (Gilbert) 261
Prädikative Sätze 37
Pragmatics
Radical 12
Presupposition 185, 188
Principle
of coherence 112
of continence 113
of correspondence 113
of identity of reference of verbal reactions 119, 128
of tolerance 142
Privatsprache 86, 97
Protokollsätze 48
Proximale vs. distale Bedeutungstheorie 22, 59

Radical Interpretation 13
Ambitious project of 14
Evidence of 109-10
Holismus der 130-1
Modest project of 14
and radical translation 110

and the distal theory of meaning 118
and the social frame of reference 122
and the third person point of view 14
Ramseys Entscheidungstheorie 134
Realismus
Interner 63
Problem des 24
Received view 200, 205
Rejectionists theory of propositional attitudes 267, 272-3
Regelbefolgung 85, 90
Regelsemantik 78

Schisma
on the semantic-pragmatic distinction 11-12, 72-4
Schleuderargument 176
Deskritptive Anforderung 178
Gödels 179
Self-reference
Primary 17
Sellars-Einwand 93
Semantic-pragmatic distinction 11-2
Semantik und Erkenntnistheorie 145
Semantische Arten 57
Semantische Implikatur 101
Semantische Regularitäten 79
Semantischer Aufstieg 47
Sinn-Referenz 38
Situationsreferenz 65
Skeptisches Paradox (Kripke) 95
Social epistemology 284
Social frame of reference 112
of the body of belief 274
Social system
and membership 281
Soziale Normen 308
Soziales Universum
Merkmale des 291
Sprache
als Menge von Instrumenten 84
als Menge von sozialen Praktiken 84
Sprachspielbeschreibung 91
Starre Bezeichnung
(rigid designation) 53, 238
Sumpfmann 162
Supervenienz 164
Globale 169
Schwache 165
Starke 165
Suppositionalismus 69, 71-2

Third person point of view
siehe Radical Interpretation
Terminus (Term)
Genereller (universal) 39, 187
Particular 187
Theoretical 204
Singulärer 39, 195-7
Termtheorie 56
Third dogma of empiricism 213
Total theory of behaviour 108-9
Triangulationsexternalismus 60-1, 107
and the concept of language 117
and the model of radical interpretation 116

Unmediated consciousness 17
Unconditional (all-out-)judgements 113
Unified theory of thought, meaning, action and evaluation 13, 22, 67, 125, 135

Wahrheitstheorie 49-50
Interpretative Wahrheitstheorie und Kompositionalität 158
Welt-(Lebens-)anschauung 19
Wissen(-s)
Empirisierung des 19
Verzeitlichung des 19

Zirkel zwischen Bedeutung und Überzeugung 54, 108